21世纪高等院校财经管理系列实用规划教材

全新修订

宏观经济学(第2版)

主　编　寒令香　李东兵

北京大学出版社
PEKING UNIVERSITY PRESS

内 容 简 介

宏观经济学研究的问题是一个国家整体经济的运作情况，以及政府如何运用经济政策来影响国家整体经济的运作。本书由浅入深地系统介绍宏观经济学研究的各个领域，其主要特色是对现实宏观经济问题的关注，尤其是加强对中国经济问题的介绍和解读，通过每章导入案例、节内微型案例、章后中型案例拓展及阅读资料等形式介绍国内外各种重要的现实经济问题，为读者在学习基本理论的同时，提供系统的、有针对性、有时效性的资料。为了方便学生学习，本书的每章末都配备了本章小结、中英文关键词语和综合练习。

本书可作为大学本科层次经济管理类专业教材，也可作为经济、管理工作者的参考书籍。

图书在版编目（CIP）数据

宏观经济学/蹇令香，李东兵主编．—2 版．—北京：北京大学出版社，2011.8
(21 世纪高等院校财经管理系列实用规划教材)
ISBN 978-7-301-19038-8

Ⅰ.①宏… Ⅱ.①蹇…②李… Ⅲ.①宏观经济学—高等学校—教材 Ⅳ.①F015

中国版本图书馆 CIP 数据核字(2011)第 115497 号

书　　名	宏观经济学(第 2 版) HONGGUAN JINGJIXUE(DI-ER BAN)
著作责任者	蹇令香　李东兵　主编
策划编辑	王显超　李　虎
责任编辑	魏红梅
标准书号	ISBN 978-7-301-19038-8/F·2802
出版发行	北京大学出版社
网　　址	http://www.pup.cn　新浪微博:@北京大学出版社
地　　址	北京市海淀区成府路 205 号　100871
电子邮箱	编辑部 pup6@pup.cn　总编室 zpup@pup.cn
电　　话	邮购部 010-62752015　发行部 010-62750672　编辑部 010-62750667
印 刷 者	北京虎彩文化传播有限公司
经 销 者	新华书店
	787 毫米×1092 毫米　16 开本　20.5 印张　509 千字 2007 年 8 月第 1 版　2013 年 4 月第 2 版　2025 年 6 月第 4 次印刷
定　　价	56.00 元

未经许可，不得以任何方式复制或抄袭本书之部分或全部内容。
版权所有，侵权必究
举报电话：010-62752024　电子邮箱：fd@pup.cn
图书如有印装质量问题，请与出版部联系，电话：010-62756370

第 2 版前言

随着社会主义市场经济的发展,社会对应用型人才的需求呈现多层次、多样化及职业性的特点,培养应用型本科人才成为高校的主要任务。但具有应用型本科教育特色的教材建设在一定程度上滞后于高校应用型本科人才培养的步伐,影响了应用型本科人才教育的发展。如何开发满足应用型本科人才培养需要的教材,成为国内一些高校开展教材建设与改革的重要课题。

本书继承了第 1 版教材突出"以应用为导向,以综合实践能力的提高为主线"的特点,以培养适应社会需要的应用型人才为目标,按照"导入案例—原理和方法阐述—节内微型案例—小结提升—中型案例拓展"的写作思路进行编写,强调基本原理和方法在相关现实领域的应用。本书中的案例主要采用的是中国素材,这是与西方相关教材最重要的区别。为了提高其时效性,对第 1 版教材中的案例进行了大幅度的删改,更新增加了贴近现实生活的案例,做到与时俱进。学生在学习过程中,由于比较熟悉这些发生在自己身边的各种经济问题、经济现象,也就更有兴趣去学习相关原理,去探寻解决这些问题的理论基础,真正使学生做到学以致用,进而提高综合实践能力。

本书在结构体系上注重逻辑性、知识的递进性。第 1 章、第 2 章为导论,概述宏观经济学和国内生产总值的核算理论与方法。第 3 章~第 5 章由浅及深地研究宏观经济学核心理论——国民收入决定理论,第 3 章研究只涉及产品市场均衡的简单国民收入决定理论,说明在两部门条件下总需求如何决定均衡的国民收入以及总需求变动对均衡国民收入的影响;第 4 章研究产品市场与货币市场同时达到均衡的 $IS-LM$ 模型,说明均衡国民收入和利率如何决定及变动;第 5 章研究产品市场、货币市场与劳动力市场同时达到均衡的总需求—总供给模型,说明均衡国民收入和价格水平如何决定及变动。第 6 章研究宏观经济的影响因素——宏观经济政策,它是解决宏观经济问题的调控措施,是基于国民收入决定理论由两部门扩展到三部门条件下提出的,将说明宏观经济政策的内容及利用国民收入决定理论模型分析其对宏观经济的影响。第 7 章~第 9 章是宏观经济问题分析,第 7 章分析失业与通货膨胀两大问题产生的原因及解决措施;第 8 章、第 9 章研究国民收入的短期波动和长期经济增长问题。第 10 章引入国际贸易和国际金融,从三部门扩展到四部门条件下,研究开放经济的均衡国民收入如何决定及变动问题,以完成全面的宏观经济分析。

本书简明实用、图文并茂、层次清楚、定义准确,尽可能地用通俗易懂的语言阐述经济学中的每一个知识点,结合图与表的形式剖析复杂的理论和模型,使内容深入浅出、可读性强,能较好地满足应用型人才培养的需求,具有较强的应用性特色。

教师在授课过程中,可根据学生的具体情况和不同的专业要求进行课时安排。

本书各章编写分工如下:骞令香(大连海事大学航运经济与管理学院)编写第 1、2、3、4、5、6 章及各章节的阅读案例;李东兵(大连理工大学城市学院)编写第 7、8、9、10 章。全书由骞令香定稿。

由于编者水平有限,书中疏漏之处在所难免,恳请广大专家和读者给予批评指正,以便在本书再版时加以修改完善。

编 者
2024 年 4 月

目 录

第 1 章 宏观经济学概述 ... 1
1.1 什么是宏观经济学 ... 2
1.1.1 宏观经济学的概念及研究内容 ... 2
1.1.2 宏观经济学的基本假设及研究方法 ... 4
1.1.3 宏观经济学的研究模式 ... 5
1.2 主要宏观经济变量与宏观经济目标 ... 6
1.2.1 主要宏观经济变量 ... 6
1.2.2 宏观经济目标 ... 8
1.2.3 总需求与总供给 ... 9
本章小结 ... 10
综合练习 ... 11

第 2 章 国民收入核算理论 ... 12
2.1 国内生产总值的核算 ... 13
2.1.1 两种国民经济核算体系 ... 13
2.1.2 国内生产总值的概念 ... 15
2.1.3 国内生产总值的核算方法 ... 18
2.2 从国内生产总值到个人可支配收入 ... 27
2.2.1 国民收入核算中 5 个基本总量的关系 ... 27
2.2.2 国内生产总值与国民生产总值 ... 28
2.2.3 国内生产总值与人均国内生产总值 ... 29
2.3 国民收入核算中的基本恒等关系 ... 31
2.3.1 两部门经济循环模型及恒等关系 ... 31
2.3.2 三部门经济循环模型及恒等关系 ... 33
2.3.3 四部门经济循环模型及恒等关系 ... 35
本章小结 ... 37
综合练习 ... 38

第 3 章 简单国民收入决定理论 ... 43
3.1 消费与储蓄 ... 45
3.1.1 消费函数 ... 45
3.1.2 储蓄函数 ... 49
3.1.3 消费函数和储蓄函数的关系 ... 50
3.1.4 其他消费函数理论 ... 51
3.2 投资 ... 54
3.2.1 投资的影响因素 ... 54
3.2.2 资本边际效率准则 ... 55
3.2.3 投资需求曲线 ... 56
3.2.4 投资需求函数 ... 58
3.3 均衡国民收入的决定 ... 59
3.3.1 消费和投资决定均衡国民收入 ... 59
3.3.2 储蓄和投资决定均衡国民收入 ... 61
3.4 均衡国民收入的变动及乘数效应 ... 62
3.4.1 总支出曲线平行移动使均衡国民收入发生变动 ... 62
3.4.2 总支出曲线斜率改变使均衡国民收入发生变动 ... 63
3.4.3 乘数效应及其作用 ... 64
本章小结 ... 66
综合练习 ... 67

第 4 章 产品市场与货币市场的一般均衡 ... 74
4.1 IS 曲线 ... 75
4.1.1 IS 曲线的含义及其代数表达式 ... 75
4.1.2 IS 曲线的斜率 ... 76
4.1.3 IS 曲线的移动 ... 77

4.1.4　IS 曲线的图示推导 77
4.2　货币市场均衡 79
　　4.2.1　货币需求 79
　　4.2.2　货币供给 83
　　4.2.3　货币市场均衡和利率的
　　　　　决定 84
4.3　LM 曲线 85
　　4.3.1　LM 曲线的含义及其代数
　　　　　表达式 85
　　4.3.2　LM 曲线的图示推导 86
　　4.3.3　LM 曲线的斜率 87
　　4.3.4　LM 曲线的移动 88
4.4　IS—LM 模型 89
　　4.4.1　产品市场与货币市场共同
　　　　　均衡 89
　　4.4.2　从非均衡到均衡的变化
　　　　　过程 91
　　4.4.3　均衡国民收入和利率的
　　　　　变动 92
本章小结 94
综合练习 95

第5章　总需求与总供给模型 99

5.1　总需求曲线 100
　　5.1.1　总需求函数 100
　　5.1.2　总需求曲线的推导 102
　　5.1.3　总需求曲线的斜率 103
　　5.1.4　总需求曲线的移动 104
5.2　总供给曲线 105
　　5.2.1　总供给曲线概述 105
　　5.2.2　总生产函数 106
　　5.2.3　劳动力市场均衡 106
　　5.2.4　总供给曲线的形状 107
　　5.2.5　总供给曲线的移动 113
5.3　总需求—总供给模型分析 114
　　5.3.1　总需求—总供给模型 114
　　5.3.2　总需求变动对均衡国民收入
　　　　　和价格水平的影响 115

　　5.3.3　短期总供给变动对均衡国民
　　　　　收入和价格水平的影响 116
本章小结 117
综合练习 118

第6章　宏观经济政策 125

6.1　需求管理政策(一)：财政政策 ... 127
　　6.1.1　财政政策的构成要素 127
　　6.1.2　财政政策的种类 129
　　6.1.3　财政政策对经济的影响 134
　　6.1.4　财政政策乘数 139
6.2　需求管理政策(二)：货币政策 ... 145
　　6.2.1　金融市场与金融体系的基本
　　　　　构成 145
　　6.2.2　中央银行的产生及职能 147
　　6.2.3　货币政策的三大要素 150
　　6.2.4　货币传导机制 172
　　6.2.5　IS—LM 模型与货币政策的
　　　　　效果分析 173
6.3　供给管理政策 176
　　6.3.1　收入政策 176
　　6.3.2　指数化政策 176
　　6.3.3　人力政策 177
　　6.3.4　经济增长政策 178
本章小结 179
综合练习 180

第7章　失业与通货膨胀理论 187

7.1　失　业　理　论 188
　　7.1.1　失业的衡量和类型 188
　　7.1.2　失业的影响 193
　　7.1.3　失业的治理 194
7.2　通货膨胀理论 196
　　7.2.1　通货膨胀的衡量及分类 196
　　7.2.2　通货膨胀的原因 201
　　7.2.3　通货膨胀的影响 207
　　7.2.4　治理通货膨胀的政策 210
7.3　失业与通货膨胀的关系 211
　　7.3.1　早期的菲利普斯曲线 212

7.3.2 短期菲利普斯曲线和长期菲利普斯曲线 213
7.3.3 理性预期学派对菲利普斯曲线的否定 214
本章小结 215
综合练习 216

第8章 经济周期理论 224

8.1 经济周期理论概述 225
 8.1.1 经济周期的概念及阶段划分 225
 8.1.2 经济周期的分类 226
 8.1.3 经济周期的监测指标 231
 8.1.4 经济周期理论的概说 234
8.2 乘数与加速数的相互作用 243
 8.2.1 加速数原理 243
 8.2.2 乘数—加速数原理与经济周期 245
本章小结 248
综合练习 248

第9章 经济增长理论 256

9.1 经济增长理论概述 257
 9.1.1 经济增长的含义及衡量 257
 9.1.2 经济增长的影响因素 258
9.2 经济增长模型 260
 9.2.1 哈罗德—多马经济增长模型 260

9.2.2 新古典经济增长模型 263
9.2.3 新剑桥经济增长模型 268
9.2.4 新经济增长模型 269
本章小结 273
综合练习 274

第10章 开放经济的宏观经济学 278

10.1 汇率 279
 10.1.1 汇率的概念及表示方法 .. 279
 10.1.2 汇率对货物和服务相对价格的影响 282
 10.1.3 汇率制度 283
10.2 国际收支均衡 285
 10.2.1 国际收支平衡表的含义、构成及编制原则 286
 10.2.2 国际收支均衡的含义 293
 10.2.3 国际收支均衡的影响因素 293
10.3 开放经济的国民收入决定 297
 10.3.1 净出口与国民收入决定 .. 297
 10.3.2 对外贸易乘数 299
 10.3.3 对外贸易政策 302
本章小结 309
综合练习 310

参考文献 316

附录 AI伴学内容及提示词 317

宏观经济学概述

教学目标

通过本章的学习,对宏观经济学有一定的了解和认识;初步了解一国政府所追求的宏观经济目标及经济运行结果的决定因素和影响因素。

教学要求

知识要点	相关知识	能力要求
什么是宏观经济学	宏观经济学的概念、研究内容、基本假设、研究方法及模式	了解宏观经济学的研究内容、研究方法及模式
宏观经济运行	主要宏观经济变量、宏观经济目标、总需求与总供给	了解主要宏观经济变量与宏观经济目标的关系;掌握宏观经济目标;掌握总需求与总供给的概念;了解总需求、总供给与主要宏观经济变量的关系

■ 导入案例

我国国民经济和社会发展统计公报

2024年2月29日，国家统计局公布了2023年我国国民经济和社会发展统计公报，公报说明了初步核算，全年国内生产总值1 260 582亿元，比上年增长5.2%。其中，第一产业增加值89 755亿元，增长4.1%；第二产业增加值482 589亿元，增长4.7%；第三产业增加值688 238亿元，增长5.8%。第一产业增加值占国内生产总值的比重为7.1%，第二产业增加值比重为38.3%，第三产业增加值比重为54.6%。居民消费价格全年平均比上年上涨0.2%。工业生产者出厂价格下降3.0%。工业生产者购进价格下降3.6%。农产品生产者价格下降2.3%。年末全国就业人员74 041万人，其中城镇就业人员47 032万人，占全国就业人员比重为63.5%。全年城镇新增就业1 244万人，比上年多增38万人。全年全国城镇调查失业率平均值为5.2%。年末全国城镇调查失业率为5.1%。年末国家外汇储备32 380亿美元，比上年末增加1 103亿美元。全年人民币平均汇率为1美元兑7.0467元人民币，比上年贬值4.5%。

问题：这段公报描述了中国经济怎样的运行结果？

1.1 什么是宏观经济学

现代西方宏观经济学是在20世纪30年代以后发展起来的。在那以前，西方资本主义国家流行的古典经济学并不重视宏观经济问题，其理论认为，经济的波动只是暂时现象，市场机制的自发力量可以很快地把经济调整到充分就业的均衡状态。然而，1929年在西方国家爆发的持久而广泛的经济大萧条，彻底推翻了古典经济理论。当时的经济形势迫使西方经济学家提出新的理论，为政府早日结束那场经济大萧条出谋划策。1936年，英国经济学家凯恩斯出版了《就业、利息和货币通论》一书，为西方宏观经济学的发展奠定了基础。

凯恩斯的理论在西方经济理论界产生过重大影响，并为多数西方经济学家所接受。在凯恩斯之后，尤其是20世纪70年代以来，西方许多经济学家在凯恩斯理论基础上致力于完善理论、分析方法和发展宏观经济学。

1.1.1 宏观经济学的概念及研究内容

宏观经济学一词是相对于微观经济学一词而言的。

微观经济学的研究对象是单个经济主体的经济行为，所以又称个体经济学。经济主体主要有两类：家庭和企业。家庭的经济行为主要是出售生产要素和购买产品，其目标是获得最大限度的满足。企业的经济行为主要是购买生产要素并使用生产要素生产产品和出售产品，其目标是获得最大限度的利润。

微观经济学的内容包括两大部分：一是研究家庭对各种产品的需求和企业对各种产品的供给，如何决定每一种产品的价格和产销量，这就必然涉及企业如何生产的问题和资源配置问题；二是研究家庭对各种生产要素的供给和企业对各种生产要素的需求，如何决定各种生产要素的价格和交易量。总之，微观经济学研究生产什么、如何生产和为谁生产(即收入分配)的问题。

宏观经济学指的是把整个经济总体(通常是一个国家)作为一个考察对象，研究其经济活动的现象和规律，从中得出治理整个国民经济中各类问题的理论与方法。宏观经济学研究的是经济总量，如国内生产总值、就业水平、价格水平等，所以，又称总量经济学。

宏观经济学研究的内容包括宏观经济的基本理论、宏观经济政策，以及宏观经济问题，主要包括以下内容。

1. 国民收入核算理论

国民收入是衡量一国经济资源利用情况和整个国民经济状况的基本指标。国民收入核算理论主要是说明国民收入核算体系中各经济总量的定义、如何计量，以及各经济总量之间关系。国民收入核算是分析宏观经济问题的基础。

2. 国民收入决定理论

国民收入决定理论是从总需求和总供给的角度出发，分析总供给和总需求的相互作用如何决定国内生产总值、就业和价格水平，以及总供给和总需求发生变动对国内生产总值、就业和价格水平产生什么影响。这是宏观经济学的核心。

3. 宏观经济政策

宏观经济学是为国家干预经济服务的，宏观经济理论要为这种干预提供理论依据，而宏观经济政策则是要为这种干预提供具体的措施。政策问题包括政策目标，即通过宏观经济政策的调节要达到什么目的；政策工具，即用什么具体办法来达到这些目的；政策效应，即宏观经济政策对经济的作用。

4. 失业与通货膨胀问题

失业与通货膨胀是各国经济中最主要的问题。宏观经济学把失业与通货膨胀和国民收入联系起来，分析其原因，及其相互关系，以便找出解决这两个问题的途径。

5. 经济周期与经济增长理论

经济周期是指国民收入的短期波动；经济增长是指国民收入的长期增长趋势。这一理论要分析国民收入短期波动的原因、长期增长的源泉等问题，实现经济长期稳定的发展。

6. 开放经济理论

现实的经济都是开放型的经济。开放经济理论要分析一国国民收入的决定与变动如何影响别国，以及如何受到别国的影响，同时也要分析在开放经济下一国经济的调节问题。

总之，微观经济指的是单个经济单位的经济行为，以及由此产生的相互影响；而宏观经济指的是经济运行的总体情况。但微观经济和宏观经济又是紧密联系的。微观经济是宏观经济的基础，比如每个人决定消费多少是微观经济问题，但所有人的消费支出加起来便构成了总消费，这就是宏观经济问题；宏观经济形势影响着微观经济行为，比如通货膨胀率的上升带来生产成本的提高，单个企业便可能改变其微观经济决策，削减产量。微观经济学和宏观经济学也是相互补充、互为前提的。比如宏观经济学在研究经济的周期波动时，必须考察消费者和企业的行为，而微观经济学在研究有限资源的有效配置时，必须把经济达到充分就业水平作为研究的前提。

1.1.2 宏观经济学的基本假设及研究方法

1. 宏观经济学的基本假设

宏观经济学的研究内容基于两个假设。

(1) 市场机制是不完善的。自从市场经济产生以来，各国的市场经济就是在繁荣与萧条的交替中发展的，若干年一次的经济危机成为市场经济的必然产物。尤其是20世纪30年代空前严重的经济危机，使经济学家认识到：如果只靠市场机制的自发调节，经济就无法克服危机与失业，就会在资源稀缺的同时，又产生资源的浪费。稀缺性不仅要求使资源得到恰当配置，而且还要使资源得到充分利用。要做到这一点，仅仅靠市场机制是不行的。

(2) 政府有能力调节经济，纠正市场机制的缺点。人类不是只能顺从市场机制的作用，而是还能在遵从基本经济规律的前提之下，对经济进行调节。政府可以通过观察与研究认识经济运行的规律，并采取适当的手段进行调节。整个宏观经济学正是建立在对政府调节经济能力信任的基础之上的。

2. 宏观经济学的研究方法

宏观经济学的研究方法是总量分析法。

总量是反映整个社会经济活动状态的经济变量。一是个量的总和。例如，国民收入是构成整个经济各单位收入的总和，总投资是指全社会私人投资和政府投资的总和，总消费是指参与经济活动各单位消费的总和。二是平均量或比例量。例如，价格水平是各种商品与劳务的加权平均数。宏观经济学所涉及的总量很多，其中主要有：国民生产总值、总投资、总消费、价格水平、增长率、利率、国际收支、汇率、货币供给量、货币需求量等。需要注意的是，从表面上看，总量消费这一经济行为是由众多家庭的消费行为所构成，但对于经济规律却不能做出这样简单的结论。宏观经济总量并不等于微观个量的简单加总，整体经济规律也并非完全可以由个体的经济规律推导而成。在经济分析中，许多结论在个量分析时看来是正确的，但放到宏观经济中进行总量分析时却可能得出完全相反的结论。

总量分析是指分析宏观经济运行总量的决定、变动规律及其相互关系，如对国民生产总值、消费额、投资额及物价水平的变动规律的分析等，进而分析说明整个经济的运行状况，决定调控宏观经济的政策。总量分析既包括动态分析，研究总量指标的变动规律，同时也包括静态分析，考察同一时期内各总量指标的相互关系，如投资额、消费额和国民生产总值的关系等。

在宏观层面不再去考虑个体的差异，如研究消费时，宏观经济学所关心的是社会消费总量，而不去探究消费的具体内容及某些家庭消费的具体形式。当研究收入与价格时，不是着眼于单个家庭的收入和某种产品的价格，而是关心总体国民收入水平和反映所有产品与劳务价格状态的总体物价水平。

1.1.3 宏观经济学的研究模式

1. 宏观经济学研究的 3 个角度

(1) 如何衡量宏观经济——衡量是认识的基础。一个国家的宏观经济状况可以用一些经济指标来说明,这些经济指标包括国内生产总值、通货膨胀率和失业率等。其中最重要的是国内生产总值,因为这个指标衡量整体宏观经济的状况。

(2) 如何认识宏观经济——认识宏观经济的运行状态和规律。宏观经济学研究的问题是一个国家整体经济的运行情况以及政府如何运用经济政策来影响国家整体经济的运行。宏观经济各个变量之间的关系反映了宏观经济的运行状态和变动规律,如何认识这些变量及其关系是宏观经济研究的重要方面。

(3) 如何发展经济——发挥政府运用经济政策对经济进行调节的作用,有效地利用资源。宏观经济学是在假定资源能有效配置的情况下,研究如何实现资源的有效利用问题。在宏观经济运行中,通货膨胀与通货紧缩、失业和经济波动往往会造成资源不能有效利用,因此需要发挥政府的作用,以实现资源的有效利用。

2. 宏观经济学分析的 4 类市场

在宏观经济学里,把一个经济体系中所有的市场归结为 4 类:商品市场、货币市场、生产要素市场和国际市场,如图 1.1 所示。在商品市场上,发生着对有形产品和无形服务的需求和供给;所有的货币资产都在货币市场上交换,储蓄在这里转化为投资,利率作为资金的价格,调节着资金的供给(储蓄)和资金的需求(投资);生产要素市场是作为生产要素供给方的家庭和作为生产要素需求方的企业、政府进行交易的地方;国际市场则是我国与世界上其他国家进行交易的地方。

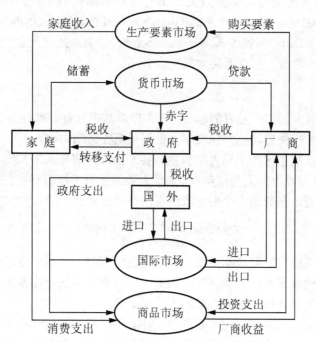

图 1.1　4 类市场经济流程图

3. 宏观经济学分析的 4 个经济部门

宏观经济学把经济主体划分为家庭、企业、政府和国外 4 个部门，并研究它们的行为方式及其相互之间的关系。在讨论家庭的消费和投资时，认为所有的家庭都是无差异的，从而可以视为一个单独完整的经济部门；在讨论企业时，不考虑它生产的是汽车还是食品；在分析政府的政策和行为时，不区别是中央政府还是地方政府；在分析国外的行为时，不区别是哪个国家。在市场经济运行中，不同经济主体的行为方式及其对经济活动的影响各不相同。

4 个经济部门在 4 类市场上相互发生作用，构成了宏观经济学分析的总体框架，在这个框架内分析经济运行的整体情况，以及政府应该采取何种政策来调节经济的发展。

1.2 主要宏观经济变量与宏观经济目标

宏观经济的运行结果主要是通过国民产出、就业与失业、价格水平及国际收支状况 4 个方面反映出来。这 4 个方面的变量是宏观经济学中主要的宏观经济变量。一国政府所追求的宏观经济目标是围绕这 4 个宏观经济变量制定的，宏观经济学的研究内容实际上也是围绕对这 4 个变量的变动规律的研究而展开的。在 1.2.1 节中，将简要概述这 4 个变量的概念。

1.2.1 主要宏观经济变量

1. 国民产出

一个国家在一定时期内生产的所有物品和劳务的总和构成了国民产出总量，它反映了该国的生产水平和经济实力。衡量国民产出的经济指标有多个，如国内生产总值(Gross Domestic Product，GDP)、国民生产总值(Gross National Product，GNP)、国内生产净值(Net Domestic Product，NDP)和国民收入(National Income，NI)。在现代宏观经济学中，最为常用的指标是国内生产总值，第 2 章将对其重点介绍。

2. 就业与失业

劳动力人数是就业者和失业者的总和。在人口总数中只有一部分是劳动力。未成年人、在学校学习、退休和丧失劳动能力的成年人都不包括在劳动力中。

就业人数指全日制工作的成年人的数量。各个国家对成年人的规定不尽一致。例如，美国规定年龄在 16 岁以上的人为成年人。失业人数指没有工作但却在积极寻找工作的成年人的数量。失业率表示在劳动力中失业者所占的百分比，即

$$失业率 = \frac{失业人数}{劳动力人数} \times 100\%$$

就业和失业随经济的周期波动而变化。在经济繁荣时期，就业水平高，失业率低；在经济萧条时期，就业水平低，失业率高。因此，失业率与国民产出水平密切相关，国民产出水平的提高或降低会直接引起失业率的下降或上升。

失业人数是劳动力人数和就业人数之差。在其他因素不变的情况下，就业水平下降或劳动力增加均可导致失业的增加。即使就业水平不断提高，如果劳动力的增长快于就业的增长，失业也将增加。

为什么经济不能为全部劳动力提供足够的工作,是宏观经济学中一个重要的研究课题。即使在经济繁荣时期,也仍然存在失业现象。在个别国家中,大量工人失业产生了严重的社会问题和政治问题。因此,提供就业机会、降低失业率,是一个国家的政府在制定政策时必须考虑的一个首要问题。

3. 价格水平

价格水平是指经济中各种商品和劳务价格的加权平均数,它通常用具有重要影响的某些大类商品价格的指数来衡量。在西方国家的宏观经济中,衡量价格水平的价格指数主要有消费者价格指数、生产者价格指数和国内生产总值价格指数。

宏观经济政策的制定者并不关心价格水平本身,关心的只是价格水平的变动。因为影响生活水平的不是价格水平,而是在价格水平变动时发生的经济调整。也就是说,对人们产生影响的是价格水平变动的过程,即通货膨胀或通货紧缩的过程。价格水平的急剧上升或下降会对经济产生各种影响。

通货膨胀率即物价上涨率是某种价格指数从一个时期到另一个时期增长的百分数。用 P 表示价格指数,用 t 表示时期,则通货膨胀率可以表示为

$$通货膨胀率 = \frac{P_t - P_{t-1}}{P_{t-1}} \times 100\%$$

年通货膨胀率的计算方法主要有以下两种。

第一种方法是把这个月的价格指数(如用消费者价格指数)与上个月的价格指数进行对比。例如,上个月的价格指数为 150,这个月的价格指数为 151.5,则这个月的通货膨胀率为 1%,即这个月的价格水平上涨了 1%。将这个月的通货膨胀率乘以 12 就得出年通货膨胀率为 12%。这就是说,如果这个月的通货膨胀率持续一年,则年通货膨胀率将为 12%。

第二种方法是把这个月的价格指数与上年同月的价格指数进行对比。例如,今年 12 月份的价格指数为 168,上年同月的价格指数为 150,则年通货膨胀率为 12%。这就是年通货膨胀率,因为上年 12 月份到今年 12 月份已历时一年。

4. 国际收支

所谓国际收支,是指一国在一定时期内(通常为一年内),与世界上所有其他各国之间所发生的全部经济交易的货币价值。

国际收支状况的好坏对该国的经济状况会产生重大的影响。当今世界是一个开放的经济系统,国与国之间有着多种多样的经济联系与贸易往来和技术、资本、人力资源的跨国流动。在国际贸易中,进口与出口是相互促进而又相互制约的。任何国家如果不向外国出口产品,就不可能从别国进口自己所需要的产品。净出口额对于本国的总产出将产生重大的影响,正的净出口额对于总产出具有刺激作用,它使本国企业与家庭收入增加。负的净出口额对于总产出具有副作用,长期出现贸易的逆差会拖累本国经济,使经济走上衰退之路。由于各国使用的货币是不同的,这使得一国在清偿国际收支中的债权债务时必须用本国货币同外国货币交换,本国货币与外国货币之间的兑换比率(即汇率)对于产品与劳务的交易显然具有重要的影响。

1.2.2 宏观经济目标

一个国家宏观经济运行的好坏主要是从经济运行的结果即国民产出、就业与失业、价格水平和对外贸易4个方面进行评价，如图1.2所示。一国政府围绕这4个宏观经济变量制定的经济目标，成为一国宏观经济的主要目标。

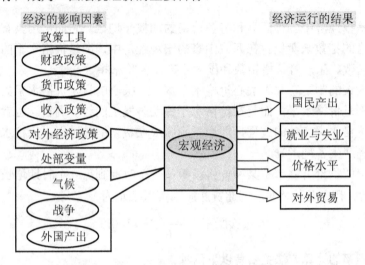

图1.2　宏观经济的主要影响因素及运行结果

(1) 实际国内生产总值的高水平和持续稳定增长，是一国在国民产出方面追求的宏观经济目标，是重要的宏观经济目标之一。经济活动的最终目的是提供人们所需要的货物和服务。

(2) 高就业或低失业是一个主要的宏观经济目标。就业水平与产出水平密切相关。产出水平高意味着经济可以提供较多就业机会，从而达到较高就业水平。高就业不仅仅是一个单纯的经济目标，更多的是人们希望能够较容易地找到高报酬的工作，从而有了工作保障和良好的工作条件。失业的增加不但加重了经济压力，还会在心理、社会及公共卫生等方面产生影响。

(3) 维持价格水平的稳定是第3个宏观经济目标。价格水平稳定是指价格水平上升或下降都不太快，通货膨胀率接近于零。西方经济学家认为，这种价格的稳定性应该在自由市场的竞争中得到实现，因为由自由市场决定价格是组织生产和反映消费者需求的一种有效方式。

(4) 保持汇率稳定和国际收支平衡，是一国在对外贸易方面追求的宏观经济目标。

这4个宏观经济目标是相互联系的。一个经济目标的变动，很可能影响到其他经济目标的实现。例如，提高产出水平可以减少失业率，但可能引起通货膨胀。所以政府在制定这4个宏观经济目标时，往往要考虑到它们之间的相互影响。

一个国家如何使它的经济达到这些宏观经济目标呢？在凯恩斯理论出现以前，西方国家基本上依靠市场机制的自发调节作用实现其宏观经济目标。在凯恩斯理论出现以后，特别是第二次世界大战以后，西方国家的政府开始利用各种宏观经济调控手段促使经济达到上述目标。

图1.2显示了影响宏观经济活动的主要因素和经济运行结果的关系。财政政策、货币政策等政策工具和气候等外部变量是宏观经济活动的主要影响因素，将影响经济运行的结

果。为使宏观经济目标得以实现，政府将运用宏观经济政策(可控因素)对经济进行调控。宏观经济还将受到外部变量(不可控因素)的作用，在可控因素和不可控因素的共同作用下，形成经济运行的结果。将经济运行的结果与所设定的经济目标进行比较就能评价出经济运行状况的好与坏。

图 1.3 显示了我国 2024 年宏观经济的主要目标。我们将此目标与 2025 年 2 月末国家统计局公布的 2024 年我国国民经济和社会发展统计公报中所反映的经济运行结果的数据进行比较，就能比较清楚地了解我国 2024 年宏观经济运行的状况了。

图 1.3　2024 年我国宏观经济的主要目标

1.2.3　总需求与总供给

宏观经济中的国民产出总量、就业与失业和价格水平是如何决定的？影响因素怎样导致它们的变化？图 1.4 显示了宏观经济是由什么决定的。在图中，左边是决定和影响总需求和总供给的主要变量和因素，中间表明了宏观经济是由总需求和总供给相互作用决定的，右边是总供给和总需求的相互作用所决定的经济运行结果：国民产出总量、就业与失业、价格水平。

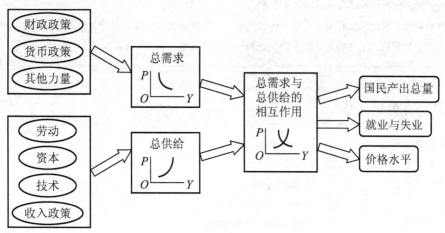

图 1.4　总需求和总供给的相互作用

总需求是指一个国家或地区在一定时期内(通常1年)对产品与劳务需求的总和,或用于购买物品与劳务的支出的总和,它包括国内居民对产品和服务的需求、企业购买资本品的需求、政府采购产品与服务的需求以及外国购买本国产品和服务的净需求。总需求主要由消费、投资、政府购买、净出口所决定,受财政政策、货币政策等因素的影响。

总供给是指国民经济各部门在一定时期内所生产的产品和服务的总和。总供给可以用社会在一定时期内所供给的生产要素的总和或者由生产要素所得到的报酬总和来表示。总供给主要由劳动、资本和技术所决定,受收入政策等因素的影响。总需求和总供给共同作用决定了经济运行的结果,即决定国民产出总量、就业与失业和价格水平。

当总需求和总供给的决定因素和影响因素发生变动时,总需求和总供给将发生变动,它们所决定的经济运行结果就会发生变动。政府利用各种宏观经济政策干预经济运行,影响总需求和总供给,促使经济目标得以实现。

本章小结

本章主要对宏观经济学进行了概述,并介绍了宏观经济学中主要的宏观经济变量,一国政府所追求的宏观经济目标及经济运行结果的决定因素和影响因素。

宏观经济学指的是把整个经济总体(通常是一个国家)作为一个考察对象,研究其经济活动的现象和规律,从中得出解决整个国民经济中各类问题的理论与方法。宏观经济学研究的是经济总量,如国内生产总值、就业水平、价格水平等,所以,又称总量经济学。

宏观经济学研究的内容包括宏观经济的基本理论、宏观经济政策,以及宏观经济问题,主要包括以下内容:①国民收入核算理论;②国民收入决定理论;③宏观经济政策;④失业与通货膨胀问题;⑤经济周期与经济增长理论;⑥开放经济理论。

4个经济部门在4类市场上相互发生作用,构成了宏观经济学分析的总体框架,在这个框架内分析经济运行的整体情况,以及政府应该采取何种政策来调节经济的发展。

宏观经济的运行结果主要是通过国民产出总量、就业与失业、价格水平及国际收支状况4个方面反映出来。这4个方面的变量是宏观经济学中主要的宏观经济变量。一国政府所追求的宏观经济目标是围绕这4个方面的宏观经济变量制定的,即实际国内生产总值的高水平和持续稳定增长;高就业或低失业;维持价格水平的稳定;保持汇率稳定和国际收支平衡。

总供给和总需求的相互作用决定经济运行结果。总需求主要由消费、投资等所决定,受财政政策、货币政策等因素的影响。总供给主要由劳动、资本和技术所决定,受收入政策等因素的影响。

中英文关键词语

1. 宏观经济学   macroeconomics
2. 价格指数   price index
3. 就业   employment
4. 失业   unemployment
5. 国际收支   balance of payments
6. 国民产出   national output

7. 总需求 aggregate demand
8. 总供给 aggregate supply

综合练习

1. 宏观经济学与微观经济学之间有什么区别和联系？
2. 什么是宏观经济学？它的研究内容是什么？
3. 什么是国民产出？衡量它的经济指标主要有什么？
4. 宏观经济的主要目标是什么？主要的宏观经济变量有哪些？
5. 影响宏观经济的因素有哪些？

第 2 章

国民收入核算理论

教学目标

通过本章的学习，了解国民收入核算的基本原理，理解并掌握用支出法、增值法和收入法进行国内生产总值核算；了解国民经济的循环模型及其均衡恒等式，为以后各章的宏观经济分析奠定基础。

教学要求

知识要点	相关知识	能力要求
国内生产总值的核算	"国民账户体系"和"物质产品平衡表体系"、国内生产总值的含义、国内生产总值的核算方法	了解国民经济核算体系，掌握国内生产总值的含义及3种核算方法
从国内生产总值到个人可支配收入	国民收入核算中5个总量的相互关系、国内生产总值与国民生产总值、国内生产总值与人均国内生产总值	掌握国民收入核算中5个总量的相互关系，了解国内生产总值与国民生产总值、人均国内生产总值的关系
国民收入核算中的基本恒等关系	两部门经济循环模型及恒等关系、三部门经济循环模型及恒等关系、四部门经济循环模型及恒等关系	了解国民经济的循环模型及其均衡恒等式

第 2 章 国民收入核算理论

导入案例

图2.1显示了我国2019—2023年的国内生产总值状况。其中，2023年国内生产总值1 260 582亿元，比上年增长5.2%。其中第一产业增加值89 755亿元，比上年增长4.1%；第二产业增加值482 589亿元，增长4.7%；第三产业增加值688 238亿元，增长5.8%。第一产业增加值占国内生产总值比重为7.1%，第二产业增加值比重为38.3%，第三产业增加值比重为54.6%。最终消费支出拉动国内生产总值增长4.3个百分点，资本形成总额拉动国内生产总值增长1.5个百分点，货物和服务净出口向下拉动国内生产总值0.6个百分点。全年人均国内生产总值89 358元，比上年增长5.4%。国民总收入1 251 297亿元，比上年增长5.6%。那么，国内生产总值是怎样核算出来的？它与其他总量之间有什么关系呢？本章将予以回答。

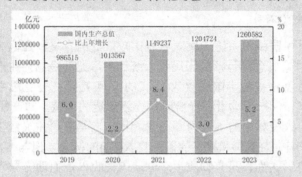

图2.1 2019—2023年国内生产总值及其增长速度

(数据来源：2023年我国国民经济和社会发展统计公报.)

2.1 国内生产总值的核算

国民收入核算是政府部门对一定时期内国民经济生产的产品总量和与之相对应的总收入进行核算的规则和方法。宏观经济分析涉及的经济总量，诸如国内生产总值、国民收入、可支配收入、消费支出、投资支出和净出口等，均通过核算体系定义和计量。国民收入核算能够说明各经济总量之间关系、分析国民经济活动水平与结构。经济学者可以借助国民收入核算资料解释在过去的时期中经济总量及其相互关系发生过什么变化，并且通过对这些变化的分析，可以做出对未来经济状况及其变动趋势的预测。国民收入核算是分析宏观经济问题的基础。

2.1.1 两种国民经济核算体系

从第二次世界大战以后，国际上存在两大国民经济核算体系：一是以欧美等国家为代表的市场经济国家所采用的"国民账户体系"(the System of National Accounts，SNA)；二是以前苏联为首的计划经济国家所采用的"物质产品平衡表体系"(the System of Material Product balances，MPS)。随着计划经济各国向市场经济的转变，这些国家都抛弃了物质产品平衡表体系，而逐渐采用了国民账户体系。

显然，这两种国民经济核算体系是有区别的，其区别主要如下。

1. 核算范围与衡量指标不同

物质产品平衡表体系是以马克思主义再生产理论为依据,将社会总产值和国民收入作为反映国民经济活动总成果的基本指标。社会总产值是各物质生产部门的劳动者在一定时期内所生产的生产资料和消费资料的价值总和。社会总产值中扣除了全部生产资料价值消耗即国民收入。国民账户体系是以西方经济理论为依据,认为创造物质产品和提供服务的劳务活动都是创造价值的生产活动,将国内生产总值即 GDP 作为核算国民经济活动的核心指标。

MPS 以物质产品生产为核算范围,把服务活动排除在生产领域以外,影响了对国民经济总量核算的完整性。SNA 把国民经济各部门的经济活动全部纳入核算范围,使社会生产、分配、使用各环节紧密衔接,从而形成全面、完整、系统的国民经济核算体系。

2. 国民收入的含义不同

在国民账户体系中国民收入这一概念有着比较广泛的含义。在西方国民收入核算中包括 5 个总量,5 个总量概念都包括到国民收入统计中,尤其是国内生产总值、国内生产净值和狭义的国民收入都常被称为国民收入(广义的)。可是,在马克思主义经济学中,国民收入有着严格的含义,仅指劳动者在一定时期内新创造的价值,即产品价值构成中的 $V+M$ 部分。与西方国民收入核算中的 5 个总量概念相比较,马克思主义经济学的国民收入概念比较接近于国内生产净值(NNP)和狭义的国民收入(NI)的概念,但与 NNP 和 NI 也有区别。因为马克思主义经济学认为,只有物质生产创造国民收入,而西方学者认为,除了物质生产劳动,一切有偿的劳务活动,包括音乐、政府官员的服务等在内都会创造国民收入。

3. 核算内容不同

MPS 实质上是一种实物核算体系,主要描述社会再生产实物运动,对资金运动缺乏完整而系统的反映。SNA 增加了资金流量和存量方面的核算内容,并与其他核算相联结,全面反映国民经济的运行过程。

4. 核算方法不同

MPS 采用横向或纵向平衡法,并设置一系列平衡表,比较简便和直观,但平衡表之间缺乏有机联系,整个结构不够严密。SNA 采用复式记账法,运用账户、矩阵等核算形式,把经济流量和经济存量联系起来,组成结构严谨、逻辑严密的体系。

SNA 这种核算体系也是有缺陷的。首先,非市场交易活动得不到反映。例如,许多不经过市场交易的活动,像家务活动,自给自足生产等,难以在 GDP 统计中反映出来。又如,不少地下交易,只是为了逃避税收,经济活动发生了,GDP 统计中却未得到反映。其次,有些严重影响社会发展和人们生活质量的内容无法得到反映。例如,GDP 核算无法说明人们享受了多少闲暇(两个生产同样多的 GDP 国家,一国成员劳动十分紧张,而另一国成员享有许多闲暇,显然后者福利大于前者)。又如,一国 GDP 无法说明环境污染到了什么程度(两个生产同样多的 GDP 国家,如一国环境污染了,而另一国并未污染,显然,前一国国民不及后一国国民幸福)。再次,西方国民收入核算把所有市场交易活动反映到 GDP 中来,并不能正确反映社会经济发展水平。如某地赌博和黄色活动盛行,也许 GDP 水平很高,但并不说明该地区经济发展能给人民带来幸福,而只说明社会生活腐朽。最后,由于 GDP 包含劳务活动,两个国家可以拥有相同的 GDP,但一国生产粮食,一国只生产歌曲,显然,这两个国家的物质生产水平大不一样。

第2章 国民收入核算理论

 阅读案例 2-1

我国国民经济核算体系的发展历程

从建国初期到改革开放初期,我国国民经济核算采用的是产生于前苏联和东欧国家的物质产品平衡表体系(MPS)。20 世纪 80 年代中期以后,随着改革开放的不断深入和国民经济的迅速发展,MPS 表现出明显的不足,我国在继续实行 MPS 的同时,逐步引进产生于发达的市场经济国家并被世界大多数国家广泛采用的国民账户体系(SNA)。1984—1992 年,国家统计局会同有关部门在总结我国当时的国民经济核算实践经验和理论研究成果的基础上,制定了《中国国民经济核算体系(试行方案)》。该方案采纳了 SNA 的基本核算原则、内容和方法,保留了 MPS 的部分内容。

随着我国经济体制改革的深化,经济分析和管理部门逐步放弃了 MPS 的有关指标。1993 年我国采取了国际通行的国民经济核算体系,GDP 核算的部门分类、原则、方法和发布基本上与国际接轨,转而采用 SNA 的有关指标研究经济情况、制订经济计划和政策。针对国内外客观情况的变化,我国也对国民经济核算方法进行了不断的改革。1999 年,国家统计局决定对《中国国民经济核算体系(试行方案)》进行修订。经过 3 年多的艰苦努力,于 2003 年上半年完成了这项重要任务,形成了我国国民经济核算工作中新的规范性文本——《中国国民经济核算体系(2002)》。该文本采纳了 1993 年 SNA 的基本核算原则、内容和方法,对《中国国民经济核算体系(试行方案)》进行了全面系统的修订,取消了其中的 MPS 的核算内容,基本上与新的国际标准衔接。它标志着我国的国民经济核算体系在与国际标准接轨方面迈出了重要的步伐。

联合国统计委员会确立了新的国民经济核算国际统计标准 SNA2008。在借鉴该标准的基础上,我国对《中国国民经济核算体系(2002)》进行了系统修订,形成了《中国国民经济核算体系(2016)》,并于 2017 年开始实施。

2.1.2 国内生产总值的概念

1. 国内生产总值的含义

国内生产总值(Gross Domestic Product,GDP)是指一个国家(地区)领土范围内,本国(地区)居民和外国居民在一定时期内所生产和提供的最终产品(包括产品和劳务)的市场价值的总和。

在理解这一定义时,要注意以下几个问题。

(1) 国内生产总值是指一年内生产出来的产品的总值,在计算时不应包括以前所生产的产品的价值。例如,以前所生产而在该年所售出的存货,或以前所建成而在该年转手出售的房屋等。

(2) 国内生产总值是指最终产品的总值,在计算时不应包括中间产品产值,以避免重复计算。最终产品指在核算期内不需要再继续加工、直接可供社会投资和消费的产品和劳务。可供投资的产品包括机械设备、型钢等;可供消费的产品包括食品、服装、日用品等。中间产品是指在核算期间须进一步加工、目前还不能作为社会投资和消费的产品和劳务,包括各种原材料、燃料和动力。例如,服装是最终产品,可以直接消费,但用于服装生产的原材料,如棉布、棉纱等产品就不是最终产品而是中间产品。必须说明的是某些产品,如煤炭、棉纱等,在核算期间没有参与生产而是以库存形式滞留在生产环节以外的这些产品也应理解为社会最终产品。

(3) 国内生产总值中的最终产品不仅包括有形的产品，而且包括无形的产品——劳务，即要把旅游、服务、卫生、教育等行业提供的劳务，按其所获得的报酬计入国民生产总值中。

(4) 国内生产总值指的是最终产品市场价值的总和，这就是要按这些产品的现期价格来计算。这样就引出两个值得注意的问题：其一，不经过市场销售的最终产品(如自给性产品、自我服务性、劳务等)没有价格，也就无法计入国民生产总值中；其二，价格是变动的，所以，国内生产总值不仅要受最终产品数量变动的影响，而且还要受价格水平变动的影响。

2. 名义 GDP 和实际 GDP

国内生产总值按照计算时采用的是现行价格还是不变价格，分为名义国内生产总值和实际国内生产总值。名义 GDP 是指在一年内该国境内居民所生产的最终产品与劳务的数量按当年市场价格计算出来的市场价值。由于商品价格是经常变化的，所以用名义 GDP 统计的结果既包含了实际产出数量的变化，也包含了价格变化的影响。实际 GDP 是指在一年内该国境内居民所生产的最终产品与劳务按不变价格(某一基年的市场价格)计算得出的市场价值。由于不同年份的实际 GDP 按同一基年的不变价格计算得出，不包含在不同年份中因价格变动对 GDP 的影响，它只反映了这一时期内国内生产总值中实际产出数量的真实变化情况，便于不同年度国内生产总值之间的比较。因此，宏观经济学的分析通常是以实际国内生产总值为基础，要注意区分名义国内生产总值与实际国内生产总值。例如，在研究经济增长率时，要根据实际国内生产总值。假设某国 2024 年的名义国内生产总值为 46 138 亿美元，2023 年的名义国内生产总值为 44 261 亿美元。按此计算，从 2023—2024 年经济增长率为 4.2%。但如果以 2020 年的价格为不变价格，则 2023 年的实际国内生产总值为 34 830 亿美元，2024 年的实际国民生产总值为 35 368 亿美元，经济增长率只为 1.6%。再如表 2-1 反映了 1990—2010 年美国的名义 GDP 和实际 GDP，图 2.2 反映了 2019.3—2023.6 年美国的名义 GDP 和实际 GDP 增长率。按名义国内生产总值计算的增长率，其中含有价格水平上升因素，只有按实际国内生产总值计算的增长率，才能反映产量的变动情况。

表 2-1 美国(1990—2010 年)的名义 GDP 和实际 GDP

年　度	现价国内生产总值		2005 年不变价国内生产总值	
	金额：亿美元	同比增长/%	金额：亿美元	同比增长/%
1900	58 005	5.8	80 339	1.9
1991	56 921	3.3	80 151	−0.2
1992	63 423	5.8	82 871	3.4
1993	66 674	5.1	85 234	2.9
1994	70 852	6.3	88 707	4.1
1995	74 147	4.7	90 937	2.5
1996	78 385	5.7	94 339	3.7
1997	83 324	6.3	98 543	4.5
1998	87 935	5.5	102 835	4.4
1999	93 535	6.4	107 798	4.8
2000	99 515	6.4	112 260	4.1
2001	102 862	3.4	113 472	1.1

续表

年　度	现价国内生产总值		2005年不变价国内生产总值	
	金额：亿美元	同比增长/%	金额：亿美元	同比增长/%
2002	106 423	3.5	115 530	1.8
2003	111 421	4.7	118 407	2.5
2004	118 678	6.5	122 638	3.6
2005	126 384	6.5	126 384	3.1
2006	133 989	6.0	129 762	2.7
2007	140 776	5.1	132 541	2.1
2008	144 414	2.6	133 122	0.4
2009	142 587	−1.3	129 887	−2.4
2010	146 602	3.8	132 487	2.9

(资料来源：美国商务部经济分析局2011年1月28日发布.)

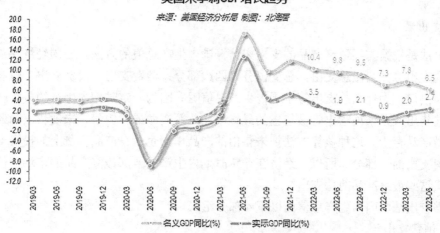

(资料来源：美国商务部经济分析局2023年7月27日发布.)

图2.2　美国的名义GDP和实际GDP增长率

把名义国内生产总值换算成实际国内生产总值，须借助于价格指数。国内生产总值的价格指数，是名义国内生产总值与实际国内生产总值之比。因此，实际国内生产总值可用下式换算

$$实际GDP = 名义GDP / GDP价格指数$$

用价格指数换算国内生产总值并不能完全解决各年国内生产总值的可比性问题。这些问题主要有以下几个方面。

(1) 产品质量的提高

技术进步使同一种产品在不同时期质量有所提高，使用价值有所增加，可以在更大程度上满足消费者的需要。但是，价格指数隐含着产品质量保持不变的假定，所以，在这种情况下，就会高估价格水平的上涨，从而低估实际国内生产总值的增长。

(2) 产品结构的变化

人们消费结构的变化和新产品的发明，使得产品结构不断发生变化，旧的产品被淘汰，

新的产品取而代之。不同时期的价格指数在其计算中包含的产品是不完全一样的。20 世纪 80 年代普遍使用的产品在 30 年前可能还不存在,而在其 30 年后可能又被淘汰。因此,用价格指数换算的不同时期的国内生产总值不是完全可比的,时间越长,产品结构变化越大,这种可比性则越差。

(3) 居民消费方式的变化

随着人们收入水平的提高,人们的消费方式越来越商品化了。以前许多家务如缝衣服和洗衣服等都由消费者自己干,所以不计入国内生产总值,但现在由服装厂和洗衣店完成,有买有卖,都要计入国内生产总值。这种变化虽然没有增加居民消费,但却增加了实际国内生产总值。这也是价格指数不能解决的问题。

2.1.3 国内生产总值的核算方法

在西方国家的核算体系中,核算国内生产总值的方法主要有 3 种:支出法、增值法和收入法。

1. 支出法

支出法是根据购买最终产品的支出来计算国内生产总值的方法。一国经济在购买最终产品上的支出总额叫做总支出。总支出分为四大部分:消费支出、投资支出、政府的购买支出和净出口。为什么总支出等于国内生产总值呢?因为一定时期内生产的最终产品,或者当期被售出或者未被售出。被售出的最终产品总额叫做最终销售,未被售出的最终产品总额叫做产品存货。这种核算方法把未售出的产品作为企业在产品存货上的投资支出,它是总投资支出的一部分。所以,经济在一定时期内生产的全部最终产品的市场价值,恰好等于购买这些最终产品的总支出。

根据支出法,国内生产总值由以下 4 部分组成。

(1) 消费支出

消费支出是指本国居民一定时期内对最终产品的购买支出,用 C 来表示,它包括购买耐用品的支出,如洗衣机、电冰箱、空调、小汽车等;购买非耐用品的支出,如食品、服装、药品、汽油;购买服务的支出,如理发、医疗、法律咨询等。居民购买住宅的支出不包括在消费支出内,它是投资支出的一部分。

(2) 投资支出

投资支出是指一定时期内增加或更换资本资产的支出,用 I 来表示。这类产品也称作投资品。投资支出包括固定投资和存货投资两大类。固定投资指在可以长期使用的资本品上的投资,存货投资则是一种暂时性的投资。

固定投资分为固定资本投资和住宅投资。固定资本投资指生产用的建筑物和机器设备的投资。住宅投资是用于建造新的居民住宅的投资。住宅是一种十分耐用的产品,它的效用在其很长的"寿命"期间缓慢地发挥出来。由于这种原因,住宅投资被计入投资支出,而不计入消费支出。

存货投资是经济中存货的变动,即

$$本期存货投资 = 本期末存货 - 上期末存货$$

当存货增加时,存货投资为正值,说明本期生产的产品多于本期售出的产品。当存货减少时,存货投资为负值,说明本期生产的产品少于本期售出的产品,这时本期销售的一部分产品是前期生产的存货。

一定时期内经济中的投资总额叫总投资。总投资分为两个部分:重置投资和净投资。重置投资用于资本消耗的补偿,也叫资本折旧。净投资等于总投资减去资本折旧。净投资增加资本存量(Capital Stock),而重置投资则是使原有资本存量保持不变。

总投资、净投资与资本存量的关系为

$$上期末资本存量 - 本期资本折旧 + 本期总投资 = 本期末资本存量$$

或

$$本期净投资 = 本期末资本存量 - 上期末资本存量$$

作为总支出或国内生产总值的一部分的是总投资而不是净投资。这是因为,所有的投资品都是国民产出的一部分,不论这些投资品是属于净投资还是属于重置投资。

(3) 政府的购买支出

政府的购买支出指政府(包括中央政府和地方政府)购买货物和服务的支出,用 G 来表示。政府利用购买的货物和服务为社会提供公共教育、卫生事业、社会治安、道路建设、环境保护和国防等各种公共物品。这些政府购买只是政府支出的一部分,政府支出的另一部分如转移支付(失业保险金、退休金、抚恤金等福利性支出)、国债利息等都不计入国内生产总值,理由是政府购买时通过雇请公务人员、教师,建立公共设施,提供公共教育等为社会提供了服务,而转移支付只是简单地把收入从一些人或一些组织转移到另一些人或另一些组织,没有相应的物品或劳务的交换发生。如政府给残疾人发放救济金,不是因为这些人提供了服务,创造了价值,而是因为他们丧失了劳动能力,要靠救济生活。

(4) 净出口

消费支出、投资支出和政府支出构成国内总支出。假如一国与别国没有经济关系,那么国内生产总值等于国内总支出。在现实世界中,具有封闭型经济的国家是很少的。特别是经济发达的国家,对外贸易在经济中占有很大比重。因此,在对总支出和国内生产总值的核算中,必须考虑到本国生产并出售给外国的货物和服务的价值,以及本国的居民、企业和政府购买的由外国生产的货物和服务的价值。

在一定时期内,本国生产并出售给外国的货物的价值,加上本国向外国提供的服务的收入,得到的是出口总额,用 X 来表示。

在一定时期内,本国购买的外国生产的货物的价值,加上本国支付给外国提供的服务报酬,得到的是进口总额,用 M 来表示。

净出口定义为出口总额与进口总额之间的差额,用 NX 来表示。出口大于进口时,净出口为正值;反之,则为负值。净出口综合地反映了出口和进口对经济的影响。

综上所述,通过购买货物和服务的支出核算国内生产总值的方法可以列示如下。

国内生产总值
    消费支出(C)
        耐用品
        非耐用品

服务
投资支出(I)
　　固定资本投资
　　住宅投资
　　企业存货变化(存货投资)
政府购买支出(G)
　　中央政府
　　地方政府
净出口(NX)
　　出口
　　进口

把上述4类项目加总，就得到支出法计算的国内生产总值，可以表示为

国内生产总值=消费支出+投资支出(净投资+资本折旧)+政府购买支出+净出口
$$=C+I+G+NX$$

 阅读案例 2-2

我国用支出法核算的国内生产总值及其结构

表2-2、表2-3是我国1978—2022年用支出法核算的国内生产总值及其构成情况。国内生产总值由最终消费支出、资本形成总额及货物和服务净出口构成。最终消费支出由居民消费支出和政府消费支出构成。资本形成总额由固定资本形成总额和存货增加构成。从1978—2022年在最终消费支出中政府消费支出所占比重小幅上升并趋于稳定，居民消费支出所占比重小幅下降并趋于稳定，而居民消费支出中的城镇居民消费所占比重和农村居民消费所占比重变化比较大，农村居民消费所占比重大幅减少，因此，在刺激居民消费时，拉动农村居民消费尤为重要。

表2-2　支出法国内生产总值

单位：亿元

年 份	国内生产总值	最终消费支出	资本形成总额	货物和服务净出口
1978	3 606	2 234	1 383	-11
1980	4 541	2 968	1 588	-20
1990	18 969	12 012	6 447	510
2000	99 799	63 749	33 667	2 383
2010	408 505	201 581	191 876	15 057
2015	692 094	371 912	297 827	22 346
2020	1 025 628	560 811	439 550	25 267
2021	1 145 283	619 688	495 784	29 810
2022	1 205 017	641 633	523 890	39 494

表 2-3　支出法国内生产总值结构

年份	最终消费支出=100		居民消费支出=100		资本形成总额=100	
	居民消费支出	政府消费支出	农村居民	城镇居民	固定资本形成总额	存货增加
1978	78.8	21.2	62.1	37.9	78	22
1980	78.7	21.3	60.5	39.5	82.5	17.5
1990	78.5	21.5	55.5	44.5	70.2	29.8
2000	73.5	26.5	33.3	66.7	97.0	3.0
2010	70.2	29.8	23.0	77.0	94.4	5.6
2015	70.0	30.0	21.7	78.3	97.4	2.6
2020	69.0	31.0	21.5	78.5	98.0	2.0
2021	70.7	29.3	21.2	78.8	97.2	2.8
2022	69.8	30.2	21.6	78.4	97.0	3.0

表 2-4 是国内生产总值各构成部分对国内生产总值增长的贡献率和拉动状况。消费需求对经济增长的贡献率在 1978 年低至 38.7%，其贡献率开始逐年提高，在 2000 年消费拉动 GDP 增长 6.7 个百分点，贡献率达到 78.8%。受新冠疫情的影响，2020 年和 2022 年消费需求对经济增长的贡献率较低。自 1978 年中国实行改革开放以来，外向型经济发展模式在扩大国内就业、提高居民收入、弥补国内消费不足，并最终促进经济增长等方面做出了重要的贡献。当前，我国正致力于转变为这种经济发展方式，消费对经济发展的重要性将进一步凸显，未来我国仍将花大力气促进消费升级，增加消费对 GDP 贡献率将继续增长。美国的消费需求对其 GDP 增长的贡献率约为 70% 以上，日本、英国、法国等国家，消费需求对 GDP 增长的贡献率也比中国高。在消费需求不足的情况下，投资需求在拉动 GDP 增长方面发挥了非常大的作用。

表 2-4　三大需求对国内生产总值增长的贡献率和拉动

年份	最终消费支出		资本形成总额		货物和服务净出口	
	贡献率/%	拉动/百分点	贡献率/%	拉动/百分点	贡献率/%	拉动/百分点
1978	38.7	4.5	66.7	7.8	−5.4	−0.6
1980	71.8	6.1	20.1	1.6	1.8	0.1
1990	89.0	3.5	−69.4	−2.7	−0.5	0.0
2000	78.8	6.7	21.7	1.8	12.5	1.0
2010	47.4	5.0	63.4	6.7	−10.8	−1.1
2015	69.0	4.9	22.6	1.6	8.4	0.6
2020	−6.8	−0.2	81.5	1.8	25.3	0.6
2021	58.3	4.9	19.8	1.7	21.9	1.9
2022	32.8	1.0	50.1	1.5	17.1	0.5

(数据来源：《中国统计年鉴(2023)》. 国家统计局网站.)

2. 增值法(部门法)

支出法是从最终产品市场价值的角度来核算国内生产总值，而增值法是从最终产品价值形成的角度来核算国内生产总值，它侧重于经济中的各个部门或各个企业对最终产品的价值的贡献。

一个企业的增值是指这个企业产品销售收入与购买其他企业的中间产品价值之间的差额，它是在这个企业的产品生产过程中新增加的价值。增值(value added)法是通过加总所有企业产品的增值来计算国内生产总值的方法。

举一个简单的例子来说明这个问题。例如，处在最终产品生产过程的不同生产阶段上的4个企业：棉花企业、棉纱企业、棉布企业和服装企业。棉花企业把棉花出售给棉纱企业，棉纱企业把生产的棉纱出售给棉布企业，棉布企业把生产的棉布出售给服装企业，服装企业再生产各式各样的服装出售给消费者。因为消费者不直接消费棉花、棉纱和棉布，所以棉花企业、棉纱企业和棉布企业都是专门生产中间产品的企业。它们之间的交易，见表2-5。4个企业销售收入总计是125万元。但是，在这125万元的总销售额中，包含65万元中间产品的销售收入，其中一些企业的产品价值被重复计算了一次或多次。125万元的总销售额减去65万元的中间产品的销售额，余下的60万元是这4个企业的增值总和，它等于最终产品的销售额，即最终产品的市场价值。4个企业的增值总和是增值法要核算的数据，最终产品的市场价值是支出法要核算的数据，两者是一致的。

表2-5 企业的增值

单位：万元

	不同生产阶段上企业之间的交易				合　　计
	棉花企业	棉纱企业	棉布企业	服装企业	
销售收入	10	20	35	60(最终产品)	125
购买其他企业产品的费用	0	−10	−20	−35	−65
企业的增值	10	10	15	25	60

国内生产总值是所有企业在一定时期内增值的总和。在实际计算中，通常把经济中的企业按几大部门分类，加总各个部门的增值，得到国内生产总值，因此，增值法也称部门法。各国对各部门的分类法不同。在美国的国民收入统计中，按部门法计算时可以分为这样一些部门，增值法的计算可列示如下。

国内生产总值
  农业的增值
  采掘业的增值
  建筑业的增值
  制造业的增值
  运输和公共事业的增值
  批发和零售贸易的增值
  金融、保险和不动产业的增值
  服务业的增值
  政府服务和政府企业的增值
  统计误差

这种按部门划分的核算资料可以用于分析国民经济中各个部门的增值在国内生产总值中占的比重及其变化情况，并且有助于区分哪些行业是生产最终产品的行业，哪些行业是生产中间产品的行业，哪些行业是既生产最终产品又生产中间产品的行业。

在理论上，用增值法计算的国内生产总值等于用支出法计算的国内生产总值。但是，在实际核算过程中,由于数据来源不同及计算误差,两种计算方法的结果可能不完全一致,所以加上统计误差项,才能使两者相等。

阅读案例 2-3

中国用增值法核算的国内生产总值

按三次产业和各行业增加值计算的中国 2021、2023 年的国内生产总值,见表 2-6、2-7。

表 2-6 中国 2021 年的国内生产总值

构　成	金额/亿元	百分比/%
第一产业	83 216.5	7.2
第二产业	451 544.1	39.3
第三产业	614 476.4	53.5
国内生产总值	1 149 237.0	100

表 2-7 我国 2023 年增值法计算的国内生产总值及其构成

构　成	金额/亿元	百分比/%
第一产业	89 755	7.1
第二产业	482 589	38.3
第三产业	688 238	54.6
国内生产总值	1 260 582	100

按照各行业增加值计算的中国 2021 年的国内生产总值为 1 149 237.0 亿元,其各行业增加值如下。农林牧渔业增加值为 86 994.8 亿元,占 GDP 的比重为 7.6%;

采矿业增加值为 34 566.1 亿元,占 GDP 的比重为 3%;

电力、热力、燃气及水生产和供应业增加值为 23 397.9 亿元,占 GDP 的比重为 2%;建筑业增加值为 78 741.2 亿元,占 GDP 的比重为 6.9%;

制造业增加值为 316 581.5 亿元,占 GDP 的比重为 27.6%;

批发和零售业增加值为 110 147.0 亿元,占 GDP 的比重为 9.6%;住宿和餐饮业增加值为 18 026.9 亿元,占 GDP 的比重为 1.6%;

交通运输和仓储业增加值为 48 423.9 亿元,占 GDP 的比重为 4.2%;

传输、软件和信息技术服务业增加值为 44 510.4 亿元,占 GDP 的比重为 3.9%;金融业增加值为 90 308.7 亿元,占 GDP 的比重为 7.9%;

房地产业增加值为 77 215.9 亿元,占 GDP 的比重为 6.7%;

租赁和商业服务业增加值为 37 484.2 亿元,占 GDP 的比重为 3.3%;

科学研究和技术服务业增加值为 28 164.0 亿元,占 GDP 的比重为 2.5%;

水利、环境和公共设施管理业增加值为 6 053.1 亿元,占 GDP 的比重为 0.5%;居民服务、修理和其他服务业增加值为 18 455.3 亿元,占 GDP 的比重为 1.6%;教育增加值为 43 885.3 亿元,占 GDP 的比重为 3.8%;

卫生和社会工作增加值为 27 514.6 亿元,占 GDP 的比重为 2.4%;

文化、体育和娱乐业增加值为 8 495.4 亿元,占 GDP 的比重为 0.7%;

公共管理、社会保障和社会组织增加值为 50 270.7 亿元,占 GDP 的比重为 4.4%。

按照各行业增加值计算的中国 2023 年各行业增加值如下:农林牧渔业增加值为 94 462.6 亿元,占 GDP 的比重为 7.5%;工业增加值为 399 103.1 亿元,占 GDP 的比重为 31.7%;

建筑业增加值为 85 691.1 亿元,占 GDP 的比重为 6.8%;

批发和零售业增加值为 123 072.4 亿元,占 GDP 的比重为 9.8%;

住宿和餐饮业增加值为 21 023.6 亿元,占 GDP 的比重为 1.7%;

交通运输、仓储和邮政业增加值为 57 819.8 亿元,占 GDP 的比重为 4.6%;

金融业增加值为 100 676.6 亿元,占 GDP 的比重为 8.0%;

房地产业增加值为 73 722.7 亿元,占 GDP 的比重为 5.8%;

其他行业增加值为 305 010.2 亿元,占 GDP 的比重为 24.2%。

(数据来源:《中国统计年鉴(2023)》.国家统计局网站.)

阅读案例 2-4

2021 年世界主要国家第三产业的比较

表 2-8　2021 年世界主要国家第三产业占比情况表

国家	Services (%GDP)	Industry (%GDP)	Agriculture (%GDP)	C Dther (% GDP)	GDP (Total)
美国	77.6	17.9	1	3.5	22.9
中国	53.5	39.3	7.2	0	16.9
日本	69.9	28.8	1	0.4	5.1
德国	62.9	26.7	0.9	9.5	4.2
英国	71.6	17.3	0.7	10.4	3.1
法国	70.3	16.7	1.6	11.4	2.9
印度	47.9	26.1	17.3	8.7	2.9
意大利	65.0	22.7	1.9	10.4	2.1
加拿大	67.7	24.1	1.7	6.6	2.0
韩国	57.0	32.4	1.8	8.8	1.8

3. 收入法

先了解国内生产总值与企业收入之间的关系。一个企业的增值将成为企业的收入,这些收入取得后需要进行分配。一部分是给企业的职工作为工资,一部分是给企业租用的土地、房屋等的所有者作为租金,一部分是给银行作为贷款利息,一部分是给政府的间接税,一部分是资本折旧,最后剩下的部分就是企业本身的利润。这样,所有企业的增值的总和等于国内生产总值,所有企业收入的总和也等于国内生产总值。

收入法是指通过把生产要素所有者的收入相加来获得国内生产总值的计算方法。这些收入主要包括劳动者的工资、资本所有者的利息、土地所有者的地租、企业的利润和政府的税收。

各项收入说明如下。

(1) 工资。受雇于政府、企业、居民等三大部门的员工所得收入,包括工资、津贴和福利费,也包括企业为员工向社会保障机构缴纳的社会保险费。

(2) 净利息。净利息是指个人从企业获得的因资金借贷所产生的利息净额,不包括个人之间因借贷关系而发生的利息及政府支付的公债利息。

(3) 个人的租金收入。指出租土地、房屋等的租赁收入及专利、版权等的收入。

(4) 公司利润。可把公司看作是一种综合要素。公司利润是指公司在一定时期内所获得的税前利润,包括公司所得税、股东红利及未分配利润等。

(5) 非公司企业收入。如个人独资经营和合伙经营的企业、医生、律师、农民和小店铺主的收入。

(6) 间接税。间接税是指税收负担不由纳税者本人承担的税,即这种税收的负担可以转嫁出去。例如对商品征收的货物税由生产厂商支付,但厂商可以把税收加入成本中,通过提高价格转嫁给消费者。营业税、增值税等都属于间接税。用收入法计算国内生产总值,必须包括政府的全部收入,主要是全部税收。但在税收中,工资中已经包括了个人所得税。同样,利息、租金、利润中也包括了各自的直接税(由个人交纳或由企业交纳)。至于间接税,则还未包括在工资、利息、租金和利润之内。假如某产品一单位的间接税为 0.1 元,其要素成本(包括工资、利息、租金和利润)为 0.9 元,产品价格应为 1 元(0.9+0.1),而不是 0.9 元。可见,用收入法计算国内生产总值,除了工资、利息、租金和利润之外,还应加上间接税。

(7) 资本折旧。资本折旧作为一种费用包含在国内生产总值之中。

收入法计算国内生产总值可以列示如下。

国内生产总值
  工资
  净利息
  租金收入
  公司利润
  非公司企业收入
  企业间接税
  资本折旧

把上述 7 个项目加总,就得到收入法计算的国内生产总值,可以表示为

国内生产总值=工资+净利息+租金收入+公司利润+非公司企业收入+企业间接税+资本折旧=生产要素收入+企业间接税+资本折旧

4. 三种核算方法的一致性

以上的 3 种核算方法,核算的对象都是 GDP,所以应当一致。可以通过投入产出表看出 3 种核算方法的一致性。

投入产出表又称里昂惕夫表、产业联系表或部门联系平衡表。反映国民经济各部门间投入与产出关系的平衡表。国民经济每个部门既是生产产品(产出)的部门,又是消耗产品(投入)的部门。投入产出表是以所有部门的产出去向为行、投入来源为列而组成的棋盘式表格,

主要说明两个基本关系:一个关系是,每一部门的总产出等于它所生产的中间产品与最终产品之和,中间产品应能满足各部门投入的需要,最终产品应能满足积累和消费的需要;另一个关系是,每一部门的投入就是它生产中直接需要消耗的各部门的中间产品,在生产技术条件不变的前提下,投入决定于它的总产出。

投入产出表以矩阵形式,描述国民经济各部门在一定时期(通常为一年)生产中的投入来源和产出使用去向,揭示国民经济各部门间相互依存、相互制约的数量关系。它将增值法、收入法、支出法和国内生产总值结合在一张表上。投入产出表表式见表2-9。

表2-9 投入产出表表式

投入 \ 产出		中间使用(中间需求)				最终使用(最终需求)					总产品价值
		1	2	…	N	合计	消费	投资	政府	净出口	合计	
中间投入	1	x_{11}	x_{12}	…	x_{1n}	x_1	C_1	I_1	G_1	NX_1	Y_1	X_1
	2	x_{21}	x_{22}	…	x_{2n}	x_2	C_2	I_2	G_2	NX_2	Y_2	X_2
	…	…	…	…	…	…	…	…	…	…	…	…
	n	x_{n1}	x_{n2}	…	x_{nn}	x_n	C_n	I_n	G_n	NX_n	Y_n	X_n
	合计	N_1	N_2	…	N_n	$\sum N$	C	I	G	NX	GDP	
增加值	折旧	D_1	D_2	…	D_n	D						
	劳动者报酬	W_1	W_2	…	W_n	W						
	生产税净额	T_1	T_2	…	T_n	T						
	营业盈余	R_1	R_2	…	R_n	R						
	合计	M_1	M_2	…	M_n	GDP						
	总收入	X_1	X_2	…	X_n							

国民经济由 n 个部门组成。表中横向表示各部门产品的使用情况,分两个部分。中间使用部分是指提供给生产部门消耗用的中间产品,最终使用部分是指用于消费、投资等的产品,称为最终产品。两部分之和应该等于产品的总产出,分别以 $X_1, X_2, \cdots, X_n$ 表示。表中纵向表示各部门产品形成时价值构成情况,也由两部分构成。第一部分是中间投入部分,表示各部门生产时消耗的中间产品价值。比如,第 1 部门生产时需要消耗本部门产品 x_{11},第 2 部门消耗本部门的产品 x_{21},第 n 部门为产品 x_{n1},消耗的总价值用 N_1 表示,N_2 表示第 2 部门产品生产时的总消耗,N_n 表示第 n 部门产品生产时的总消耗。第二部分是增加值部分,表示各部门在生产过程中的价值构成,M_1 表示第 1 部门的新增价值,M_2 表示第 2 部门的新增价值,M_n 表示第 n 部门的新增价值。中间投入与增加值之和构成产品的总收入,也分别以 $X_1, X_2, \cdots, X_n$ 表示。产品的总产出价值等于产品的总收入。

投入产出表中包含两个基本的平衡关系——横长方形表和纵长方形表。横长方形表:中间产品+最终产品=总产出,即 $\sum x_i + \sum Y_i = \sum X_i$。纵长方形表:中间投入+增加值=总收入,即 $\sum N_i + \sum M_i = \sum X_i$。

用支出法核算 GDP 是

$$\text{GDP} = C + I + G + NX = \sum X_i - \sum x_i \\ = \sum X_i - \sum N_i = \sum (X_i - N_i) = \sum M_i \tag{2-1}$$

用增值法核算 GDP 是

$$GDP = \sum(X_i - N_i) = \sum M_i \qquad (2\text{-}2)$$

即 GDP 等于各部门新增价值的总和。

用收入法核算 GDP 是

$$GDP = D + W + T + R = \sum M_i \qquad (2\text{-}3)$$

需要说明的是，在投入产出表中，租金、利息和公司利润都归在营业盈余里。所以，在投入产出表中，要素收入项目为 4 项，与收入法介绍的 7 项是相等的。

从表 2-8 中可以看出，增值法核算 GDP 相当于对增加值部分数值先纵向相加，得到 $M_1, M_2, \cdots, M_n$，然后再横向相加，得到 GDP 数值。这与收入法计算结果是一致的。从式(2-1)、式(2-2)和式(2-3)可以看出，用增值法、收入法、支出法核算的 GDP 是一致的。

2.2 从国内生产总值到个人可支配收入

在国民收入核算体系中，除了要弄清上一节说过的国内生产总值这一概念，还要弄清国民生产总值、国内生产净值、国民收入、个人收入和个人可支配收入这些概念及其相互关系。

2.2.1 国民收入核算中 5 个基本总量的关系

国内生产总值是国民收入核算中的最基本总量，但国民收入核算中还有其他 4 个重要的总量：国内生产净值、国民收入、个人收入、个人可支配收入。这些总量与国内生产总值有密切的关系，从不同的角度反映了整体经济的运行状况。

国内生产净值(NDP)是指一国一年内新增加的产值，即在国内生产总值中扣除了折旧之后的产值。

国民收入(NI)是指一国生产要素(包括土地、劳动、资本、企业家才能等)所有者在一定时期内提供生产要素所得的报酬，即工资、利息、租金和利润的总和。

个人收入(PI)是指一国一年内个人所得到的全部收入。国民收入(要素报酬)并不会都给个人，从中要减去企业所得税、公司保留利润和社会保险费。这里，社会保险费指公司为本公司员工参加社会保险而缴纳给社会保险机构的费用，这些要从国民收入中扣除。

当然，个人收入也会从政府和企业向个人的转移支付、利息调整这些途径中增加。这里，利息调整是指不包括在利息净额(个人从企业获得的因资金借贷所产生的利息)之中的个人利息收入。

个人可支配收入(PDI)是指一国一年内个人可直接支配、用于消费或储蓄的收入。个人收入还不能全归个人支配，因为还要缴纳个人所得税和非税收性支出。从个人收入中扣除个人所得税等即得个人可支配收入。

在以上 5 个总量中，国民收入可以分为广义的国民收入与狭义的国民收入，前面所讲的是狭义的国民收入(NI)，广义的国民收入泛指这 5 个基本总量。这种广义的国民收入也可以指国内生产总值。国民收入决定理论中所讲的国民收入就是指国内生产总值，一般用 Y 表示。

国民收入核算中这 5 个基本总量的关系是：

GDP(Y)=消费支出+投资支出(总投资)+政府支出+净出口=生产要素的收入+企业间接税+资本折旧

NDP=GDP-折旧=消费支出+净投资+政府支出+净出口=生产要素的收入+企业间接税
NI= NDP-间接税=生产要素的收入
PI=NI-企业所得税-公司未分配利润-社会保险费(税)+政府的转移支付+利息调整
PDI(Y_d)=*PI*-个人所得税-非税收性支付=个人消费+个人储蓄

上述国内生产总值、国内生产净值、国民收入、个人收入和可支配收入之间的关系列示如下。

  国内生产总值
    减去：资本折旧
  国内生产净值
    减去：间接税
  国民收入
    减去：企业未分配利润
      企业所得税和社会保险费
    加上：对个人的转移支付
      利息调整
  个人收入
    减去：个人所得税等
  个人可支配收入

上面所列的国内生产总值与个人可支配收入的关系，可以简述为：从国内生产总值中，减去企业总储蓄(包括折旧和企业未分配利润)，再减去政府的净税收(等于政府总税收扣去转移支付)，即为个人可支配收入。其计算公式为

    个人可支配收入=国内生产总值-企业总储蓄-政府的净税收

若假定企业总储蓄为零时，则

      个人可支配收入=国内生产总值-政府的净税收

即：$Y_d=Y-T$

国内生产总值 Y 与个人可支配收入 Y_d 的关系式非常重要，在以后章节将要用到。

2.2.2 国内生产总值与国民生产总值

国民生产总值(Gross National Product，GNP)是指本国国民在一定时期内所生产和提供的最终产品(包括产品和劳务)的市场价值的总和。GDP 和 GNP 都是核算最终产品市场价值的指标，只是核算原则有区别。

GDP 是按照国土原则来确定的。凡是在本国国土内生产的最终产品价值，不管是否由本国国民所创造，都应计入本国 GDP。根据这一原则，外国公司在中国的收入应计入中国的 GDP。

GNP 是按照国民原则来确定的。凡是本国国民(包括本国公民以及常住外国但未加入外国国籍的居民)所生产的最终产品价值，不管是否发生在国内，都要计入本国 GNP。这样，按照国民原则计算 GNP 时，中国企业在外国子公司的利润收入应计入中国的 GNP，而外国公司在中国的子公司所创造的利润收入就不应计入中国的 GNP。

用公式表示国民生产总值与国内生产总值之间的关系就是

      国民生产总值=国内生产总值+国外要素净收入

国外要素净收入(Net Factor Income From Abroad)，是指本国生产要素在其他国家获得的收入(如本国在外国投资获得的利润，本国公民在外国的劳务收入等)减去本国付给外国生产要素在本国获得的收入。这样，国内生产总值加上来自国外的要素净收入就可以得到国民生产总值。

当在国外投入生产的本国生产要素所获取的收入大于在国内投入生产的外国生产要素所获取的收入，GNP 就会高于 GDP；反之，GNP 则低于 GDP。

我国改革开放以来，GNP 与 GDP 的差距呈现出较大的变化，如表 2-10 所示。1995 年以前，我国的国外要素净收入很小，有很多年为零或接近于零，说明开放程度极其低；1995 年以后，我国的国外要素净收入的绝对值开始扩大。符号为负，说明我国吸引外资的规模不断扩大。2023 年我国的国外要素净收入的绝对值为 9285 亿元。

表 2-10 我国的国外要素净收入

单位：亿元

年	1978	1985	1990	1995	2000	2005	2010	2015	2020	2023
GNP	3679	9124	18923	60357	99066	18599	410354	685571	1005451	1251297
GDP	3679	9099	18873	61340	100280	187319	412119	688858	1013567	1260582
NFP	0	25	50	-983	-1214	-1320	-1765	-3287	-8116	-9285

(数据来源：《中国统计年鉴(2023)》. 国家统计局网站.)

国民生产总值是与国内生产总值密切相关的一个总量指标。在 20 世纪 90 年代以前，宏观经济分析多采用国民生产总值作为总量指标，之后各国多使用国内生产总值作为国民产出的基本衡量指标。国内生产总值取代国民生产总值主要有 3 个原因。

(1) 相对于 GNP，GDP 是对一国经济中就业潜力的一个较好的衡量指标。
(2) 由于较难获得国外净收入的准确数据，国内生产总值更便于衡量。
(3) 世界多数国家都采用国内生产总值，便于国际间比较。

2.2.3　国内生产总值与人均国内生产总值

国内生产总值有助于了解一国的经济实力与市场规模，而人均国内生产总值则有助于了解一国的富裕程度与生活水平，是进行国际间生活水平比较的一项重要标准。这两个概念都是很重要的。

人均国民生产总值是一国的国内生产总值与人口总数之比，即

$$某年人均国内生产总值 = \frac{某年国内生产总值}{某年人口数}$$

阅读案例 2-5

一个国家是否属于发达国家的判断标准是什么？

联合国的开发计划署编制了"人类发展指数"来界定一个国家是否属于发达国家。具体标准是：人类发展指数不低于 0.9 即为发达国家。它由三个指标构成：预期寿命、成人识字率和人均 GDP 的对数。这三个指标分别反映了人的长寿水平、知识水平和生活水平。根据联合国开发计划署出版的《2020 年中国人类发展报告》，北京市人类发展指数为 0.901，排名中国内地城市第一，上海市、天津市、江苏省、广

东省居2至5位。中国内地平均为0.761。如表2-11。2020年10月29日,中国共产党第十九届中央委员会第五次全体会议,提出2035年基本实现社会主义现代化远景目标,其中人均GDP达到中等发达国家水平。

表2-11 2020年中国各省行政区人类发展指数表

省级行政区	人类发展指数	预计寿命	教育指数	人均收入指数
香港	0.949	0.985	0.670	0.950
澳门	0.914	0.968	0.737	1.000
台湾(台澎金马地区)	0.911	0.920	0.807	0.923
北京市	0.901	0.952	0.921	0.806
上海市	0.893	0.953	0.807	0.803
天津市	0.865	0.932	0.791	0.814
江苏省	0.810	0.896	0.730	0.778
广东省	0.805	0.894	0.694	0.741
中国内地平均	0.761	0.868	0.709	0.697

(数据来源:联合国开发计划署出版的《2020年中国人类发展报告》)

案例

中国经济发展的现状及未来

中国目前为世界上最大的发展中国家。随着改革开放和中国政府依据本国国情适时适度调节本国经济政策,中国的经济实力和综合国力都取得了快速的发展,经济实力不断爬升,增加速度持续增加。请看表2-12,2022年中国国内生产总值为18.1万亿美元,为世界第二大经济体,比排名3-7日本、德国、印度、英国、法国的GDP的总和还要略大一些。2022年中国人均国内生产总值为12814美元,比美国、德国、加拿大、法国等发达国家低很多。

表2-12 2021-2022年世界主要国家的GDP、人均GDP表

2022年排名	国家	2022年GDP总量(亿美元)	2021年GDP总量(亿美元)	2021年排名	人口(万)	2022年人均GDP(美元)
1	美国	254645	229975	1	33353	76348
2	中国	181000	174580	2	141255	12814
3	日本	42335	49374	3	12517	33822
4	德国	40754	42259	4	8379	48636
5	印度	33864	30420	6	142333	2379
6	英国	30706	31876	5	6779	45295
7	法国	27840	29355	7	6565	42409
8	俄罗斯	22153	17755	11	14344	15444
9	加拿大	21398	19908	9	3885	55085
10	意大利	20120	21013	8	5898	34113

(数据来源:国际货币基金组织(IMF)2023年4月发布)

党的二十大擘画了中国的未来。中国将以中国式现代化全面推进中华民族伟大复兴的宏伟蓝图。什么是中国式现代化？

——中国式现代化是人口规模巨大的现代化。

——中国式现代化是全体人民共同富裕的现代化。

——中国式现代化是物质文明和精神文明相协调的现代化。

——中国式现代化是人与自然和谐共生的现代化。

——中国式现代化是走和平发展道路的现代化。

2.3 国民收入核算中的基本恒等关系

从支出法、收入法与部门法所得到的国内生产总值的一致性，可以说明国民经济中的一个基本平衡关系。总支出代表了社会对最终产品的总需求，而总收入和总增值代表了社会对最终产品的总供给。因此，从国内生产总值的核算方法中可以得出这样一个恒等式

总需求=总供给

这种恒等关系在宏观经济学中是十分重要的，它是国民收入决定理论的出发点。当总需求等于总供给时，称这时的经济处于均衡状态，也将其称为国民经济均衡条件。

在国民收入核算中，这种恒等式是一种事后的恒等关系，即在一年的生产与消费之后，从国民收入核算表中所反映出来的恒等关系。但在一年的生产活动过程中，总需求与总供给并不总是相等的。有时总需求大于总供给，也有时总供给大于总需求。在国民收入决定理论中，将详细分析总需求与总供给的这种关系。为了了解国民经济的运行机制，下面首先从最简单的两部门经济循环模型开始进行分析，进而研究三部门与四部门经济。

2.3.1 两部门经济循环模型及恒等关系

所谓两部门经济循环模型，就是在一个宏观经济中，只考虑由家庭与厂商两个部门所组成的经济循环模型。

假设所有家庭收入全部用于消费支出，没有任何储蓄；所有厂商也将其收入全部用于对生产要素的支付，没有企业留成；产品和劳务的相对价格不变。则该经济社会中的两部门经济实体之间存在着相互依存的关系，其经济活动流程如图 2.4 所示。

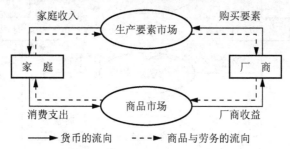

图 2.4 两部门经济活动流程

在图 2.4 中，图的上半部分是生产要素市场，在这个市场中，由家庭部门向厂商部门

提供生产要素(如劳动、资本、土地与企业家才能等)，而厂商部门则向家庭部门支付要素报酬(如工资、利息、地租与利润等)，两者的交换是按照市场价格进行的。图的下半部分是商品市场，在这个市场中，由厂商部门向家庭部门提供各种产品与劳务，而家庭部门则按照产品与劳务的市场价格向厂商部门支付消费支出。可以看出，图中形成了两个循环，把以逆时针方向流动的循环称为货币流程，而把以顺时针方向流动的循环称为实物流程。货币流动的方向与实物流动的方向正好相反。当厂商部门所生产的产品与劳务刚好被家庭部门全部购买时，这时的社会总需求刚好等于社会的总供给，国民经济处于均衡状态。在国民经济处于均衡的条件下，要素市场的货币流动数量(生产要素收入)与产品市场的货币流动数量(最终产品市场价值)完全相等。这就是说，不管是从要素市场上进行测量，还是从产品市场上进行测量，货币总量都是相同的。

在经济总流程中，要计算出厂商的总供给可以从两个方面入手。一是计算厂商在该时期内提供的所有最终产品(包括产品与劳务)的市场价值总额，这也就是提供最终产品的厂商部门的销售收入总额。二是计算所有厂商(既包括提供最终产品的厂商，也包括提供中间产品的厂商)在该时期内所支付的生产要素的报酬总和，也就是厂商部门的要素报酬支付总额。在厂商部门将其收入全部用于对生产要素报酬支付的条件下，提供最终产品的厂商的销售收入总额应该等于要素报酬支付总额。这也就是一个经济社会的总产出水平，或者称为一个经济社会的总供给水平。由于厂商部门将其收入全部支付给了家庭部门，因此这一数值实际上也就是该经济社会中家庭部门的总收入水平。在这个意义上，总供给、总产出与总收入这3个概念是完全相同的，即

总供给=厂商部门的要素报酬支付总额=家庭部门的收入总额

在这个简单的两部门经济中一个经济社会的总需求主要表现为家庭部门购买产品与劳务的消费支出。

在这个经济循环中，只要家庭部门把他们销售各种生产要素所得到的全部收入用于购买厂商部门生产出来的各种产品与劳务，即家庭部门销售各种生产要素所得到的收入与厂商部门销售各种产品与劳务所得到的收益相等，即总供给=总需求，这个经济就可以以不变的规模运行下去。

如果家庭部门把一部分收入用来购买厂商部门生产的各种产品与劳务，把另一部分收入储蓄起来；如果厂商部门在居民户的消费支出之外获得了其他来源的追加投资，那么，收入流量循环的模型如图2.5所示。

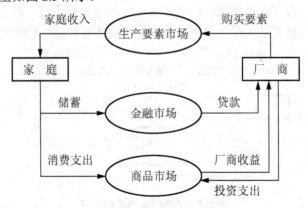

图2.5 两部门经济流程图

图 2.5 表明在家庭部门与厂商部门之间还存在着一个金融市场,家庭将储蓄投入金融市场,厂商从金融市场上获得追加投资所必需的信贷资金。在现实中,家庭储蓄资金主要通过两个渠道流向厂商:一个渠道是通过购买厂商发行的股票或债券直接流向厂商;另一个渠道是将手中货币存入银行或其他金融机构,银行或金融机构再把这些储蓄贷给厂商,这是厂商以间接方式获得追加投资所需的信贷资金。这两种方式都是通过金融市场来实现储蓄与投资之间的转换的。当厂商追加投资扩大生产规模后,会使家庭的总收入与厂商的总产出都增加,经济总量得到扩张,实现经济增长。

下面来分析这种经济中总需求与总供给的关系。

在家庭和厂商的两部门经济中,总需求分为家庭的消费需求和厂商的投资需求。消费需求和投资需求可以分别用消费支出和投资支出来代表,消费支出即为消费,投资支出即为投资。所以

$$总需求=消费+投资$$

如果以 AD 代表总需求,以 C 代表消费,以 I 代表投资,则可以把上式写为

$$AD=C+I$$

总供给是全部最终产品的市场价值总和,仍然是厂商部门的要素报酬支付总额,也就是该经济社会中家庭部门的总收入。家庭部门得到的总收入,分为消费和储蓄两部分,所以

$$总供给=消费+储蓄$$

如果以 AS 代表总供给,以 C 代表消费,以 S 代表储蓄,则可以把上式写为

$$AS=C+S$$

在宏观经济均衡时应满足的恒等式为

$$AD=AS \tag{2-4}$$

即有

$$C+I=C+S$$

如果两边同时消去 C,则可以写为

$$I=S \tag{2-5}$$

式(2-5)是两部门经济的投资与储蓄恒等式,表现为家庭部门的全部储蓄都转化为厂商部门的贷款,厂商再用这笔贷款购买机器设备,进行实际投资,这时,宏观经济处于均衡的循环之中。

2.3.2 三部门经济循环模型及恒等关系

三部门经济是指由厂商、家庭和政府这 3 种经济单位所组成的经济。在这种经济中,政府的经济职能是通过税收与政府支出来实现的。政府通过税收与支出和居民户及厂商发生联系,这时收入流量循环的模型如图 2.6 所示。

在三部门经济循环中,总需求不仅包括居民的消费需求与厂商的投资需求,而且还包括政府的需求。政府的需求可以用政府支出来代表。所以

$$总需求=消费+投资+政府支出$$

如果以 G 代表政府支出,则可以把上式写为

$$AD=C+I+G$$

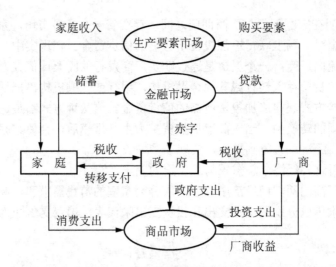

图 2.6 三部门经济流程图

三部门经济循环中的总供给,除了包括厂商在该时期内提供的所有最终产品(包括产品与劳务)的市场价值总额,即在该期内所支付的生产要素的报酬总和(家庭部门的收入总额),还包括政府的供给。政府的供给是指政府为整个社会生产提供了国防、立法、基础设施等"公共物品"。政府是利用政府的收入——税收进行购买来实现对这些"公共物品"的提供。所以,可以用政府净税收来代表政府的供给。这里所讲的政府净税收,是指政府部门税收总额减去政府部门给某些家庭的转移支付,即

$$T = Tz - Tr \tag{2-6}$$

式中,T 表示政府净税收,Tz 表示政府部门的税收总额,Tr 表示政府部门发放给某些家庭的转移支付。这样:

总供给=家庭部门的收入总额+政府净税收=消费+储蓄+政府净税收

如果以 T 代表政府净税收,则可以把上式写为

$$AS = C + S + T$$

要使宏观经济处于总体均衡状态之中,必须满足总体均衡条件,有

$$AD = AS$$

即有

$$C + I + G = C + S + T$$

化简可得

$$I = S + (T - G) \tag{2-7}$$

式(2-7)是三部门经济的投资与储蓄恒等式。该式的右边是国民经济中的储蓄总额,它是私人储蓄 S 和政府储蓄 $(T-G)$ 之和。S 是个人储蓄与企业总储蓄之和,叫作私人储蓄。个人储蓄等于可支配收入减去消费 C。企业总储蓄等于企业净储蓄加上折旧。企业净储蓄(即企业未分配利润)是企业利润中扣去交纳给政府的所得税和付给个人的股息后的存留部分。政府储蓄有时也称作政府预算盈余(当 T 大于 G 时),或政府预算赤字(当 T 小于 G 时)。由此可见,加上政府部门后,投资与储蓄的恒等关系仍然成立。当满足该等式时,三部门的宏观经济系统处于总体均衡的循环之中。

2.3.3 四部门经济循环模型及恒等关系

四部门经济是指由厂商、家庭、政府和国外这4种经济单位所组成的经济。当代经济是开放经济,对于任何一个国家,只有融入世界经济的大潮之中,才能获得经济发展的机遇与动力。因此发展对外贸易与对外经济关系,应是各国宏观经济活动重要的组成部分。

四部门经济循环模型是在三部门经济循环模型中加入国际市场和国外部门,国外部门由国外家庭、厂商、非盈利团体与政府等所组成。国外部门通过贸易、资本流动与劳动力流动同国内部门发生联系。由于这种联系比较复杂,这里假设只有贸易而没有其他经济往来。在这种情况下,国外部门通过产品与劳务的进出口对国内经济产生影响。国内厂商、家庭与政府购买国外厂商的产品与劳务,这是进口。国外部门购买国内厂商所生产的产品与劳务,即为出口。此外,在进出口贸易过程中还将产生进出口关税。这时,收入流量循环的模型如图2.7所示。

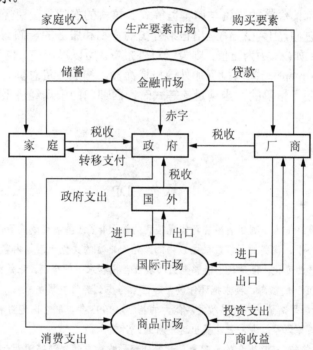

图2.7 四部门经济流程图

在四部门经济中,总需求不仅包括居民户的消费需求、厂商的投资需求与政府的需求,而且还包括国外的需求。

这里引入净出口的概念。净出口是指在某一时期内,一国的出口流量减去进口流量所得的净值。一国的净出口可正、可负,也可为零。当净出口为正时,表明在该时期内该国的产品出口所获收益大于由于进口向国外厂商支付的货币,称为"贸易顺差";当净出口为负时,表明在该时期内该国的产品出口所获收益小于由于进口向国外厂商支付的货币,称为"贸易逆差"。

如果用 X 表示出口,用 M 表示进口,则净出口可用 $(X-M)$ 来表示。由于净出口可以表示为国外部门对国内部门产品与劳务的支出,因而净出口应归于社会总需求之中。应该注意的是,这部分交易一般是由该国对外贸易部门在国际市场中进行的。

总需求=消费+投资+政府支出+净出口

如果以 $X-M$ 代表净出口,则可以把上式写为

$$AD=C+I+G+(X-M)$$

社会总供给仍可表示为该国厂商部门的总生产能力,也可以用家庭部门的总收入和政府净税收之和来表示,即

$$AS=C+S+T$$

要使宏观经济处于总体均衡状态,必须满足宏观经济总体均衡条件,有

$$AD=AS$$

即有

$$C+I+G+(X-M)=C+S+T$$

化简可得

$$I+(X-M)=S+(T-G) \tag{2-8}$$

式(2-8)是四部门经济的投资与储蓄恒等式。该式的右边是国民经济中的储蓄总额,左边可以看做投资总额,因为$(X-M)$是出售给外国的货物和服务的金额与从外国购买的货物和服务的金额之差。如$(X-M)$为正值,则表示对外投资。所以净出口,也就是"外国投资净额"(Net Foreign Investment)。国内投资加外国投资净额,构成投资总额。可见,在四部门经济中,投资和储蓄还是恒等的。当满足该等式时,四部门的宏观经济系统处于总体均衡的循环之中。

绿色 GDP

研究经济问题最终是为了利用有限资源实现福利的最大化。社会福利改善不仅包括可用的产品和劳务增加,还包括社会公平、优美的环境、民主自由的政治、丰富的文化生活等内容。GDP 仅仅反映可供消费的产品和服务数量的变化,但是还不能够全面反映社会福利水平的提高。正是因为存在这些不足,联合国提出了"绿色 GDP"的概念,要求把环保改善等因素考虑到经济发展中来。

绿色 GDP 的概念是衡量一国可持续发展能力的指标,1993 年,联合国经济和社会事务部统计处在修改后的《国民经济核算体系》中,首次提出这一新的统计概念。

绿色 GDP 是在传统 GDP 概念的基础上,考虑外部影响和自然资源等因素后得出的新 GDP 数值,反映一国经济发展所带来的综合福利水平,也被称为可持续发展的国内生产总值(sustainable gross domestic products)。其计算方法可以表示为

绿色 GDP=GDP-(环境恶化带来的价值损失+自然资源消耗带来的价值损失)

当绿色 GDP 的增长快于 GDP 时,意味着自然资源得到节约、环境条件得到改善,这种发展方式具有可持续性,有利于福利水平的不断提高;反之,当 GDP 的增长快于绿色 GDP 时,则意味着经济的发展是以自然资源过度消耗、环境条件不断恶化为条件的,这种发展方式是不可持续的,不利于福利水平的提高。

绿色 GDP 考虑到环境因素,所以能够更真实、科学地反映国民福利水平的变化。但是,人们很难为自然资源消耗和环境恶化确定一个合理的价格,无法准确地统计绿色 GDP 的数值。到目前为止,还没有哪个国家正式公布绿色 GDP 的数据,但可以肯定地说,采用绿色 GDP 的指标是发展的必然趋势。

长期以来,我国坚持以经济建设为中心,追求经济的快速发展,相对忽视了资源利用、环境保护等问题。现在,国内已开始重视这个问题,提出要实现可持续发展,实现社会的全面发展。

本章小结

本章首先介绍了国内生产总值的3种核算方法及这3种方法核算的一致性；其次，阐述了国民收入核算中5个基本总量的关系；最后，说明了国民经济循环模型及其基本恒等关系。

国民收入核算是政府部门对一定时期内国民经济生产的产品总量和与之相对应的总收入进行核算的规则和方法。

国内生产总值是指一个国家(地区)领土范围内，本国(地区)居民和外国居民在一定时期内所生产和提供的最终产品(包括产品和劳务)的市场价值的总和。国内生产总值按照计算时采用的是现行价格还是不变价格，分为名义国内生产总值和实际国内生产总值。

核算国内生产总值的方法主要有3种：支出法、增值法和收入法。

在国民收入核算体系中包含国内生产总值、国内生产净值、国民收入、个人收入和个人可支配收入5个基本总量。

从国内生产总值的核算方法中可以得出一个恒等式：总需求=总供给。这种恒等关系在宏观经济学中是十分重要的，它是国民收入决定理论的出发点。当总需求等于总供给时，称这时的经济处于均衡状态，也将其称为国民经济均衡条件。

中英文关键词语

1. 国内生产总值　　　　　　gross domestic product(GDP)
2. 国民生产总值　　　　　　gross national product(GNP)
3. 国内生产净值　　　　　　net domestic product(NDP)
4. 国民收入　　　　　　　　national income(NI)
5. 个人收入　　　　　　　　personal income(PI)
6. 个人可支配收入　　　　　personal disposable income(PDI)
7. 实际GDP　　　　　　　　real GDP
8. 名义GDP　　　　　　　　nominal GDP
9. 支出法　　　　　　　　　expenditure approach
10. 收入法　　　　　　　　　factor income approach
11. 国外要素净收入　　　　　net factor income from abroad
12. 重置投资　　　　　　　　replacement investment
13. 最终产品　　　　　　　　final goods
14. 中间产品　　　　　　　　intermediate product
15. 转移支付　　　　　　　　transfer payment
16. 国民账户体系　　　　　　the system of national accounts(SNA)
17. 物质产品平衡表体系　　　the system of material product balances(MPS)
18. 消费支出　　　　　　　　consumption
19. 投资支出　　　　　　　　investment
20. 政府支出　　　　　　　　government purchase
21. 净出口　　　　　　　　　net export
22. 外国投资净额　　　　　　net foreign investment

宏观经济学(第2版)

综 合 练 习

一、选择题

1. 下列( )项不列入国民生产总值的核算。
    A. 出口到国外的一批货物
    B. 政府给贫困家庭发放的一笔救济金
    C. 经济人为一座旧房买卖收取一笔佣金
    D. 保险公司收到一笔家庭财产保险费

2. 某国的 GNP 小于 GDP，说明该国居民从国外获得的收入与外国居民从该国获得的收入相比的关系为( )。
    A. 大于   B. 小于   C. 等于   D. 以上都有可能

3. 今年的名义国内生产总值小于去年的名义国内生产总值，说明( )。
    A. 今年的物价水平低于去年
    B. 今年生产的物品和劳务总量小于去年
    C. 今年的物价水平和实物产量水平一定都比去年降低了
    D. 以上三种说法都不一定正确

4. "牛奶是最终产品"这一命题( )。
    A. 一定对   B. 一定错
    C. 可能对也可能错   D. 以上3种说法全对

5. 假设一个经济第1年即基年的当期产出为500亿元，如果第8年 GDP 价格调整指数提高了一倍，而实际产出增加了50%，则第8年的名义产出等于( )。
    A. 2 000 亿   B. 1 500 亿元
    C. 1 000 亿元   D. 750 亿元

6. 经济学上的投资是指( )。
    A. 企业增加一笔存货   B. 建造两座住宅
    C. 企业购买一批计算机   D. 以上都是

7. 正确的统计恒等式为( )。
    A. 投资=储蓄   B. 储蓄=消费
    C. 投资=消费   D. 投资+税收=储蓄+政府购买

8. 在国民收入核算体系中，计入 GDP 的政府支出是( )。
    A. 政府购买的物品和劳务的支出
    B. 政府购买的物品支出
    C. 政府工作人员的薪水和政府转移支付
    D. 政府购买的物品和劳务的支出加上政府的转移支付之和

9. 在一个由家庭、企业、政府和国外的部门构成的四部门经济中，GDP 是( )的总和。
    A. 消费、总投资、政府购买和净出口

B．消费、净投资、政府购买和净出口
C．消费、总投资、政府购买和总出口
D．工资、地租、利息、利润和折旧

二、判断题

1．GDP 是反映一个国家福利水平的理想指标。（　）
2．折旧费是 GDP 的一部分。（　）
3．总投资和净投资之差就是 GDP 与 NDP 之差。（　）
4．在衡量一国的人均 GDP 时，总产出要除以那些实际生产最终商品和劳务的劳动力数量。（　）
5．当增值法被用来统计产出商品的价值时，不存在重复记账的问题。（　）
6．政府转移支付不应该被列入 GDP 的核算。（　）
7．国内生产总值不只计算最终产品和劳务价值，还包括中间产品价值。（　）
8．GDP 价格指数=实际 GDP / 名义 GDP。（　）
9．私人住宅的租金不必按当年市场房租计价并计入 GDP。（　）
10．人均 GDP 总是能够充分反映生活水平随劳动时间的增减而发生的变化。（　）

三、简答题

1．试述 GDP、GNP、NDP、NI、PI 和 PDI 之间的关系。
2．分析 GDP 和 GNP 的不同。
3．如何用支出法、部门法和收入法核算四部门经济的 GDP？
4．名义国内生产总值和实际国内生产总值的关系是什么？

四、计算题

1．假定一经济社会生产 5 种产品，其 2020 年和 2024 年的产量和价格见表 2-13。试计算：(1)2020 年和 2024 年的名义国内生产总值；(2)若把 2020 年作为基年，求 2024 年的实际国内生产总值；(3)2020—2024 年的国内生产总值价格指数，2024 年比 2020 年价格上升的幅度。

表 2-13　2020 年和 2024 年的产量和价格表

	2020 年		2024 年	
	产　量	价格／元	产　量	价格／元
A	25	1.50	30	1.60
B	50	7.50	60	8.00
C	40	6.00	50	7.00
D	30	5.00	35	5.50
E	60	2.00	70	2.50

2. 假定一国有下列国民收入统计数据,见表2-14。试计算:(1)国内生产净值;(2)净出口;(3)政府税收减去转移支付后的收入;(4)个人可支配收入;(5)个人储蓄。

表2-14 国民收入统计数据

单位:万美元

国内生产总值	4 800
总投资	800
净投资	300
消费	3 000
政府购买	960
政府预算盈余	30

3. 设某国某年国民收入经济数据(数据单位为亿元)如下。

个人租金收入为538,折旧费为3 145,雇员报酬为16 485,个人消费支出为17 228,营业税和国内货物税为2 068,企业转移支付为45,统计误差为-8,个人所得税为1 536,私人总投资为4 280,产品与劳务出口为3 590,政府购买支出为5 560,产品与劳务进口为3 250,净利息为1 760,社会保险税为1 325,非公司企业收入为1 635,公司利润为1 740,公司红利为385。完成下面的计算:(1)用支出法计算GDP;(2)用收入法计算GDP;(3)计算个人收入;(4)计算个人储蓄。

4. 假设某国某年有下列国民收入统计数据(数据单位为亿元):

资本消耗补偿为3 875,工资酬金为18 435,企业支付利息为2 756,间接税为2 523,个人租金收入为446,公司利润为1 540,非公司企业收入为1 468,红利为705,社会保险税为2 866,个人所得税为4 182,消费者支付利息为389,公债利息为1 243,政府转移支付3 865,个人消费支出为19 457。计算:(1)国内生产总值;(2)国内生产净值;(3)国民收入;(4)个人收入;(5)个人可支配收入;(6)个人储蓄。

 案例分析

根据以下案例所提供的资料,试分析:
(1) 2008年中国宏观经济急转直下的原因是什么?
(2) 中国的经济发展模式应该如何调整?

2008年中国宏观经济现状及其原因分析

1. 急转直下的2008年中国宏观经济

2008年中国宏观经济的总体状况可以用"急转直下"来进行描述,一方面,经济总体状况与2007年中国经济全面高涨的局面形成了强烈的反差,另一方面,2008年上下半年各种宏观经济指标呈现出"冰火两重天"的局面。这集中体现在以下几个方面。

第一,经济增长速度下滑。工业增加值增长速度快速下滑带动GDP增长速度逐季下降,经济增长速度回落至接近2000—2002年的水平。

第二,国内需求下降。固定投资名义增速虽有所提升,但由于固定资产价格上涨,实际投资增速下降明显,全年实际固定资产投资增速与2002年的水平相当。

第三，对外贸易顺差增速下降。贸易顺差当月总额虽屡创新高，但各季度累计增速下滑剧烈。2008年前两个季度增速下滑很大，后两个季度的回升无法改变全年全面回落的局面。

第四，财政收入自2008年7月出现快速下滑，逆转了上半年的乐观态势，同比增速从1月的42.4%下降到10月的-0.3%。预计全年比2007年下降12.5个百分点。

第五，主要产品产量增速大幅度下降，产能过剩在2008下半年全面出现。制造业供求关系全面逆转，新订单和出口订单增速大幅度回落，而产品库存却持续攀升，充分表明中国经济面临普遍的制造业需求不足，产品滞销、库存积压的现象。

第六，工业企业利润率全面下滑，2008年1~8月份累计工业利润增长19.4%，与去年同期相比下滑了17.6个百分点。全年同比增速预计下滑接近20个百分点，与2001—2002年水平相当。

第七，货币流通速度放缓，各种价格指数大幅度回落，通货膨胀压力在宏观经济直线回落中自然消失。2008年9月之后货币增长速度出现下降趋势，与此同时2008年下半年价格水平同步出现回落。2008年上半年价格水平依然高起，但自9月份以后，各项价格指数大幅度回落，回到正常可接受的水平，中国通货膨胀威胁基本解除。表2-15为2007年和2008年的主要宏观指标的变化数据。

表2-15 中国各种主要宏观指标的变化(%)

主要宏观指标	2007年	2008年			
		一季度	二季度	三季度	四季度
GDP每季同比增速	11.9	10.6	10.2	9.0	8.9
工业增加值季度同比增速	18.5	17.8	16.0	11.4	7.8
实际投资累计增速	20	17.3	15.5	16.5	15.3
贸易顺差累计增速	47.8	-10.8	-12.3	-2.5	1.2
房地产销售面积累计增速	23.2	-1.4	-7.2	-14.9	-18.1
财政收入累计增速	33.5	35.5	33.8	25.8	19.0
发电量季末当月同比增速	14.4	16.6	8.3	3.4	-6.3
CPI季末当月同比	4.8	8.3	7.1	4.6	3.0
房屋销售价格指数	110.2	111	109.2	105.3	101.1

注：2008年第四季度的数据为中国人民大学经济所预测值。

2. 2008年急转直下的内在机理

是什么原因导致2008年中国宏观经济出现"急转直下"和"冰火两重天"的局面呢？

(1) 经济急转直下的主要原因不是出口下降。

一般所认为的中国经济急转直下是由于净出口下降造成的观点并不准确。中国出口增速下滑并非2008年才开始，早在2007年9月就出现了出口增速放缓而进口增速提升、进口增速高于出口增速的逆转局面。2008年7月以后出口增速出现了回升，在进口增速大幅度下滑的作用下，贸易顺差屡屡创新高，全年外贸顺差超过2007年。中国外需增速下滑只能解释中国GDP增速下滑中20%的份额。因此出口下滑只是中国宏观经济急转直下的诱因和导火索，而不是它的核心。

(2) 经济急转直下的内在原因在于传统生产方式和增长模式不可持续。

中国人民大学经济所认为，2008年中国宏观经济急转直下的表面原因在于总需求与总供给之间的相对关系发生逆转，以及出口和房地产两个火车头的供求关系逆转。而经济下滑的核心原因则在于"为出口而投资"、"为投资而投资"传统生产方式和增长模式已走到尽头，出口增速的下滑不仅打破了"出口与投资"的互动机制，还挤破了投资领域自我循环机制所形成的投资泡沫，开启了投资收缩的反向调整机制，使固定投资在制造业和房地产行业的引领出现全面滑坡，产能出现全面过剩，潜在产出缺口出现拐点式的变化。

在潜在总供给快速提升与实际总需求快速消失的双重压力下，投资驱动型增长方式内在矛盾全面激化，并意味着中国宏观经济全面下滑的反向强化机制已经形成。

首先，潜在 GDP 的快速提升、产出缺口的加速扩大及其"拐点式"的急剧变化是中国宏观经济供需关系逆转的集中表现。一方面，总需求在实际投资增速下滑和外需增速下滑的引领下迅速回落；另一方面总供给却在 2002—2007 年固定投资持续高速增长的推动下迅速提升，投资增长型模式在短期与中期所固有的内在冲突的全面爆发决定了 2008 年宏观经济必然出现急转直下的调整模式。

1998—2001 年中国宏观经济依靠大量的基础建设投资摆脱了上一个经济周期的萧条状态。从 2002 年开始，在固定资产投资的引领下，总需求进入加速提升的状态，并于 2005 年进入总需求与总供给基本平衡的状态。但是这种平衡具有强烈的不稳定性——以往大规模的投资所创造的新增供给需要新的需求，而大规模的出口和进一步的投资填补了这种需求的缺口，从而演化出"为出口而投资"、"为投资而出口"以及"为投资而投资"的扩张模式，基础产业的投资在没有最终消费的局面下出现持续的扩张，使中国宏观经济在短期面临总需求膨胀的压力，而在中期面临资本快速积累和总供给全面提升的压力。这种"为出口而投资"和"为投资而投资"的投资驱动型增长模式固有的内在冲突不可能长期持续，在最终消费增长没有发生重大变化的前提下，短期的总需求必然无法始终弥补中期总供给的膨胀，宏观经济必然会走到二者逆转的"拐点"，同时出现短期总需求加速消失和中期总供给加速提升的反向加速收缩强化机制。2008 年下半年就是这样的"拐点"。

其次，外需增速的放缓与房地产市场的供求逆转先后启动了中国宏观经济的反向收缩机制；出口增速的下滑打破了"为出口而投资"的平衡，房地产市场的下滑在挤压"投资泡沫"的过程中打破了"为投资而投资"的自我循环机制；投资驱动型增长模式内在矛盾的全面爆发，将使固定投资实际增速的大幅度回落在 2008 年下半年取代外需回落而成为中国宏观经济直线下滑的主体，并构成中国宏观经济急转直下的核心。

中国经济的调整并非始于 2008 年下半年，而是在 2007 年下半年。其核心标志就是 2007 年 10 月开始的外需逆转及 2007 年 12 月开始的房地产供求关系的逆转。在国内贸易政策调整以及各种成本大幅度上升的作用下，从 2007 年 10 月开始，进口增速超过了出口增速，这标志着中国外部需求发生了逆转。从 2007 年 12 月开始，商品房竣工的价值和面积的增速超过商品房销售面积和价值的增速，这标志着中国房地产供求关系发生逆转。这两个中国本轮经济增长的发动机所出现的逆转通过不同的途径，按照"外向型经济→一般制造业→重工业→其他行业"和"房地产→重工业→一般制造业→其他行业"的顺序对中国实体经济带来全面的打击，从而导致中国投资需求的整体下滑。

3. 总结

2008 年，特别是下半年以来，中国宏观经济急转直下。导致这一状况的核心原因在于投资增长型所固有的内在冲突；引发因素在于外需的下滑和房地产市场的逆转；传递机制在于在外需消失与房地产市场调整预期的引导下，"为出口而投资，为投资而投资"的自我循环机制被打破，制造业等工业全面下滑，进而诱发全社会固定投资实际增速下滑；主要表现是总供给与总需求的快速逆转，外需增速大幅度放缓，房地产市场大幅度调整，制造业产能过剩普遍出现，财政收入增速剧减，工业增加值和工业利润增速下降，以及总体预期的逆转等方面。

(资料来源：就业经济研究所. http://www.cier.org.cn/ShowPaper.asp?ID=97.2008-12-17.)

第 3 章 简单国民收入决定理论

教学目标

通过本章的学习，理解和掌握消费、储蓄、投资的基本理论，掌握两部门经济情况下均衡国民收入水平是怎样决定和变动的，能够在给定消费函数和投资额情况下，计算出均衡的国民收入，以及在给定投资增量时计算投资乘数和国民收入增量。

教学要求

知识要点	相关知识	能力要求
消费与储蓄	消费函数、储蓄函数、平均消费倾向和边际消费倾向、平均储蓄倾向和边际储蓄倾向、消费和储蓄的关系	掌握凯恩斯的消费函数理论，掌握消费和储蓄的关系
投资	投资的影响因素、资本边际效率准则、投资需求曲线、投资需求函数	了解投资的影响因素，掌握投资需求函数
均衡国民收入的决定	意愿(计划)总支出、消费和投资决定均衡国民收入、储蓄和投资决定均衡国民收入	理解均衡的国民收入和核算的实际国民收入、潜在的国民收入之间的关系，掌握利用公式计算均衡的国民收入
均衡国民收入的变动及乘数效应	总支出曲线平行移动与均衡国民收入发生变动、总支出曲线斜率改变与均衡国民收入发生变动、乘数效应及其作用	掌握引起总支出变动进而引起均衡国民收入发生变动的因素，掌握乘数原理，会计算投资乘数和国民收入增量

■ 导入案例

关注以下与简单国民收入决定有关的数据。

(1) 2020 年中国的最终消费为 560 811.1 亿元，投资为 439 550.3 亿元，净出口为 25 266.9 亿元，支出法计算的国内生产总值为 1 025 628.4 亿元。

(2) 2021 年中国的最终消费为 619 688.2 亿元，投资为 495 784.3 亿元，净出口为 29 810.5 亿元，支出法计算的国内生产总值为 1 145 282.9 亿元。

(3) 2022 年中国的最终消费为 643 827.8 亿元，投资为 519 793.2 亿元，净出口为 38 849.9 亿元，支出法计算的国内生产总值为 1 202 471.0 亿元。

消费、投资与国民收入及就业水平之间到底有什么关系？政府支出增加，刺激经济，将起到了怎样的乘数作用？

第 2 章讨论了国民收入如何核算，从第 3 章~第 5 章将开始讨论均衡国民收入是如何决定和变动的，即经济社会的生产或收入水平是怎样决定和变动的。

从第 3 章~第 5 章为国民收入决定理论，是现代西方宏观经济学的核心内容。在研究国民收入如何决定之前，首先要区分均衡国民收入和潜在国民收入。

均衡国民收入是指总需求和总供给达到平衡时的国民收入(国内生产总值)。潜在国民收入是指当生产资源在其正常使用强度下得到充分利用时一国经济能够生产的国民收入，也叫充分就业的国民收入。潜在国民收入是由经济中的资本、劳动力、资源和技术状况所形成的生产能力决定的。均衡国民收入围绕着潜在国民收入波动，或小于潜在国民收入，或大于等于潜在国民收入。潜在国内收入与均衡国民收入之差叫做国内生产总值缺口(GDP gap)。用符号 y^* 表示潜在国民收入，y_0 表示国民收入，则国内生产总值缺口 $= y^*-y_0$。当均衡国民收入低于潜在国民收入时，国内生产总值缺口叫做通货紧缩缺口，也叫萧条缺口。在这种情况下，经济中的总需求不足，迫使价格水平趋于下跌。当均衡国民收入高于潜在国民收入时，国内生产总值缺口叫做通货膨胀缺口，在这种情况下，经济中的总需求过多，引起价格水平上涨。均衡国民收入可以高于潜在国民收入，是因为工人可以加班加点，机器设备可以超负荷运转，短期内生产要素的这种超正常强度的使用可以促使产出水平高于潜在产出水平。由此可见，潜在国民收入并不是经济能够生产的最高的国民收入，而是在不加剧通货膨胀的条件下所能生产的最高的国民收入。

国民收入决定理论是说明总需求和总供给的相互作用如何决定均衡国民收入、就业和价格水平，以及总需求和总供给发生变动对均衡国民收入、就业和价格水平产生什么影响的理论。它包括第 3 章简单国民收入决定理论(仅涉及产品市场均衡)、第 4 章产品市场与货币市场的一般均衡理论(产品市场和货币市场同时均衡)、第 5 章总需求和总供给模型理论(产品市场、货币市场和劳动力市场同时均衡)3 个理论。这 3 个理论由浅及深研究均衡问题，各有各自的特点，在分析宏观经济政策对经济的影响时具有不同的作用。

本章和第 4 章是凯恩斯的国民收入决定理论。凯恩斯写《就业、利息和货币通论》一书时，面对的是 1929—1933 年经济大萧条，工人大批失业，资源大量闲置。凯恩斯把这种萧条状况归结为社会有效需求不足。当社会总需求增加时，只会使闲置的资源得到利用，生产增加，而不会使资源的价格上升，从而产品成本和价格大体上能保持不变。他认为，

第3章 简单国民收入决定理论

在较短时期(如一年)内，决定均衡国民收入水平及其变动的基本力量是社会总需求。因此，凯恩斯的国民收入决定理论把重点放在对总需求的分析上，本章和第4章讲解的都是总需求分析。这种分析中隐含着两种假定：第一，经济中存在着生产能力的闲置。具体而言，劳动力资源没有得到充分利用，存在着失业；厂房设备等资源也没有得到充分利用，开工率不足。第二，价格水平既定不变。在这样的情况下，根据凯恩斯的理论，经济社会的产量或者说国民收入就决定于总需求。与总需求相等的产出称为均衡产出或均衡国民收入。当产出水平等于总需求水平时，企业生产就会稳定。若生产(供给)超过需求，企业库存会增加，企业就会减少生产；若生产(供给)低于需求，企业库存会减少，企业就会增加生产。总之，由于企业要根据产品的市场需求来安排生产，一定会把生产定在和产品需求相一致的水平上。

简单国民收入决定理论的特点是仅涉及产品市场的理论，通过分析总需求(即意愿的总支出)的构成及其变动，说明均衡国民收入如何决定和变动，在政策上可以用来解释财政政策。这里的总需求指以不变价格计算的最终产品和劳务的总量，在价格变动情况下的总需求问题将在第5章讲解。在价格不变的条件下，总需求的计算方法与计算实际 GDP 的方法相同，总需求由消费支出、投资支出、政府支出和净出口4部分构成。本章将政府支出和净出口暂置不论，从两部门入手着重研究总需求的两个主要组成部分——消费和投资，详细分析决定消费和投资的因素。此外，还假定折旧和公司未分配利润为零。这样，$GDP(y)$、NDP、NI、PI 和 $PDI(y_d)$ 就都相等。

3.1 消费与储蓄

本节首先要分析消费如何决定，这不仅是因为消费是总需求中主要的部分，还因为经济均衡的条件是计划投资等于计划储蓄。要找出储蓄量的大小，必须先找出消费量的大小，一旦知道了消费的数额，便可从国民收入中减掉这一数额求得储蓄量。

3.1.1 消费函数

消费由什么决定呢？在现实生活中，影响各个家庭消费的因素很多，如收入水平、商品价格水平、利率水平、收入分配状况、消费者偏好、家庭财产状况、消费信贷状况、消费者年龄构成以及制度、风俗习惯等。凯恩斯认为，这些因素中有决定意义的只是家庭可支配收入，可支配收入的变化决定消费的变化。凯恩斯在观察和研究了大量消费者行为的基础上给出了"消费心理法则"，即人们当其收入增加时，将会增加其消费支出。但消费支出的增加量将小于其收入的增加量。随着收入的增加，其消费支出在其收入中所占的比例将会越来越小，而储蓄收入中所占的比例将会越来越大。这一法则较正确地反映了社会公众的消费规律，因此为多数经济学家所接受。

根据上述法则，并假定影响消费的其他因素可以忽略，因而可以用消费函数或消费倾向来分析收入和消费之间的关系。

如果以 c 代表消费，y_d 代表可支配收入，消费和可支配收入这两个变量的依存关系称为消费函数。消费函数可以表示为

$$c = f(y_d) \tag{3-1}$$

在两部门等前提假定下,由于 $y=y_d$,所以消费函数也可以表示为 $c=f(y)$。

一般而言,在其他条件不变的情况下,消费随着收入的变动成同方向变动,即收入增加,消费增加;收入减少,消费减少。但是消费并不随收入同比例变动。

消费和收入之间的关系还可用消费倾向来反映。消费倾向是指消费在可支配收入中所占的比例,可分为平均消费倾向和边际消费倾向。

平均消费倾向(APC)是指消费支出和可支配收入的比率,用公式表示为

$$APC = \frac{c}{y_d} = \frac{c}{y} \tag{3-2}$$

边际消费倾向(MPC)是指增加的消费与增加的可支配收入的比率,也就是增加的 1 单位可支配收入中用于增加消费部分的比率,用公式表示为

$$MPC = \frac{\Delta c}{\Delta y_d} = \frac{\Delta c}{\Delta y} \text{ 或 } b = \frac{\Delta c}{\Delta y} \tag{3-3}$$

若收入增量和消费增量均为极小时,上述公式可写为

$$MPC = \frac{dc}{dy} \tag{3-4}$$

【例 3-1】 假定消费和可支配收入之间有表 3-1 所示的关系。表 3-1 的数字表明:当收入是 900 元时,消费为 911 元,入不敷出。当收入为 1 000 元,收支平衡。当收入依次增至 1 100 元、1 200 元、1 300 元、1 400 元和 1 500 元时,消费依次增加到 1 085 元、1 160 元、1 224 元、1 283 元和 1 336 元。

表 3-1 消费函数

	(1)收入/元	(2)消费/元	(3)边际消费倾向	(4)平均消费倾向
A	900	911		1.01
B	1 000	1 000	0.89	1.00
C	1 100	1 085	0.85	0.90
D	1 200	1 160	0.75	0.97
E	1 300	1 224	0.64	0.94
F	1 400	1 283	0.59	0.92
G	1 500	1 336	0.53	0.89

从以上的例子不难发现,收入增加时,消费随着增加,但增加得越来越少。在表中,收入依次增加 100 元时,消费依次增加 89 元、85 元、75 元、64 元、59 元和 53 元。表 3-1 中第(3)列即为边际消费倾向。表中第(4)列为平均消费倾向。

根据表 3-1 可给出消费曲线,如图 3.1 所示。在图 3.1 上,横轴表示收入 y,纵轴表示消费 c,45°线上任一点到纵横轴的垂直距离都相等,表示收入全部用于消费。$c=f(y)$ 曲线是消费曲线,表示消费和收入之间存在非线性的函数关系。B 点是消费曲线和 45°线交点,表示这时候消费支出和收入相等。B 点左方,表示消费大于收入;B 点右方,表示消费小于收入。随着消费曲线向右延伸,这条曲线和 45°线的距离越来越大,表示消费随收入增加而增加,但增加的幅度越来越小于收入增加的幅度。

消费曲线上任一点的斜率,都是与这一点相对应的 MPC,而消费曲线上任一点与原点相连而成的射线的斜率,则是与这一点相对应的 APC。从图 3.1 上的消费曲线的形状可以

想象到，随着这条曲线向右延伸，曲线上各点的斜率越来越小，说明 MPC 递减，同时曲线上各点与原点的连线的斜率也越来越小，说明 APC 也递减，但 APC 始终大于 MPC，这和表 3-1 所得的数据也是一致的。由于消费增量只是收入增量的一部分，因此，$1 > MPC > 0$，但 APC 则可能大于、等于或小于 1，因为消费可能大于、等于或小于收入。

如果消费和收入之间存在线性关系，则边际消费倾向为一常数，这时消费函数可用下列方程表示

$$c = a + by_d = a + by \tag{3-5}$$

式中，a 为必不可少的自发消费部分，即收入为 0 时举债或动用过去的储蓄也必须要有的基本生活消费；b 为边际消费倾向；b 和 y 的乘积表示收入引致的消费。因此，$c = a + by$ 的经济含义是：消费等于自发消费与引致消费之和。例如，若已知 $a = 300$，$b = 0.75$，则 $c = 300 + 0.75y$，这就是说，若收入增加 1 单位，其中就有 75% 用于增加消费，只要 y 为已知，就可计算出全部消费支出量。

当消费和收入之间呈线性关系时，消费曲线就是一条向右上方倾斜的直线，消费曲线上每一点的斜率都相等，并且大于 0 而小于 1，如图 3.2 所示。

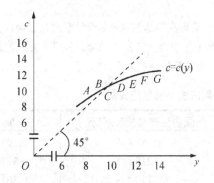

图 3.1 非线性消费函数与消费曲线

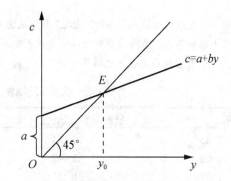

图 3.2 线性消费函数与消费曲线

当消费函数为线性时，$APC > MPC$ 这一点更易看清，因为消费函数上任一点与原点相连所成射线的斜率都大于消费曲线(这里是直线)的斜率，而且从公式看出，$APC = c/y = (a+by)/y = a/y + b$，在这里，$b$ 是 MPC，由于 a 和 y 都是正数，因此，$a/y > 0$，所以，$APC > MPC$。随着收入增加，a/y 之值越来越小，说明 APC 逐渐趋近于 MPC。

以上分析的是家庭的消费函数。宏观经济学关心的是整个社会的消费函数。社会消费函数是居民户消费函数的总和。但社会消费函数并不是居民户消费函数的简单加总。从居民户消费函数求得社会消费函数时，还要考虑一系列限制条件。

一是国民收入的分配。人们越是富有，越有能力储蓄，因此，不同收入阶层的边际消费倾向不同。富有者边际消费倾向较低，贫穷者边际消费倾向较高。因此，国民收入分配越不均等，社会消费曲线就越是向下移动，反之亦然。

二是政府税收政策。如政府实行累进个人所得税，将富有者原来可能用于储蓄的一部分收入征收过来，以政府支出形式花费掉，而按西方经济学者说法，这些支出通常成为公众的收入，最终用于消费。这样，社会中消费数量增加，社会消费曲线会向上移动。

三是公司未分配利润在利润中所占比例。公司未分配利润无形中是一种储蓄，如分给

股东，则必定有一部分会被消费掉，因此，公司未分配利润在利润中所占比例大，消费就少，储蓄就多。反之，则消费就多，储蓄就少，即社会消费曲线就会向上移动。

影响社会消费函数的因素还有其他方面，因此，社会消费曲线并非家庭消费曲线的简单加总，但在考虑到种种限制条件后，社会消费曲线的基本形状仍和家庭消费曲线有很大的相似之处。

社会消费函数，是指总消费与可支配收入的函数关系。在宏观经济分析中，通常用国内生产总值衡量国民产出，国民收入决定理论要求建立消费与国内生产总值的函数关系。在国民收入核算中，已经论述过可支配收入与国内生产总值的关系。从国内生产总值出发，经过若干调整，可以求出可支配收入。这样，可以把消费与可支配收入的函数关系换为消费与国内生产总值的函数关系。

阅读案例 3-1

我国居民消费支出与国内生产总值的关系

表 3-2 中反映的是我国 2005—2022 年居民消费支出、国内生产总值以及居民消费支出在国内生产总值所占比重的数据。居民消费支出在国内生产总值所占比重呈现逐年下降的趋势。从两者关系的散点图（图 3.3）可以看出消费与收入之间具有明显的正相关关系，而且呈线性关系的特征。

表 3-2　我国居民消费支出与国内生产总值的关系

年　　份	居民消费支出(c)/亿元	国内生产总值(y)/亿元	c/y
2005	74 154	187 658	0.395
2006	82 842	219 598	0.377
2007	98 231	270 499	0.363
2008	112 655	318 068	0.354
2009	123 122	347 650	0.354
2010	141 465	408 505	0.346
2011	170 391	484 109	0.352
2012	190 585	539 040	0.354
2013	212 477	596 344	0.356
2014	236 238	646 548	0.365
2015	260 202	692 094	0.376
2016	288 668	745 981	0.387
2017	320 690	828 983	0.387
2018	354 124	915 774	0.387
2019	387 188	990 708	0.391
2020	387 186	1 025 628	0.378
2021	438 015	1 145 283	0.382
2022	447 910	1 205 017	0.372

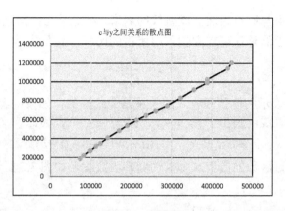

图 3.3 散点图

(数据来源:中国统计年鉴(2023),按当年价格计算.)

3.1.2 储蓄函数

与消费函数相联系的是储蓄函数的概念。

储蓄是收入中未被消费的部分。既然消费随可支配收入增加而增加的比率是递减的,则可知储蓄随可支配收入的增加而增加的比率是递增的。储蓄与可支配收入的这种关系就是储蓄函数,其公式是

$$s=f(y_d)=f(y) \tag{3-6}$$

根据表 3-1 的数据,可列出储蓄函数的数字,见表 3-3。

表 3-3 储蓄函数

	(1)收入/元	(2)消费/元	(3)储蓄/元	(4)MPS	(5)APS
A	900	911	-11		-0.01
B	1 000	1 000	0	0.11	0
C	1 100	1 085	15	0.15	0.01
D	1 200	1 160	40	0.25	0.03
E	1 300	1 224	76	0.36	0.06
F	1 400	1 283	117	0.41	0.08
G	1 500	1 336	164	0.47	0.11

根据表 3-3 中的数据,可画出储蓄曲线,如图 3.4 所示。

在图 3.4 上,$s=s(y)$ 曲线表示储蓄和收入之间非线性的函数关系。

B 点是储蓄曲线和横轴交点,表示这时消费和收入相等即收支平衡,B 点以右有正储蓄,B 点以左有负储蓄。随着储蓄曲线向右延伸,它和横轴的距离越来越大,表示储蓄随收入增加而增加且增加的幅度越来越大。

储蓄曲线上任一点斜率是边际储蓄倾向(MPS),它是该点上的储蓄增量对收入增量的比率,其公式是

$$MPS = \frac{\Delta s}{\Delta y_d} = \frac{\Delta s}{\Delta y} \quad 或 \quad MPS = \frac{ds}{dy} \tag{3-7}$$

储蓄曲线上任一点与原点相连而成射线的斜率,则是平均储蓄倾向(APS)。平均储蓄倾向是指任一收入水平上储蓄在可支配收入中所占的比率,其公式是

$$APS = \frac{s}{y_d} = \frac{s}{y} \tag{3-8}$$

表 3-3 和图 3.4 表示的储蓄和收入的关系是非线性的,如果两者呈线性关系,即消费曲线和储蓄曲线为一直线,则由于 $s = y - c$,且 $c = a + by$,因此

$$s = y_d - c = y - c = y - (a + by) = -a + (1-b)y \tag{3-9}$$

式(3-9)是线性储蓄函数的方程式。线性储蓄函数图形如图 3.5 所示。

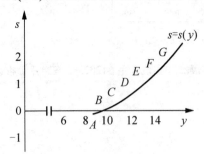

图 3.4 非线性储蓄函数与储蓄曲线

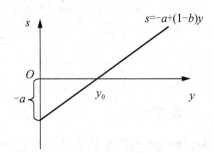

图 3.5 线性储蓄函数与储蓄曲线

3.1.3 消费函数和储蓄函数的关系

第一,消费函数和储蓄函数互为补数,二者之和总等于收入,从公式看:

因为 $c = a + by$
      $s = -a + (1-b)y$

所以 $c + s = a + by - a + y - by = y$

消费和储蓄的关系可在图 3.6 上得到表现。

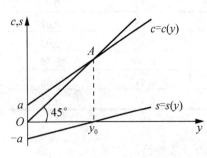

图 3.6 消费和储蓄的关系

在图 3.6 中,当收入为 y_0 时,即消费支出等于收入,储蓄为零。在 A 点左方,消费曲线 c 位于 45°线之上,表明消费大于收入,因此,储蓄曲线 s 位于横轴下方;在 A 点右方,消费曲线 c 位于 45°线之下,因此,储蓄曲线 s 位于横轴上方。

第二,APC 和 MPC 都随收入增加而递减,但 $APC > MPC$。APS 和 MPS 都随收入增加而递增,但 $APS < MPS$,表现在图形上,在 y_0 的右方储蓄曲线上任一点与原点连成的曲线的斜率总小于储蓄曲线上该点的斜率。

第三,APC 和 APS 之和恒等于 1,MPC 和 MPS 之和也恒等于 1,可证明如下。

因为 $y = c + s$

所以 $\dfrac{y}{y} = \dfrac{c}{y} + \dfrac{s}{y}$

即

$$APC + APS = 1 \tag{3-10}$$

由此可知：$1-APC=APS$，$1-APS=APC$
再看 MPC 和 MPS 的情况：
因为　　　　$\Delta y = \Delta c + \Delta s$

所以　　　　$\dfrac{\Delta y}{\Delta y} = \dfrac{\Delta c}{\Delta y} + \dfrac{\Delta s}{\Delta y}$

即　　　　　　　　　　　　　　$MPC+MPS=1$　　　　　　　　　　(3-11)

由此可知：$1-MPC=MPS$，$1-MPS=MPC$

根据以上性质，消费函数和储蓄函数中只要有一个确立，另一个就随之确立。当消费函数已知时，就可求得储蓄函数，当储蓄函数已知时，就可求得消费函数。

以上所述消费函数只是凯恩斯所提出的一种消费函数，它假定消费是人们绝对收入水平的函数，这是西方消费函数最简单的形式，被称为凯恩斯的绝对收入消费理论。绝对收入理论的基本观点是家庭消费在收入中所占比例取决于其收入的绝对水平，当人们的收入增加时，其消费不会以同一绝对量增加，因而储蓄的绝对量将增大。也就是说，如果其他情况保持不变，随着家庭收入的提高，平均消费倾向趋于下降，而平均储蓄倾向趋于上升。

在其他理论提出之前，这种理论曾被西方经济学家普遍接受。因为它似乎较好地解释了人们在日常生活中观察到的现象：低收入的家庭可能把其收入的绝大部分用于消费；高收入家庭的消费可能仅占其收入的较小比例；家庭的收入水平越高，平均来看，其消费所占的比例则可能越小。之后，凯恩斯的这一简单的消费函数得到了补充、修改，产生了其他一些理论，如杜森贝利的相对收入假说，弗里德曼的永久收入假说及莫迪利安尼的生命周期假说等。

3.1.4　其他消费函数理论

1. 相对收入消费理论

相对收入消费理论由美国经济学家杜森贝利(J.S.Duesenberry)所提出。他认为消费者会受自己过去的消费习惯以及周围消费水准的影响来决定消费，从而消费是相对决定的，因此得名。这种理论的基本观点体现在两个相对收入假设中。

第一个假设认为，一个家庭在决定其消费时，主要参考的是其他具有同等收入水平的家庭的消费，即家庭的消费在收入中所占的比例取决于它在收入分配中的相对地位。如果一个家庭收入的增加与在同一收入水平上其他家庭收入的增加保持相同速率，这个家庭与其他家庭之间在收入方面的相对地位没有改变，因而在收入中消费和储蓄所占的比例将保持不变。如果一个家庭的收入增长慢于其家庭的收入增长，这个家庭相对于其他家庭的收入地位下降了，可是它仍将维持其家庭的平均消费标准，因而消费在其收入中所占的比例将上升。相反，如果一个家庭的收入增长快于其他家庭的收入增长，这个家庭相对于其他家庭的收入地位就上升了，它仿效其他家庭的消费行为将使消费在其收入中所占比例下降。这种模仿或攀比别人的消费行为，杜森贝利认为是"示范作用"的结果。由于在家庭消费中存在示范作用，所以当收入提高时，平均消费倾向并不一定下降。

第二个假设认为，家庭在本期的消费不仅受本期收入的绝对水平和相对地位的影响，还受它在以前时期已经达到的消费水平的影响。这体现了对消费者短期消费行为的影响。从短期看，杜森贝利认为，依照人们习惯，增加消费容易，减少消费则难。因为一向过着相当高的生活水平的人,即使收入降低,多半不会马上降低消费水准,而会继续维持相当高的消费水准,故消费固然会随收入的增加而增加,但不易随收入的减少而减少。这种短期消费行为可用短期消费曲线描述。从长期看,消费在收入中所占的比例保持不变。这种长期消费行为可用长期消费曲线描述。按他的看法,消费与所得在长时期维持一固定比率,故长期消费函数是从零点出发的直线,但短期消费函数则为有正截距的曲线。因此,短期消费函数不同于长期消费函数。这一理论可以用图3.7加以说明。

由图3.7可见,当经济稳定增长时,消费与收入或固定比率,故长期消费函数为 $c_L = by$。但在经济变动期,则短期消费函数有不同形态。例如,原先收入为 y_1 时,消费为 c_1。收入由 y_1 减少时,消费不循 c_L 的途径,而循 c_{s1} 的途径变动($c_{t1}/y_{t1} > c_1/y_1$,即平均消费倾向变大)。反之,当收入由 y_{t1} 逐渐恢复时,消费循 c_{s1} 的途径变动,直至到达原先的最高收入水平 y_1 时的 c_1 为止。当经济由 y_1 稳定增长时,消费又循 $c_L = by$ 的途径,使消费与收入成固定比率,故消费函数为 c_L。然而,当收入又在 y_2 处经济发生衰退时,短期消费函数为 c_{s2}。如此继续变动的结果,可以看到,实际上会有短期消费函数与长期消费函数的区别。其形态分别为:长期消费函数为 $c_L = by$,短期消费函数为 $c = a + by$。这样杜森贝利将短期消费函数的正截距的产生,归因于经济周期各阶段的不同消费行为。杜森贝利理论的核心是消费者易于随收入的提高增加消费,但不易随收入的降低而减少消费,以致产生有正截距的短期消费函数。这种特点被称为"棘轮效应"。

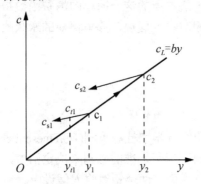

图3.7 短期消费曲线和长期消费曲线

2. 生命周期的消费理论

美国经济学家弗朗科·莫迪利安尼(F.Modigliani)的生命周期消费理论与凯恩斯消费理论的不同之处在于,后者假定人们在特定时期的消费是与他们在该时期的可支配收入相关的,而前者强调人们会在更长时间范围内计划他们的生活消费开支,以达到他们在整个生命期内消费的最佳配置。一般来说,年轻人家庭收入偏低,这时消费可能会超过收入。随着进入壮年和中年,收入日益增加,这时收入会大于消费,不但可能偿还青年时代欠下的债务,更重要的是可以积攒钱以备养老。等到年老退休,收入下降,消费又会超过收入,形成所谓负储蓄状态。生命周期假说认为人们是站在长期的角度来做消费和储蓄决策的,人们不希望一生中消费水平出现大幅度的变化,而应该是比较稳定、平滑的。人们把一生中所有的资源平均地分配在各个时期。

假设某个人拥有财富 W,到退休前还可以工作 N 年,每年取得收入 Y,还能够生活 L

年。这里假定利率为零,储蓄不能产生利息,这个人一生的资源就是 $W+NY$,为了平滑消费,他把这些资源平均分布在 L 年里,他的消费函数是

$$C=(W+NY)/L=(1/L)W+(N/L)Y \tag{3-12}$$

此时,消费 C 不仅取决于收入 Y,还取决于财富水平 W,边际消费倾向为 N/L,财富边际消费倾向为 $1/L$。

【例 3-2】 假定某人从 20 岁开始工作,计划到 60 岁退休,预期在 80 岁时去世,这样,工作的时期(用 N 表示)为 40 年(60-20),生活年数(用 L 表示)为 60 年(80-20)。1 岁到 20 岁为父母抚养时期,拥有财富 100 000 元。若每年工作收入(用 Y 表示)为 24 000 元,则终身收入=YN=24 000×40=960 000(元)。

该人会计划在整个生命周期内均匀地消费财富和收入,因而每年的消费将是

$$C = \frac{960\,000+100\,000}{60} = 17\,667 = \frac{1}{60} \times 100\,000 + \frac{40}{60} \times 24\,000$$
$$= \frac{1}{60} \times 100\,000 + \frac{2}{3} \times 24\,000 \quad (\text{元})$$

3. 持久收入的消费理论

美国经济学家米尔顿·弗里德曼(M.Friedman)提出的持久收入理论,把研究的重点放在一个家庭未来若干年内的持久收入上,而不是它的现期收入上。弗里德曼认为,家庭的消费主要取决于它的持久收入,而不受它的现期收入影响,多数家庭希望在长期内保持消费水平的相对稳定。

持久收入理论的特点,是把任何时期内家庭的收入分成持久收入和暂时收入,把家庭的消费分成持久消费和暂时消费。持久收入定义为长期的平均预期收入。弗里德曼认为,持久收入表现为一个长时期内的平均收入,它包含着家庭对未来收入的预期。因此,弗里德曼在构造他的理论时,用本年收入和过去几年收入的平均数表示持久收入,并指出这种平均收入有助于家庭预测其未来的收入。暂时收入指暂时性的、偶然变动的收入,它可能是正值,如意外获得的奖金;也可能是负值,如偶然失窃造成的损失。任何时期内,家庭的收入等于持久收入加上暂时收入。

持久消费指家庭在长期计划中确定的正常消费。暂时消费指不在计划中的暂时性消费,它可能是正值,也可能是负值,取决于家庭在正常消费基础上增加了消费还是减少了消费。任何时期内,家庭的消费等于持久消费加上暂时消费。

持久收入理论假设如下。

(1) 持久收入和暂时收入之间不存在相关关系,暂时收入是使家庭的收入围绕持久收入随机波动的一个变量。

(2) 持久消费和暂时消费之间不存在相关关系,暂时消费是使家庭的消费围绕持久消费随机波动的一个变量。

(3) 暂时收入和暂时消费之间不存在固定关系。也就是说,暂时性收入增加不会导致消费的立即增加,暂时收入的边际消费倾向等于零。

(4) 持久收入和持久消费之间存在着固定的比例关系,这种比例关系并不随收入的变动而变动。因此,处在不同收入水平上的家庭其消费在收入中所占的比例是相同的。

持久收入理论强调持久收入和持久消费之间的这种固定比例,并借此来说明经济中的

收入与消费或储蓄之间的比例关系。

如果持久收入为 y_p，暂时收入为 y_t，两者之和构成人们的当期收入 y，即

$$y=y_p+y_t$$

持久消费为 c_p，持久消费只与持久收入有关，且与持久收入之间是恒定的正比例关系，即持久消费倾向是一个常数 b，则

$$c_p=by_p \tag{3-13}$$

上述 3 种理论都是以消费行为理论为基础研究收入和消费之间的关系。这 3 种理论，虽然其基本观点有所不同，但是不存在实质性区别。它们从不同角度解释收入和消费之间的实际关系，在一定意义上说是互相补充的。

3.2 投　资

决定总需求的因素，除了消费，还有投资。在西方国家，人们购买证券、土地和其他财产，都被说成投资，但在经济学中，这些都不能算是投资，而只是资产权的转移。经济学中所讲的投资，是指资本的形成，即社会实际资本的增加，包括厂房、设备和存货的增加，新住宅的建筑等，其中主要是厂房、设备的增加。下面分析的就是指这样的投资。

3.2.1 投资的影响因素

决定投资的因素有很多，主要的因素有实际利率水平、预期收益和投资风险等。

在投资的预期利润率既定时，企业是否进行投资，首先就决定于实际利率的高低，利率上升时，投资需求量就会减少，利率下降时，投资需求量就会增加。因为，企业用于投资的资金多半是借来的，利息是投资的成本。

影响投资的另一个重要方面是预期收益，即一个投资项目在未来各个时期估计可得到的收益。影响这种预期收益的因素也是多方面的，这里指出如下 3 点：第一，对投资项目的产出的需求预期和价格预期。企业决定对某项目是否投资及投资多少时，首先会考虑市场对该项目的产品在未来的需求情况，因为这种需求状况，不但会决定产品能否销售出去，还会影响产品价格的走势。如果企业认为投资项目产品的市场需求在未来会增加，就会增加投资，假设一定的产出量会要求有一定的资本设备来提供，则预期市场需求增加多少，就会相应要求增加多少投资，产出价值增量与投资之间的关系可称加速数，说明产出价值变动和投资之间关系的理论称为加速原理。以后的第 8 章将会对这一原理加以说明。第二，产品成本。投资的预期收益在很大程度上也取决于投资项目的产品的生产成本，尤其是劳动者的工资成本。因为工资成本是产品成本中重要的构成部分，在其他条件不变时工资成本上升会降低企业利润，减少投资预期收益，尤其是对那些劳动密集型产品的投资项目而言，工资成本上升显然会降低投资需求。然而，对于那些可以用机器设备代替劳动力的投资项目，工资上升又意味着多用设备比多用劳动力更有利可图，因而实际工资的上升又等于是投资的预期收益增加从而会增加投资需求。可见，工资成本的变动对投资需求的影响具有不确定性。但就多数情况来说，随着劳动成本的上升，企业会越来越多地考虑采用新的机器设备，从而使投资需求增加，新古典经济学之所以认为投资需求会随工资的上升而上升，理由就在这里。第三，政府的税收。政府可以通过提高所得税来增加企业投资成本，

抑制企业投资，也可以通过税收减免等措施鼓励企业投资。

投资需求还与企业对投资的风险考虑密切相关。这是因为，投资是现在的事，收益是未来的事，未来的结果究竟如何，总有不确定性。未来存在着不确定性是难以预测的，这使得投资决策在很大程度上依赖于投资者的主观判断。人们的乐观态度或悲观情绪，以及证券市场上证券价格的波动，都可能对投资前景的预期产生一定的影响。在经济发展的不稳定时期，预期在决定投资的作用中尤为突出。如在经济萧条时期，低利率对投资的刺激作用不大；在经济繁荣时期，高利率也不能有效地抑制投资。

3.2.2 资本边际效率准则

把影响投资的主要因素结合在一起，西方经济学家提出了几种用于投资决策的准则，其中在宏观经济学中较为常用的是凯恩斯提出的资本边际效率准则。凯恩斯认为，是否要对新的实物资本如机器、设备、厂房、仓库等进行投资，取决于这些新投资的预期利润率即资本的边际效率与为购买这些资产而必须借进的款项所要求的利率的比较。前者大于后者时，投资是值得的，前者小于后者时，投资就不值得。

什么是资本边际效率呢？按照凯恩斯的说法，资本边际效率(MEC)是使资本资产在未来各年预期收入的现值之和等于资本资产的购买价格的贴现率。为了进一步说明资本边际效率的概念，设 $R_1, R_2, R_3, \cdots, R_n$ 为投资形成的资本资产在未来 n 年的年预期净收入流量；R_0 为本年资本资产的购买价格，由于 R_0 表示费用支出，它可以看成是本年的负收入流量；j 为把未来各年的收入流量折现成现值的贴现率。

这样，未来各年收入流量的现值之和是

$$\frac{R_1}{(1+j)} + \frac{R_2}{(1+j)^2} + \frac{R_3}{(1+j)^3} + \cdots + \frac{R_n}{(1+j)^n}$$

而投资项目(或投资项目形成的资本资产)的净现值 NPV 是

$$NPV = -R_0 + \frac{R_1}{(1+j)} + \frac{R_2}{(1+j)^2} + \frac{R_3}{(1+j)^3} + \cdots + \frac{R_n}{(1+j)^n} \tag{3-14}$$

在这个公式中，贴现率 j 通常被称作投资项目(或资本资产)的预期收益率。如果净现值 NPV 等于 0，则投资项目既不盈利也不亏本，那么由公式

$$R_0 = \frac{R_1}{(1+j)} + \frac{R_2}{(1+j)^2} + \frac{R_3}{(1+j)^3} + \cdots + \frac{R_n}{(1+j)^n} \tag{3-15}$$

解出的 j 值就是资本边际效率，它是使资本资产的购买价格等于它的预期收入流量的现值时的预期收益率。j 的数值取决于资本物品供给价格和预期收益。预期收益既定时，供给价格越高，j 就越小；而供给价格既定时，预期收益越大，j 就越大。

阅读案例 3-2

现值的计算

假定本金为 100 元，年利率为 5%，则

第 1 年本利和为：100×(1+5%)=105 (元)

第 2 年本利和为：$105 \times (1+5\%) = 100(1+5\%)^2 = 110.25(元)$

第 3 年本利和为：$110.25 \times (1+5\%) = 100(1+5\%)^3 = 115.76(元)$

以此类推，现在以 r 表示利率，R_0 表示本金，R_1、R_2、R_3、$\cdots$、R_n 分别表示第 1 年、第 2 年、第 3 年、$\cdots$、第 n 年的本利和，则各年本利和为

$$R_1 = R_0(1+r)$$
$$R_2 = R_1(1+r) = R_0(1+r)^2$$
$$R_3 = R_2(1+r) = R_0(1+r)^3$$
$$\vdots$$
$$R_n = R_0(1+r)^n$$

现在把问题倒过来，假设利率和本利和为已知，利用公式求本金。假定利率为 5%，1 年后本利和为 105 元，则利用公式 $R_0 = \dfrac{R_1}{1+r}$ 可求得本金

$$R_0 = \frac{R_1}{1+r} = \frac{105}{1+5\%} = 100 元$$

以此类推，2 年后 110.25 元及 3 年后 115.76 元的现值也是 100 元。一般说来，n 年后 R_n 的现值是

$$R_0 = \frac{R_n}{(1+r)^n}$$

3.2.3 投资需求曲线

在对消费需求的研究中，收入是对消费起决定作用的一个变量。在影响投资的诸多因素中，投资与利率之间的关系是最重要的。下面举一个简单的例子说明投资与利率之间的关系。在实际生活中，每一个投资项目的资本边际效率是不一样的，每一个企业都会面临一些可供选择的投资项目。假定某企业有可供选择的 4 个投资项目，如图 3.8 所示。项目 A 的投资量为 100 万元，资本边际效率 10%；项目 B 的投资量为 50 万元，资本边际效率为 8%；项目 C 的投资量为 150 万元，资本边际效率为 6%；项目 D 的投资量为 100 万元，资本边际效率为 4%。显然，如果市场利率为 10%，只有 A 项目值得投资，如果市场利率为 8%或稍低些，则 A 和 B 都值得投资，投资总额可达 150 万元，如果市场利率降到 4%或 4%以下，则 C 和 D 也值得投资，投资总额可达 400 万元。可见，对各企业来说，利率愈低，投资需求量会越大。图中各个长方形顶端所形成的折线就是该企业对这些项目的资本边际效率曲线。

一个企业的资本边际效率曲线是阶梯形的，但经济社会中所有企业的资本边际效率曲线如果加总在一起，分阶梯的折线就会逐渐变成一条连续的曲线，因为总和过程中所有起伏不平会彼此抵消而转为平滑，这条曲线就是凯恩斯所讲的资本边际效率曲线。如图 3.9 中的 MEC 曲线。

在资本边际效率曲线一定的情况下，给定较高的利息率，按照投资的基本原则，只有较少的投资量是值得的，利率越低，值得投资的投资量就越多，由此得到一条利率与投资量之间关系的一条曲线，称为投资需求曲线。它表明了投资需求量和利率之间存在着负相关关系。利率提高会导致投资需求量减少；反之，利率降低会促使投资需求量增加。

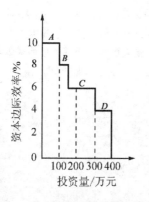 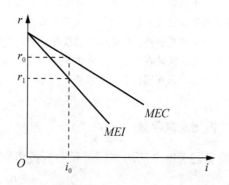

图 3.8　企业可供选择的投资项目　　　图 3.9　资本边际效率曲线和投资边际效率曲线

西方一些经济学家认为，MEC 曲线还不能准确代表企业的投资需求曲线。因为当利率下降时，如果每个企业都增加投资，资本品的价格会上涨，就是说式(3-15)中的 R_0(资本物品供给价格)要增加，在相同的预期收益情况下，资本边际效率必然缩小，否则，公式两边无法相等。即这一贴现率(资本边际效率)无法使未来收益折合成等于资本供给价格的现值。这样，由于 R_0 上升而被缩小了的 r 的数值被称为投资的边际效率(MEI)。因此，在相同的预期收益下，投资的边际效率小于资本的边际效率。例如，在图 3.8 中，一笔投资量 i_0 所带来的预期收益，其资本边际效率为 r_0，投资的边际效率为 r_1，$r_1 < r_0$。因此，在西方经济学中，常用投资的边际效率曲线代表投资需求曲线。由于投资需求曲线是由资本边际效率曲线或者投资边际效率曲线决定的，因此，后者的变化必然会引起前者的变化，引起投资需求曲线的移动。

 阅读案例 3-3

托宾的 Q 理论

(Jamas Tobin 1918—2002)是美国杰出的凯恩斯主义经济学家。1981 年获诺贝尔经济学奖。

1. 托宾的 Q 比率内容

托宾的 Q 比率是公司市场价值对其资产重置成本的比率，反映的是一个企业两种不同价值估计的比值。分子上的价值是金融市场上所说的公司值多少钱，分母中的价值是企业的"基本价值"——重置成本。公司的金融市场价值包括公司股票的市场价值和债务资本的市场价值。重置成本是指今天要用多少钱才能买下所有上市公司的资产，也就是指如果不得不从零开始再来一遍，创建该公司需要花费多少钱。

詹姆·托宾

当 $Q>1$ 时，购买新生产的资本产品更有利，这会增加投资的需求；当 $Q<1$ 时，购买现成的资本产品比新生成的资本产品更便宜，这样就会减少资本需求。所以，只要企业的资产负债的市场价值相对于其重置成本来说有所提高，那么，已计划资本的形成就会有所增加。

2. 托宾的 Q 比率理论应用

托宾的 Q 理论提供了一种有关股票价格和投资支出相互关联的理论。如果 Q 高，那么企业的市场价值要高于资本的重置成本,新厂房设备的资本要低于企业的市场价值。在这种情况下,公司可发行较少的股票而买到较多的投资品,投资支出便会增加。如果 Q 低,即公司市场价值低于资本的重置成本,厂商将不会购买新的投资品。如果公司想获得资本,它将购买其他较便宜的企业而获得旧的资本品,这样投资支出将会降低。反映在货币政策上的影响就是:当货币供应量上升,股票价格上升,托宾的 Q 上升,企业的投资扩张,从而国民收入也扩张。

3.2.4 投资需求函数

投资与利率之间的这种关系称为投资需求函数,可写为

$$i = i(r) = e - dr \tag{3-16}$$

其中 e 代表自发性投资,这部分投资与利率无关,可以理解成企业或家庭为了正常的生产或生活必须进行的投资;d 代表投资对利率变化的敏感程度,如果 d 比较大,则表示投资对利率比较敏感,利率的较小变化导致投资出现较大的波动,如果 d 比较小,则表示投资对利率不敏感,利率的较大变化只能引起投资出现较小的波动。

图 3.10 投资曲线

习惯上用纵轴表示利率 r,用横轴表示投资 i,根据投资函数可以得到如图 3.10 所示的投资曲线。

投资曲线是一条向右下倾斜的直线,直线的斜率取决于投资对利率的敏感程度,如果投资对利率比较敏感,则投资曲线比较平坦;如果投资对利率比较不敏感,则投资曲线比较陡峭。投资曲线的位置取决于自发性投资的大小,自发性投资增大,投资曲线就向右平移;自发性投资减小,投资曲线就向左平移。

阅读案例 3-4

如何看待固定资产投资数据与国民收入账户中的投资数据的不一致?

最近公布的国民核算数据可以用来评估频率更高的固定资产投资数据。我们用最近公布的支出 GDP 数据估算了国民核算的投资增长率。尽管计算结果显示总体上保持了一致的增长趋势,但是投资与固定资产投资的增长速度不同。近年来投资增长强劲,而且在 2005 年进一步加速。

与国民核算数据的对比研究表明,在解读固定资产投资数据时应该注意以下几个方面。首先,固定资产投资的名义增长率显著高于国际可比的固定资本形成总额的增长率。常用的城镇固定资产投资的增速则更高。这在很大程度上因为数据口径和概念不同。月度的固定资产投资数据只包括规模以上的城镇企业,而国民核算数据包括所有的企业。此外,固定资产投资包括土地交易方面的支出,而这并不构成资本形成。其次,国民核算的平减指数比常用的固定资产投资的平减指数上升得更快。综合起来,两者增长率的差别约在 10 个百分点左右。2005 年固定资本形成总额增长约 15%,而城镇固定资产投资的实际增长率估计超过了 25%。另外一个有意思的现象是,2005 年资本形成总额的增长比固定资本形成总额慢很多,这是因为 2005 年存货的增长率比 2004 年低很多。广而言之,固定资产投资数据没有包括存货投资,这导致了固定资产投资和资本形成总额二者之间的又一个差别。根据国民核算数据,2005 年资本形成总额的增长率仅仅略快于 GDP 增长率,比固定资产投资(来源于季度数据)低了将近 13 个百分点。

宏观决策需要更为及时的资本形成的数据。准确判断投资增长率对于决策极为重要，有必要尽快解决固定资产投资和国民核算的数据之间不一致的问题。

(资料来源：世界银行住中国代表处，中国经济季报，2006.11.)

3.3 均衡国民收入的决定

由于在宏观经济分析中存在着两部门经济、三部门经济和四部门经济，各种经济条件下均衡国民收入决定的具体条件是不同的，但均衡国民收入由总需求决定的基本思想是相同的，本节以两部门经济为例说明均衡国民收入的决定。在第6章和第10章将扩展到对三部门和四部门经济均衡国民收入的决定及其变动的讨论。

3.3.1 消费和投资决定均衡国民收入

总支出分为意愿(计划)总支出和实际总支出。意愿总支出是指家庭、厂商、政府及国外部门所愿意购买的产品和服务的总量；实际总支出是指家庭、厂商、政府及国外部门实际购买产品和服务的总量。如前所述，在一个经济中实际支出恒等于国民收入。在经济生活中，意愿总支出与实际总支出往往并不相等，实际支出可能大于、等于或者小于意愿总支出。在此，主要分析意愿总支出与国民收入的均衡决定。

在两部门经济中，总需求AD即意愿的总支出AE等于消费支出加上投资支出，消费和投资在国民收入决定中的作用可以借助于总支出水平和总产出水平之间的关系来说明。这种从总支出角度分析国民收入决定的方法被称作消费加投资法。

均衡国民收入是和总需求AD即意愿的总支出AE相一致的国民收入，也就是经济社会的收入正好等于全体居民和企业想要有的支出。因此，两部门经济均衡国民收入可用公式表示为

$$y = AE = c + i \tag{3-17}$$

这里，y、c、i都用小写字母表示，分别代表剔除了价格变动的实际产出或收入、实际消费和实际投资，而不是上一章里用大写字母表示的名义产出、消费和投资。还要指出的是，公式中的c和i，代表的是居民和企业想要的消费和投资，即意愿消费和投资，而不是国民收入构成中实际发生的消费和投资。根据前面的分析，消费和投资都是一个函数，消费是国民收入的函数，投资是利率的函数。在简单国民收入决定的模型中，假定利率是不变的，因此，投资是一个给定的量，不随利率和国民收入水平而变化。根据这一假定，只要把收入恒等式和消费函数结合起来就可以求出均衡收入

$$y = c + i \quad \text{(收入恒等式)}$$
$$c = a + by \quad \text{(消费函数)}$$

解联立方程，就得到均衡收入

$$y = \frac{a+i}{1-b} \tag{3-18}$$

可见，如果知道了消费函数和投资量，就可得均衡的国民收入。

利用图3.11来说明这种方法。在图中，曲线c是消费曲线，它表示在不同的收入水平上居民想要用于消费的支出。由于在各个产出水平上，投资支出保持不变，总支出曲线$c+i$

平行于消费曲线 c，它等于消费曲线 c 和投资曲线 i 垂直相加之和。$a+i$ 称为自发总支出 $\overline{A}$。

为了确定国民收入的均衡水平，在图 3.11 中做出 45°线。45°线上的任何一点与横轴的垂直距离等于它与纵轴的垂直距离，因此在这条线上的任何一点，纵轴表示的总支出水平恰好等于横轴表示的总产出水平或总收入水平。总支出曲线 $c+i$ 与 45°线相交于 E 点。E 点是均衡点，在这一点上家庭计划消费加上企业计划投资恰好等于国民收入，即总需求量等于总产出量。均衡状态的收入水平是 y_0，在这个收入水平上，企业生产的产品既不会出现积压也不会出现不足的情况。

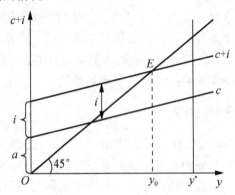

图 3.11 均衡国民收入的决定

当经济偏离均衡点 E 时会出现什么结果呢？先考虑当产出水平小于 y_0 时的情况。由于在均衡点 E 的左边 $c+i$ 曲线位于 45°线之上，计划的总支出大于计划的总产出，企业存货下降，产品供不应求，结果是企业将扩大生产，产出水平趋于上升，直到等于均衡产出水平 y_0。相反，当产出水平大于产出的均衡水平 y_0 时，$c+i$ 曲线位于 45°线之下，总支出量小于总产出量，企业产品积压，结果是企业将减少生产和解雇工人，产出水平趋于下降，直到达到均衡状态。

【例 3-3】假定消费函数 $c=1\,000+0.8y$，自发的计划投资始终为 600 亿美元，则均衡收入

$$y=\frac{1\,000+600}{1-0.8}=8\,000 \quad (亿美元)$$

表 3-4 显示了消费函数 $c=1\,000+0.8y$ 及自发投资为 600 亿美元时均衡收入决定的情况。

表 3-4 均衡国民收入的决定

单位：亿美元

国民收入	消费	储蓄	投资
3 000	3 400	-400	600
4 000	4 200	-200	600
5 000	5 000	0	600
6 000	5 800	200	600
7 000	6 600	400	600
8 000	7 400	600	600
9 000	8 200	800	600
10 000	9 000	1 000	600

表 3-4 的数据说明,当 y=8 000 亿美元时,c=7 400 亿美元,i=600 亿美元,因此,y=c+i=8 000 亿美元,如果 y 为 6 000 亿美元时,c=5 800 亿美元,加上投资 600 亿美元,总支出为 6 400 亿美元,超过了总供给 6 000 亿美元,这意味着企业销售出去的产量大于它们生产出来的产量。存货出现意外地减少,这时扩大生产是有利可图的。于是,企业会增雇工人,增加产量,使收入向均衡收入靠拢;相反,如果收入大于 8 000 亿美元时,假设 y 为 10 000 亿美元,说明企业生产出来的产量大于它们的销售量,存货出现意外增加,于是,企业便会减少生产,使收入仍向 8 000 亿美元靠拢。只有收入达到均衡水平时,既没有非计划存货投资,也没有非计划存货负投资(即存货意外地减少),产量正好等于销量,存货保持正常水平,这就是企业愿意保持的产量水平。

均衡收入决定也可用图 3.12 表示如何用消费曲线加投资曲线和 45°线相交决定均衡收入。图中横轴表示收入,纵轴表示消费加投资,在消费曲线 c 加投资曲线 i 得到消费投资曲线 c+i,这条曲线就是总支出曲线。由于投资被假定为始终等于 600 亿美元的自发投资,因此,消费曲线加投资曲线所形成的总支出曲线与消费曲线相平行,其间垂直距离即 600 亿美元投资。总支出线和 45°线相交于 E 点,E 点决定的收入水平就是均衡收入 8 000 亿美元。这时,家庭部门想要有的消费支出与企业部门想要有的投资支出的总和,正好等于收入(即产出)。如果经济离开了这个均衡点,企业部门销售额就会大于或小于它们的产出,从而被迫进行存货负投资或存货投资,即出现意外的存货减少或增加,这就会引起生产的扩大或收缩,直到回到均衡点为止。

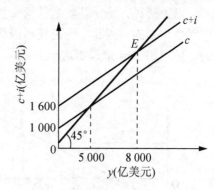

图 3.12　消费加投资曲线和 45°线相交决定均衡国民收入

3.3.2　储蓄和投资决定均衡国民收入

式(3-17)说明使用总支出等于总收入(总供给)的方法决定均衡收入,下面再用计划投资等于计划储蓄的方法求得均衡收入。均衡产出或收入的条件为 y=AE,也可用 i=s 表示。因为这里的计划支出等于计划消费加投资,即 AE=c+i。而生产创造的收入等于计划消费加计划储蓄,即 y=c+s,因此,y=AE,就是 c+i=c+s,等式两边消去 c,则得

$$i = s \tag{3-19}$$

需再次说明,这里的投资等于储蓄,是指经济要达到均衡,计划投资必须等于计划储蓄,而国民收入核算中的 i=s,则是指实际发生的投资(包括计划非存货投资在内)始终等于储蓄。前者为均衡的条件:即计划投资不一定等于计划储蓄,只有二者相等时,收入才处于均衡状态;而后者所指的实际投资和实际储蓄是根据定义而得到的实际数字,从而必然相等。

计划投资等于计划储蓄,即 $i = y - c = s$,而储蓄函数为

$$s = -a + (1-b)y$$

将此二式联立

$$i = s = y - c \qquad \text{(投资等于储蓄)}$$
$$s = -a + (1-b)y \qquad \text{(储蓄函数)}$$

求解同样可得(均衡的)收入

$$y = \frac{a+i}{1-b}$$

在图 3.13 中横轴表示国民收入，纵轴表示储蓄和投资，s 代表储蓄曲线，i 代表投资曲线。由于投资是不随收入而变化的自发投资，因而，投资曲线与横轴平行。投资曲线与储蓄曲线相交于 E 点，与 E 点对应的收入为均衡国民收入 y_0。在均衡点 E 的左侧，如 E_1 点，投资大于储蓄，实际产量 y_1 小于均衡收入水平 y_0，社会生产供不应求，企业存货意外地减少，企业就会扩大生产，使收入水平向右移动，直到均衡收入 y_0 为止。相反，在均衡点 E 的右侧，如 E_2 点，投资小于储蓄，实际生产大于均衡收入，社会上生产供过于求，企业存货意外地增加，企业就会减少生产，使收入水平向左移动，直到均衡收入为止。只有在均衡收入水平上，企业生产才会稳定下来。

【例 3-4】 在例 3-3 当中，当 $c=1\,000+0.8y$ 时，$s=-1\,000+(1-0.8)y=-1\,000+0.2y$，$i=600$，令 $i=s$，即 $600=-1\,000+0.2y$，得 $y=8\,000$ 亿美元。这一结果也可从表 3-4 上得到，从表中可见，只有当收入 $y=8\,000$ 亿美元时，s 和 i 才正好相等为 600 亿美元，从而达到了均衡。

以上两种方法，其实是从同一关系中引申出来的，因为储蓄函数本来就是从消费函数中派生出来的。因此，无论使用消费函数，还是使用储蓄函数，求得的均衡收入都是一样的。可用图 3.14 来说明这一点。

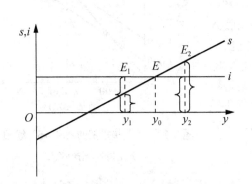

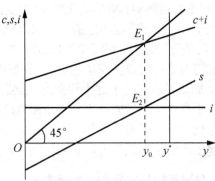

图 3.13　储蓄曲线和投资曲线相交决定均衡国民收入　　图 3.14　消费—投资法与储蓄—投资法的关系

3.4　均衡国民收入的变动及乘数效应

均衡的国民收入是在给定的总需求即意愿的总支出条件下，国民收入将稳定在其均衡位置上不变。均衡的国民收入水平是由总支出决定的。总支出水平的高低，决定了均衡的国民收入的多少。总支出的变动会引起均衡的国民收入同方向变动，即总支出增加，均衡的国民收入增加；总支出减少，均衡的国民收入减少。在宏观经济学中，了解和研究能够引起总产出变动的因素与原因，具有十分重要的意义。下面分两种情况加以讨论，在此基础上再定量地分析第一种情况。

3.4.1　总支出曲线平行移动使均衡国民收入发生变动

在图 3.15 中，横轴 y 表示国民收入，纵轴 AE 表示总支出，总支出变动表现为总支出曲线的平行移动。这就说明总支出变动是由于自发总支出的变动所引起的。总支出曲线向上方平行移动，即从 AE_0 移动到 AE_1，表示总支出增加；总支出曲线向下方平行移动，即从 AE_0 移动到 AE_2，表示总支出减少。当总支出为 AE_0 时，决定均衡国民收入为 y_0。当总

支出为 AE_1 时,决定了均衡国民收入为 y_1。$y_1 > y_0$。图 3.15 说明由于总支出水平由 AE_0 增加到 AE_1,而使均衡的国民收入水平由 y_0 增加到 y_1。当总支出为 AE_2 时,决定了均衡国民收入为 y_2。$y_2 < y_0$,这就说明由于总支出水平由 AE_0 减少到 AE_2,而使均衡的国民收入水平由 y_0 减少到 y_2。

设自发总支出为 $\bar{A}$,自发总支出的变动量为 $\Delta \bar{A}$,则这 3 条总支出曲线为

$$AE_0 = a + by + i = \bar{A} + by$$
$$AE_1 = \bar{A} + \Delta \bar{A} + by$$
$$AE_2 = \bar{A} - \Delta \bar{A} + by$$

从图 3.15 中还可以看到,均衡国民收入增加的量大于自发总支出增加的量。也就是说在供给无约束的条件下,自发总支出的任何微小的变动,都会引起均衡总产出较大幅度的变动。因此在萧条经济下,刺激实际总支出的增加,就成为宏观经济政策中具有重要意义的中心环节了。在现实经济中能够刺激自发总支出增加的因素有自发性消费、投资、政府购买支出等。这些因素的变动,必然会引起自发总支出的变动,从而进一步影响均衡国民收入的变动。

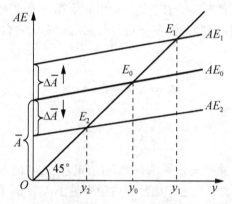

图 3.15 自发总支出变动对均衡国民收入的影响

3.4.2 总支出曲线斜率改变使均衡国民收入发生变动

有时,均衡国民收入的变动还取决于总支出曲线斜率的变动,在其他情况不变的条件下,任何能够使总支出曲线斜率变动的因素,都能使均衡国民收入发生变动。当总支出曲线斜率变化时,均衡国民收入趋于增大;而当总支出曲线斜率变小时,均衡国民收入趋于减小。

在图 3.16 中,横轴 y 表示国民收入,纵轴 AE 表示总支出,设原均衡的总支出水平为 AE_0,均衡国民收入为 y_0。由于经济中发生的某些变动,使总支出曲线的斜率变大了,这将使总支出曲线发生旋转,从 AE_0 的位置绕 B 点逆时针方向转动到 AE_2 的位置,这时的国民收入均衡点从 E_0 点移到 E_2 点,均衡的国民收入也从 y_0 增加到 y_2;反之,总支出曲线的斜率变小时,总支出曲线发生旋转,从 AE_0 的位置绕 B 点顺时针方向转动到 AE_1 的位置。这时的国民收入均衡点从 E_0 点移到 E_1 点,均衡的国民收入也从 y_0 减少到 y_1。在供给无约束的条件下,总支出曲线斜率的任何微小变动,都会引起均衡国民收入水平发生变动。

在现实经济中能够影响实际总支出曲线斜率增大的因素有边际消费倾向的增大、边际

进口倾向和边际税率的减少等。这些因素的变动，必然会引起实际总支出的变动，从而进一步影响均衡总产出的变动。

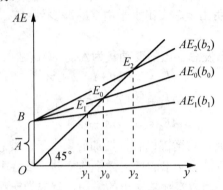

图 3.16　总支出曲线斜率改变对总产出的影响

3.4.3　乘数效应及其作用

3.4.1 节说明了自发总支出较小的变动，会引起均衡国民收入较大幅度的变动，这是乘数的作用。乘数是指均衡国民收入的变化量与引起这种变化的自发总支出变化量的比率，即 $k = \dfrac{\Delta y}{\Delta \overline{A}}$。

因为
$$\Delta y = \Delta AE = \Delta \overline{A} + b \times \Delta y$$

所以，乘数公式可变为
$$k = \frac{1}{1-b} \tag{3-20}$$

从式(3-20)可以看出，乘数与边际消费倾向同向变动，与边际储蓄倾向反向变动。边际消费倾向越大，乘数值越大；反之，边际消费倾向越小，乘数值越小。由于边际消费倾向是一个小于 1 大于零的正数，即 $0<b<1$，因而乘数 k 的值是一个大于 1 小于无穷大的正数。

3.3 节提到，若自发投资量是 600 亿美元，均衡的国民收入为 8 000 亿美元。假设投资增加到 700 亿美元，则国民收入就会增加到 8 500 亿美元。自发投资增加 100 亿美元，国民收入增加 500 亿美元，增加的收入是增加的投资的 5 倍。可见，当投资增加时，收入的增量将是投资增量的数倍，这个倍数是由自发投资引起的称为投资乘数。在这个例子中，投资乘数为 5。

投资增加之所以会产生乘数效应，是因为国民经济各部门之间是相互关联的，某一部门的一笔投资不仅会增加本部门的收入，而且会在国民经济各部门中引起连锁反应，从而增加其他部门的投资与收入，最终使国民收入成倍地增长。

设社会消费函数为 $c=100+0.8y_d$，式中的边际消费倾向为 0.8，表明家庭部门每增加 1 元钱收入，就会有 0.8 元钱用于消费。若不考虑政府的作用(不收税，没有政府的购买支出)，则可以将个人可支配收入看作为国民收入，即 $y=y_d$。设想初始时在该经济中增加一笔投资 100 亿元，这笔投资将购买某一部门的产品，该部门厂商就会获得 100 亿元的收入。若厂商将这笔收入全部用来增加产出，根据假设产出的增加会增加家庭的收入，如果这些增加的产出可以全部转化为家庭的可支配收入，则家庭部门将由此获得 100 亿元的可支配收入。这是这笔投资所引起的第一阶段的收入。在以下各阶段，将重复这一收入的产生过程。

第二阶段：由于家庭部门获得 100 亿元的可支配收入，他们将 100 亿元中的 80 亿元用于购买家庭消费品，由此厂商将获得 80 亿元的产品销售收入。若厂商通过增加产出将这些销售收入全部转变为家庭收入，家庭部门又将获得 80 亿元的可支配收入。这是这笔投资所引起的第二阶段的收入。

第三阶段：由于总产出的增加，家庭部门又可以获得 80 亿元的可支配收入，家庭再次将 80 亿元中的 80% 的钱用于购买家庭消费品。此后厂商将获得 64 亿元(80×0.8)的销售收入。若厂商再次将这笔增加了的销售收入全部分配给家庭部门，则家庭部门将获得 64 亿元的收入，这是这笔投资所引起的第三阶段的收入。

第四阶段：同样的分析，家庭部门将获得 51.2 亿元的可支配收入。这是这笔投资所引起的第四阶段的收入。

上述过程可以不断进行下去，最终家庭部门所获得的可支配收入可以用一个无穷等比级数来表示。该级数的公比等于 0.8 小于 1，因此是一个无穷等比收敛级数，其和将趋向于一个确定的数。其过程引起国民收入增加的总和是

$$100 + 100 \times 0.8 + 100 \times 0.8 \times 0.8 + \cdots + 100 \times 0.8^{n-1}$$
$$= 100(1 + 0.8 + 0.8^2 + \cdots + 0.8^{n-1}) = \frac{1}{1-0.8} \times 100 = 500(亿元)$$

式中，100 亿元的初始投资，最终使国民收入增加到 500 亿元，与初始投资 100 亿元相比，两者之间的倍数等于 5，即 $k=5$。

乘数效应也可用图 3.17 来表示，在图 3.17 中，$c+i$ 代表原来的总支出线，$c+i'$ 代表新的总支出线，$i' = i + \Delta i$，原来的均衡收入为 y，新的均衡收入为 y'，$\Delta y = y' - y$，$\Delta y = k\Delta i$，相当于上例中投资从 600 亿元增加到 700 亿元时，收入从 8 000 亿元增加到 8 500 亿元，即 $\Delta i = 100$ 亿元，$\Delta y = 500$ 亿元，$k=5$。

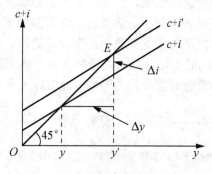

图 3.17 乘数效应

以上说明的是投资变动引起国民收入变动有一乘数效应。实际上，自发总支出的任何变动，如自发消费的变动(例 3-5)、政府支出的变动、税收的变动、净出口的变动等都会引起收入若干倍变动。因此，加入政府部门以后，不仅投资支出变动有乘数效应，政府购买、税收和政府转移支付的变动，同样有乘数效应。关于政府支出等变动如何使收入变动，留到第 6 章再分析。

【例 3-5】假定原来的消费函数为 $c=1\,000+0.8y$，投资为 $i=600$ 亿美元，则均衡收入为 8 000 亿美元，如果自主消费因人们节俭而从 1 000 亿美元减少为 800 亿美元，则收入将变为 7 000

亿美元($y = \dfrac{800+600}{1-0.8} = 7\,000$)。可见,消费需求减少200亿美元,国民收入减少1 000亿美元。

这里对乘数的作用需作进一步的说明。

首先,乘数理论能够发挥作用的前提条件是经济中存在着失业及社会闲置资源,或者说该经济没有供给限制。在该经济中产品滞销、企业开工不足、社会存在大量的失业人员,这时,需求的增加将会增加产品销售,减少社会非意愿性存货,企业的销售收入增加,从而可以提高产量,改善就业状况。这时总需求的增加主要是刺激总供给的增加,由于设备大量闲置,增加生产并不会增加产品的生产成本,因此对价格的影响微乎其微,可以忽略不计,从而可以假设价格水平不变。这时总需求的增加将全部转化为总产出的倍数增加。但若在社会经济处于充分就业的条件下,总需求的增加就不再会引起总供给的同步倍数增加,也不会增加就业水平。因为这时的设备利用率与总产出水平已达到生产能力的极限状态,劳动的就业开始出现拥挤现象,总需求的增加只会引起价格上涨而不会刺激出更多的总产出。因此在充分就业下,扩大总需求不仅会失去其对总产出的倍数扩张效应,而且会引起严重的通货膨胀。

其次,乘数对国民收入既能产生积极的作用,即投资增加引起国民收入按投资增量的一定倍数增加;又能产生消极的影响,即当投资减少时收入也按照投资增量的一定倍数减少。为此,经济学家常称乘数为一把"双刃剑"。

乘数的作用主要表现在说明国民收入的波动和用于制定宏观经济政策方面。由于乘数作用,自发支出的波动会引起国民收入的更大幅度的波动,所以国民收入发生波动的一个重要原因是自发支出的波动。另外,当国民产出的均衡水平偏离充分就业水平时,经济会出现失业或通货膨胀现象,政府往往希望通过对经济的干预使国民收入达到充分就业水平。乘数理论为论证增加投资对于解决就业、克服经济萧条的重大作用,为政府运用财政货币政策调节、干预经济活动提供理论依据。运用恰当而有效的宏观经济政策,须对支出变化和由它引起的国民收入变化之间的乘数关系做出准确的估计,从而确定为使经济达到充分就业水平所需要增加(或减少)的支出总额。由于在现实经济中影响经济活动的未知因素很多,要想精确地计算出各种乘数对总产出的影响效应实际上是十分困难的。

 本章小结

简单的国民收入决定理论是仅涉及产品市场的理论,通过分析总需求的构成和变动,说明均衡国民收入如何决定和变动。

本章首先研究了总需求(意愿的总支出)的两个主要组成部分——消费和投资。消费需求取决于收入水平,消费函数将消费支出与收入水平联系起来。收入中未消费的为储蓄,因此,储蓄函数可以从消费函数中推导出来。投资是利率的函数,在简单国民收入决定理论中,不涉及货币市场,因此可以假定利率不变,这样,投资可以看作是一个常数。

其次,说明了均衡国民收入可以通过总需求(总支出)等于总供给和投资等于储蓄两种方法确定。

再次,均衡国民收入的变动取决于自发总支出的变动和总支出曲线斜率的变动。在现实经济中刺激自发总支出增加的因素有自发性消费、投资、政府购买支出等。当这些因素发生变动就会引起自发总支出的变动,从而进一步影响均衡国民收入的变动。此外,均衡国民收入的变动还取决于总支出曲线斜率的变动,在其他情况不变的条件下,任何能够使总支出曲线斜率变动的因素,都能使均衡国民收入发生变动。当总支出曲线斜率变大时，均衡国民收入趋于增大；而当总支出曲线斜率变小时，均衡国民收入趋于减小。在现实经济中能够影响实际总支出曲线斜率增大的因素有边际消费倾向的增大、边际进口倾向和边际税率的减少等。这些因素的变动就会引起实际总支出的变动，从而进一步影响均衡总产出的变动。

最后说明了乘数理论。乘数是指均衡国民收入的变化量与引起这种变化的自发总支出变化量的比率。乘数与边际消费倾向同向变动，与边际储蓄倾向反向变动。边际消费倾向越大，乘数值越大；反之，边际消费倾向越小，乘数值越小。

中英文关键词语

1. 消费　　　　　　　consumption
2. 消费函数　　　　　consumption function
3. 边际消费倾向　　　marginal propensity to consume
4. 边际储蓄倾向　　　marginal propensity to save
5. 平均消费倾向　　　average propensity to consume
6. 平均储蓄倾向　　　average propensity to save
7. 储蓄　　　　　　　saving
8. 非意愿的投资　　　unintended investment
9. 投资　　　　　　　investment
10. 自主投资　　　　　autonomous planned investment
11. 引致投资　　　　　induced investment
12. 资本边际效率　　　marginal efficiency of capital
13. 投资函数　　　　　investment function
14. 投资需求　　　　　investment demand
15. 乘数　　　　　　　multiplier
16. 乘数效应　　　　　multiplier effect

综 合 练 习

一、选择题

1. 可支配收入中，边际储蓄倾向若为0.25，则边际消费倾向为(　　)。
    A．0.25　　　B．0.75　　　C．1.0　　　D．0.64
2. 假定一国的边际储蓄倾向为0.4，投资增加12亿美元时，该国最终增加的国民收入为(　　)。
    A．30亿美元　　　　　B．20亿美元
    C．40亿美元　　　　　D．50亿美元
3. 如果增加100万美元投资使国民收入增加了1 000万美元，那么这个社会的边际消费倾向一定是(　　)。
    A．10%　　　B．100%　　　C．90%　　　D．20%

4. 某个经济国民收入的均衡被 150 亿美元的新增投资所打破，投资乘数等于 4，那么，在国民收入形成新的均衡的时候(　　)。
   A. 投资增加了 150 亿美元，消费增加了 450 亿美元
   B. 投资增加了 150 亿美元，消费增加了 600 亿美元
   C. 投资增加了 450 亿美元，消费增加了 150 亿美元
   D. 投资增加了 150 亿美元，消费增加了 150 亿美元
5. 以下哪种情况会出现萧条缺口？(　　)
   A. 总供给超过总需求
   B. $c+i$ 曲线与总供给曲线交于充分就业(潜在)收入水平上
   C. $c+i$ 曲线和总供给曲线的交点位于充分就业(潜在)收入水平的右方
   D. $c+i$ 曲线和总供给曲线的交点位于充分就业(潜在)收入水平的左方
6. 均衡国民收入比充分就业(潜在)的国民收入(　　)。
   A. 高　　　B. 低　　　C. 相等　　　D. A、B 和 C 都有可能

二、简答题

(1) 什么是消费函数？在国民收入决定理论中消费是决定国民收入的重要因素之一，而在消费函数中，国民收入决定消费，你认为到底谁决定谁？

(2) 能否说边际消费倾向和平均消费倾向都总是大于零而小于 1？

(3) 什么是投资函数？为什么在简单国民收入决定理论中，投资被假定为一个常数？

(4) 试画图说明自发总支出变动对均衡国民收入的影响。

三、计算题

假设某经济社会消费函数为 $c=100+0.8y$，投资为 50(单位：10 亿美元)。

(1) 求均衡国民收入、消费、储蓄。

(2) 如果当时实际产出(即收入)为 800，试求企业非自愿存货积累为多少？

(3) 若投资增至 100，试求增加的收入。

(4) 若消费函数变为 $c=100+0.9y$，投资仍为 50，收入和储蓄各为多少？投资增至 100 时收入增加多少？

(5) 消费函数变动后，乘数有何变化？

 案例分析

根据以下案例所提供的资料，试分析：

(1) 居民消费受哪些因素的影响？

(2) 我国城镇和农村的消费函数具有怎样的动态变化规律？

基于函数型回归模型的城乡消费函数动态分析

改革开放以来，中国经济快速增长，城乡经济体制改革不断深化，城镇和农村居民的物质文化生活得到明显改善。但是，城乡居民人均收入和消费差距一直存在，而且绝对差距日益明显。

近年来，城乡收入消费相关问题的研究可归纳为如下几个主要类别：第一，城乡居民收入消费现状、

规律及问题研究。在不计实物性质收入和补贴等隐性因素的情况下，2016年城乡收入的绝对差距比1978年增长了101倍，而且呈现出城乡居民收入差距持续扩大的趋势。受此影响，以农业为基础产业所引发的问题在一定程度上限制了农民和农村的发展。而且单纯向农村投入大量资金支持并未有效改善城乡间差距扩大的趋势，反而严重制约了整个社会的全面发展。中国社会科学院城市发展与环境研究所2011年发布的《中国城市发展报告No.4——聚焦民生》明确指出，我国城乡居民收入差距比高达3.2∶1。城乡居民人均消费绝对差距逐年增大，相对差距虽逐年减少但仍在2∶1以上。第二，城乡居民收入消费影响因素研究。从社会保障体制来看，基本保障支出对城乡居民消费差距的影响表现为门槛效应。从收入分配角度来看，收入分配会在很大程度上影响消费倾向，从城镇化水平来看，城镇化水平提高对缩小城乡收入差距的影响呈现减弱的趋势。城镇化对城乡收入差距的作用大小与区域、时间和所处阶段有关。此外，社会经济发展水平对城乡居民收入消费差距也存在一定的影响。

结合中国国情，居民消费受到经济、社会、地域等诸多因素的影响，但将所有因素均纳入研究很难实现。根据经济学消费理论和实践经验，在假定其他各种影响因素相对稳定的前提下，居民消费状况的变化规律主要取决于收入水平。众所周知，消费函数是反映消费支出与影响消费支出的因素之间的函数关系式，本文借助函数型回归模型，发挥其直接对离散数据建模的优势，选择2002—2018年城镇、农村收支的分省份年度数据，分别构建城镇和农村消费与支出之间的函数型回归模型，通过基本消费函数(回归模型中的截距项)、边际消费函数(回归模型中的系数项)及其相应的变化速度函数、变化加速度函数，深入研究城乡消费函数的动态变化规律，以期为进一步缩小中国城乡收支差距、提高人民物质文化生活水平提出相应的对策建议。

1 研究设计

1.1 选择函数型回归的优势

作为函数型数据分析的一种方法，函数型回归分析主要用于研究函数型变量间的关系，模型参数不是固定的，而是随时间变化的函数，而且函数型回归模型没有过多的假定及结构约束，适用性更加广泛。因此，函数型回归模型不同于传统回归模型，在描绘城乡消费函数动态变化问题方面的优势可总结为：

(1) 函数型回归分析的研究对象是连续或光滑函数，使微积分等分析工具可以用于挖掘曲线的变化特征及曲线变化间的内在关系等数据信息。尤其对于在时间点上分布间隔不相等且密度不均匀的数据，函数型回归模型能够实现离散型数据向函数型数据的转化，并据此诊断拟合数据可能的数学模型。

(2) 函数型回归分析可以将影响因素的作用机理描述为微分方程关系，更符合实际情况。具体来说，函数型回归模型能够通过对光滑曲线计算其一阶或高阶导数，进而探索数据的个体差异和动态变化规律，如变化的速度、在不同时间点上变化的差异、改变的突然性等。使用光滑的函数型结构体的一个好处是可以直接从其导数中得到其动态特性。比如，基本消费函数曲线的一阶导数和二阶导数分别表征了其变化速度与加速度。

(3) 函数型回归可以观察到普通分析无法发现的特征，并提供一个新的角度(如二维平面图)来解释数据的动态演变模式等特征。不仅引入了速度(一阶导数)和加速度(二阶导数)，还引入了动能

(速度最大的动能最大)与势能(加速度最大的势能最大)的概念。一般地，函数型数据分析包括原始数据转换为函数、函数的拟合和修习以及曲线的平移套准三步。

1.2 模型形式及参数估计

函数型回归分析存在多种模型，如总体效应影响模型、局部效应影响模型、短期滞后影响模型等。综合实际应用问题，本文所用的函数型回归模型中，解释变量与响应变量均为函数变量，表达式如下：

$$Y(t)=X(t)^T\beta(t)+\varepsilon(t)$$

其中，$Y(t)$是因变量函数向量，$X(t)=(1,X_1(t))^T$是自变量函数矩阵，$\beta(t)=(\beta_0(t),\beta_1(t))^T$是参数向量，$\varepsilon(t)$是误差项函数。本文采用样条法估计模型中的未知参数。

1.3 数据及变量说明

本文数据来自相关统计年鉴中2002—2018年我国31个省份(不含港澳台)城镇和农村人均可支配收入、城镇和农村人均可支配消费支出的分省年度数据。由于2013年以前，城镇居民收支数据来源于独立开展的城镇住户抽样调查，农村居民收支数据来源于独立开展的农村住户抽样调查，而2013年以后，国家统计局开展了城乡一体化住户收支与生活状况调查，与2013年以前的分城镇和农村住户调查的调查范围、调查方法、指标口径有所不同。因此，本文以2013年为分界点，分别构建城镇和农村居民消费函数模型，以研究城乡居民人均收支差异现状及其动态变化规律。

2 实证分析

2.1 城乡居民人均收支差异状况描述

众所周知，箱线图不仅可以给出城镇、农村居民收支的中心趋势，还可以描述变量的发散情况。本文借助 R 软件，通过中位数、上四分位数(第三四分位数，75%)、下四分位数(第一四分位数，25%)、小于等于上四分位数+1.5 倍四分位差(上四分位数-下四分位数)的最大值、大于等于下四分位数-1.5 倍的四分位差的最大值，这5个值来确定箱线图中的每个箱子及箱子上下边外侧的小横线。不难理解，箱线图中每个箱子里横线(中位数)的位置表示城镇、农村居民收支各自的中心趋势，箱子上下边(上下四分位数)的间距以及箱子上下边外侧的小横线(小于等于上四分位数+1.5 倍四分位差(上四分位数-下四分位数)的最大值、大于等于下四分位数-1.5 倍的四分位差的最大值)的间距可以描述城镇、农村居民收支的各自差距。图 3.18 分别展示了 2002—2012 年和 2013—2018 年我国 31 个省份城镇、农村居民收支情况的纵向变化规律。总体上，无论是 2002—2012 年，还是 2013—2018 年，由每个箱子里的黑线可知，城镇居民人均可支配收入和城镇居民人均消费支出总体呈增长态势。同样地，农村居民人均可支配收入和农村居民人均消费支出总体也呈增长态势。

由箱子的上下边的间距以及箱子外侧小横线的间距可知，2002—2012 年，各省份城镇居民人均可支配收入差距逐年扩大，各省份城镇居民人均消费支出差距总体呈扩大态势但中间有所波动。而 2013—2018 年，各省份城镇居民人均可支配收入和城镇居民人均消费支出差距维持在一个相对稳定的状态。

2002—2012 年，各省份农村居民可支配收入差距逐年扩大，各省份农村居民人均消费支出差距总体呈扩大态势但中间有所波动。而 2013—2018 年，各省份农村居民人均可支配收入和农村居民人均消费支出差距同样维持在一个相对稳定的状态。分别计算 2002—2018 年城镇和农村居民人均可支配收入差距、城镇和农村居民人均消费支出差距的取值范围(最值、上下分位数)、均值和中位数，结果如表1所示。城镇和农村居民人均收入差距的最小(大)值、上(下)分位数、中位数和均值，随时间均逐渐扩大。对于城镇和农村居民人均消费差距，除用下划线标注的个别数值外，其最小(大)值、上(下)分位数、中位数和均值也随时间而逐渐扩大。由此可知，城乡收支情况确实存在一定的差距，且 2002—2018 年这种差距总体上呈现出扩大的态势。

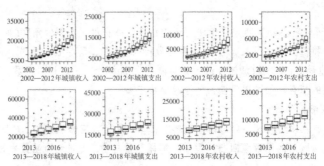

图 3.18 2002—2018 年全国居民家庭人均收支箱线图

由箱子的上下边的间距以及箱子外侧小横线的间距可知，2002—2012 年，各省份城镇居民人均可支配收入差距逐年扩大，各省份城镇居民人均消费支出差距总体呈扩大态势但中间有所波动。而 2013—2018

年，各省份城镇居民人均可支配收入和城镇居民人均消费支出差距维持在一个相对稳定的状态。2002—2012年，各省份农村居民可支配收入差距逐年扩大，各省份农村居民人均消费支出差距总体呈扩大态势但中间有所波动。而2013—2018年，各省份农村居民人均可支配收入和农村居民人均消费支出差距同样维持在一个相对稳定的状态。分别计算2002—2018年城镇和农村居民人均可支配收入差距、城镇和农村居民人均消费支出差距的取值范围(最值、上下分位数)、均值和中位数，结果如表1所示。城镇和农村居民人均收入差距的最小(大)值、上(下)分位数、中位数和均值，随时间均逐渐扩大。对于城镇和农村居民人均消费差距，除用下划线标注的个别数值外，其最小(大)值、上(下)分位数、中位数和均值也随时间而逐渐扩大。由此可知，城乡收支情况确实存在一定的差距，且2002—2018年这种差距总体上呈现出扩大的态势。

2.2 城乡消费函数动态变化

众所周知，居民消费受到经济、社会、地域等诸多因素的影响。根据经济学消费理论和实践经验，在假定其他各种影响因素相对稳定的前提下，居民消费状况的变化规律主要取决于收入水平。本文以2013年为分界点，利用2002—2018年城镇和农村居民人均可支配收入、人均消费支出数据，分别建立城镇和农村消费函数模型，对比城镇和农村消费状况的差异，消费模型为：

$Y_{1u}(t) = \beta_{11u}(t) + \beta_{12u}(t)X_{1u}(t)$, $t=2002,2003,\cdots,2012$

$Y_{1r}(t) = \beta_{11r}(t) + \beta_{12r}(t)X_{1r}(t)$, $t=2002,2003,\cdots,2012$

$Y_{2u}(t) = \beta_{21u}(t) + \beta_{22u}(t)X_{2u}(t)$, $t=2013,2014,\cdots,2018$

$Y_{2r}(t) = \beta_{21r}(t) + \beta_{22r}(t)X_{2r}(t)$, $t=2013,2014,\cdots,2018$

其中，$Y_{1u}(t)$表示2002—2012年城镇居民人均消费支出，$X_{1u}(t)$表示2002—2012年城镇居民人均可支配收入，$\beta_{11u}(t)$和$\beta_{12u}(t)$分别表示2002—2012年城镇居民的基本消费函数和边际消费函数；$Y_{1r}(t)$表示2002—2012年农村居民人均消费支出，$X_{1r}(t)$表示2002—2012年农村居民人均可支配收入，$\beta_{11r}(t)$和$\beta_{12r}(t)$分别表示2002—2012年农村居民的基本消费函数和边际消费函数；$Y_{2u}(t)$表示2013—2018年城镇居民人均消费支出，$X_{2u}(t)$表示2013—2018年城镇居民人均可支配收入，$\beta_{21u}(t)$和$\beta_{22u}(t)$分别表示2013—2018年农村居民人均消费支出，$X_{2r}(t)$表示2013—2018年农村居民人均可支配收入，$\beta_{21r}(t)$和$\beta_{22r}(t)$分别表示2013—2018年农村居民的基本消费函数和边际消费函数。由图2不难发现，2013年前后消费函数及其变化速度、加速度表现出不同的规律。具体如下：

图2(a)至图2(c)：(1)2002—2012年，城镇和农村的基本消费函数总体上呈现持续增长态势，城镇的基本消费函数始终在农村的基本消费函数的上方。城镇的基本消费函数为正，农村的基本消费函数在2004年前后为负，而其他时间上为正。(2)2002—2012年，城镇的基本消费变化速度函数非负，农村的基本消费变化速度函数在2003年前后为负，其他时间均为正。但是，变化速度函数存在一定程度的波动，农村基本消费变化速度函数具有有界性，城镇基本消费变化速度函数波动范围较大。分不同时间阶段来看，农村的基本消费变化速度函数在2002—2003年呈下降态势，2003—2005年加速增长，2005—2006年出现较小幅度的回落，2006—2009年保持相对平稳的速度增长，2009—2012年快速增长达到高点。城镇的基本消费变化速度函数在2002—2005年持续降低，其后至2007年呈上升态势，2007年后开始下降，直到2009年下降到低谷，而后以较大幅度上升。(3)与城镇相比，农村基本消费变化加速度函数波动范围较小。对于城镇基本消费变化加速度函数来说，2006年、2008年和2011年是较为明显的几个转折点，该函数呈现先增加后减少再增加的态势。对于农村基本消费变化加速度函数来说，除2002、2004和2010年以外，其余时间段均在0附近波动，说明农村基本消费变化速度的变动相对较稳定。

图2(d)至图2(f)：无论是边际消费函数、边际消费变化速度函数还是边际消费变化加速度函数，城镇和农村都出现相同的规律，即除2002年起点处差距较大以外，其余年份城镇和农村均非常接近。(1)城镇和农村的边际消费函数总体上呈下降态势，2003—2009年城镇的边际消费函数相比农村的边际消费函数要低，但2002—2003年和2009—2012年城镇的边际消费函数相比农村的边际消费函数要高。农村的边际

消费函数的值域为[0.61,0.76]，城镇的边际消费函数的值域为[0.61, 0.79]。(2)城镇和农村的边际消费变化速度函数基本为负，仅在 2002—2003 年部分农村边际消费函数变化速度函数为正。农村的边际消费变化速度函数 2002—2003 年呈上升态势，随后一直到 2006 年持续下降，2008 年有小幅度反弹，但其后在 2010 年跌到低谷，2010—2011 年有所回升，2012 年跌入最低处。城镇的边际消费变化速度 2002—2004 年有所增加，2004—2006 年减速，但 2007—2009 年开始反弹增速，在 2010 年也同样跌到低谷，随后 2010—2012 年有一定回升。(3)城镇和农村的边际消费变化加速度函数在始末位置(2002 年和 2012 年)差距较大，2012 年的差距表明，城镇和农村的边际消费变化加速度函数出现较大差异，农村边际消费变化加速度函数跌落态势较为显著，越来越小，2016 年以后，这种差距呈现稳定状态。(2)城镇和农村的基本消费变化速度函数均为正，但存在一定程度的波动，农村基本消费函数的波动相对较小。农村基本消费变化速度函数 2013—2016 年呈上升态势，随后一直处于稳定状态。城镇基本消费变化速度函数 2013—2014 年保持稳定速度，2014—2015 年速度加快，之后开始下滑，直到 2017 年跌至低谷，随后有所回升。(3)以 2015 年为转折点，农村基本消费变化加速度函数呈现先上升后下降的态势。相比之下，城镇基本消费变化加速度函数的变化趋势较为复杂，以 2014 年、2016 年、2017 年为转折，城镇基本消费变化加速度函数出现两次"先上升后下降"的规律，其中，2014 年出现最高点，2016 年出现最低点。

图 2(j)至图 2(l): (1)城镇边际消费函数 2013—2018 年呈下降态势，且比农村边际消费函数要高。农村边际消费函数 2013—2014 年有小幅度的增长，但随后一直呈现下降态势。农村边际消费函数的值域为[0.60, 0.67]，城镇的边际消费函数的值域为[0.62, 0.73]。(2)城镇和农村的边际消费速度函数基本为负，仅 2014—2018 年边际消费函数速度函数为正。农村边际消费变化速度函数以 2014—2016 年为分界点，呈现先增长后下降再增长的态势，城镇消费变化速度函数也基本呈现这样的变化规律，但是其波动情况更复杂，且 2013—2015 年，城镇边际消费变化速度函数明显低于农村。(3)城镇和农村边际消费变化加速度函数非常接近，除 2015—2016 年前后以外，其余时间段内出现重叠。

3 结论

鉴于城镇和农村居民消费与支出数据是时间序列数据，本文提出采用函数型回归分析方法，分别探索城镇和农村收支差异和消费函数的动态变化规律，为我国城乡居民生活水平研究提供了新的分析工具。不难发现，函数型回归模型的突出优势在于，通过基本消费函数(回归模型中的截距项)和边际消费函数(回归模型中的系数项)曲线及其一阶、二阶导数曲线，直观展示城镇和农村的消费函数动态变化规律。通过描述性统计分析和函数型回归建模，文本以 2013 年为分界点，分析 2002—2018 年城镇、农村收支差距的统计特征及消费函数变化规律，研究表明：

(1) 城镇和农村居民人均收入差距随时间逐渐扩大，城镇和农村居民人均消费差距也随时间不断扩大。城乡收支情况确实存在一定的差距，且 2002—2018 年这种差距总体上呈现出扩大的态势。

(2) 总体上，城镇和农村基本消费函数呈现增长态势，边际消费函数呈现下降态势。与基本消费函数及其变化速度函数、变化加速度函数相比，城镇和农村边际消费函数及其变化速度函数、变化加速度函数规律近似程度较高。由此表明，城镇和农村居民收入情况对支出水平的影响表现出一致性规律。而且随着时间的推移，收入对消费的影响逐渐下降。

(3) 比较 2002—2012 年和 2013—2018 年的结果，城镇和农村基本消费函数曲线相对位置发生明显变化。2002—2012 年，城镇基本消费函数曲线在农村基本消费函数曲线的上方，而 2013—2018 年，位置发生互换。说明随着时间的推移，农村居民在基本消费支出方面相比城镇有较大程度的提高。

综上所述，城乡收支情况的差距，以及城乡消费函数动态变化规律的不同是社会主义现代化进程中必然会出现的现象，同时也是中国现代化和城市化发展过程中的必经阶段。工业与农业、城市与乡村、城镇居民与农村村民作为一个整体，是城乡一体化的基本内容，其目标是通过促进城乡居民生产方式、生活方式和居住方式的改变，实现城乡在政策上的平等、产业发展上的互补、国民待遇上的一致，让农民享受到与城镇居民同样的文明和实惠，使整个城乡经济社会全面、协调、可持续发展。

表1 2002—2018年我国居民家庭人均收支平均水平(单位:千元)

年份	城乡居民人均收入差距						城乡居民人均消费差距					
	最小	下分	中位	均值	上分	最大	最小	下分	中位	均值	上分	最大
2002	4.48	4.27	4.49	4.88	5.00	7.03	3.46	3.58	3.76	4.02	4.17	5.16
2003	4.97	4.81	4.78	5.45	5.54	8.22	3.88	3.83	4.01	4.37	4.77	5.45
2004	5.50	5.23	5.22	6.04	5.92	9.61	3.99	4.11	4.44	4.77	5.22	6.30
2005	6.11	5.83	6.11	6.69	6.68	10.40	4.38	4.41	4.58	5.07	5.84	6.49
2006	6.89	6.54	6.56	7.49	7.65	11.53	4.56	4.69	4.88	5.42	5.82	6.82
2007	7.68	7.85	7.60	8.67	8.55	13.48	5.60	5.32	5.74	6.14	6.32	8.42
2008	8.25	9.04	8.72	9.85	9.76	15.23	6.02	5.84	6.35	6.85	7.35	10.28
2009	8.95	9.91	9.46	10.77	10.79	16.36	6.39	6.43	6.69	7.46	8.09	11.19
2010	9.77	10.78	10.53	11.74	11.88	17.86	6.94	7.01	7.50	8.19	9.01	12.99
2011	11.08	12.26	11.77	13.13	13.31	20.18	7.66	7.51	8.43	8.87	9.73	14.02
2012	12.65	13.76	13.40	14.72	15.07	22.39	8.21	8.29	9.05	9.63	10.58	14.28
2013	14.28	13.79	13.48	15.47	16.37	25.67	9.58	8.45	8.91	9.97	10.89	18.89
2014	15.52	14.78	14.51	16.64	17.61	27.65	9.82	8.93	9.53	10.53	11.20	20.36
2015	16.83	16.26	15.56	18.02	18.85	29.75	10.24	9.45	10.20	11.11	11.50	20.80
2016	18.23	17.45	16.78	19.41	20.07	32.17	10.92	10.56	10.84	11.83	12.67	22.50
2017	19.37	19.11	18.24	20.98	21.77	34.77	11.66	10.91	10.76	12.33	12.60	23.49
2018	20.39	20.31	19.97	22.52	23.29	37.66	12.34	11.43	11.65	13.02	12.41	25.82

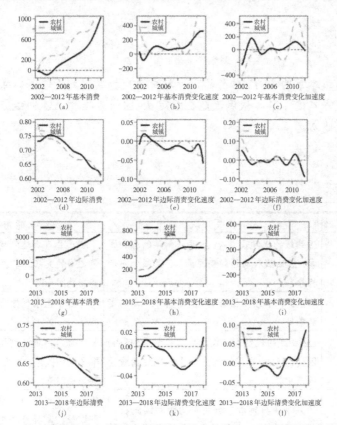

图2 基本消费函数、边际消费函数及其变化速度、加速度函数曲线图

(资料来源:程豪,晏振.基于函数型回归模型的城乡消费函数动态分析.统计与决策,2021,11.)

第4章 产品市场与货币市场的一般均衡

教学目标

通过本章的学习,对产品市场与货币市场各自均衡的基本条件及其相互关系有一定基本的了解和认识,能在给定 IS 曲线方程和 LM 曲线方程基础上计算均衡国民收入。

教学要求

知识要点	相关知识	能力要求
IS 曲线	IS 曲线的代数表达式、IS 曲线斜率的影响因素、IS 曲线移动的影响因素、IS 曲线的图示推导	了解产品市场达到均衡时国民收入与利率之间的关系;掌握 IS 曲线斜率、移动的影响因素
货币市场均衡与利率的决定	货币需求和货币供给的概念、货币市场均衡的条件	掌握货币需求的概念和货币市场均衡的条件
LM 曲线	LM 曲线的代数表达式、LM 曲线斜率的影响因素、LM 曲线移动的影响因素、LM 曲线的图示推导	了解货币市场达到均衡时国民收入与利率之间的关系;掌握 LM 曲线斜率、移动的影响因素
IS—LM 模型	产品市场与货币市场共同均衡时国民收入与利率的决定、从非均衡到均衡的变化过程、均衡国民收入和利率的变动	理解产品市场与货币市场同时均衡的调整过程;掌握产品市场与货币市场共同均衡时国民收入与利率如何决定;掌握影响均衡国民收入和利率变动的因素

第4章 产品市场与货币市场的一般均衡

■ 导入案例

2018年初以来，央行承受的压力日增：不少学者指责央行的金融紧缩政策"把经济推向危险境地"。受了委屈的央行出来指责财政部"添堵"：由于财政部不减税，给地方融资平台和僵尸企业撑腰，导致"坏杠杆"去不掉，却把"好杠杆"去了。

2018年7月23日国务院常务会议传递出的主基调是要求保持宏观政策稳定，坚持不搞"大水漫灌"式强刺激。针对央妈和财爸的掐架，国务院爷爷也终于给了说法：要求财政金融政策协同发力，更有效服务实体经济，更有力服务宏观大局。将原来关于"稳健中性的货币政策"的表述去掉了"中性"二字，原来提出的积极财政政策要更加积极，避免投资减少成为制约经济发展的主要因素。这意味着，央行负责继续宽松，而财政继续保持更加积极。这要达到什么样的经济目标呢？可以用本章的IS—LM模型来解释。

IS—LM模型是说明产品市场与货币市场同时达到均衡时国民收入与利率被如何决定的模型。在这里，I是指投资，S是指储蓄，L是指货币需求，M是指货币供给。这一模型在理论上是对总需求分析的全面高度概括，在政策上可以用来解释财政政策与货币政策，因此，被称为整个宏观经济学的核心。该模型是描述产品市场和货币市场之间相互联系。在产品市场上，国民收入决定于消费C、投资I、政府支出G、和净出口$X-M$加总起来的总支出或者说总需求水平，而总需求尤其是投资需求要受到利率r影响，利率则由货币市场供求情况决定，就是说，货币市场要影响产品市场；另一方面，产品市场上所决定的国民收入又会影响货币需求，从而影响利率，这又是产品市场对货币市场的影响，可见，产品市场和货币市场是相互联系的，相互作用的，而国民收入和利率在这种相互联系、相互作用中才能决定。

4.1 IS 曲线

4.1.1 IS 曲线的含义及其代数表达式

IS曲线是描述产品市场达到均衡时，国民收入与利率之间存在着反方向变动关系的曲线。所谓产品市场的均衡，是指产品市场上总供给与总需求相等时的一种状态。第3章已讲过，两部门经济中总需求等于总供给是指 $c+i=c+s$，均衡条件是 $i=s$，假设消费函数是 $c=a+by$，投资函数 $i=e-dr$，则产品市场的均衡模型为

消费函数：$c=c(y)=a+by$

投资函数：$i=i(r)=e-dr$

均衡条件：$y=c(y)+i(r)$

或者

储蓄函数：$s=s(y)=y-c=-a+(1-b)y$

投资函数：$i=i(r)=e-dr$

均衡条件：$i(r)=s(y)$

从而，均衡收入的公式为

$$y=\frac{a+e-dr}{1-b} \tag{4-1}$$

从式(4-1)可以看出，要使产品市场保持均衡，即储蓄等于投资，则均衡的国民收入与利率之间存在着反方向变化的关系。

式(4-1)为在两部门的经济中均衡收入的代数表达式,可化简为

$$r = \frac{a+e}{d} - \frac{1-b}{d}y \tag{4-2}$$

式(4-2)就是 IS 曲线的代数表达式。

现在举个例子来说明这一点。假设投资函数 $i=1\,250-250r$,消费函数 $c=500+0.5y$,即储蓄函数为 $s=y-c=-500+0.5y$,这样

$$y = \frac{a+e-dr}{1-b} = \frac{500+1\,250-250r}{1-0.5} = 3\,500-500r$$

当 $r=1$ 时, $y=3\,000$
当 $r=2$ 时, $y=2\,500$
当 $r=3$ 时, $y=2\,000$
当 $r=4$ 时, $y=1\,500$

这里要说明一点,$r=1$,$r=2$ 等,是指利率为 1%,2%等。

如果画一个坐标图形如图 4.1 所示,以纵轴代表利率,以横轴代表收入,则可得到一条反映利率和收入间相互关系的曲线,这条曲线上任何一点都代表一定的利率和收入的组合,在这样组合下,投资和储蓄都是相等的,即 $i=s$,从而产品市场是均衡的,因此这条曲线称为 IS 曲线。IS 曲线表明如下含义。

(1) IS 曲线描述产品市场达到宏观均衡,即 $i=s$ 时,均衡的国民收入与利率之间存在反方向变化的关系,即利率提高,总收入趋于减少;利率降低,总收入趋于增加。

(2) 处于 IS 曲线上的任何点都表示 $i=s$,偏离 IS 曲线的任何点都表示没有实现均衡,如图 4.2 所示。如果某一点处于 IS 曲线右边,表示 $i<s$,即总需求(总支出)小于储蓄规模,将导致均衡的国民收入减少。如果某一点处于 IS 曲线左边,表示 $i>s$,即总需求(总支出)大于储蓄规模。

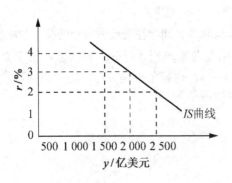

图 4.1　IS 曲线与产品市场均衡

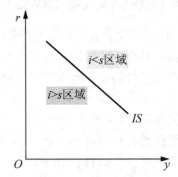

图 4.2　IS 曲线与产品市场非均衡

4.1.2　IS 曲线的斜率

由式(4-2)IS 曲线的代数表达式 $r = \frac{a+e}{d} - \frac{1-b}{d}y$ 可知,y 前面的 $\frac{1-b}{d}$ 就是 IS 曲线斜率的绝对值,它既取决于 b,也取决于 d。

d 是投资需求对于利率变动的反应程度,它表示利率变动一定幅度时投资变动的程度,如果 d 的值较大,即投资对于利率变化比较敏感,IS 曲线斜率的绝对值就较小,即 IS 曲线较平缓。这是因为,投资对利率较敏感时,利率的较小变动就会引起投资较大的变化,进

而引起收入较大的变化,反映在 IS 曲线上是:利率较小变动就要求有收入较大变动与之相配合,才能使产品市场均衡。反之,当 d 的值较小时,IS 曲线就比较陡峭。

b 是边际消费倾向,如果 b 较大,IS 曲线斜率的绝对值也会较小,这是因为,b 较大,意味着支出乘数较大,从而当利率变动引起投资变动时,收入会以较大幅度变动,因而 IS 曲线就较平缓。反之,当边际消费倾向 b 较小时,IS 曲线就比较陡峭。

4.1.3 IS 曲线的移动

由式(4-2)IS 曲线的代数表达式 $r = \dfrac{a+e}{d} - \dfrac{1-b}{d}y$ 可知,IS 曲线移动取决于自发消费 a 和自发投资 e。

在同样利率水平上,当自发消费 a 和自发投资 e 增加时,会使 IS 曲线向右移动。反之,若自发消费 a 和自发投资 e 下降时,则 IS 曲线向左移动。

假设自发投资 e_1 增加到 e_2,说明 IS 曲线移动量。

变动前:$y_1 = \dfrac{a + e_1 - dr}{1-b}$

变动后:$y_2 = \dfrac{a + e_2 - dr}{1-b}$

IS 曲线移动量:$\Delta y = y_2 - y_1 = \dfrac{e_2 - e_1}{1-b} = \dfrac{\Delta e}{1-b}$

当自发投资或自发消费增加时,$\Delta y > 0$,IS 曲线就会向右移动,其移动量等于自发投资或自发消费变动量乘以投资乘数。当自发投资或自发消费较少时,$\Delta y < 0$,IS 曲线就会向左移动,其移动量等于自发投资或自发消费变动量乘以投资乘数。

上述讨论了 IS 曲线的移动,只是考虑两部门经济的情况。在三部门经济中,IS 曲线则是根据国民收入均衡的条件即 $i + g = s + t$ 推导出来的。在三部门经济下,不仅自发投资或自发消费变动会使 IS 曲线移动,政府支出和政府税收作为自发支出量发生变动,也会引起 IS 曲线移动。总之,一切自发支出量变动,都会使 IS 曲线移动。

4.1.4 IS 曲线的图示推导

在 4.1.1 节中 IS 曲线的代数表达式是从投资与利率的关系(投资函数)、储蓄与收入的关系(储蓄函数)以及储蓄与投资的关系(储蓄等于投资)中推导出来的。西方学者常常用含有 4 个象限的图 4.3 来描述这个推导过程。

图 4.3 中象限(1)的曲线表示,投资需求是利率的减函数,纵轴表示利率 r,横轴表示投资量 i,该曲线就是根据投资需求函数 $i = 1250 - 250r$ 画出来的。

图中象限(2)的曲线表示投资和储蓄的均衡状态,纵轴表示储蓄 s,横轴仍表示投资量 i,这条起自原点的 45°的直线,表示投资始终等于储蓄的组合点的集合。例如,利率 $r = 3\%$ 时,投资 $i = 500$ 亿美元,储蓄 s 也等于 500 亿美元。利率下降时,投资增加,储蓄也相应增加,从而达到均衡。

图中象限(3)的曲线表示储蓄是国民收入的函数,这条曲线就是根据 $s = -500 + 0.5y$ 画出的。例如象限(1)中,当 $r = 3\%$ 时,$i = 500$ 亿美元;在第(2)象限,由于 $i = s$ 必然有 500 亿美元储蓄;在象限(3)中由储蓄函数计得,应有收入 2 000 亿美元才能有 500 亿美元储蓄($500 = -500 + 0.5y$,所以 $y = 2 000$)。如果利率下降到 2%,投资上升到 750 亿美元,因此均衡的储蓄也是 750 亿美元,从而均衡收入就是 2 500 亿美元。

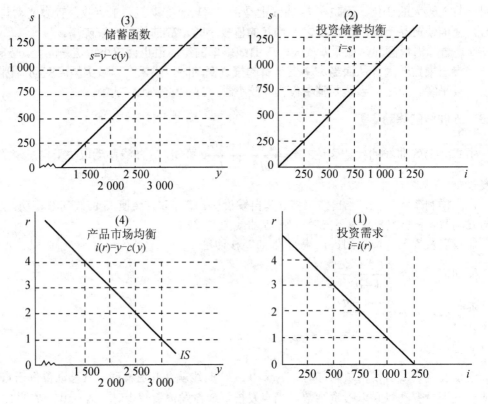

图 4.3 IS 曲线图示推导

最后，图中象限(4)便得到了产品市场的均衡点，就是说，当利率 $r=3\%$ 时，使储蓄与投资恰好相等的国民收入是 2 000 亿美元；若利率上升到 4%，投资和相应的储蓄将下降到 250 亿美元，从而均衡收入必须是 1 500 亿美元；同样，利率降到 2% 时，投资和相应的储蓄将上升到 750 亿美元，从而均衡收入水平一定是 2 500 亿美元。总之，当利率分别为 2%、3%、4%、5% 时，只有国民收入分别为 2 500、2 000、1 500、1 000 亿美元时，才能满足 $i=s$ 这一产品市场均衡的条件，将满足产品市场均衡条件的利率和收入的各个组合点连接起来，就得到了 IS 曲线。可见，IS 曲线是产品市场均衡状态的一幅简单图像，它表示的是与任一给定的利率相对应的国民收入水平。在这样的水平上，投资恰好等于储蓄，因此这条曲线称为 IS 曲线。由于利率下降意味着一个较高的投资水平，从而对应一个较高的储蓄和收入水平，因此，IS 曲线的斜率是负值。

下面利用 4 象限图来说明投资需求和储蓄变动导致 IS 曲线移动的情况。

在图 4.4 中，由于投资需求的影响因素发生变动，在同样利率水平上投资需求增加了，投资需求曲线从 i_1 提高到 i_2，IS_1 则相应右移到 IS_2；反之，IS 曲线左移的情况可以同样画出。

在图 4.5 中，假定人们的储蓄意愿增加了，储蓄曲线就要向左移动，从 S_1 左移到 S_2，如果投资需求不变，则同样的投资水平要求的均衡收入水平就要下降，因为同样多的储蓄，现在只要有较低的收入就可以提供出来，因此 IS 曲线就会向左移动，IS_1 相应移到 IS_2。

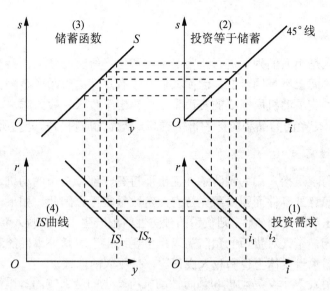

图 4.4　投资需求变动使 IS 曲线移动

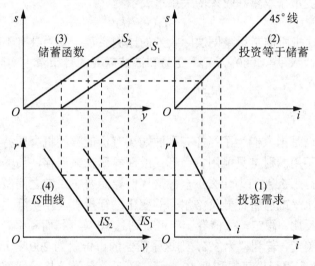

图 4.5　储蓄变动使 IS 曲线移动

4.2　货币市场均衡

4.2.1　货币需求

货币的需求就是人们在不同条件下出于各种动机对持有货币的需要。

众所周知，人们的财富如果不以货币形式持有，而以其他形式持有，会给他们带来收益。例如以债券形式持有，会有利息收入，以股票形式持有，会有股息或红利收入，以房产形式持有，会有租金收入等。那么，为什么人们愿意持有不生利息或其他形式收入的货币呢？凯恩斯提出了流动偏好概念，是指人们持有货币的偏好。人们之所以产生对货币的偏好，是由于货币是流动性或者说灵活性最大的资产，随时可满足人们 3 类不同的动机即交易动机、预防性动机及投机性动机的需要。

1. 货币交易需求

货币交易需求是指人们为了进行正常的消费和生产等交易活动而持有货币的动机。由于收入和支出在时间上不是同步的，因而人们必须有足够的货币资金来支付日常需要的开支。人们出于这种交易动机所需要的货币量主要决定于收入，收入越高，交易数量越大。交易数量越大，所交换的商品和劳务的价格越高，从而为应付日常开支所需货币量就越大。

2. 货币预防性需求

货币预防性需求是指人们为预防意外支出而持有一部分货币的动机，如人们为应付事故、失业、疾病等意外事件而需要事先持有一定数量货币。因此，如果说货币的交易需求产生于收入和支出间缺乏同步性，则货币的预防性需求产生于未来收入和支出的不确定性。西方经济学家认为，个人对货币的预防需求量主要决定于对意外事件的看法，但从全社会来看，这一货币需求量大体上也和收入成正比，是收入的函数。

因此，如果用 L_1 表示交易动机和预防性动机所产生的全部实际货币需求量，用 y 表示实际收入，则这种货币需求量和收入的关系可表示为

$$L_1 = L_1(y) = ky \tag{4-3}$$

式中，k 为上述两动机所需货币量同实际收入的比例系数；y 为具有不变购买力的实际收入，例如，若实际收入 $y=1\,000$ 万元，交易和谨慎需要的货币量占实际收入的 20%，则 $L_1 = 1\,000 \times 0.2 = 200$ 万元。

3. 货币投机性需求

货币投机性需求是指人们为了抓住有利的购买有价证券的机会而持有一部分货币的动机。假定人们一时不用的财富只能用货币形式或债券形式来保存，债券能带来收益，而闲置货币则没有收益，那么人们为什么不全部购买债券而要在二者之间做选择呢？原来是因为人们想利用利率水平或有价证券价格水平的变化进行投机。在实际生活中，债券价格高低与利率的高低成反比。假定一张债券一年可获利息10美元，而利率若为10%，则这张债券的市价就为100美元，若利率为5%，则这张债券的市价就为200美元，因为200美元在利率为5%时若存放到银行也可得利息10美元。可见，债券价格一般随利率变化而变化。由于债券市场价格是随经济波动的，凡预计债券价格将上涨(即预期利率将下降)的人，就会用货币买进债券以备日后以更高价格卖出；反之，凡预计债券价格将下跌的人，就会卖出债券保存货币以备日后债券价格下跌时再买进。这种预计债券价格将下跌(即利率上升)而需要把货币保留在手中的情况，就是对货币的投机性需求。可见，有价证券价格的未来不确定性是货币投机需求的必要前提，这一需求与利率成反方向变化。利率越高，即有价证券价格越低，人们若认为这一价格已降低到正常水平以下，预计很快会回升，就会抓住机会及时买进有价证券，于是，人们手中出于投机动机而持有的货币量就会减少。相反，利率越低，即有价证券价格越高，人们若认为这一价格已涨到正常水平以上，预计就要回跌。于是，人们就会抓住时机卖出有价证券。这样，人们手中出于投机而持有的货币量就会增加。

总之，对货币的投机性需求取决于利率，如果用 L_2 表示货币的投机需求，用 r 表示利率，则这一货币需求量和利率的关系可表示为

$$L_2 = L_2(r) = g - hr \tag{4-4}$$

式中，h 为货币投机需求的利率系数；g 为大于零的常数系数。

以上分析说明，对利率的预期是人们调节货币和债券配置比例的重要依据，利率越高，货币需求越小。当利率极高时，这一需求量等于零，因为人们认为这时利率不太可能再上升，或者说有价证券价格不太可能再下降，因而将所持有的货币全部换成有价证券。反之，当利率极低，比方说 2%，人们会认为这时利率不太可能再下降，或者说有价证券市场价格不太可能再上升而只会跌落，因而会将所持有的有价证券全部换成货币。人们有了货币也决不肯再去买有价证券，以免证券价格下跌时遭受损失，不管有多少货币都愿意持有手中，这种情况称为"凯恩斯陷阱"或"流动偏好陷阱"。货币需求关于利率的系数也称流动性偏好的利率系数。当利率极低时，人们手中无论增加多少货币，都不会再去购买有价证券，都要留在手中，因而流动性偏好趋向于无限大，这时即使银行增加货币供给，也不会再使利率下降。

对货币的总需求是人们对货币的交易需求、预防需求和投机需求的总和。货币的交易需求和预防需求决定于收入，而货币的投机需求决定于利率，因此，对货币的总需求函数可描述为

$$L = L_1 + L_2 = L_1(y) + L_2(r) = ky + g - hr \tag{4-5}$$

式中的 L、L_1 和 L_2 都是代表对货币的实际需求，即具有不变购买力的实际货币需求量。

由于 $L = ky + g - hr$ 仅代表对货币的实际需求量或者说需要的实际货币量，因此，名义货币需求函数是实际货币需求函数乘以价格指数，即

$$L_g = (ky + g - hr)P \tag{4-6}$$

式(4-6)为名义货币需求函数，而式(4-5)则代表实际货币需求函数，知道 k、h、g、y、r 和 P 之值，就不难求得货币需求值。

货币需求函数可用图 4.6 来表示。

图 4.6(a)中 L_1 表示为满足交易动机和谨慎动机的货币需求曲线。L_2 表示为满足投机动机的货币需求曲线，向右下方倾斜，表示货币的投机需求量随利率下降而增加，最后为水平状，表示"流动偏好陷阱"。图 4.6(b)中的 L 则是包括 L_1 和 L_2 在内的全部货币需求曲线，其纵轴表示利率 r，横轴表示货币需求量 L。这条货币需求曲线表示在一定收入水平上货币需求量和利率的关系，利率上升时，货币需求量减少，利率下降时，货币需求量增加。

那么，货币需求量和收入水平的正向关系如何表现出来呢？需要通过在同一坐标图上画若干条货币需求曲线来表示，如图 4.7 所示。图中的 3 条货币需求曲线分别代表收入水平为 y_1、y_2 和 y_3 时的货币需求曲线。可见，货币需求量与收入的正向变动关系是通过货币需求曲线向右上方和左下方移动来表示的，而货币需求量与利率的反向变动关系则是通过每一条需求曲线都是向右下方倾斜来表示的。例如当利率相同，即都为 r_1 时，由收入水平不同，实际货币需求量分别为 L_1、L_2 和 L_3，即 $y = y_1$ 时，$L = L_1$；$y = y_2$ 时，$L = L_2$；$y = y_3$ 时，$L = L_3$。反之，当收入水平相同，例如都为 y_1 时，由于利率水平不同，实际货币需求量也不同。$r = r_1$ 时，$L = L_{11}$；$r = r_2$ 时，$L = L_{12}$。

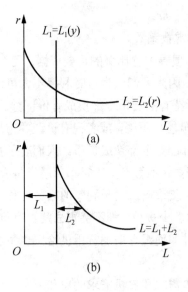

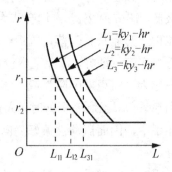

图 4.6 货币需求曲线　　　　　图 4.7 不同收入的货币需求曲线

 阅读案例 4-1

鲍莫尔模型

鲍莫尔模型即"平方根定律"(square-root rule),是美国经济学家威廉·杰克·鲍莫尔(William Jack Baumol)于 1952 年创造,将利率因素引入交易性货币需求分析而得出的货币需求理论模型,论证了交易性货币需求受利率影响的观点,从而修正了凯恩斯关于交易性货币需求对利率不敏感的观点。

鲍莫尔模型的理论基础是:经济行为以收益最大化为目标,因此在货币收入取得和支用之间的时间差内,没有必要让所有用于交易的货币都以现金形式存在。

鲍莫尔模型的 3 个假定如下。

(1) 人们收入的数量已定,间隔一定;支出的数量事先可知且速度均匀。

(2) 人们将现金换成生息资产采用购买短期债券的形式,具有容易变现、安全性强的特征。

(3) 每次变现(出售债券)与前一次的时间间隔及变现数量都相等。

鲍莫尔平方根公式

$$M = \sqrt{\frac{tcy}{2r}}$$

tc = 现金和债券之间的交易成本;y = 月初取得的收入,比如工资;r = 月利率。

鲍莫尔模型的结论

(1) 交易性货币需求是收入的正比函数,弹性为 0.5。

(2) 交易性货币需求是利率的反比函数,弹性为-0.5。

凯恩斯理论中,交易动机的货币需求只是收入的函数,与利率无关。鲍莫尔发现交易动机的货币需求,也同样是利率的函数,是利率的递减函数。

鲍莫尔认为,任何企业或个人的经济行为都以收益的最大化为目标,因此在货币收入取得和支用之间的时间差内，没有必要让所有用于交易的货币都以现金形式存在。由于现金不会给持有者带来收益，所以应将暂时不用的现金转化为生息资产的形式，待需要支用时再变现，只要利息收入超过变现的手续费就有利可图。一般情况下利率越高，收益越大，生息资产的吸引力也就越强，人们就会把现金的持有额压到最低限度。但若利率低下，利息收入不够变现的手续费，那么人们宁愿持有全部的交易性现金。因此，货币的交易需求与利率不但有关，而且关系极大，凯恩斯贬低利率对现金交易需求的影响并不符合实际。

鲍莫尔模型的运用

合理现金持有量的理论模型——鲍莫尔模型。

鲍莫尔模型从存货理论出发，认为公司用于商品交易的现金余额不仅与公司的商品交易规模有关，而且与机会成本、市场利率有关。该模型属于现金余额的优化模型，对于公司关于现金余额的决策有一定的指导意义。该模型的分析思路如下。

公司期初的现金余额为 C，期末的现金余额为 0，期间平均现金余额为 $C/2$。年机会成本为 K。年交易额为 T，每次买卖证券需要的费用(管理成本)为 F。

总成本由两个部分构成：机会成本和管理成本。机会成本为 $(C/2) \times K$，交易成本为 $(T/C) \times F$。总成本为

$$总成本 = (C/2) \times K + (T/C) \times F$$

为了使总成本达到最小，可以得到

$$C^* = \sqrt{\frac{2TF}{K}}$$

式中，C^* 为期初现金最佳持有规模，平均现金持有规模为 $C^*/2$。

本理论模型有两个缺点：一是该模型严格假定公司有一个恒定的支付频率，而大多数公司都没有一个恒定的支付频率；二是该模型假定公司在计划期间没有安全库存，而事实上大多数公司都有安全库存。

鲍莫尔模型的评价

鲍莫尔模型对西方货币理论产生了重大影响。众多学者在研究货币理论和货币政策问题时都论及该理论，对它的褒贬不一。

对该模型的肯定之处是，该模型从人们保持适度的现金用于交易，而将暂时闲置的部分用以获利这个常见的现象出发，得出交易性货币需求在很大程度上受利率变动影响的结论，具有普遍的适用性。这是对凯恩斯货币交易需求理论的重要发展。

另外，该模型的结论还可应用于国际金融领域。因为国际储备如同经济单位的现金存量，也具有规模经济的特征。因此国际储备不必与国际贸易量成同一比例增减。并且在国际经济交往中用一种普遍的国际货币，可以节省国际支付的交易成本。

对于鲍莫尔模型，也有不少批评意见。比如认为模型忽略了影响货币交易需求的一些重要因素，如时间价值、通货膨胀、货币界定、支付制度和条件、金融创新等，致使模型有失偏颇；有的否定模型的定性理论假设；还有一种意见认为模型的数量关系描述不准确，认为货币需求对交易量的弹性并不是一个常数，而是一个变数，这个变数的具体数为 0.5～1。

(资料来源：http://baike.baidu.com/view/130778.htm.)

4.2.2 货币供给

货币供给是一个存量概念，它是一个国家在某一时点上所保持的不属于政府和银行所有的硬币、纸币和银行存款的总和。西方经济学者认为，货币供给量是由国家用货币政策来调节的，因而是一个外生变量，其大小与利率高低无关，因此货币供给曲线是一条垂直于横轴的直线。如图 4.8 中的 m 直线。

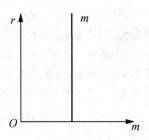

图 4.8 货币供给曲线

货币供给量有名义货币供给量和实际货币供给量的区别。把名义货币供给量折算成实际货币量，必须有价格指数加以调整。如 M、m 和 p 依次代表名义货币供给量、实际货币供给量和价格指数，则

$$m = \frac{M}{p} \quad \text{或} \quad M = pm \tag{4-7}$$

4.2.3 货币市场均衡和利率的决定

货币供给曲线(m)和货币需求曲线(L)相交的点(E)决定了利率的均衡水平(r_0)，如图 4.9 所示。它表示只有当货币供给等于货币需求时，货币市场才能达到均衡状态。如果市场利率低于均衡利率(r_0)，则说明货币需求超过供给，这时人们感到手中持有的货币太少，就会卖出有价证券，证券价格就要下降，即利率要上升。对货币需求的减少，一直要持续到货币供求相等时为止。相反，当利率高于均衡利率(r_0)时，说明货币供给超过货币需求，这时人们感到手中持有的货币太多，就会用多余货币买进有价证券。于是，证券价格要上升，亦即利率要下降。这种情况也一直要持续到货币供求相等时为止。只有当货币供求相等时，利率才不再变动。

货币需求曲线和供给曲线会变动。例如，当人们对货币的交易需求或投机需求增加时，货币需求曲线就会向右上方移动；当政府增加货币供给量时，货币供给曲线则会向右移动。

在图 4.10 中，若货币供给不变，货币需求曲线从 L 移动 L' 时，均衡利率就会从 r_0 上升到 r_1，相反，若货币需求不变，货币供给曲线从 m 右移到 m' 时，均衡利率则会从 r_0 下降到 r_2。如果货币需求和供给同时变动时，利率就会受到二者的共同的影响，在移动后的需求曲线和供给曲线的交点上达到均衡。

从图 4.10 中可以看到，当利率降低到一定程度(如 2%)时，货币需求曲线呈接近于水平状态，这就是凯恩斯所说的"流动偏好陷阱"。这时候，不管货币供给曲线向右移动多少，即不管政府增加多少货币供给，都不可能再使利率下降。

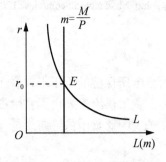

图 4.9 货币供给和需求的均衡

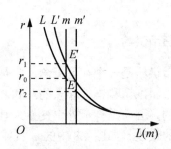

图 4.10 货币需求和供给曲线的变动

阅读案例 4-2

2022.5—2024.2 年我国金融机构人民币贷款基准利率

利率是借款的成本或为借款人资金支付的价格(通常表示为利息占本金的百分比)。在经济生活中有多种利率,如同业拆借市场利率、抵押贷款利率以及各种不同类型债券的利率。图 4.11 给出了 2022—2024 年金融机构人民币贷款利率变动情况。

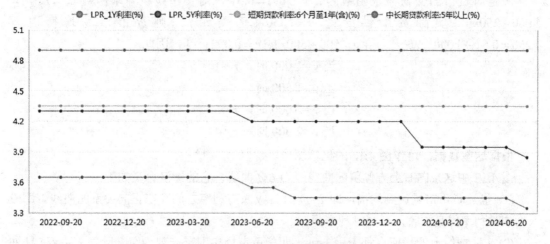

图 4.11 金融机构人民币贷款利率

(注:根据《中国人民银行公告》(公告[2019]第 15 号),贷款市场报价利率(LPR)按新的形成机制报价得出。)

4.3 LM 曲线

4.3.1 LM 曲线的含义及其代数表达式

LM 曲线是描述货币市场达到均衡时,国民收入与利率之间存在着同方向变动关系的曲线。

假定 m 代表实际货币供给量,则货币市场的均衡模型为

货币需求:$L = L_1(y) + L_2(r) = ky + g - hr$

货币供给:$m = m_0$

货币市场的均衡条件:$m_0 = ky + g - hr$ (4-8)

从式(4.8)中可知,当 m 为一定量时,L_1 增加时,L_2 必须减少,否则不能保持货币市场的均衡。L_1 是货币的交易需求,它随收入增加而增加。L_2 是货币的投机需求,它随利率上升而减少。因此,国民收入增加使货币交易需求增加时,利率必须相应提高,从而使货币投机需求减少,才能维持货币市场的均衡。反之,收入减少时,利率必须相应下降,否则,货币市场就不能保持均衡。

由式(4-8)可得

$$y = \frac{h}{k}r + \frac{m_0 - g}{k} \tag{4-9}$$

或

$$r = \frac{g - m_0}{h} + \frac{k}{h}y \tag{4-10}$$

这两个公式都是 LM 曲线的代数表达式，但由于该曲线图形的纵坐标表示的是利率，横坐标表示的是收入，因此一般用式(4-10)代表 LM 曲线。

下面举例说明 LM 曲线的意义。

假定对货币的交易需求函数为 $L_1 = L_1(y) = 0.5y$，对货币投机需求函数 $L_2 = L_2(r) = 1000 - 250r$，实际货币供给量 $m = 1250$（亿美元），则货币市场均衡时，$1250 = 0.5y + 1000 - 250r$，得 $y = 500 + 500r$ 或 $r = 0.002y - 1$，因此

当 $y = 1000$ 时，$r = 1$
当 $y = 1500$ 时，$r = 2$
当 $y = 2000$ 时，$r = 3$
当 $y = 2500$ 时，$r = 4$

根据这些数据，可作图 4.12 的坐标图形。

图 4.12 中这条向右上方倾斜的曲线即为 LM 曲线，它的经济含义如下。

(1) 描述货币市场达到均衡，即 $L = m$ 时，收入与利率之间存在正向关系的曲线。即收入增加时利率提高，收入减少时利率降低。

(2) LM 曲线上的任何点都表示 $L = m$，即货币市场实现了宏观均衡。反之，偏离 LM 曲线的任何点位都表示 $L \neq m$，即货币市场没有实现均衡。如图 4.13 所示，在 LM 曲线右下方，表示 $L > m$，即货币需求>货币供应。在 LM 曲线左上方，表示 $L < m$，即货币需求<货币供应。

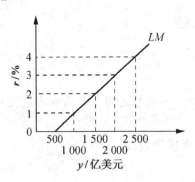

图 4.12　LM 曲线

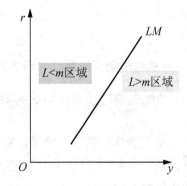

图 4.13　LM 曲线与货币市场非均衡

4.3.2　LM 曲线的图示推导

从上例可看到，LM 曲线实际上是从货币的投机需求与利率的关系，货币的交易需求与收入的关系以及货币需求与供给相等的关系中推导出来的。这个推导过程，西方学者也常用下面这样一个包含有 4 个象限的图 4.14 来表现。

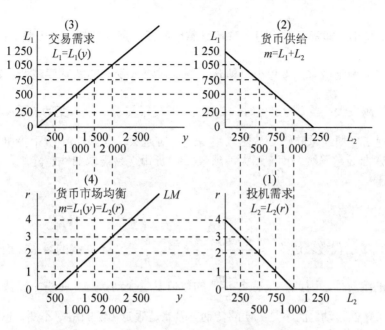

图 4.14　*LM* 曲线图示推导

图 4.14 的象限(1)中向右下方倾斜的曲线是货币的投机需求函数 $L_2 = L_2(r) = 1\,000 - 250r$，利率 r 从 3%、2%、1%逐渐下降时，货币的投机需求量从 250 亿美元、500 亿美元、750 亿美元逐渐增加。

象限(2)则表示当货币供给为一定(1 250 亿美元)时，应如何来划分用于交易需求的货币和投机需求的货币。由于货币市场均衡时 $m = L_1 + L_2$，所以 $m - L_1 = L_2$ 或 $m - L_2 = L_1$，那条和纵横轴都成 45°的直线就表示这种关系。例如，当投机需求为 250 亿美元(在横轴上表示)，则留作交易之用的货币就为 1 000 亿美元(在纵轴上表示)。

象限(3)的曲线是货币的交易需求函数 $L_1 = L_1(y) = 0.5y$。当 $y = 2\,000$ 亿美元时，$L_1 = 1\,000$ 亿美元，当 $y = 1\,500$ 亿美元时，$L_1 = 750$ 亿美元。

象限(4)表示与货币市场均衡相一致的利息与收入的一系列组合，当 $r = 3\%$ 时，$L_2 = 250$ 亿美元；由于 $m = 1\,250$ 亿美元，因此 $L_1 = 1\,250 - 250 = 1\,000$ 亿美元；当 $m_1 = 1\,000$ 亿美元时，需要有收入 2 000 亿美元相应对应。这是(1)、(2)、(3)象限中说明的内容。象限(4)将以上 3 个象限的内容总结起来，说明当货币供给为 1 250 亿美元时，只有当 $r = 3\%$，$y = 2\,000$ 亿美元时，货币总需求才是 1 250 亿美元，从而达到货币市场的均衡。同样当利率在 2%和 1%，收入为 1 500 亿美元和 1 000 亿美元时，货币市场才达到均衡。将一系列使货币市场均衡的利率和收入组合点连接起来，就描绘出一条称之为"*LM*"的曲线。这条曲线上的任一点所表示的利率与所相应的国民收入都会使货币供给(*M*)等于货币需求(*L*)。

4.3.3　*LM* 曲线的斜率

由 *LM* 曲线的代数表达式 $r = \dfrac{g - m_0}{h} + \dfrac{k}{h}y$ 可知，$\dfrac{k}{h}$ 是 *LM* 曲线的斜率。当 k 为定值时，h 越大，即货币需求对利率的敏感度越高，则 $\dfrac{k}{h}$ 就越小，于是 *LM* 曲线越平缓；反之，当 k

为定值时，h 越小，即货币需求对利率的敏感度越低，则 $\frac{k}{h}$ 就越大，于是 LM 曲线越陡峭。

另一方面，当 h 为定值时，k 越小，即货币需求对收入变动的敏感度越低，则 $\frac{k}{h}$ 就越小，于是 LM 曲线越平缓；当 h 为定值时，k 越大，即货币需求对收入变动的敏感度越高，则 $\frac{k}{h}$ 就越大，于是 LM 曲线越陡峭。从图 4.14 来看，h 越大，象限(1)中货币投机需求曲线越平缓，因而 LM 曲线越平缓，而 k 越大，象限(3)中货币交易需求曲线越陡峭，因而 LM 曲线越陡峭。

4.3.4 LM 曲线的移动

在 LM 曲线的代数表达式 $r = \frac{g-m_0}{h} + \frac{k}{h} y$ 中，$\frac{k}{h}$ 是 LM 曲线的斜率，而 $\frac{g-m_0}{h}$ 是 LM 曲线的截距的绝对值，因此，只有 $\frac{g-m_0}{h}$ 的数值发生变动，LM 曲线才会移动。而由于这里讨论的是 LM 的移动，而不是 LM 的转动，因此是假定 LM 的斜率不变，也就是假定 k 和 h 都不变。LM 曲线移动只讨论实际货币供给量 m_0 变动。实际货币供给是由名义货币供给 M 和价格水平 P 决定的，即 $m = \frac{M}{p}$。因此，造成 LM 曲线移动的因素有以下两个方面。

(1) 名义货币供给量 M 变动。在价格水平 P 不变时，M 增加，实际货币供给量 m 增加，LM 曲线向右下方移动，反之，LM 向左上方移动。实际上，央行实行变动货币供给量的货币政策，在 LS—LM 模型中就表现为 LM 曲线的移动。这种情况可用图 4.15 来表示。在图中，当货币供给量从 m 增加到 m' 时，LM 曲线从 LM 右移到 LM′。

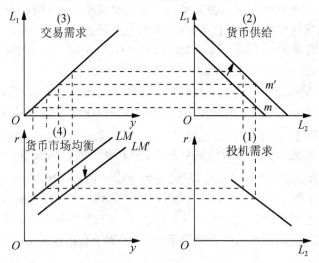

图 4.15　货币供给量变动使 LM 曲线移动

(2) 价格水平的变动。价格水平 P 上升，实际货币供给量 m 就变小，LM 曲线就向左上方移动；反之，LM 曲线就向右下方移动，利率就下降，收入就增加。在第 5 章中利用 IS—LM 模型推导总需求曲线，说明总需求曲线为什么一般向右下方倾斜，即价格水平和收入水平呈反方向变动关系。

4.4 IS—LM 模型

IS—LM 模型通过把 IS 曲线和 LM 曲线联合起来考察和分析在商品市场和货币市场同时达到均衡的条件下,利率和国民收入的决定问题。

4.4.1 产品市场与货币市场共同均衡

从前面的分析中已经知道,在 IS 曲线上,有一系列利率与相应收入的组合可使产品市场均衡;在 LM 曲线上,又有一系列利率和相应收入的组合可使货币市场均衡。但能够使产品市场和货币市场同时达到均衡的利率和收入却只有一个。这一均衡的利率和收入可以在 IS 曲线和 LM 曲线的交点上求得,其数值可通过求解 IS 和 LM 的联立方程得到。如图 4.16 所示,把 IS 曲线和 LM 曲线放在同一个空间里,它们的交点 E 就代表商品市场和货币市场同时均衡的状态,对应的均衡利率和均衡收入分别为 r_0 和 y_0。

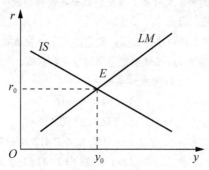

图 4.16 商品市场和货币市场同时均衡

仍以图 4.1 和图 4.12 中的例子来说,图 4.1 说明,产品市场均衡:
$i = 1\,250 - 250r$,$s = -500 + 0.5y$
$i = s$ 时,$y = 3\,500 - 500r$ ··················· IS 曲线

图 4.12 说明货币市场均衡:
$m = 1\,250$,$L = 0.5y + 1\,000 - 250r$
$L = m$ 时,$y = 500 + 500r$ ··················· LM 曲线

两个市场同时均衡时:
$y = 3\,500 - 500r$
$y = 500 + 500r$
得 $r = 3\%$,$y = 3\,500 - 500 \times 3 = 2\,000$(亿美元)

一般来说,
$i(r) = s(y)$ ··················· IS 曲线
$m = L_1(y) + L_2(r)$ ··················· LM 曲线

由于货币供给量 m 被假定为既定,因此,在这个二元方程组中,变量只有利率 r 和收入 y,解出这个方程组,就可得到 r 和 y 的一般解。

上述一般解可在图 4.16 中 IS 曲线和 LM 曲线的交点 E 上获得。在图中,由 E 点代表例中的 2 000 亿美元和 3% 是能使产品市场和货币市场同时实现均衡的收入和利率。这时候，投资 $i=1\ 250-250\times3=500$（亿美元），储蓄 $s=-500+0.5\times2\ 000=500$（亿美元），因而实现了产品市场均衡。再说，货币的需求为 $L=0.5\times2\ 000+1\ 000-250\times3=1\ 250$（亿美元），正好等于货币供给量，因而实现了货币市场均衡。在 E 点同时实现了两个市场的均衡。只要投资、储蓄、货币需求和供给的关系不变，任何失衡情况的出现也都是不稳定的，最终会趋向均衡。

阅读案例 4-3

中国的 IS—LM 模型

IS—LM 模型的基本假定是需求决定产出，也就是说，社会需要多少产品，厂商就愿意生产多少。所以在改革开放以前，不能用来勾画中国经济。随着经济体制改革的深入和市场经济的发展，我国宏观经济逐渐显示出需求约束型的特征。同时，政府也日益重视以宏观调控手段管理国民经济。在这种背景下，建立中国 IS—LM 模型不仅成为可能，而且十分必要。

利用中国 1978 年以来的经济发展的原始数据，我们建立了消费函数、投资函数、进口函数、汇率函数和货币需求函数，已经具备了建立 IS—LM 模型所需的框架和参数。

中国目前的宏观经济可以由下列方程组来近似描述：

收入恒等式：　　　　　　　　　$Y=C+I+G+X-M$

消费方程：　　　　　　　　　　$C=583.872\ 5+0.439\ 8Y$

投资方程：　　　　　　　　　　$I=-616.222\ 4+0.412\ 7Y-27.924R$

进口方程：　　　　　　　　　　$M=670.423\ 6+0.142\ 5Y-2\ 301.396\ 4\ E^*(P/P_f)$

汇率方程：　　　　　　　　　　$E^*(P/P_f)=0.250\ 0+0.002\ 2R$

货币市场均衡方程：　　　　　　$M_1/P=0.508\ 3Y-126.061\ 3R$

由此可以整理出我国的 IS—LM 曲线。需要说明的是，我国现阶段的汇率对进出口的影响很不显著，且汇率和利率的关系也极其微弱，所以，根据经济计量学中的约化理论，在整理 IS—LM 曲线时，可以忽略汇率对进口的影响，即把进口只看作收入的函数。这样处理以后，可得我国的 IS—LM 曲线：

IS：　$Y=3.448\ 3(G+X-702.773\ 5)-96.289\ 7R$

LM：　$Y=1.984\ 9(M_1/P)+250.220\ 9R$

这是两个线性方程，简略地描述了我国改革开放以来的几个宏观经济变量之间的关系。图 4.17 是它们的相对位置示意图。

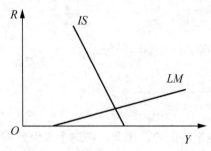

图 4.17　我国 IS—LM 的相对位置

IS 曲线和 LM 曲线与坐标轴的相对位置是由描述产品市场和货币结构的参数决定的。从图 4.17 可以看到，IS 曲线较陡，这在很大程度上是由于投资对利率变化反应不敏感所致。而 LM 曲线相当平坦，这在很大程度上是货币需求对利率变动的敏感程度较高的反映。这一特征，在 1996 年以来的经济运行中表现得十分突出。实际上，自 1996 年以来的连续多次降息并未扭转经济下滑趋势。然而，1996 年 5 月 1 日第一次降息后，第二季度的 M 增长率就由 13.7%上升至 15%，8 月份存款利率第二次下调后，企业存款进一步大幅度增加，9~11 月份，M_1 增长率上升至 17.1%，12 月份又升高到 18.9%。IS 曲线较陡而 LM 曲线相对平缓这一特征对中国制定宏观经济政策具有很重要的意义。

(资料来源：司春林，王安宇. 宏观经济学——中国经济分析. 上海：上海财经大学出版社，2002，163-164)

4.4.2 从非均衡到均衡的变化过程

当 IS 曲线与 LM 曲线相交时，交点 E 所决定的国民收入和利率的组合使得产品和货币市场同时处于均衡，如图 4.18 所示。点 E 以外的任何一点，经济不能处于产品和货币市场的一般均衡。

1. A 点

A 点在 LM 曲线上，表明货币市场均衡，产品市场失衡。

2. B 点

B 点在 IS 曲线上，表明产品市场均衡，货币市场失衡。

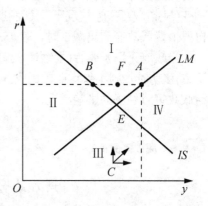

图 4.18　从非均衡到均衡的变化过程

3. C 点

C 点既不在 LM 曲线上也不在 IS 曲线上，表明两个市场同时失衡。

4. 失衡的区域

区域 I：$i<s$，$L<M$ 即投资小于储蓄，货币供给超过货币需求。

如图 4.18 中的 F 点，与 B 点比较，F 点代表的收入水平更高，意味着更高的储蓄水平；与 A 点比较，F 点代表的收入水平更低，意味着更低的交易需求。以下失衡区域的分析方法与此一致，在此省略。

区域 II：$i>s$，$L<M$ 即投资大于储蓄，货币供给超过货币需求

区域 III：$i>s$，$L>M$ 即投资大于储蓄，货币需求超过货币供给。

区域 IV：$i<s$，$L>M$ 即投资小于储蓄，货币需求超过货币供给。

虽然在交点 E 以外的任何一点，经济不能处于产品和货币市场的一般均衡，但在产品市场上的总支出与总收入，以及货币市场上的需求与供给相互作用下，收入和利率将趋向于均衡点。一般而言，产品市场不均衡会导致收入变动，即投资大于储蓄会导致收入上升，投资小于储蓄会导致收入下降；货币市场不均衡会导致利率变动，即货币需求大于货币供给会导致利率上升，货币需求小于货币供给会导致利率下降。这种调整最终都会趋向均衡收入和均衡利率。

以Ⅲ区域的 C 点为例：在此区域中 $s<i$，存在超额产品需求，导致收入 y 上升，致使 C 点向右移动。同时 $L>M$ 存在超额货币需求，导致利率上升，致使 C 点向上移动。两方面的力量结合起来，使 C 点向右上方移动，运动至 IS 曲线，从而 $i=s$，产品市场实现均衡，但这时货币需求仍大于货币供给，利率继续上升，于是仍会在调整，调整直到 E 点才会停止。

4.4.3 均衡国民收入和利率的变动

1. LM 曲线不变，IS 曲线移动

当 LM 曲线不变而 IS 曲线向右上方移动时，如图 4.19 所示，则不仅均衡国民收入提高，均衡利率也上升。这是因为，IS 曲线右移是由于自发总支出增加即自发投资、自发消费或政府支出增加，使国民收入增加。国民收入增加了，会使货币交易需求增加，在货币供给不变(假定 LM 不变)情况下，又使利率上升。同样可以说明，当自发总支出减少即自发投资、自发消费或政府支出减少时，使 IS 曲线向左下方移动，将导致国民收入和利率都会下降。

当政府采取扩张性(紧缩性)财政政策时，政府支出会增加(减少)，IS 曲线向右上方(左下方)移动时，则不仅均衡国民收入提高(减少)，均衡利率也上升(下降)。图 4.19 可以反映财政政策对经济的影响状况。

阅读案例 4-4

增加政府支出，调节均衡国民收入

假设货币需求函数为：$L=0.2y-10r$，货币供给量为 200 亿元，消费函数为：$C=60+0.8y_d$，$t=100$ 亿元，$i=150$ 亿元，$g=100$ 亿元。如果充分就业均衡国民收入为 1 250 亿元，问在政府不改变政策，让市场调节的均衡国民收入能否达到充分就业均衡国民收入？如果不能达到，政府通过增加支出的财政政策实现这一目标，需要增加多少政府支出？

解：由题意可知 IS 曲线为：$y = c+i+g = 60+0.8y_d+150+100$

$$=60+0.8(y-100)+150+100$$
$$=230+0.8y$$

化简整理得：$y=1\,150$

由题意可知 LM 曲线为：$0.2y-10r=200$

解得：$y=1\,000+50r$

联立 IS 曲线和 LM 曲线方程，解得：均衡国民收入 $y=1\,150$ 亿元，均衡利率 $r=3\%$，投资为常量 150 亿元。

可见，它小于充分就业均衡国民收入 1 250 亿元。

要把均衡国民收入从 1 150 亿元增加到 1 250 亿元，可以先把政府支出作为一个变量。这样 IS 曲线为：$y = c+i+g$

$$=60+0.8y_d+150+g$$
$$=60+0.8(y-100)+150+g$$
$$=130+0.8y+g$$

化简整理得：$y=650+5g$

联立 IS 曲线和 LM 曲线方程，解得：均衡国民收入 $y=650+5g$

当 $y=1\,250$ 亿元时，政府支出为 120 亿元。

可见，要实现充分就业均衡国民收入，政府需要增加 20 亿元财政支出。

2. IS 曲线不变，LM 曲线移动

当 IS 曲线不变而 LM 曲线向右移动时，如图 4.20 所示，则国民收入提高，利率下降。这是因为，当货币需求不变，货币供给增加时，使 LM 曲线右移，在 IS 曲线不变，即产品供求情况没有变化的情况下，LM 曲线右移意味着货币市场上供过于求，这必然导致利率下降。利率下降刺激消费和投资，从而使国民收入增加。相反，当货币需求不变，货币供给减少时，LM 曲线向左上方移动，则会使利率上升，国民收入下降。

当中央银行采取扩张性(紧缩性)货币政策时，货币供给会增加(减少)，LM 曲线向右下方(左上方)移动时，则不仅均衡国民收入提高(减少)，均衡利率也下降(上升)。图 4.20 可以反映货币政策对经济的影响状况。

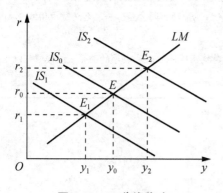

图 4.19 IS 曲线移动

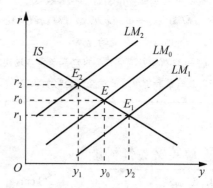

图 4.20 LM 曲线移动

3. IS 曲线和 LM 曲线同时移动

如果 IS 曲线和 LM 曲线同时移动，国民收入和利率的变动情况则由 IS 曲线和 LM 曲线如何同时移动而定。如果 IS 曲线向右上方移动，LM 曲线同时向右下方移动，则可能出现国民收入增加而利率不变的情况，如图 4.21 所示。这就是所谓扩张性的财政政策和货币政策相结合可能出现的情况。

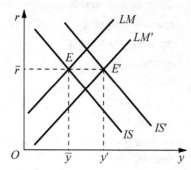

图 4.21 从非均衡到均衡的变化过程

本章小结

IS 曲线是表示产品市场均衡时国民收入与利率之间成反方向变化的曲线。IS 曲线斜率既取决于 b，也取决于 d。如果 d 的值较大，IS 曲线较平缓。反之，当 d 的值较小时，IS 曲线就比较陡峭。b 是边际消费倾向，如果 b 较大，IS 曲线就较平缓。反之，当边际消费倾向 b 较小时，IS 曲线就比较陡峭。IS 曲线移动取决于自发消费 a 和自发投资 e。在同样利率水平上，当自发消费 a 和自发投资 e 增加时，会使 IS 曲线向右移动。反之，若自发消费 a 和自发投资 e 下降时，则 IS 曲线向左移动。

对货币的总需求是人们对货币的交易需求、预防需求和投机需求的总和。货币的交易需求和预防需求决定于收入，而货币的投机需求决定于利率。货币供给是一个存量概念，它是一个国家在某一时点上所保持的不属于政府和银行所有的硬币、纸币和银行存款的总和。当货币供给等于货币需求时，货币市场才达到均衡状态，决定利率的均衡水平。

LM 曲线是表示货币市场均衡时国民收入与利率之间成同方向变化的曲线。LM 曲线的斜率取决于 k 和 h。当 k 为定值时，h 越大，LM 曲线越平缓；反之，h 越小，LM 曲线越陡峭。另外，当 h 为定值时，k 越小，LM 曲线越平缓；k 越大，LM 曲线越陡峭。造成 LM 曲线移动的因素是：一、名义货币供给量 M 变动；二、价格水平 p 的变动。

IS—LM 模型是研究产品市场和货币市场同时达到均衡时均衡国民收入和利率的关系。该模型可以用来分析财政政策和货币政策对经济的影响状况。

中英文关键词语

1. IS 曲线   IS curve
2. LM 曲线   LM curve
3. 货币   money
4. 货币需求   demand for money
5. 谨慎动机   the precautionary motive
6. 交易动机   the transactional motive
7. 交易需求   transaction demand
8. 凯恩斯陷阱   keynesian trap
9. 投机动机   the speculative motive
10. 投机需求   speculative demand
11. 预防需求   precautionary demand
12. 货币供给   money supply
13. 利息   interest
14. 利率   interest rate
15. 实际利率   real interest rate
16. 流动性偏好   liquidity preference
17. 流动性陷阱   liquidity trap

综合练习

一、选择题

1. 自发投资支出增加 10 亿美元，会使 IS 曲线(　　)。
   A. 右移 10 亿美元
   B. 左移 10 亿美元
   C. 右移支出乘数乘以 10 亿美元
   D. 左移支出乘数乘以 10 亿美元

2. 假定货币供给量和价格水平不变，货币需求为收入和利率的函数，则收入增加时(　　)。
   A. 货币需求增加，利率上升
   B. 货币需求增加，利率下降
   C. 货币需求减少，利率上升
   D. 货币需求减少，利率下降

3. 利率和收入的组合点出现在 IS 曲线右上方，LM 曲线的左上方的区域中，则表示(　　)。
   A. 投资小于储蓄且货币需求小于货币供给
   B. 投资小于储蓄且货币供给小于货币需求
   C. 投资大于储蓄且货币需求小于货币供给
   D. 投资大于储蓄且货币需求大于货币供给

4. 如果利率和收入都能按供求情况自动得到调整，则利率和收入的组合点出现在 IS 曲线左下方、LM 曲线的右下方的区域中时，有可能(　　)。
   A. 利率上升，收入增加
   B. 利率上升，收入不变
   C. 利率上升，收入减少
   D. 以上 3 种情况都可能发生

5. 如果货币需求对利率变得很敏感，则(　　)。
   A. IS 曲线会变得更陡
   B. IS 曲线会变得更平坦
   C. LM 曲线会变得更陡
   D. LM 曲线变得更平坦

6. 假定货币需求为 $L = ky - hi$，货币供给增加 10 亿美元而其他条件不变，则会使 LM 曲线(　　)。
   A. 右移 10 亿美元
   B. 右移 k 乘以 10 亿美元
   C. 右移 10 亿美元除以 k(即 $10 \div k$)
   D. 右移 k 除以 10 亿美元(即 $k \div 10$)

7. 如果投资需求对利率变得很敏感，则(　　)。
   A. IS 曲线会变得更陡
   B. IS 曲线会变得更平坦
   C. LM 曲线会变得更陡
   D. LM 曲线变得更平坦

二、简答题

1. 利率与均衡国民收入之间有什么关系？
2. 什么是货币供给和货币需求？货币市场均衡的条件是什么？
3. 产品市场与货币市场之间是怎么联系起来的？
4. 产品市场与货币市场同时均衡是怎样实现的？

三、计算题

1. 设投资函数为 $i = e - dr$。①当 $i = 250 - 5r$ 时，找出 r 等于 10%、8%、6%时的投资量，画出投资需求曲线；②若投资函数为 $i = 250 - 10r$，找出 r 等于 10%、8%、6%时的投资量，画出投资需求曲线；③说明 e 的增加对投资需求曲线的影响；④若 $i = 200 - 5r$，投资需求曲线将怎样变化？

2. ①若投资函数为 $i = 100 - 5r$，找出利率 r 为 4%、5%、6%、7%的投资量；②若储蓄 $s = -40 + 0.25y$，找出与上述投资相均衡的收入水平；③求 IS 曲线并做出图形。

3. 假定：①消费函数为 $c = 50 + 0.8y$，投资函数为 $i = 100 - 5r$；②消费函数为 $c = 50 + 0.8y$，投资函数为 $i = 100 - 10r$；③消费函数为 $c = 50 + 0.75y$，投资函数为 $i = 100 - 10r$。

(1) 求①、②、③的 IS 曲线；
(2) 比较①和②，说明投资对利率更敏感时，IS 曲线的斜率发生什么变化；
(3) 比较②和③，说明边际消费倾向变动时，IS 曲线斜率发生什么变化。

4. 下表给出对货币的交易需求和投机需求。

对货币的交易需求		对货币的投机需求	
收入/亿美元	货币需求量/亿美元	利率/%	货币需求量/亿美元
500	100	12	30
600	120	10	50
700	140	8	70
800	160	6	90
900	180	4	110

① 求收入为 700 亿美元，利率为 8%和 10%时的货币需求；
② 求 600 亿美元、700 亿美元和 800 亿美元的收入在各种利率水平上的货币需求；
③ 根据②做出货币需求曲线，并说明收入增加时，货币需求曲线是怎样移动的？

5. 假定货币需求为 $L = 0.2y - 5r$。

① 画出利率为 10%、8%和 6%而收入为 800 亿美元、900 亿美元和 1000 亿美元时的货币需求曲线；
② 若名义货币供给量为 150 亿美元，价格水平 $P=1$，找出货币需求与供给相均衡的收入与利率；
③ 画出 LM 曲线，并说明什么是 LM 曲线；
④ 若货币供给为 200 亿美元，再画一条 LM 曲线，这条 LM 曲线与③中 LM 曲线相比，有何不同？
⑤ 对于④中 LM 曲线，若 $r = 10\%$，$y = 1100$ 亿美元，货币需求与供给是否均衡？若不均衡利率会怎样变动？

6. 假定名义货币供给量用 M 表示，价格水平用 P 表示，实际货币需求用 $L = ky - hr$ 表示。

① 求 LM 曲线的代数表达式，找出 LM 曲线斜率的表达式。
② 找出 $k = 0.20$，$h = 10$；$k = 0.20$，$h = 20$；$k = 0.10$，$h = 10$ 时 LM 的斜率。

③ 当 k 变小时，LM 斜率如何变化；h 增加时，LM 斜率如何变化，并说明变化原因。
④ 若 $k=0.20$，$h=0$，LM 曲线形状如何？

7. 假设一个只有家庭和企业的两部门经济中，消费 $c=100+0.8y$，投资 $i=150-6r$，实际货币供给 $m=150$，货币需求 $L=0.2y-4r$（单位都是亿美元）。
① 求 IS 和 LM 曲线；
② 求产品市场和货币市场同时均衡时的利率和收入。

案例分析

根据以下案例所提供的资料，试分析：
(1) 什么是住房的财富效应？它对中国的货币需求有什么影响？
(2) 地区异质性对中国的货币需求有什么影响？为什么？

财富效应、地区异质性与中国货币需求函数再估计

1. 引言

研究货币需求函数，对于理解货币总量的决定因素，判断当前货币政策状态和货币总量未来走势，评价超额货币对于经济增长、总体价格水平以及房地产价格等资产价格水平的影响，分析货币政策对金融稳定的影响等具有理论和现实意义。2008 年国际金融危机之后，探讨货币总量在货币政策中的意义又重新得到学界的重视，是否将遗漏变量加入货币需求方程成为一个新的研究重点，其中的一个方向是考虑居民住房财富对货币需求的影响，如研究包含住房财富变量的中国货币需求函数、美国货币需求函数、欧元区货币需求函数、日本货币需求函数都发现住房财富是货币需求的一个重要影响因素。货币需求函数研究的另外一个变化是，随着地区数据的可得，研究方法由过去主要使用总量数据转变为越来越多地使用分国家或者分地区的宏观面板数据，特别是由于住房财富存在显著的地区异质性，更需要通过构建宏观面板模型来刻画地区异质性，并且通过面板数据的异质性来增加估计的准确性。

尽管已有大量的文献对中国货币需求函数进行了研究，但是在新的形势下研究中国货币需求函数无论从理论还是实证的角度看都十分必要。近二十年来，我国货币总量与 GDP 增长，以及以 CPI 衡量的物价上涨率之间的关系出现了与过去不同的特征。M2 和 GDP 增长与 CPI 增长的关系似乎不像过去那样直接和紧密。同时，从分省数据看，房价增长率与居民人均储蓄增长率有正相关关系，提示住房财富对货币总量有正向的影响。货币需求函数在不同时期有不同的特点。在改革开放初期，研究经济货币化对货币需求的影响是十分重要的，之后在外汇制度改革的背景下，中国出口快速增长，形成大量的外汇占款，其对货币供给以及物价的影响成为特别需要关注的问题。住房商品化制度改革以来，中国经历了近二十年的房地产大繁荣，居民所拥有的房产财富快速增长，成为家庭的主要非金融财富。根据中国人民银行调查统计司的调查，在 2019 年城镇居民的家庭资产中，住房资产占比接近七成，超过居民持有的金融资产。从理论上看，房地产市场的繁荣所带来的房地产财富的增加是影响货币需求的一个潜在的因素，因此，有必要利用近二十年的数据，对货币需求函数进行重新估计。

由于房地产价格具有很强的地域差异性，因此特别适合使用地区数据进行分析。我国有详细的分省宏观经济统计数据，本研究使用全国不包括西藏自治区在内的 30 个省级行政区域 2005 年第一季度至 2019 年第四季度的季度数据建立时间序列面板模型，对中国货币需求函数进行估计，所使用的数据具有典型的大 N 和大 T 的宏观时间序列面板数据的特征。由于标准的面板数据估计方法会带来估计的偏差，本文运用较新的宏观时间序列面板模型设定和估计，对包含房产财富变量的扩展的中国货币需求函数进行了实证分析。

2. 理论机制

住房的财富效应是指由于住房与货币一样能够起到价值贮藏的功能，预期房价上升将导致家庭在资产组合中持有住房的需求增加，为了达到购买房产的目的，会增加货币的需求，因此住房的财富效应对货币需求有正向的影响。替代效应是指不同资产的相对吸引力会影响家庭的投资组合结构，在其他条件保持不变时，预期房价上升将导致家庭在投资组合中更多投资于房产，从而减少持有货币的需求。因此，住房价格的替代效应对货币需求的影响是负向的。交易效应是指由于房产价格或者交易量的上升，出于交易的目的，家庭会增加货币需求，即交易效应对货币需求的影响是正向的。

财富效应和替代效应都涉及到财产组合的配置，但是对货币需求的作用是相反的，部分可以相互抵消，交易效应对货币需求的影响是正向的。综合来看，住房价格上升对货币需求总体影响的符号取决于哪种效应的影响较大。房产和货币需求的关系还可以来源于家庭资产的抵押效应，由于在信贷市场上存在信息的非对称性，家庭的借贷能力在很大程度上取决于所拥有房产的价值，较高的房产价值能够提高房产拥有者的借贷和货币需求。在进行实证分析时，我们采用线性模型

$$m_{it} = f(y_{it}, i_{it}, h_{it}, \Delta h_{it}, \Delta p_{it}) \tag{1}$$

其中 m、y、i、h、p 分别为实际货币总量、实际GDP、实际利率、房产价格(或者房产财富存量)以及CPI价格指数，除实际利率外，其他变量都取对数。

3. 数据、模型设定和估计（略）

4. 总结和政策启示

本文对我国货币需求函数进行估计，将通常基于全国层面总量数据的分析扩展到分省微观面板数据，刻画了住房财富以及地区异质性对货币需求的影响。在加入住房财富变量后，实际GDP的弹性减少到0.73左右，住房价格变量显著正向，且弹性为0.11。由于在样本期的大部分时间都出现了房价上涨超过GDP增长的情况，即GDP和房价的长期走势是不同的，因此在估计货币需求函数时加入住房财富变量能克服模型设定中遗漏变量的问题，而且估计系数具有很好的常数性。

实证分析的结果表明，从长期看，我国货币需求不仅与实际GDP和利率有关，而且受到居民住房财富的影响；从短期看，当出现超额货币需求时，货币总量会向着均衡的方向移动，说明货币总量主要是由需求决定的。这些实证分析的发现对于央行通过货币总量进行宏观调控具有以下政策启示。第一，由于货币需求函数在一定程度上是由房价决定的，因此，央行在制定货币总量的调控目标时，不仅要考虑GDP的增长，还需要考虑房价上涨的水平。特别是我国房地产在经过近二十多年的高速发展之后，目前已经进入相对平稳的发展时期，国家"房住不炒，稳定房价"的政策取向也十分明确。可以预期，未来房价和住房存量的增长速度与过去近二十年相比将趋于缓和，对货币需求的影响将会减小，房价变动对货币需求和超额流动性的影响值得重视。第二，房价上升长期看会引起M2货币需求上升，由于M2中有很大一部分是居民储蓄，因此可以说房价上升促使居民更多地储蓄，用于购房或者租房，从而对非房产消费起到了挤压的作用，不利于扩大内需和GDP增长。因此，国家对房价进行调控是十分必要的。第三，超额流动性虽然没有表现在CPI价格的大幅上涨，但是推动了房价的过快上涨，并且加大了地区之间、城乡之间居民的财富差距，不利于国家长期经济和社会发展。由于我国房价上涨幅度存在很大的地域性差异，特大城市、一线城市以及地区的中心城市的房价上涨速度快于一般地区。同时城市房价在快速上涨，而农村居民住宅却不能上市交易，因此房价的不同上涨速度加大了地区之间以及城乡之间居民房产财富的差距。同时，超额流动性造成特大城市房价的过快上升，既影响到当地居民的正常住房需求，也积累了一定的金融泡沫，成为影响金融系统安全稳定的一个潜在因素。因此，央行在对货币总量进行调控时，不仅需要盯住CPI所代表的总体消费品价格的变动，还需要考虑超额流动性对房价上涨的影响。进一步地研究，还需要考虑股票等金融资产对货币需求的影响。

(资料来源：张延群. 财富效应、地区异质性与中国货币需求函数再估计. 金融评论，2021，4)

第 5 章

总需求与总供给模型

教学目标

通过本章的学习,对总需求曲线的经济含义及其推导、移动,以及总供给曲线的经济含义和变动特征有充分的了解和认识;掌握 AD—AS 模型的经济含义及 AD、AS 变动对国民收入和价格水平的影响。

教学要求

知识要点	相关知识	能力要求
总需求曲线	总需求函数;总需求曲线的推导、斜率、移动	了解总需求函数、总需求曲线的经济含义及其推导;掌握总需求曲线的斜率、移动的影响因素
总供给曲线	总供给曲线的含义、总生产函数、总供给曲线的形状、移动	了解总供给曲线的经济含义、总生产函数、总供给曲线的形状;掌握总供给曲线的移动
AD—AS 模型分析	总需求与总供给模型;总需求变动和短期总供给变动对均衡国民收入和价格水平的影响	了解总需求和总供给之间的相互关系;掌握总需求与总供给如何决定均衡国民收入和价格水平;掌握总需求变动和短期总供给变动对均衡国民收入和价格水平的影响

导入案例

2022 年以来,由于俄乌冲突影响的持续发酵,欧洲国家出现严重的能源危机,多个国家因生活和生产对能源的需求太大而造成困扰。在俄乌战争的影响下,欧洲国家能源紧缺,能源价格持续上涨,根据欧盟统计局数据可知,截至 2022 年 7 月,欧盟能源价格通胀年增长率高达 38.3%,达到历史新高,而在能源使用中,天然气和电力作为主要能源,其价格大幅度增长,年增长率分别高达 52.2%和 31.1%。8 月以后,能源价格继续高速增长。根据欧洲电力交易所数据,8 月 30 日欧洲电力系统均价为 462.1 欧元/兆瓦,较年初增幅高达 6 倍;8 月 26 日,荷兰 TTF 基准天然气期货收益价格为 339.195 欧元/兆瓦时,较年初增幅高达 5 倍。大大增加了各国的经济负担。

能源危机对欧洲国家经济会产生怎样的影响?此外,新冠疫情对全球经济产生了怎样的影响?在这一章中,我们用总需求—总供给模型,讨论哪些因素会影响到它们的变化,它们之间有怎样的互动关系,均衡的国民收入和价格水平是怎样决定的,以及通货膨胀的政策效果分析。这些分析对于深刻理解宏观经济的运行是大有裨益的。

在第 4 章中分析了 $IS-LM$ 模型,说明了产品市场、货币市场两个市场同时均衡时国民收入与利率的一一对应关系。$IS-LM$ 模型具有两个局限性:一是没有分析劳动力市场的情况,即只讨论了国民收入的决定,没有说明均衡国民收入是否是充分就业的国民收入;二是没有考察一般价格水平对均衡国民收入的影响。本章在收入、利率之外,再引入一般价格水平,考察产品市场、货币市场和劳动市场的同时均衡。总需求——总供给模型是要将总需求与总供给结合在一起来说明国民收入与价格水平的同时决定。它是研究收入波动以及决定价格水平与通货膨胀率的基本工具。当分析各种冲击对价格水平、通货膨胀的影响时,$AD-AS$ 模型具有相对优势。本章将首先介绍总需求和总供给函数及总需求和总供给曲线,并对这两种曲线进行分析,在此基础上,分析总需求与总供给模型,通过总需求曲线和总供给曲线在不同情况下的移动,分析总需求和总供给的变化对国民收入和价格水平的影响。

5.1 总需求曲线

5.1.1 总需求函数

在第 1 章介绍了总需求的含义,它是指在一定价格水平下,一定时期内,各经济主体对产品和劳务的需求总量,通常用 AD 来表示。在开放经济体中,总需求由以下 4 个部分构成:

$$AD=C+I+G+NX$$

理解总需求时,一定要注意它是在价格、收入和其他经济变量既定条件下,家庭(个人)、厂商、政府部门及国外经济部门的计划(意愿)支出之和,即总支出 AE,它由消费需求 C、投资需求 I、政府需求 G 和净出口 NX 构成。

总需求函数表示产品市场与货币市场同时均衡时,国民收入与价格水平之间的关系。由于产品市场与货币市场同时均衡时的国民收入由总需求决定,所以均衡国民收入与价格水平之间的关系就是总需求与价格水平之间的关系。这样,总需求函数可以从产品市场与货币市场同时均衡中得到。

以两部门经济为例,IS 曲线方程为

$$y = \frac{a+e}{1-b} - \frac{d}{1-b}r \qquad (5\text{-}1)$$

LM 曲线方程为

$$\frac{M}{p} = ky - hr \qquad (5\text{-}2)$$

产品市场和货币市场同时均衡时的均衡国民收入为

$$y = \left(\frac{a+e}{d} + \frac{M}{hP}\right) \div \left(\frac{k}{h} + \frac{1-b}{d}\right)$$

$$y = \left[\frac{a+e}{d} \div \left(\frac{k}{h} + \frac{1-b}{d}\right)\right] + \left[\frac{M}{h} \div \left(\frac{k}{h} + \frac{1-b}{d}\right)\right] \times \frac{1}{P} \qquad (5\text{-}3)$$

式(5-3)代表了总需求(国民收入)和价格之间的关系，也就是总需求函数。从上式可以观察到，当经济处于均衡状态时，总需求与价格水平呈反方向变化，价格水平提高时，均衡国民收入将减少；价格水平下降时，均衡国民收入将增加。

这里需要指出的是，总需求函数中的价格水平 P 并不是指某一个市场的价格，而是指整个宏观经济中的价格指数，价格水平的变化也不是只影响某一种商品的产出，而是影响整个商品市场和货币市场。所以，要理解价格水平与总需求之间的关系，关键是要理解价格水平如何影响商品市场和货币市场的均衡。

阅读案例 5-1

价格变化和 GDP 增长之间的关系

图 5.1 表示的是中国国内居民消费价格指数、实际 GDP 增长率、实际 M2 增长率之间的关系，可以看到，价格水平和需求(GDP)增长率之间基本上是同向变动关系，也就是说，当价格水平上升时，总需求的增速也在上升，而当价格水平下降时，总需求水平也会明显下降。

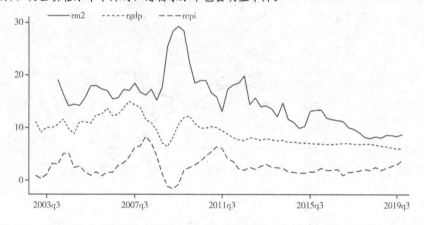

图 5.1　季度同比实际 GDP 增长率(rgdp)和 CPI 增长率(rcpi)、实际 M2 增长率(rm2)

(数据来源：张延群. 财富效应、地区异质性与中国货币需求函数再估计[J]. 金融评论, 2021, 13(04).)

5.1.2 总需求曲线的推导

总需求曲线(aggregate demand curve，AD 曲线)代表的是产品市场和货币市场同时均衡时，国民收入与价格水平的组合，由这些组合连接而成的曲线。曲线上任意一点，表示某一确定的价格水平及其对应的产品市场和货币市场同时均衡时的收入水平。总需求曲线通常情况下可以用 IS—LM 模型推导得出。

在 IS—LM 模型中，一般价格水平被假定为一个常数。现在假设其他条件不变，唯一变动的是价格水平，价格水平的变动不会影响产品市场的均衡，即不会影响 IS 曲线，但会影响到货币市场的均衡，即 LM 曲线会发生移动。这是因为，IS 曲线的变量被假定是实际变量而不是随价格变化而变动的名义变量，但 LM 曲线中的货币供给量则有名义货币供给量和实际货币供给量之分。如果以 m 表示实际货币供给量，M 表示名义货币供给量，P 表示价格水平，则有

$$m = \frac{M}{P} \tag{5-4}$$

由式(5-4)可以看出，实际货币供给量取决于名义货币供给量和价格水平。当名义货币供给量不变而价格水平下降时，会使实际货币供给量增加。如果货币需求不变，则实际货币供给量的增加会使货币市场上的货币需求小于货币供给，从而使利率水平下降。利率水平的下降会使投资增加，从而使总需求增加。因此，价格水平下降的结果是使总需求增加。同样，如果价格水平上升，则会使总需求减少。在宏观经济学中，将价格水平变动引起利率同方向变动，进而使投资和产出水平反方向变动的情况，称为利率效应。另外，价格水平下降还会使人们所持有的货币及其他以货币固定价值的资产的实际价值增加，从而使人们变得相对富有，这又会使人们增加消费需求。这种效应被称为实际余额效应。而且，价格水平下降会使人们的名义货币收入减少，这会降低人们的纳税档次，并使人们的税负减少，可支配收入增加，从而增加消费需求。

总需求曲线的推导总是在假定在某一时间内名义货币供给保持不变的情况下展开的。从直观角度看，如图 5.2 所示。

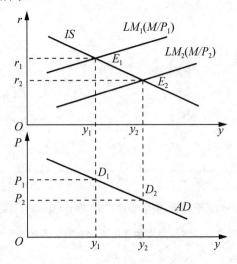

图 5.2 总需求曲线的推导

第5章 总需求与总供给模型

在名义货币供给 M 不变时，如果价格水平为 P_1，则实际货币余额为 M/P_1，LM 曲线为图中的 LM_1，LM_1 与 IS 曲线相交于 E_1 点，产品市场和货币市场同时均衡时总产出为 y_1，均衡的利率为 r_1。把价格水平 P_1 及其对应的均衡国民收入 y_1 的组合点描到一个横轴表示国民收入、纵轴表示价格水平的坐标系里，获得图中的点 D_1。

同样的，可以假定当价格水平下降到 P_2 时，名义货币供给 M 依然保持不变情况下，商品市场和货币市场均达到均衡时的国民收入和价格水平的组合点为 D_2。把表示价格水平与均衡国民收入组合的点 D_1、D_2 连接起来，就获得如图 5.2 所示的总需求曲线 AD。

该图表示，当价格水平从 P_1 下降到 P_2 时，均衡国民收入从 y_1 增加到 y_2，这表示，当价格水平下降时，总需求增加；当价格水平提高时，总需求减少，总需求与价格水平成反方向变动关系。总需求曲线为向右下方倾斜，其斜率为负值。

总需求曲线上任意一点，表示特定价格水平及其对应的产品市场和货币市场同时均衡时的国民收入水平。总需求曲线外的点，都不能使特定价格水平下的产品市场和货币市场达到均衡。其中，总需求曲线左边任意一点表示在特定价格水平下，产品市场的储蓄小于投资，同时，货币市场的需求小于供给。同样，在总需求曲线右边任意一点表示在特定价格水平下，产品市场的投资小于储蓄，而货币市场上货币需求大于货币供给。

5.1.3 总需求曲线的斜率

由于总需求曲线是由 IS 曲线和 LM 曲线推导得来的，因此，影响 IS 曲线和 LM 曲线的斜率的一些因素也会对总需求曲线的斜率产生影响。下面讨论这些因素对总需求曲线的斜率产生的影响。这些因素包括影响 IS 曲线的投资需求利率敏感系数 d 和边际消费倾向 b，影响 LM 曲线的国民收入敏感系数 k 和货币投机需求的利率敏感系数 h。

当投资需求的利率敏感系数 d 和边际消费倾向 b 越小，IS 曲线斜率越大，IS 曲线越陡峭时，总需求曲线斜率越大，总需求曲线越陡峭。如图 5.3 中 IS' 曲线与 $LM(P_1)$、$LM(P_2)$ 曲线分别相交于 E_1'、E_2，产品市场和货币市场同时均衡时的国民收入分别为 y_1' 和 y_2。此时，当价格水平从 P_1 下降到 P_2 时，均衡国民收入只从 y_1' 增加到 y_2。当 IS' 曲线比 IS 曲线陡峭时，价格水平从 P_1 下降到 P_2 所引起的均衡国民收入增量较小，总需求曲线斜率较大，总需求曲线较陡峭，从图中可看到由陡峭的 IS' 曲线所推导出的 AD' 曲线比 AD 曲线陡峭。

可以用同样的道理来分析影响 LM 曲线斜率的因素是如何影响总需求曲线的。当货币投机需求的利率敏感系数 h 越小、国民收入敏感系数 k 越大时，LM 曲线斜率越大，LM 曲线越陡峭，总需求曲线斜率越小，总需求曲线越平缓。在图5.4中 IS 曲线与 $LM'(P_1)$、$LM'(P_2)$ 曲线分别相交于 E_1、E_2'，产品市场和货币市场同时均衡时的国民收入分别为 y_1、y_2'，此时，当价格水平从 P_1 下降到 P_2 时，均衡总产出从 y_1 增加到 y_2'。当 $LM'(P_1)$、$LM'(P_2)$ 曲线分别比 $LM(P_1)$、$LM(P_2)$ 曲线陡峭时，价格水平从 P_1 下降到 P_2 所引起的均衡国民收入增量较大，总需求曲线斜率较小，总需求曲线较平缓，从图中可看到由陡峭的 LM' 曲线推导出的 AD' 曲线比 AD 曲线平缓。

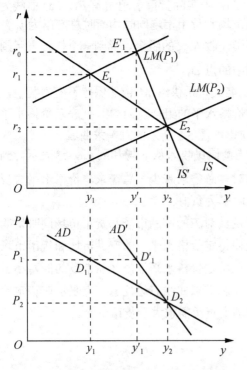

图 5.3　IS 曲线斜率会影响到总需求曲线斜率　　　　图 5.4　LM 曲线斜率影响总需求曲线斜率

5.1.4　总需求曲线的移动

在前面的分析中，当一些影响因素发生改变时，总需求曲线会发生移动，这种位移不仅包括斜率的变化，也包括了截距的改变。导致这种移动的因素既有预期的因素也有政策的因素。

人们预期的改变对总需求产生明显影响，这些预期包括人们对收入、通胀率、利润率、资本的边际收益率等的预期，通过对 IS 曲线和 LM 曲线产生影响，从而造成 AD 曲线的移动。当预期收入增加、利润率提高和资本边际回报率提高时，将增加经济主体当前的消费需求和投资需求，从而增加总需求，引起 AD 曲线向右上方移动。反之，引起 AD 曲线向左移动。如果预期通胀率上升，使价格水平 P 上升，会导致 LM 曲线向左方移动，进而导致均衡时的国民收入减少，AD 曲线不变。

在现实中，政府政策对总需求的影响是不能忽视的。这些政策主要是财政政策和货币政策。政府实行扩张性财政政策，如增加政府购买、降低税收、降低资本税负等，会直接增加总需求，总需求曲线就会向右移动；实行紧缩性财政政策，如缩减政府开支、提高税收等政策，会直接减少总需求，总需求曲线就会向左移动。政府实行扩张性货币政策时，如扩大名义货币供给量、降低名义利率等，市场的实际利率水平会下降，导致投资需求增加，总需求曲线将向右移动；反之，实行紧缩性货币政策，则会降低名义货币供给量，使总需求曲线向左移动。

财政政策影响的是产品市场的均衡，影响 IS 曲线的位置，而不会直接影响货币市场的均衡。而货币政策不直接影响产品市场的均衡，只影响货币市场的均衡，影响着 LM 曲线的位置，通过间接的作用最终影响到总需求曲线。

这里以扩张性财政政策和货币政策为例，来说明外部政策对总需求曲线的影响。

如图 5.5 所示，IS 曲线与 $LM(M/P_1)$、$LM(M/P_2)$ 曲线分别相交于 E_1、E_2，产品市场和货币市场同时均衡时的国民收入分别为 y_1、y_2，且价格水平为 P_1、P_2，决定总需求曲线 AD。当政府采用扩张性财政政策时，使 IS 曲线右移到 IS' 曲线，IS' 曲线与 $LM(M/P_1)$、$LM(M/P_2)$ 曲线分别相交于 E_1'、E_2'，产品市场和货币市场同时均衡时的国民收入分别为 y_1'、y_2'，且价格水平为 P_1、P_2 时，决定总需求曲线 AD'。可见，扩张性财政政策使总需求曲线右移。

如图 5.6 所示，IS 曲线与 $LM(M/P_1)$、$LM(M/P_2)$ 曲线分别相交于 E_1、E_2，产品市场和货币市场同时均衡时的国民收入分别为 y_1、y_2，且价格水平为 P_1、P_2，决定总需求曲线 AD。当政府采取扩张性货币政策，$LM(M/P_1)$、$LM(M/P_2)$ 曲线分别右移到 $LM'(M'/P_1)$、$LM'(M'/P_2)$ 曲线，IS 曲线与 $LM'(M'/P_1)$、$LM'(M'/P_2)$ 曲线分别相交于 E_1'、E_2'，产品市场和货币市场同时均衡时的国民收入分别为 y_1'、y_2'，且价格水平为 P_1、P_2 时，决定总需求曲线 AD'。可见，扩张性货币政策使总需求曲线右移。

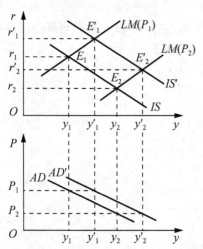

图 5.5 扩张的财政政策使需求曲线右移

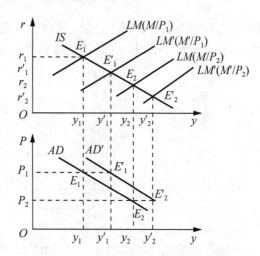

图 5.6 扩张的货币政策使需求曲线右移

5.2 总供给曲线

在得出总需求曲线以后，我们把目光转向总供给曲线。

5.2.1 总供给曲线概述

总供给曲线(Aggregate Supply Curve，AS 曲线)则代表的是一组价格水平和总产出量连接而成的曲线，是总供给函数的几何表示。总供给曲线反映了劳动力市场的均衡状况与产品市场的产出量之间的关系。由于企业的短期行为和长期行为不同,在分析总供给曲线时,要区分长期总供给曲线和短期总供给曲线。这是与总需求曲线的不同之处。

一般价格水平通过影响实际工资、劳动力市场供求关系及就业量而最终影响总产量。这一过程可以概括为:当名义工资不变时,价格水平的变化影响实际工资,实际工资与一般价格水平成反比;在其他条件不变时,实际工资通过劳动力市场影响就业量,而就业量的变化影响总产量。假定其他条件不变,则总供给量随就业量的增加而增加。因此,劳动力市场在研究总产出时具有举足轻重的作用。下面将分别分析与总供给函数有关的总生产函数和劳动力市场均衡理论。

5.2.2 总生产函数

宏观经济学中的总供给曲线也与生产函数有关,这与微观经济学推导方法基本一致,只是此时生产函数称为总生产函数,它表明了在一定技术条件下生产要素投入总量和总产出量之间的关系。一般情况下,用 y 表示总供给,用 K 表示总资本存量,用 N 表示生产中投入的劳动力数量,即就业量,既定技术水平下的总生产函数表示为

$$y = f(N, K)$$

在短期内,总资本存量 K 是相对稳定的,就业量 N 随经济变动而变动,则总生产函数表示为

$$y = f(N, K_0)$$

式中,K_0 表示不变的总资本存量,总供给是就业量 N 的函数,随就业量的增减而相应增减。当资本投入数量不变时,劳动的边际报酬是递减的,如图 5.7 所示。

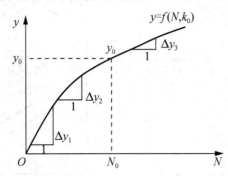

图 5.7 总生产函数

5.2.3 劳动力市场均衡

劳动力市场均衡由劳动力供给和劳动力需求共同决定,为了使分析更直观,还是借用图形来说明问题。如图 5.8 所示,纵轴 W/P 表示实际工资,横轴 N 表示就业人数。N_d 表示劳动力需求曲线,其含义是,实际工资越低,厂商雇用的劳动力越多;反之,则越少。

劳动力需求曲线与实际工资水平的负相关关系也可以从总生产函数得到解释,从图 5.7 中可以知道,由于劳动力投入的边际报酬递减,因此,随着雇用人数的增加,厂商越来越不愿意支付与原来相同的工资,从而使劳动数量的雇用与实际工资的方向呈反向关系。

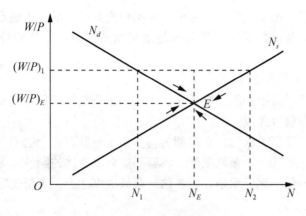

图 5.8　劳动力市场均衡

劳动力的供给曲线 N_s 斜率为正,与需求曲线交叉,表示工资的高低与劳动力的供给是正相关的。即工资越高,劳动力供给量越大,而工资越低,则劳动力供给量越小。

可以看到,在均衡点 E 之外的任何点,都不能使劳动力市场达到均衡,因为或者劳动力供给不足,或者劳动力需求不足,最终使二者达到均衡的是均衡点 E。在长期内,当价格和货币工资(名义工资)具有完全弹性时,实际工资就会迅速下降,劳动力供给量减少、需求量增加,实际工资的快速调整能实现劳动力市场的均衡和充分就业。在短期内,当价格和货币工资(名义工资)具有黏性(sticky)时,实际工资不会迅速下降,市场机制不能自动实现充分就业,经济生活中存在失业。

5.2.4　总供给曲线的形状

总供给理论是宏观经济学中最有争议性的领域之一。由于关于厂商与劳动者对价格水平变化的反应的假设不同,得到的总供给曲线形状也不相同,从而产生了宏观经济政策主张上的区别,以不同的工资假说为基础,形成了不同的总供给曲线形状。这里主要介绍 3 种总供给曲线,即凯恩斯主义总供给曲线、古典总供给曲线和理性预期学派的总供给曲线。

1. 凯恩斯主义总供给曲线

1) 简单的凯恩斯总供给曲线

这是凯恩斯本人在批判古典经济学(实际上是边际学派)劳动市场理论假说的基础上发展而来的。古典经济学劳动需求的假设认为,实际劳动需求函数是劳动的边际产量函数,名义劳动需求函数是劳动边际产量函数与价格水平的乘积。

凯恩斯认为,劳动供给是货币工资的函数。当社会上存在较为严重的失业时,厂商可以在现行的货币工资水平上得到所需要的任意数量的劳动力,也就是说,此时的劳动力供给是无限的,生产的平均成本可以被假定为不因产量的变化而变化,因此,只要有需求,厂商愿意提供任一数量的产品,总供给曲线是一条平行于横轴的直线(见图 5.9),上述情形被称为极端凯恩斯情况。

由于凯恩斯完成其著作时美国正处于 20 世纪最严重的萧条时期,因此,凯恩斯总供给曲线只适合经济处于危机状况的情形,这是一个简单的总供给曲线。与一般的经济现实相比,局限性显而易见。由于现实中,即使在未实现充分就业前,工资水平和价格水平是在不断上升的。因此,凯恩斯关于工资与价格水平保持固定不变的假设是无法解释现实状况的。

2) 凯恩斯主义总供给曲线

凯恩斯主义经济学家根据凯恩斯理论,以货币工资刚性和货币幻觉假说为出发点,给出了凯恩斯主义的总供给曲线。

工资刚性假说:该假说认为,在短期内,货币工资具有完全的向下刚性,但向上具有完全弹性。也就是工资有一个最低限度,具有不能向下变动的刚性,无论劳动的供求状况如何变化,工资不能低于这一水平。但在这一最低限度之上,工资是随劳动供求关系而变化的。

工资的"货币幻觉"是指劳动者不会因为价格水平上升,在货币工资不变的情况下,改变自己的劳动供给决策。上述情形实际上是意味着劳动者可以接受实际工资降低的。进一步而言,这一假设强调的是名义工资水平而不是实际工资水平决定了劳动的供给。这就是常说的货币幻觉。

在图 5.10 中可以看到,当货币工资水平仍然保持在 W_0,但由于价格上升到 P_1 而导致实际工资水平下降到了 W_0/P_1 水平,这时,由于存在货币幻觉,劳动者提供的劳动量和原来仍然相同,但就劳动需求而言,在同样的货币工资总额下,可以雇用更多的劳动力,因此,劳动的雇用数量从 N_0 提高到 N_1,当超过 N_1 时,厂商需要提高其实际工资水平。这意味着劳动供给曲线是斜向上的,如图 5.10 所示。

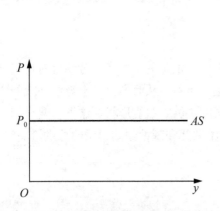

图 5.9 简单的凯恩斯总供给曲线

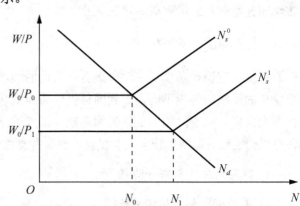

图 5.10 凯恩斯主义劳动供给曲线

同理,由上面的劳动供给曲线,可以导出凯恩斯主义总供给曲线。

图 5.11 完全是根据凯恩斯主义假设得到的。工人存在着工资幻觉,不会因为实际工资的变化而改变劳动供给,因此,在价格水平从 P_1 上升到 P_2,从而使实际工资水平从 W/P_1 下降到 W/P_2 以后,劳动供给并未因此而减少,如图 5.11 所示,从而反映到图中,就是在劳动市场未达到充分就业之前,劳动数量的增加均能够使产出不断增长,从而使供给曲线向右上方倾斜,但随着劳动力市场达到充分就业以后,产出能力达到潜在产出水平上,从而是一条垂直于横轴的垂线。

上面的模型在解释现实中的充分就业和失业时的工资决定状况时,解释力并不是很强。也就是说,当充分就业时,名义工资并不具有完全弹性,而存在失业时,名义工资实际上是可以下降的，刚性工资情形并不普遍。另一个与现实不符的问题还在于从这种假说中推导出的实际工资行为也与实际不符。根据工资下限的假设，名义工资不变，实际工资随价格水平上升而下降，这样可以推论得到一个非常有趣的结论：**繁荣时期的实际工资水平可能低于萧条时期**，因为前一时期价格水平可能较高，而后一时期的价格水平可能较低。这可能与事实存在着较为明显的偏差。可见，还需要新的模型来解释。

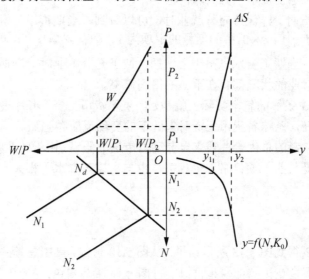

图 5.11　凯恩斯主义供给曲线

3) 新凯恩斯主义的总供给曲线

新凯恩斯主义者为了修正凯恩斯主义者的主要问题而做出努力。这种修正与发展主要体现在两个方面：一方面是用工资黏性假说代替工资刚性假说；另一方面是将产量、就业量、价格、工资之间的关系动态化，考虑了各时期总供给曲线的调整。

工资黏性假设：该假设认为劳动市场上的供求关系发生变动时，工资也会发生缓慢而不是迅速的变动，供求变动与工资变动之间存在着时滞。因此，该假设条件介于完全弹性和刚性工资之间。导致工资黏性的原因有3个方面：一是工作合同的影响。搜寻工作和寻找合适的劳动都不是无成本的，因此，雇用双方希望能够将这种成本减少，从而导致工作合同的产生，这使实际工资的改变慢于市场变动；二是劳动市场信息不充分。这使信息的传递、掌握和获得时间较慢，导致工资的调整延迟；三是厂商之间存在着某些协调。

新凯恩斯主义引入了参数 ε 和失业率 u，并引入了时间概念 t，其中 ε 表示货币工资增长率变动对失业率变动的反应程度，相当于货币工资相对于失业的弹性，得到的新的货币工资和就业之间的关系为

$$W_t = W_{t-1}[1 - \varepsilon(u_t - u_0)]$$

其含义是当期劳动者的货币工资水平取决于上期的货币工资水平和失业率状况。当期货币收入与上一期是同向的，在自然失业率 u_0 保持不变的情况下，上期失业率越高，则对劳动需求也越大，从而货币工资水平也越高。失业率用下式来度量。

$u_t = \dfrac{N^* - N_t}{N^*}$，$N^*$ 表示充分就业量，N_t 表示当期就业状况。

因此，$W_t = W_{t-1}\left[1+\varepsilon(\dfrac{N_t - N^*}{N^*})\right]$。

可以用图 5.12 来表示上式。在图 5.12 中，假定上一期分析中是充分就业的，当期就业状况可能存在着 3 种情形（N_1、N^* 和 N_2），分别代表高于充分就业、充分就业和低于充分就业。在此基础上讨论工资水平如何随价格变化。

当期就业与上一期一样保持充分就业时，可以看到，当期货币工资水平与上一期是相同的，实际上 $W_t = W_{t-1}[1+\varepsilon \times 0]$ 中的括号的中项为 1，则有 $W_t = W_{t-1}$，同样，当当期就业状况高于充分就业时，当期工资水平高于上一期，低于充分就业时，当期工资水平低于上一期。任何偏离充分就业的状况都会在下一期得到调整。

在图 5.12 中，3 条线的斜率实际上就是 ε，表示货币工资增长率变动对失业率变动的反应程度。斜率越高，意味着货币工资对失业率的变动反应越强烈。

根据凯恩斯主义者的总供给曲线来自劳动力市场的假设，由于就业状况决定产出水平，从而当期价格水平既与前一期价格水平相关，也与当期产量水平相关。可以得到的价格水平和产出的关系是

$$P_t = P_{t-1}\left[1+\varepsilon(\dfrac{y_t - y^*}{y^*})\right]$$

P_t 表示在图上就可以得到图 5.13 所示结果。从图 5.13 可知，新凯恩斯主义的总供给曲线是一条斜向上的直线。该总供给曲线也可以通过图 5.14 推导得出。

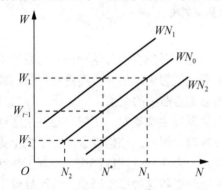

图 5.12 货币工资与就业状况

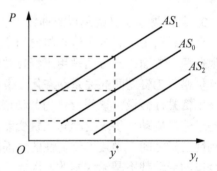

图 5.13 新凯恩斯主义总供给曲线

2. 古典的总供给曲线

古典的总供给曲线也称为长期总供给曲线，该曲线是现代经济学家根据边际学派等传统经济学理论总结而成的，这一模型以劳动市场中工资具有完全弹性为基础。其假设基础是：

第一，市场上的信息是充分的，信息的传递是迅速而及时的，各种资源的流动无需时间和成本，产品市场和要素市场处于完全竞争状态。各种市场和经济能够随时保持均衡状态。

第二，实际工资水平决定劳动需求和劳动供给，决定实际工资的货币工资和价格水平具有完全弹性。当劳动力市场处于短暂失衡时，能够在较短时间内完成调整。

第三，劳动者对自己的工资具有充分信息，因此，不存在货币错觉，不会因为货币工

资的高低和价格水平的涨落而改变预期。

古典供给曲线正是从劳动力市场着手推导出了总供给曲线。在上述假设下，劳动力需求函数和劳动力供给函数分别为

劳动力需求函数：$N_d = N_d(\dfrac{W}{P})$

劳动力供给函数：$N_s = N_s(\dfrac{W}{P})$

当劳动力市场达到均衡时：$N_d(\dfrac{W}{P}) = N_s(\dfrac{W}{P})$

W/P 是指实际工资，劳动力需求是实际工资的减函数，同时劳动力供给是实际工资水平的增函数，这意味着实际工资越高时需求较少，但供给较高。但最终二者会达到均衡，这种均衡是充分就业时的就业量，对应的是均衡产量水平，如图 5.15 所示。

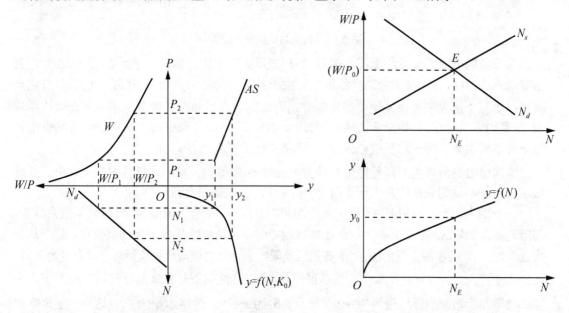

图 5.14　图形推导的新凯恩斯主义总供给曲线　　图 5.15　劳动力均衡时的总产出

古典总供给曲线正是通过劳动力市场和生产函数来推导的，具体如图 5.16 所示。

第二象限表示货币工资曲线，横轴 W/P 表示实际工资，纵轴 P 表示价格水平，W_2、W_0、W_1 代表货币工资曲线，任意一条货币工资曲线表示在给定的货币工资条件下实际工资与价格水平的组合。在给定的货币工资条件下，价格水平提高将导致实际工资下降，价格水平下降将导致实际工资提高。从左到右 3 条货币工资曲线 W_2、W_0、W_1 表示在给定价格水平条件下，货币工资的提高将导致实际工资的提高，反过来，在给定实际工资条件下，价格水平的高低，意味着货币工资同等幅度的上涨或下跌，使得货币工资曲线左移或右移。图中的 A、B、C 三点分别在 3 条货币工资曲线 W_2、W_0、W_1 上，这表明实际工资为 $(W/P)_f$ 时，对应的货币工资分别为 W_2、W_0、W_1，对应的价格水平分别为 P_2、P_0、P_1，即 $(W/P)_f \times P_2 = W_2$、$(W/P)_f \times P_0 = W_0$、$(W/P)_f \times P_1 = W_1$。

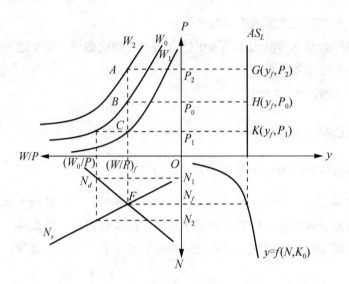

图 5.16　古典总供给曲线的推导

第三象限是劳动市场均衡图，横轴 W/P 表示实际工资，纵轴 N 表示就业人数，N_d 表示劳动需求曲线，N_s 表示劳动供给曲线。由于长期内价格和货币工资(名义工资)具有完全弹性，实际工资水平的快速调整能实现劳动力市场的均衡和充分就业。图中劳动供给曲线 N_s 与劳动需求曲线 N_d 相交于 F 点(充分就业点)，此时，劳动市场实现均衡，劳动供给量等于劳动需求量，等于均衡就业量 N_f，均衡实际工资为 $(W/P)_f$。

第四象限是由总生产函数图顺时针方向旋转 90°得到，其中，横轴表示总产出，纵轴表示就业量，得到的是由总生产函数 $y=f(N,K_0)$ 决定的总产量曲线。

在长期内，劳动市场自动调整实现均衡和充分就业。在第三象限中，当劳动供给曲线 N_s 与劳动需求曲线 N_d 相交于 F 点，市场实现均衡时，劳动供给量等于劳动需求量，等于均衡就业量 N_f，均衡实际工资为 $(W/P)_f$。在第四象限，当劳动力市场达到均衡时，就业量为 N_f，根据总生产函数，$y=f(N,K_0)$，均衡产出量为 y_f，也就是充分就业时的潜在总产出。在第二象限，当均衡实际工资为 $(W/P)_f$，货币工资为 W_0 时，价格水平为 P_0。这样，当价格水平为 P_0 时，总供给量为 y_f。把总供给量 y_f、价格水平 P_0 的组合描在横轴 y 表示国民收入、纵轴 P 表示价格水平的图中第一象限，便获得总供给曲线上的一点 H。

用跟上面类似的方法，可以求出当价格水平从 P_0 上升到 P_2，或从价格 P_0 下降到 P_1 时对应的货币工资水平，劳动力需求和供给量，以及对应的均衡产出水平等，从而在第一象限中得到一条垂直于横轴的直线 GHK，这条曲线意味着无论价格水平变化如何，潜在产出水平是不变化的。

3. 理性预期学派(新古典宏观经济学)的总供给曲线

从形态上看，理性预期学派的总供给曲线与新凯恩斯主义的模型已经区别不大，都是向右上倾斜的一条直线，只是纳入了预期这一概念。他们的观点认为，从整体和长期看，人们的预期是理性的，因此，在总供给模型中增加了预期变量。由于理性预期学派假定货币工资和价格水平是可以灵活变动的，市场机制能够使供求相等，从而保证市场均衡，这与古典主义相同，所以它又称新古典宏观经济学。

关于供给曲线的形状目前仍然存在较多争议，但毫无疑问，垂直于横轴和垂直于纵轴是实际情况中不太多见的情形，这是总供给曲线比较极端的情况。

4. 综合的总供给曲线

不论是凯恩斯总供给曲线、凯恩斯主义总供给曲线、古典的总供给曲线，都是在特定的假设条件下得出的结论，因而不具有一般性。如果将上述3种总供给曲线综合起来分析，即可得到一条适合于一般情况的总供给曲线，也就是通常的总供给曲线，如图5.17所示。

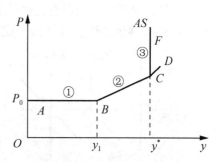

图5.17 综合的总供给曲线

综合的总供给曲线可分为3个部分：①水平段(A—B)为凯恩斯总供给曲线，该段总供给曲线表示在价格水平不变时，产量(收入)就可以增加；②正斜率段(B—C—D)为短期总供给曲线(SAS)，该段总供给曲线上表示产量增长时，价格会上升，呈现向右上方倾斜的趋势；③垂直段(C—F)为长期总供给曲线(LAS)，该段总供给曲线是对应于充分就业的产量y^*上的一条垂线。它表明在某一时期，社会的各种资源都得到充分利用，就业充分，产量达到极大值。

5.2.5 总供给曲线的移动

1. 长期总供给曲线的移动

长期总供给曲线所对应的产出为潜在产出，也称为充分就业产出。它是在资源(要素)和技术水平既定的条件下，一国所能提供的最大的可持续产出。潜在产出受一国所拥有的要素的数量、质量和技术水平、新能源的发现等因素的影响。当潜在产出发生变动时，长期总供给曲线也会随之移动。经济社会中劳动力增加、人力资本提高、生产技术进步等都会提高潜在产出，使长期总供给曲线向右平行移动；反之，会使长期总供给曲线向左平行移动，如图5.18所示。

2. 短期总供给曲线的移动

在同一条短期总供给曲线(SAS)上，价格水平与总供给之间呈现同方向变动的关系。价格上升，总供给增加，沿短期总供给曲线向上方移动；价格下降，总供给减少，沿短期总供给曲线向下方移动。

当价格水平既定不变时，影响短期总供给曲线的其他因素发生变化，会使短期总供给曲线移动。短期总供给曲线移动有以下两种情况。

一是长期总供给曲线移动引起短期总供给曲线向左或右移动。投入的资源增加、技术进步等会使长期总供给曲线向右移动时，短期总供给曲线也会向右移动；反之，长期总供给曲线向左移动时，短期总供给曲线也会随之向左移动。如图5.18所示，在LAS_0曲线未移动时，SAS_0曲线代表的最大产量是y_0^*；在LAS_0移动到LAS_1后，新的SAS_1曲线代表的最大产出不再为y_0^*，而是y_1^*，即LAS_0移至LAS_1后，使SAS_0相应地移动到SAS_1。

二是受成本因素的影响。当价格水平不变时，短期总供给曲线向上或向下移动。引起工资水平变动或其他成本变动的因素都会使短期总供给曲线移动。如果工资水平上涨或原材料上涨,则所有企业愿意提供的产出减少,从而使短期总供给曲线向左移动,如图 5.19 所示,SAS_1 移至 SAS_2;反之,当成本下降时,短期总供给曲线向右移动。

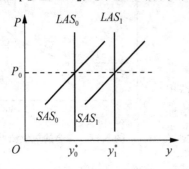

图 5.18　长期总供给曲线的移动

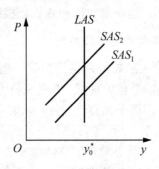

图 5.19　短期总供给曲线的移动

在建立总供给曲线时,原假定保持不变的因素,如工资等其中任何一项的变动,总供给曲线都会移动。如果只是价格水平的变动,整个经济将沿着一条既定的总供给曲线发生产出量的变动。

5.3　总需求—总供给模型分析

5.1 节、5.2 节分别考察了总需求曲线和总供给曲线,本节将把总需求曲线和总供给曲线结合起来,就可以构成总需求与总供给模型,即 $AD—AS$ 模型,将讨论均衡国民收入和价格水平如何决定问题,以及考察总需求与总供给变动对均衡国民收入和价格水平的影响。

5.3.1　总需求—总供给模型

考察价格变动对货币市场和产品市场的影响,得出了总需求曲线向下倾斜,考察价格变动对劳动力市场的影响,得出了总供给曲线。因此,总需求与总供给模型所对应的均衡是产品市场、货币市场和劳动力市场的共同均衡。$AD—AS$ 模型是说明产品市场、货币市场和劳动力市场同时达到均衡时均衡国民收入和价格水平被如何决定的模型。下面利用总需求与总供给模型来说明均衡国民收入和价格水平的决定。

如图 5.20 所示,AD 表示总需求曲线,AS 表示总供给曲线,AD 与 AS 的交点 E 表示均衡点,y_0 表示均衡国民收入,P_0 表示均衡价格水平。

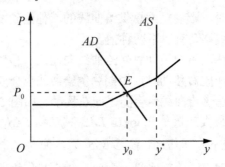

图 5.20　$AD—AS$ 模型与总供求的均衡

第5章 总需求与总供给模型

总供求的均衡是通过市场的内在机制自动实现的。当价格水平为 P_0 时，这时总需求等于总供给达到均衡。当价格水平高于 P_0 时，这时总供给大于总需求，于是产生价格水平下降的趋势。一方面，价格水平下降使实际工资提高，从而使劳动力需求减少，引起总供给减少；另一方面，价格水平下降使实际货币供给量增加，从而使利息率下降、投资支出增加，总需求进一步增加。因此，价格水平下降缓解了总供给大于总需求的矛盾。当价格水平低于 P_0 时，这时形成总需求大于总供给，导致价格水平上升。价格水平上升，一方面使实际货币供给量减少，从而使利息率提高、投资下降、总需求进一步下降；另一方面使实际工资下降，从而使劳动力需求增加、就业增加、总供给增加。因此，价格水平上升缓解了总需求大于总供给的矛盾。

古典经济学认为在市场机制的作用下，总供求会自动均衡于充分就业的国民收入水平，凯恩斯主义经济学则认为在市场机制的自发作用下总供求虽然能自动达成均衡，但却不一定达到充分就业的国民收入水平，当均衡点低于潜在产量 y^* 的水平时，经济便处在失业状态。

总供给与总需求的均衡点决定了均衡的国民收入和价格水平，而均衡点的位置又取决于总需求曲线 AD 和总供给曲线 AS 的位置，AD 曲线和 AS 曲线位置的任何移动都将导致均衡点的变动，而凡是价格总水平以外的其他因素所引起的总供求的变动，都会引起 AD 曲线或 AS 曲线的移动，从而导致均衡的国民收入和价格水平的变动。下面讨论总需求曲线 AD 和总供给曲线 AS 的移动对均衡国民收入和价格水平的影响。

5.3.2 总需求变动对均衡国民收入和价格水平的影响

总需求的变动会引起总需求曲线 AD 的移动，凡是价格以外因素造成的总需求变动都会带来总需求曲线 AD 的移动。假定总供给曲线 AS 不变，根据总供给曲线的3个区间的特性不同，这里分3种情形来讨论总需求曲线 AD 的移动对均衡国民收入和价格水平的影响。

1. 凯恩斯总供给曲线

凯恩斯总供给曲线是在价格水平不变条件下的水平线。在这种情况下，总需求增加，只会引起国民收入增加，而价格水平保持不变；总需求减少，会引起国民收入减少，而价格水平同样不变。

如图5.21所示，初始均衡点位于 E_0 点，如果影响总需求的因素(除价格因素外)发生变动，可以使 AD 曲线移动。消费、投资、政府支出、出口、名义货币供给量的自发增大，都会导致 AD 曲线向右移动。反之，会导致 AD 曲线向左移动。当总需求增加时，总需求曲线从 AD_0 右移到 AD_2 时，达到新均衡点 E_2，均衡国民收入 y_0 增加到 y_2，价格水平仍保持在 P_0 的水平上。当总需求减少时，总需求曲线从 AD_0 左移到 AD_1 时，达到新均衡点 E_1，均衡国民收入 y_0 减少到 y_1，但价格水平不变，仍保持在 P_0 的水平上。

2. 短期总供给曲线

短期总供给曲线是向右上方倾斜的曲线。在这种情况下，总需求变动会引起国民收入与价格水平的同方向变动。即当总需求增加时，价格增加，国民收入增加；当总需求减少时，价格减少，国民收入也减少。总需求的变动，引起国民收入 y 和价格水平 P 发生相应的变化,究竟对谁的影响更大,则取决于供需均衡时的国民收入 y 是大于、等于还是小于充分就业时的国民收入 y^*。

如图 5.22 所示,当总需求曲线从 AD_1 提高到 AD_2 时,均衡时恰好达到充分就业,此时价格水平从 P_1 小幅攀升至 P_2,而国民收入水平从 y_1 大幅攀升至 y^*,当总需求再次从 AD_2 提高到 AD_3 时,由于超过了均衡收入水平和充分就业水平,收入水平小幅提升至 y_2,而价格水平则大幅提升至 P_3,这意味着由于需求扩张,而带来通胀水平的上升,此为需求拉动的通货膨胀。可见,当总需求增加时,将拉动国民收入水平和价格水平的上升;反之,当总需求减少时,也会促使国民收入水平和价格水平回落。

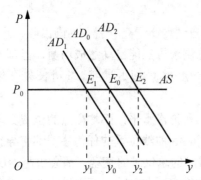

图 5.21 凯恩斯总供给曲线时总需求变动对国民收入和价格水平的影响

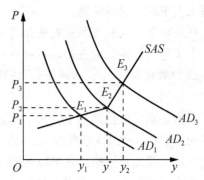

图 5.22 短期总供给曲线时总需求变动对国民收入和价格水平的影响

3. 长期总供给曲线

长期总供给曲线是在充分就业条件下、产出为潜在产出水平时垂直于横轴的垂线,表明无论价格水平如何变动,总供给量都为 y^*。在这种情况下,总需求增加只会引起价格水平上升,而国民收入不变,总需求的减少,也会导致价格水平下降,国民收入不变。也就是说,在该情形下,总需求变动只影响价格水平,而不影响收入,如图 5.23 所示,国民收入水平是劳动力市场处于充分就业时的产出量 y^*。

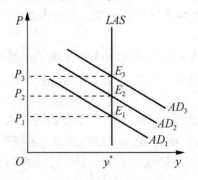

图 5.23 长期总供给曲线时总需求变动对国民收入和价格水平的影响

5.3.3 短期总供给变动对均衡国民收入和价格水平的影响

短期总供给的变动会引起短期总供给曲线的移动,从而会使均衡点发生变动,其所对应的均衡的国民收入和价格水平也会发生变动。如果生产成本上升或生产率下降,短期总供给减少,短期总供给曲线向上移动,会使均衡国民收入减少,价格水平上升;如果生产成本下降或生产率上升,短期总供给增加,短期总供给曲线向下移动,会使均衡国民收入增加,价格水平下降。

如图 5.24 所示,当短期供给曲线从 SAS_1 下移到 SAS_2 时,均衡价格水平会从 P_1 下降到 P_2 水平,均衡国民收入则会从 y_1 上升到 y_2 水平。反之,当短期总供给曲线 SAS_2 上移到 SAS_1 时,由于总需求曲线没有变化,这将意味着均衡国民收入降低,同时价格水平上升。

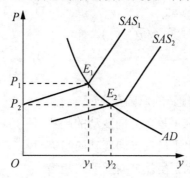

图 5.24 短期总供给变动对国民收入和价格水平的影响

本章小结

总需求曲线代表的是产品市场和货币市场同时均衡时,国民收入与价格水平的组合,由这些组合连接而成的曲线。在影响总需求曲线其他条件不变的情况下,价格水平变动对总需求的影响用沿同一条曲线的移动来表示。物价上升,沿同一条曲线向左上方移动;物价下降,沿同一条曲线向右下方移动。影响 IS、LM 曲线移动的因素,都会引起总需求曲线的移动。

总供给曲线代表的是一组价格水平和总产出量连接而成的曲线,是总供给函数的几何表示。总供给曲线反映了劳动力市场的均衡状况与产品市场的产出量之间的关系。综合的总供给曲线可分为 3 个部分:①凯恩斯总供给曲线;②短期总供给曲线(SAS);③长期总供给曲线(LAS)。

AD—AS 模型是说明产品市场、货币市场和劳动力市场同时达到均衡时均衡国民收入和价格水平被如何决定的模型。总需求曲线、总供给曲线的移动对均衡国民收入和价格水平都会产生一定的影响。

中英文关键词语

1. 总需求曲线　　　　　　aggregate demand curve
2. 总供给曲线　　　　　　aggregate supply curve
3. 总需求—总供给模型　　AD—AS model
4. 长期总供给　　　　　　long-run aggregate supply
5. 短期总供给　　　　　　short-run aggregate supply

综合练习

一、选择题

1. 在其他条件不变时，货币供给量的增加会使（　　）。
   A. LM 曲线向左上方移动　　　　　　B. IS 曲线向左上方移动
   C. AS 曲线向右上方移动　　　　　　D. AD 曲线向右上方移动

2. 凯恩斯主义总供给曲线是一条（　　）。
   A. 与横轴平行的线　　　　　　　　B. 向右上方倾斜的线
   C. 与横轴垂直的线　　　　　　　　D. 向左上方倾斜的线

3. 总需求曲线向右下方倾斜的原因在于（　　）。
   A. 国外需求与价格水平呈反方向变动的趋势
   B. 消费需求与价格水平呈反方向变动的趋势
   C. 投资需求与价格水平呈反方向变动的趋势
   D. 以上几个因素都存在

4. 当（　　）时候，总需求曲线较陡峭。
   A. 投资支出对利率更敏感　　　　　B. 投资支出对利率不敏感
   C. 支出乘数较大　　　　　　　　　D. 货币需求对利率不敏感

5. 随着物价水平的上升，实际货币量（　　）。
   A. 增加，从而使实际国民生产总值的需求量增加
   B. 增加，从而使实际国民生产总值的需求量减少
   C. 减少，从而使实际国民生产总值的需求量增加
   D. 减少，从而使实际国民生产总值的需求量减少

6. 能使短期总供给曲线移动的因素是（　　）。
   A. 长期总供给曲线移动　　　　　　B. 成本发生变化
   C. 消费增加　　　　　　　　　　　D. A 与 B

7. 短期总供给曲线向右上方倾斜，该曲线变为一条垂直线的条件是（　　）。
   A. 每个企业都生产其能力产量　　　B. 每个企业的产量达到其物质限制
   C. 经济中实现了充分就业　　　　　D. 与总需求曲线相交

8. 消费、投资、政府支出、出口的自发增大，会使总需求曲线（　　）。
   A. 向左下方移动　　　　　　　　　B. 不会移动
   C. 向右上方移动　　　　　　　　　D. 以上全不对

9. 当经济社会中使长期总供给曲线向右平行移动的原因是（　　）。
   A. 劳动力增加　　　　　　　　　　B. 人力资本提高
   C. 生产技术进步　　　　　　　　　D. 以上全对

10. 扩张性财政政策对总需求的影响是( )。
   A．同一价格水平对应的总需求增加　　B．同一总需求水平对应的价格提高
   C．价格水平下降，总需求增加　　　　D．价格水平提高，总需求减少

二、判断题

1．总需求函数是产品市场和劳动市场同时达到均衡时的一般价格水平与国民收入之间的依存关系。( )

2．总需求曲线之所以向右下方倾斜，可能是财产、利率和汇率效应等共同作用的结果。( )

3．在影响总需求曲线其他条件不变的情况下，价格水平变动会使总需求左右移动。( )

4．当 IS—LM 模型出现古典理论的极端情况时，AD 曲线为一垂线。( )

5．当 IS—LM 模型出现凯恩斯主义的极端情况时，AD 曲线为一垂线。( )

6．短期总供给曲线即古典理论的总供给曲线。( )

7．当价格水平不变时，消费、投资、政府支出、出口、名义货币供给量的自发增大，会使总需求曲线向左下方移动。( )

8．在需求约束均衡中，如果提高总需求，可以提高产出水平，也可以提高就业。( )

9．在短期生产函数中，由于时间与其他因素的限制，所有生产要素的数量均不能改变。( )

三、简答题

1．总需求曲线和价格水平之间存在着怎样的关系？
2．影响总需求曲线的斜率及移动的因素有哪些？
3．在不同的理论下总供给曲线的形状如何影响总供给曲线移动的因素有哪些？
4．总需求变动对均衡国民收入和价格水平有怎样的影响？
5．短期总供给变动对均衡国民收入和价格水平有怎样的影响？

四、计算题

设总供给曲线 $y=2\,000+P$，总需求曲线 $y=2\,400-P$，
(1) 求均衡点的收入、价格水平；
(2) 如果总需求曲线左移 10%，求新均衡点的收入、价格水平并进行比较；
(3) 如果总供给曲线左移 10%，求新均衡点的收入、价格水平并进行比较。

案例分析

根据以下案例所提供的资料，试分析：
(1) 总需求冲击下我国失业变化和产出变化之间关系？
(2) 总供给冲击下我国失业变化和产出变化之间关系？

分析案例

总需求和总供给冲击对我国失业和产出动态关系的影响分析

1. 引言

产出和失业之间的关系，一直是宏观经济学的重要论题。关于二者之间关系的一个著名结论就是奥肯定律，即失业率每降低1%，产出将大约增加3%。近年来，国内学者对奥肯定律是否适用于我国也作了许多有益的研究，但结论不尽一致。笔者从奥肯定律理论基础的角度出发，在剖析了差分版本、缺口版本、动态版本、生产函数版本及不对称版本的奥肯定律的理论基础及其差异的基础上，针对我国的情况对5个版本的奥肯定律作了实证分析，结论是奥肯定律的经验结论在我国目前并不适用。

奥肯定律不适用于我国产出和失业之间的关系，只说明我国的产出增长率和失业率之间，或者产出相对于潜在产出的缺口和失业率相对于自然失业率的偏离之间，并不存在一个确定的负的比例关系，但这并不意味着产出和失业之间相互没有影响。近年来，我国的经济增长非常快，但失业问题也很严重，根据本文计算的调查失业率，1998年以后，我国的失业率几乎维持在6%以上的水平，高速的经济增长并没有使失业率降低。对我国目前的高增长和高失业并存的现象，国内许多学者对产出和失业之间的关系做了有益的理论和实证分析。蔡昉等人认为，经济增长没有带来相应的就业增长的原因在于，反周期的宏观经济政策对解决自然失业是无能为力的，而且在反周期的宏观经济政策所能调节的周期性失业方面，由于宏观经济政策所引导的投资方向往往是就业密集度较低的行业，进而导致反周期措施拉动就业的能力大为降低。蔡昉进一步认为，由于扩大就业还没有成为各项经济政策的优先原则，以及就业创造还没有成为引导投资方向的核心标准等原因，我国经济增长没能取得良好的扩大就业的效果。常云昆和肖六亿认为，宏观经济关系扭曲，产出对就业和物价的影响无法正常传递，以及企业已有就业制度安排下劳动力的企业内部储备等原因，导致了较低的有效就业率，从而使经济增长不能带动就业增加。李红松认为，随着市场化程度的加深，企业向社会集中排放了大量富余人员，我国为实现经济的高速增长使固定资产投资保持了相当高的增速，导致资本有机构成不断提高，以及第三产业比重偏低等，导致了产出增长不能带动就业的显著增加。王诚提出了核心就业理论来解释我国高失业的原因，他认为，核心就业是指直接参与、引导、促进和扶持企业创新活动的那部分就业，核心就业作为市场就业的基础在中国经济改革以来一直没有受到足够重视，因此造成了今天经济快速增长但就业却困难的局面。

上述从不同的角度和表象解释了我国高增长和高失业并存的现象，具有积极意义。但是，这些角度和表象尚可以进一步深入和细化，需要进一步理清，以便找到经济现象背后更深刻的原因。本文在凯恩斯主义的总供给和总需求分析框架下，进一步分析产出和失业之间的关系。

2. 估计方法(略)

3. 数据及估计过程(略)

4. 冲击响应分析

1) 产出和失业波动来源

下面笔者根据结构 VAR 模型的估计结果来识别失业和产出的波动根源。为便于比较，笔者绘制了产出增长率变化和总供给冲击、总需求冲击下产出增长率变化图，以及失业率变化和总供给冲击、总需求冲击下失业率变化图。从图 5.25 可以看出，产出增长率的波动主要是由总供给冲击引起的，相对于总供给冲击的影响来看，总需求冲击的影响要小得多。从图 5.26 可以看出，失业率的波动和总供给冲击或总需求冲击引起的波动都非常接近，但相对来说，总需求冲击引起的失业率波动更接近失业率的实际波动。

第 5 章　总需求与总供给模型

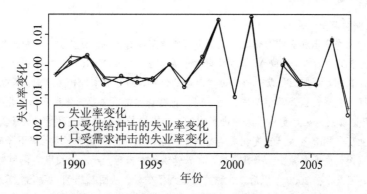

图 5.25　总供给/总需求冲击下产出增长率变化

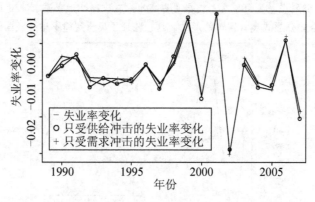

图 5.26　总供给/总需求冲击下失业率变化

从图 5.25 和图 5.26 可以形象地看出总供给冲击和总需求冲击对产出变化和失业变化的影响，但因为计数刻度的原因，图形的比较效果还不是很明显，为了从数值上更精确地考察总供给冲击和总需求冲击对产出变化和失业变化的影响，笔者将结构 VAR 模型的预测误差关于总需求冲击和总供给冲击进行了分解，结果见表 5-1。从误差分解来看，总供给冲击是影响产出波动的主要决定因素，短期来说(1 年)，94.05%的产出波动预测误差来自总供给冲击，从长期来看(7 年以上)，这一数字有所下降，但高于 80%；而总需求冲击则是影响失业波动的主要决定因素，短期来说(1 年)，63.61%的失业波动预测误差来自总需求冲击，从长期来看(7 年以上)，这一数字有所下降，但仍高于 50%，而总供给冲击尽管不是影响失业波动的主要因素，但对失业变化仍有重要影响，在短期(1 年)，36.39%的失业波动预测误差来自总供给冲击，在长期(7 年以上)，这一影响上升到约 40%以上，但低于 50%。

表 5-1　预测误差分解　　　　　　　　　　　　　单位：%

预测跨度	供给冲击下产出波动预测误差	需求冲击下产出波动预测误差	供给冲击下失业波动预测误差	需求冲击下失业波动预测误差
1 年	94.05	5.95	36.39	63.61
2 年	90.80	9.20	26.11	73.89
3 年	87.53	12.57	38.51	61.49
4 年	85.24	14.76	32.90	67.10
5 年	85.11	14.89	33.23	66.77
6 年	85.02	14.98	33.61	66.39
7 年	84.32	15.68	44.23	55.77
8 年	85.03	14.97	40.00	60.00
9 年	83.15	16.85	39.95	60.05
10 年	80.76	19.24	48.00	52.00

2) 产出和失业动态变化关系

奥肯定律阐述的是产出和失业变化之间的关系,奥肯定律有多种表述方式,其中比较基本的是差分形式的奥肯定律,其表达式为 $\Delta y_t = a + b\Delta u_t$,这恰好和笔者前面介绍的 VAR 估计方法中产出和失业的表达式是一致的。这里,笔者进一步细化差分形式奥肯定律的估计,即总需求冲击为零时,总供给冲击下失业变化和产出变化之间的关系,以及总供给冲击为零时,总需求冲击下失业变化和产出变化之间的关系。

从图 5.27 可以看出,在只受总供给冲击影响时,产出增长率变化的波动性要大于失业率变化的波动性,符合较小失业变化引起较大产出变化之间的关系。在多数年份,当产出增长率下降时,失业率增加;当产出增长率提高时,失业率减少。也就是说,在只受供给冲击时,产出增长率变化和失业率变化存在一定的负相关关系。但是,在 2000 年以后,这种关系遭到了破坏。从图 5.28 可以看出,只受总需求冲击时,产出增长率变化的波动要大于失业率变化的波动,并且在多数年份两者之间存在一定的负相关关系。但是,同样在 2000 年以后,这种关系遭到破坏。这里可以看出,在供给冲击或需求冲击下,产出变化和失业变化之间的关系都不符合差分形式奥肯定律的形式,这也验证了奥肯定律不适合我国的结论。

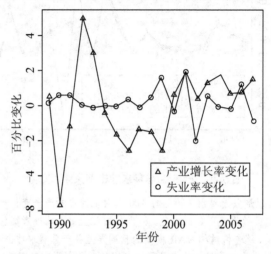

图 5.27 只受供给冲击时,产出增长率变化和失业率变化序列图

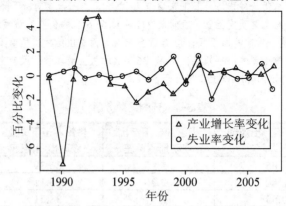

图 5.28 只受总需求冲击影响时,产出增长率变化和失业率变化的序列图

从上面的分析可以得出结论,产出和失业之间的关系在 2000 年以前基本上存在负的关系,但在 2000 年以后,无论是在总供给冲击影响下,还是在总需求冲击影响下,产出和失业之间的反向变化关系开始出现背离,其中由总需求冲击引起的失业/产出之间反向变化关系的背离的年度要多于总供给冲击引起背离的年度,所以笔者认为,总需求冲击和总供给冲击共同破坏了奥肯定律在我国的适用性,但是总需求冲击

的破坏作用显然更大一些。

3) 累积冲击响应和高增长高失业并存

下面分析正的总供给冲击和正的总需求冲击在长期对产出变化和失业变化的累积影响。从图 5.29 可以看出，在长期，正的总供给冲击对产出增长率有一个正的影响，而总需求冲击对产出增长率几乎没有影响，这一点符合经济理论的判断，即在长期，产出或者潜在产出增长是由技术进步等供给因素决定的，而与总需求无关。从图 5.30 可以看出，在长期，总需求冲击对失业率变化没有影响，这和经济理论的判断也是一致的。但也可以看到，正的总供给冲击对失业变化有正的影响，即正的总供给冲击所引起的产出能力的增加会引起失业的增加，这不符合宏观经济理论所描述的关系。笔者的这个研究，其贡献在于识别出总供给冲击是造成我国目前高增长和高失业并存的根源，当前我国比较严重的失业问题是由总供给因素引起的，和总需求因素无关。

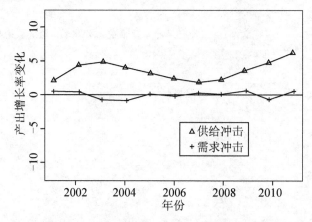

图 5.29　总供给冲击和总需求冲击对产出增长率变化的累积影响

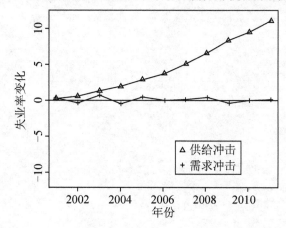

图 5.30　总供给冲击和总需求冲击对失业率变化的累积影响

5. 总结

本文利用结构向量自回归方法，分离出经济中的总需求冲击和总供给冲击，识别产出变化和失业变化的总需求冲击和总供给冲击根源，然后分别估计了总需求冲击和总供给冲击下失业变化和产出变化之间的关系。笔者的结论是，总供给冲击是产出波动的主要来源，总需求冲击则是失业波动的主要来源；在总供给冲击和总需求冲击的影响下，产出和失业之间的关系在 2000 年以前基本上存在负的关系，但在 2000 年以后，无论是在总供给冲击影响下，还是在总需求冲击影响下，产出和失业之间的反向变化关系开始出现背离，总需求冲击和总供给冲击共同破坏了产出—失业之间反向变化关系，但是总需求冲击的破坏作用更大一些；在长期，总需求冲击对产出没有影响，总供给冲击对产出有显著的正的影响，总需求冲击对失业没有影响，总供给冲击所带来的产出增加使我国的失业率上升。笔者的结论对于指导我国增加产出、降低失业等政策具有重要意义。例如，在长期，采取总需求管理的政策降低失业率不是有效的方法，因为根据笔者的分析，总需求冲击在长期对失业的影响并不显著，同样，由于正的总供给冲击在长期将引起失业的增加，如果只强调经济增长导向，而不注重经济发展的就业效果，则在实现经济增长的同时，在长期可能会导致失业率的上升，这些都对指导我国当前的扩大内需政策的制定和实施具有重要意义。当然，笔者目前的分析仅集中于总需求冲击和总供给冲击本身，并没有对总供给冲击和总需求冲击的构成做细分，即影响产出和失业波动的总需求冲击因素或总供给冲击因素有哪些。在长期，造成失业上升的累积总供给冲击是技术进步，还是向市场经济转型过程中的制度创新，还是其他因素？这些尚有待识别，这将是下一步研究的方向。

(资料来源：方福前，孙永君. 经济理论与经济管理. 2009(12).)

第6章 宏观经济政策

教学目标

通过本章的学习,对我国宏观经济政策的实际运作有一定的了解和认识,明确各种宏观经济政策的构成要素,掌握各种宏观经济政策对经济的影响。

教学要求

知识要点	相关知识	能力要求
财政政策的构成要素及种类	财政政策的目标、财政政策工具、扩张性财政政策、紧缩性财政政策、中性财政政策	能够懂得为实现一定财政政策目标需要运用哪些财政政策工具,它属于何种财政政策
财政政策对经济的影响及财政政策乘数	政府支出、政府税收对经济的影响、政府支出乘数、税收乘数、转移支付乘数和平衡预算乘数	能够做到运用模型分析政府支出、政府税收对经济的影响,并能计算出其影响的程度
金融市场与金融体系的基本构成	金融市场及其结构、现代市场经济国家金融体系的基本构成、中央银行的职能	能够了解金融市场、金融体系的构成,以及中央银行的作用
货币政策的三大要素及货币传导机制	货币政策的最终目标、货币政策的中间目标、货币政策工具、货币传导机制	能够了解货币政策中间目标的种类及其发展动向。能够掌握操作各种货币政策工具会对经济产生怎样的影响。掌握货币供应量的层次划分
供给管理政策	收入政策、指数化政策、人力政策、促进经济增长的增长政策	能够了解各种供给管理政策的作用

导入案例

面对两次金融危机中国宏观经济政策的调整

在适度从紧的财政与货币政策的作用下，中国经济 1996 年实现了"软着陆"，中国经济增长率(以 GDP 增长率衡量)从 1993 年的 13.5%回落到 1996 年 9.6%的水平。但在 1997 年下半年，国际国内经济形势发生重大变化，东南亚发生严重金融危机，对我国出口产生很大的影响，加上国内市场出现需求疲软和生产过剩，中国经济开始进入低谷期，需求不足成为经济中的主要矛盾。1998 年一季度，外贸的增长幅度明显放缓，并于 5 月一度出现负增长，虽然之后又止跌回升，但当年三季度末出口再次大幅度下滑，1998 年上半年经济增长率仅为 7%，与全年 8%的增长目标形成明显差距。同时物价水平持续负增长，出现了通货紧缩的迹象。经济惯性下滑并未停止。中国经济工作的重心必须明确地转向阻止软着陆后惯性下滑的方向。为此，我国政府为力求实现 1998 年 8%的增长目标和抵御亚洲金融危机的冲击，及时调整了宏观经济政策，决定由适度从紧政策调整为实行积极的财政政策和稳健的货币政策，扩大内需、刺激经济增长。这种积极财政政策的主要内容和措施包括：①定向募集特种国债注入国有商业银行补充其资本金，为稳健性货币政策的实施奠定优化的资产结构基础；②增发国债定向用于公共工程建设投资，并希望由此带动银行配套贷款的发放，以扩大投资需求；③增大中央财政预算赤字规模，以加大政府支出来扩大社会需求；④调整企业的出口退税率，以刺激出口来扩大需求。据有关部门测算，积极财政政策对于中国经济持续增长发挥了明显的促进作用，对于 GDP 增幅的贡献率，1998 年为 1.5 个百分点，1999 年为 2 个百分点，2000 年为 1.7 个百分点，到 2000 年上半年，中国经济已摆脱亚洲金融危机带来的不利影响，宏观经济出现重要转机。2001—2004 年，GDP 增幅也在 1.5～2 个百分点的水平。积极的财政政策在实施近 7 年后淡出，于 2005 年转为实行稳健的财政政策。

2008 年，在全球金融和经济危机、国内结构性政策调整以及经济内在周期的三重压力下，我国"出口—投资导向型增长模式"的内在矛盾全面激化，总供给与总需求关系出现逆转，宏观经济急转直下，中国宏观经济开始步入深度下滑的下行区间。这集中体现在以下几个方面：经济增长速度下滑。工业增加值增长速度快速下滑带动 GDP 增长速度逐季下降，经济增长速度回落至接近 2000—2002 年的水平；国内需求下降。固定投资名义增速虽有所提升，但由于固定资产价格上涨，实际投资增速下降明显，全年实际固定资产投资增速与 2002 年的水平相当；对外贸易顺差增速下降。贸易顺差当月总额虽屡创新高，但各季度累计增速下滑剧烈。2008 年前两个季度增速下滑很大，后两个季度的回升无法改变全年全面回落的局面；主要产品产量增速大幅度下降，产能过剩在 2008 下半年全面出现。制造业供求关系全面逆转，新订单和出口订单增速大幅度回落，而产品库存却持续攀升，充分表明中国经济面临普遍的制造业需求不足、产品滞销、库存积压的现象；工业企业利润率全面下滑，2008 年 1～8 月份累计工业利润增长 19.4%，比去年同期相比下滑了 17.6 个百分点。全年同比增速预计下滑接近 20 个百分点，与 2001—2002 年水平相当。

2008 年年底，为应对全球金融和经济危机、确保经济较快发展，我国政府再次及时调整了宏观经济政策。国务院总理温家宝于 2008 年 11 月 5 日主持召开国务院常务会议，研究部署进一步扩大内需促进经济平稳较快增长的措施。会议认为，近两个月来，世界经济金融危机日趋严峻，为抵御国际经济环境对我国的不利影响，必须采取灵活审慎的宏观经济政策，以应对复杂多变的形势。当前要实行积极的财政政策和适度宽松的货币政策，出台更加有力的扩大国内需求措施，加快民生工程、基础设施、生态环境建设和灾后重建，提高城乡居民特别是低收入群体的收入水平，促进经济平稳较快增长。会议确定了当前进一步扩大内需、促进经济增长的 10 项措施。一是加快建设保障性安居工程。加大对廉租住房建设支持力度，加快棚户区改造，实施游牧民定居工程，扩大农村危房改造试点。二是加快农村基础设施建设。加大农村沼气、饮水安全工程和农村公路建设力度，完善农村电网，加快南水北调等重大水利工程建设和病险水库除险加固,加强大型灌区节水改造。加大扶贫开发力度。三是加快铁路、公路和机场等重大基础设施建设。重点建设一批客运专线、煤运通道项目和西部干线铁路,完善高速公路网,安排中西部干线机场和支线机场建设,加快城市电网改造。四是加快医疗卫生、文化教育事业发展。加强基层医疗卫生服务体系建设,加快中西部农村初中校舍改造,推进中西部地区特殊教育学校和乡镇综合文化站建设。五是加强生态环境建设。加快城镇污水、垃圾处理设施建设和重点流域水污染防治,加强重点防护林和天然林资源保护工程建设,支持重点节能减排工程建设。六是加快自主创新和结构调整。支持高技术产业化建设和产业技术进步,支持服务业发展。七是加快地震灾区灾后重建各项工作。八是提高城乡居民收入。提高明年粮食最低收购价格,提高农资综合直补、良种补贴、农机具补贴等标准,增加农民收入。提高低收入群体等社保对象待遇水平,增加城市和农村低保补助,继续提高企业退休人员基本养老金水平和优抚对象生活补助标准。九是在全国所有地区、所有行业全面实施增值税转型改革,鼓励企业技术改造,减轻企业负担1200亿元。十是加大金融对经济增长的支持力度。取消对商业银行的信贷规模限制,合理扩大信贷规模,加大对重点工程、"三农"、中小企业和技术改造、兼并重组的信贷支持,有针对性地培育和巩固消费信贷增长点。初步匡算,实施上述工程建设,到2010年年底约需要投资4万亿元。

问题:面对1998年和2008年两次金融危机中国政府运用了什么样的宏观经济政策?对经济产生了什么样的影响?是否实现了宏观经济目标?

在市场机制作用下,宏观经济运行会交替出现收缩和扩张的周期性波动。因此,需要国家通过宏观经济政策来影响总需求或总供给,达到充分就业状态下的经济均衡,熨平经济的波动,实现经济稳定增长。宏观经济政策的一般目标是:经济增长、充分就业、物价稳定、国际收支平衡。这4种经济目标之间是存在一定的矛盾。政策目标之间的矛盾,要求政策制定者在确定宏观经济政策具体目标时,既要受自己对各项政策目标重要程度的理解,考虑国内外各种政治因素,又要受社会可接受程度的制约。为实现目标,国家采取的宏观经济政策主要有:需求管理政策、供给管理政策及对外贸易政策等。在本章中主要说明需求管理政策与供给管理政策,对外贸易政策将在第10章进行介绍。需求管理政策是通过调节总需求来达到一定政策目标的宏观经济政策,它包括财政政策与货币政策。供给管理政策是通过调节总供给来达到一定政策目标的宏观经济政策。各国政府正在积极运用这些政策对宏观经济进行调控。

6.1 需求管理政策(一):财政政策

凯恩斯主义产生于20世纪30年代大危机时期。当时资源严重闲置,总供给不是限制国民收入增加的重要因素,经济中的总需求不足是关键。凯恩斯主义的国民收入决定理论,是在假定总供给无限的条件下说明总需求对国民收入的决定作用。由这种理论产生了需求管理政策,通过对总需求的调节,实现总需求等于总供给,达到消除失业和通货膨胀的目的。

6.1.1 财政政策的构成要素

财政政策是政府财政部门运用财政政策工具,调节财政收支规模、收支结构,以实现宏观经济调控目标的一系列方针、准则和措施的总称。它是国家宏观经济政策的重要组成部分。财政政策的构成要素包括财政政策目标和财政政策工具。

1. 财政政策目标

财政政策的最终目标与宏观经济政策的四大目标是一致的。此外保证国家职能的实行和减少社会分配不公现象也是重要的财政政策目标。各国从本国的实际情况出发,不同时期可以有不同的政策目标偏重。

我国目前财政政策目标,可以归纳为以下几个方面:第一,保持经济适度增长,促进社会全面进步。第二,物价相对稳定。物价相对稳定是指物价稳定在较低的水平上,也可以解释为避免出现通货膨胀或通货紧缩。第三,合理分配收入,抑制过大的收入差距。分配收入从大的方面讲涉及政府、企业、个人的分配关系,财政政策目标是在这三者之间合理分配国民总收入。分配收入还涉及地区之间的分配关系,涉及经济与社会发展等方面的资源分配,力图保持地区之间、城乡之间、经济与社会之间的协调发展。第四,要最大限度地增加就业。

2. 财政政策工具

财政政策工具是指为了实现既定的财政政策目标而选择的具体手段或方式方法。财政政策手段的选取以有明确可行的财政政策目标为前提,而且必须以政策目标为转移,即它必须是既定政策目标所需要的,否则它就失去了意义。一般来说,财政政策工具主要包括政府支出、税收、国家预算和国债等。

(1) 政府支出。政府支出直接构成社会总需求的一部分,市场经济国家通过扩大或减少政府支出来调控总需求,进而影响总供给。政府支出包括政府公共工程支出(如政府投资兴建基础设施)、政府购买(政府对各种产品与劳务的购买),以及转移支付(政府不以取得产品与劳务为目的的支出,例如各种福利支出和财政补贴等)。

(2) 政府税收。政府税收是主要的财政政策手段,是政府的主要收入来源,具有强制性、无偿性、固定性特征,因而具有广泛强烈的调节作用。通过调节税收总量和税收结构可以调节社会总供求,影响社会总供求的平衡关系;可以支持或限制某些产业的发展,调节产业结构,优化资源配置;可以调节各种收入,实现收入的公平分配。

(3) 国家财政预算。国家财政预算是根据一定时期内的政策目标,编制的财政年度预期收支的总计划。它是财政政策手段中的基本手段,全面反映国家财政收支的规模和平衡状况,综合体现各种财政手段的运用结果,制约着其他资金的活动。预算收入主要是指税收收入。预算支出是政府各项支出。在预算收入和预算支出之间存在着 3 种可能的关系:预算平衡、预算盈余、预算赤字(也称财政赤字)。国家预算对经济的调控主要是通过调整国家预算收支之间的关系实现的。当社会总需求大于社会总供给时,可以通过实行国家预算收入大于预算支出的结余预算政策进行调节,预算结余可在一定程度上削减社会需求总量;反之,社会总需求小于社会总供给时,可以实行国家预算支出大于预算收入的赤字预算政策来扩大社会总需求,刺激生产和消费。另外,通过调节国家预算支出结构还可调节社会供给结构与产业结构,例如,调整预算支出方向和不同支出方向的数量,促使形成符合国家要求的供给结构与产业结构,或者调整预算支出结构,形成相应需求结构以影响供给结构与产业结构的发展变化等。

(4) 国债。国债是一种特殊的财政政策手段,它是政府的债务收入,是要偿还的,它的发放往往根据政府花钱的情况,是弥补政府支出缺口的工具。政府通过对国债发行数量与期限、国债利率等的调整,可以将一部分消费基金转化为积累基金,可以从宏观上掌握积累基金流向,调节产业结构和投资结构,可以调节资金供求和货币流通量,从而影响金融市场。

除以上基本政策手段外,各国还根据本国国情和发展阶段,采取一些其他政策手段。

6.1.2 财政政策的种类

为了全面认识财政政策,更好地研究、分析财政政策,应该对财政政策的分类有所了解。对财政政策进行分类,主要有两种划分方法。

1. 根据财政政策对总需求的影响划分

根据财政政策对总需求的影响,将财政政策划分为3种类型:扩张性财政政策、紧缩性财政政策和中性财政政策。

(1) 扩张性财政政策。所谓扩张性财政政策是指通过扩大政府支出或减少税收刺激社会总需求增长的政策。由于减少财政收入、扩大财政支出的结果往往表现为财政赤字,因此,扩张性财政政策亦称赤字财政政策。在经济萧条时期,总需求小于总供给,经济中存在失业,政府就要通过增加政府支出与减税来刺激总需求,以实现充分就业。政府公共工程支出与购买的增加会直接导致总需求的增加。转移支付的增加、个人所得税的减少(主要是降低税率)可以使个人可支配收入增加,从而消费增加,以及公司所得税的减少使公司收入增加,从而投资增加,这些会间接刺激总需求的增加。

阅读案例6-1

我国的扩张性财政政策

我国自1998年到2004年,连续近7年实施了积极的扩张性财政政策,政府共发行长期建设投资的国债共计9 100亿元,主要用于公共基础设施建设投资,真正体现出积极财政政策的"积极"内涵。由于实施了积极的财政政策,有效增加了国内需求,促进了国民经济的高速增长和经济结构的调整,克服世界经济增长减速的影响,使我国的经济在世界经济处于衰退的情况下,仍呈现一枝独秀。

积极财政政策实施前5年(1998—2002年),我国用于交通基础设施建设的长期国债资金达1 082亿元,占长期国债发行额比例的16.39%,年平均规模达到218.4亿元。2003年长期国债发行规模为1 400亿,用于交通基础设施建设的长期国债资金约为182亿元,约占期间长期国债发行额比例的13%;2004年长期国债发行1 100亿,用于交通基础设施建设的投资约为110亿元,约占长期国债发行额比例的10%。

此外,2008年伴随愈演愈烈的国际金融危机对世界经济的严重冲击,中国经济开始陷入一种四面楚歌的困境。为应对全球金融和经济危机、确保经济较快发展,2008年年底我国政府再次运用了积极的财政政策,制定出台了十大措施以及两年4万亿元的刺激经济方案,逐渐拉开了中国有史以来最大规模投资建设的序幕。积极的财政政策主要包括两个方面:一方面是大幅度增加政府支出,这是扩大内需最主动、最直接、最有效的措施;另一方面是实行结构性减税,减轻居民和企业负担,这是帮助企业走出困境、促进经济早日复苏的有效手段。

国际上,评价财政赤字风险时广泛使用两个分析指标,即财政赤字占GDP比重和国债余额占GDP比重(债务负担率)。

财政赤字是财政支出超过财政收入的部分。财政赤字有预算赤字和决算赤字两种。预算赤字是在编制预算时支出大于收入的差额，是计划安排的赤字。决算赤字是预算执行结果的赤字，是实际财政支出大于实际财政收入的部分。财政赤字占国内生产总值(GDP)的比率反映一国财政赤字的相对规模和水平，按国际标准应在3%以下。

国债负担率是指国债累计余额与当年国内生产总值(GDP)的比率，国际公认的警戒线为60%。它从国民经济总体和全局考察国债的规模，衡量整个国民经济承受能力的指标。其中国债累积余额包括中央政府历年预算赤字和盈余相互冲抵后的赤字累积额、向国际金融组织和外国政府借款统借统还部分(含统借自还转统借统还部分)及经立法机关批准发行的特别国债累计额，是中央政府以后年度必须偿还的国债价值总额，能够客观反映国债负担情况。国债负担率着眼于国债存量，表示国民经济国家债务化的程度和国债累积额与当年经济规模总量之间的比例关系。它重视从国民经济总体来考察国债限度的数量界限，被认为是衡量国债规模最重要的一个指标。从国际上看，我国财政赤字率和政府负债率总体处于较低水平，赤字和国债余额占 GDP 比重这两个指标，不仅均低于国际控制标准，也远低于美国、日本的水平。

阅读案例 6-2

1990—2010 年我国财政赤字占 GDP 比率

从历史上看，我国在 20 世纪 60 年代，赤字占 GDP 比重曾经到过 4%、5%左右。

从 1990—1997 年，财政赤字占 GDP 的比重基本上维持在 1%之内，少数年份超过 1%，如图 6.1 所示。

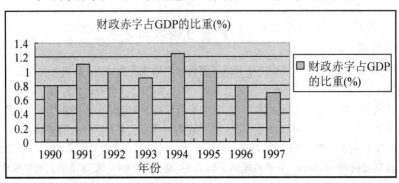

图 6.1　我国 1990—1997 年全国财政赤字占 GDP 比率

从 1998—2004 年，我国开始实施扩张性的财政政策，政府从被动接受财政赤字，转变为主动利用财政赤字，如表 6-1 所示，中央财政赤字占 GDP 的比重随之上升，1998—2004 年，财政赤字占 GDP 的比重基本上为 2.0%~2.6%。2005—2008 年年底，我国财政政策由扩张性转向中性，中央财政赤字占 GDP 的比重有明显地下降，2008 年中央财政赤字占 GDP 比重仅为 0.6%。由于从 2008 年下半年以来，国际金融危机蔓延，中国经济受到的冲击和影响逐步显现：出口下滑，企业经营困难，经济下行压力加大，所以在这种情况下，党中央、国务院决定再次实施积极的财政政策，保持我国经济平稳较快增长。中央财政赤字占 GDP 的比重又随之上升，2009 年中央财政赤字占 GDP 的比重为 2.2%，2010 年中央预算财政赤字占 GDP 的比重约为 2.3%，全国财政赤字预计占 GDP 的 2.8%，仍低于国际控制标准。

图6.2 我国2013—2022年财政赤字占GDP比率

阅读案例6-3

2015—2023年我国国债负担率

国债政策是财政政策的一项重要内容,经常被各国用以调节经济。从1998年开始我国政府采取扩张性财政政策,加大了国债的发行力度。国债政策在拉动投资、扩大内需、确保我国国民经济持续快速发展中起到了很大作用。国债余额占GDP比重是反映财政风险(负担)程度的一个重要指标,国际公认的警戒线为60%。从我国2015—2023年国债负担率数据可以看出,低于国际公认的60%的警戒线,如表6-1所示。

表6-1 我国2015—2023年国债负担率

年	中央政府债务 (万亿元)	地方政府债务 (万亿元)	政府债务余额 (万亿元)	债务负债率
2015	10.66	16	26.66	39.4%
2016	12.01	15.32	27.33	36.7%
2017	13.48	16.47	29.95	36.2%
2018	14.96	18.39	33.35	37.0%
2019	16.80	21.31	38.11	38.5%
2020	20.89	25.66	46.55	57.1%
2021	23.27	30.47	53.74	47.0%
2022	25.6	35.1	60.7	50.1%
2023	29.95	40.74	70.69	56.1%

阅读案例6-4

美国的财政赤字率

美国财政部2021年10月22日公布的数据显示,2021财年(2020年10月1日至2021年9月30日)美国联邦政府财政赤字达到2.77万亿美元,低于2020财年创纪录的3.13万亿美元。数据显示,2021财年联邦财政赤字占美国国内生产总值的比重从 2020 财年的 15%降至 12.4%。美国财政部 2023 年 10 月 21 日公布的数据显示，在截至 2023 年 9 月 30 日的 2023 财年中，美国联邦财政预算赤字扩大至 1.7 万亿美元，相当于美国当年度

GDP 的 6.3%。在 2022 财年，美国预算赤字为 1.38 万亿美元，占 GDP 的 5.4%。

美国 2016—2023 财年的国债负担率，如表 6-2 所示。

表 6-2　美国 2016—2023 财年的国债负担率

财政年度	国债余额(亿美元)	国债负担率
2016	195 735	105%
2017	202 449	104%
2018	215 161	120%
2019	227 194	110%
2020	269 454	149%
2021	284 289	136%
2022	309 289	125%
2023	330 000	122%

(数据来源：美国财政部公布数据.)

日本的财政赤字率和债务负担率

日本的财政政策相对宽松。图 6.3 是 1980 至 2021 年日本财政盈余或赤字与 GDP 的比例。在 1988 至 1992 年间，日本政府财政是盈余的，但自 1993 年日本政府财政开始出现赤字，1998 年由于亚洲金融危机的影响赤字率一度超过 10%。2009 年赤字率又飙升至 10%以上。2019 年是 2.8%，在 2020、2021 年预计是 7.1%、2.1%。

图 6.3　日本 1980—2021 年的财政赤字率

图 6.4 是日本 2004—2023 年的国债负担率。2022 年末达到 1270 万亿日元，连续 7 年刷新纪录。日本债务占 GDP 的比例达 216%之高。

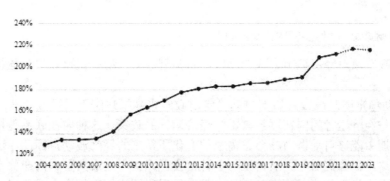

图6.4　日本2004—2023年的国债负担率

(资料来源：IMF、Japanese Public Finance Fact Sheet 2023、东吴证券研究所.)

(2) 紧缩性财政政策。所谓紧缩性财政政策是指通过减少财政支出或增加税收以抑制社会总需求增长的政策。紧缩性财政政策是作为反通货膨胀的对策出现的。在经济繁荣时期，总需求大于总供给，经济中存在通货膨胀，政府则要通过减少政府支出与增税来压抑总需求，以实现物价稳定。政府公共工程支出与购买的减少有利于抑制投资，转移支付的减少可以减少个人消费，这样就压抑了总需求。增加个人所得税(主要是提高税率)可以使个人可支配收入减少，从而使消费减少；增加公司所得税可以使公司收入减少，从而投资减少，这样也会抑制总需求。

(3) 中性财政政策。所谓中性财政政策是指通过保持财政收支平衡以实现社会总供求平衡的财政政策。这里所讲的财政收支平衡，不应局限于年度预算的平衡，而是从整个经济周期来考察财政收支的平衡。在经济周期下降的阶段上，政府扩大财政支出和减少税收，以增加消费和促进投资。这样从财政收支的对比关系上看，一定是支大于收，从年度预算来看必然会出现赤字。当经济已经复苏，在投资增加和失业减少的情况下，政府就可以适当减少财政支出或增加税收，从一个年度预算看会出现盈余。这样就可以用后一阶段的盈余抵补前一阶段的财政赤字，即以繁荣年份的财政盈余补偿萧条年份的财政赤字。于是从整个经济周期来看，财政收支是平衡的，但从各个年份来看，却不一定平衡。

 阅读案例6-5

我国的中性财政政策

稳健的财政政策是相对于扩张性或紧缩性财政政策而言的，其实质就是中性的财政政策，一般是在社会供求总量大体平衡、但结构上有矛盾的情况下实施的。从2005年起，我国政府开始实施"稳健的财政政策"以取代连续实施7年的"积极的财政政策"，逐步调整财政政策的作用方向和力度，在巩固经济发展好的势头的基础上，适当调整长期建设国债规模和优化国债项目资金使用结构，向社会传递出政府合理控制投资的政策信号，这意味着，以占GDP、全社会投资和财政收支比重较大规模的长期建设国债发行投资政策将要"淡出"。稳健财政政策，标志性的指标是财政赤字的规模和长期建设国债的规模。来自于财政部的数据，2004—2006年，我国国债项目资金规模不断缩小，3年分别发行国债项目资金为1 100亿元、800亿元和600亿元，同时财政预算赤字安排也不断下调，分别为3 198亿元、3 000亿元、2 950亿元。我国稳健财政政策的总体思路可以用16个字概括，即"控制赤字、调整结构、推进改革、增收节支"。在稳健财政政策和其他宏观调控政策的共同作用下，我国经济运行继续向宏观调控预期目标发展。

2. 根据财政政策对经济调节方式划分

根据财政政策对经济调节方式的不同,将其划分为自动稳定财政政策与相机抉择的财政政策。

(1) 自动稳定财政政策。所谓自动稳定财政政策是指政府不需要改变其政策,而是利用财政工具与经济运行的内在联系来影响经济运行的政策。这种内在联系是指财政政策工具在经济周期中能够自动调节社会总需求的变化所带来的经济波动,因此,这种财政政策工具被称作"内在稳定器"。所得税与各种社会保障支出是最典型的内在稳定器。在经济繁荣时期,个人收入与公司利润都增加,符合所得税纳税规定的个人或公司企业也随之增加,就会使所得税总额自动增加;同时,由于经济繁荣时期失业人数减少,各种社会保障支出也随之减少,这样就可以在一定程度上抑制总需求的增加与经济的过分扩张。反之,经济衰退时期,个人收入与公司利润都减少,失业人数增加,那么所得税总额会降低,各种社会保障支出需要增加,从而在一定程度上刺激有效需求,防止经济进一步衰退。对于短期的、较小的经济波动,内在稳定器可以取得一定的效果,但对于长期的、较大的经济波动它就有些力不从心了。正是由于自动稳定的财政政策的这一局限性,使许多国家越来越重视采取相机抉择的财政政策。

(2) 相机抉择的财政政策。所谓相机抉择的财政政策是指政府依据客观经济形势的不同,通过调整财政收支规模与结构来影响经济运行。这一政策的主要目标不是平衡政府预算,而是通过积极地运用财政政策去平衡经济。实行相机抉择的财政政策要求政府根据客观经济形势的不同状况,机动灵活地采取一定的财政政策和措施。当整个社会需求不足,以致失业率提高时,政府就应增加支出,减少收入;当社会上需求过多,致使通货膨胀猛烈发展,政府就应减少支出增加收入;当社会上借贷资本过剩,就应出售政府债券;当社会资金不足,就应回收政府债券。相机抉择的财政政策要求政府不必拘泥于预算收支之间的对比关系,而应当保持整个经济的平衡。实际上,相机抉择的原则是经济管理的一个基本原则,它不仅适合于财政政策,对其他宏观经济政策也同样适用。

6.1.3 财政政策对经济的影响

财政政策已经被证明是政府对经济实行宏观调控的一种有效手段。然而,正确地运用这种手段,使之起到稳定经济和促进经济发展的作用,首先要透彻地理解财政政策与国民收入决定之间的关系。

1. 简单的国民收入决定模型与财政政策的影响分析

1) 政府支出的影响

在有政府起作用的三部门经济中,国民收入从总支出角度看,包括消费、投资和政府支出,而从总收入角度看,则包括消费、储蓄和税收。其中的税收,是指总税收减去政府转移支付以后所得的净纳税额。因此,加入政府部门后的均衡收入应是计划的消费、投资和政府支出的总和同计划的消费、储蓄和净税收的总和相等的收入,即 $c+i+g=c+s+T$ 时的国民收入为均衡的国民收入。

如图 6.5 所示,以横轴表示国民收入 y,以纵轴表示总支出 AE(即 AD),三部门的总支出曲线是在消费曲线 c 的基础上,加上投资 i,再加上政府支出 g 构成。曲线 $c+i+g$ (AE 曲线)与曲线 $c+i$ 之间的垂直距离是政府支出 g。显然,与两部门曲线 $c+i$ (AE 曲线)相比,

加上政府支出 g 后，总支出曲线 AE 向上移动，使得这条曲线在更高的国民收入水平上与 45°线相交于 E 点，决定均衡的国民收入为 y_0。

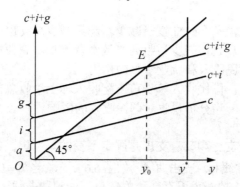

图 6.5 政府支出对国民收入的影响

政府支出的增加可以导致均衡国民收入的增加；相反，政府支出的减少也会导致国民收入的减少。而且，政府支出的变动幅度越大，对国民收入的影响程度也越大。

下面来推导均衡国民收入 y_0 的大小。税收可有两种情况，一种为定量税，即税收量不随国民收入而变动，用 T 来代表。另一种为比例所得税，即随国民收入增加而增加的税收量。如果按一定税率 t 从收入中征税，可用 $T=ty$ 来表示。在这样两种不同情况下，所得到的均衡国民收入 y_0 并不相同。

当税收为定量税 T 时消费函数

$$c = a + by_d \tag{6-1}$$

式中，a 表示自发性消费，y_d 表示可支配收入，b 表示可支配收入的边际消费倾向。由于 $y_d = y - T$，消费也可以表示为国民收入 y 的函数，即

$$c = a + b(y - T) \tag{6-2}$$

根据均衡国民收入决定的条件，均衡国民收入 y_0 有

$$y_0 = AE = c + i + g \tag{6-3}$$

把式(6-2)代入式(6-3)中，经过整理后得到

$$y_0 = \frac{a+i+g}{1-b} - \frac{b}{1-b}T \tag{6-4}$$

由式(6-4)得出的解是国民收入的均衡解。

【例 6-1】 若 $a=1\,000$ 亿元，$b=0.75$，$i=300$ 亿元，$g=200$ 亿元，$T=300$ 亿元，求 y 值。

解：$y = \dfrac{a+i+g}{1-b} - \dfrac{b}{1-b}T = \dfrac{1\,000+300+200}{1-0.75} - \dfrac{0.75}{1-0.75} \times 300 = 5\,100$（亿元）

当税收为比例所得税 $T=tY$ 时

消费函数 $c = a + by_d$，由于 $y_d = y - T$，且 $T = ty$，则消费函数为

$$c = a + b(y - T) = a + b(1-t)y \tag{6-5}$$

把式(6-5)代入式(6-3)中，经过整理后得到

$$y_0 = \frac{a+i+g}{1-b(1-t)} \tag{6-6}$$

【例 6-2】 若 $a=1\,000$ 亿元，$b=0.75$，$i=300$ 亿元，$g=200$ 亿元，$t=0.2$，求 y 值。

解：$y = \dfrac{a+i+g}{1-b(1-t)} = \dfrac{1\,000+300+200}{1-0.75(1-0.2)} = 2\,885$（亿元）

2) 税收的影响

政府税收增加会导致消费和企业投资减少，起到减少总支出、抑制总需求、降低国民收入和就业水平的作用；反之，减少税收会导致消费增加，企业投资增加，起到增加总支出、刺激总需求、提高国民收入和就业水平的作用。

在存在税收的情况下，国民收入等于可支配收入加上税收总额。下面分两种情况分析税收对消费的影响，再进一步分析税收对国民收入的影响。

(1) 当税收为定量税 T 时。

假定税收总额、投资支出和政府支出是固定不变的。以国民收入 y 为横轴，以总支出 AE 为纵轴，来绘制消费曲线和总支出曲线，如图 6.6 所示。当 $T=0$ 时，即不征税时，消费函数 $c_0 = a + by_d = a + by$，C_0 曲线为不存在税收情况下的消费曲线，对应的总支出曲线 AE_0，与 45°线相交于 E_0 点，此时决定的均衡国民收入为 y_0。而当 $T>0$ 时，消费函数 $c_1 = a + by_d = a + b(y-T)$，$C_1$ 曲线为存在定量税收情况下的消费曲线，对应的总支出曲线 AE_1，与 45°线相交于 E_1 点，此时决定的均衡国民收入为 y_1。征税的结果是使消费曲线从 C_0 向右平移到 C_1，使消费减少 $C_0 - C_1 = bT$，它等于消费曲线 C_0 和 C_1 之间的垂直距离。消费曲线 C_0 和 C_1 之间的水平距离表示税收总额 T。就是说，必须增加总额为 T 的国民收入才能维持原有的消费水平。在假定投资支出和政府支出不变时，征税使消费水平从 C_0 减少到 C_1，也使总支出从 AE_0 减少到 AE_1，从而使均衡国民收入从 y_0 减少到 y_1。

(2) 当税收为比例所得税 $T = tY$ 时。

在现实世界中，政府的税收总额 T 并非像上面假设的那样，与国内生产总值无关。实际税收制度往往把政府税收与经济活动密切联系在一起。政府通常制定不同的税率，如个人所得税和公司所得税，并根据这些税率征税。这样，政府的税收就取决于国内生产总值，国内生产总值高时税收收入也高，国内生产总值低时税收收入也低。

用 t 代表政府的税率，则政府的税收总额是 $T = tY$，政府的税收依赖于国内生产总值，国内生产总值越高，税收收入越多。可支配收入与国内生产总值之间的关系是

$$y_d = y - T = y - ty = (1-t)y \tag{6-7}$$

这意味着，如果 $t = 0.2$，在国内生产总值中有 20%是税收，80%是可支配收入。政府税收和可支配收入都按固定比例随国内生产总值的变化而变化。

假定投资支出和政府支出是固定不变的，以国民收入 y 为横轴，以总支出 AE 为纵轴，来绘制消费曲线和总支出曲线，如图 6.7 所示，当 $t=0$ 时，即不征税时，消费函数 $c_0 = a + by_d = a + by$，国民收入的边际消费倾向等于可支配收入的边际消费倾向，都是 b。C_0 曲线为不存在税收情况下的消费曲线，对应的总支出曲线 AE_0，C_0 曲线和总支出曲线 AE_0 的斜率等于国民收入的边际消费倾向 b，总支出曲线 AE_0 与 45°线相交于 E_0 点，决定的均衡国民收入为 y_0。而当 $t>0$ 时，消费函数 $C_1 = a + by_d = a + b(1-t)y$，国民收入的边际消费倾向不再等于可支配收入的边际消费倾向，其边际消费倾向等于 $b(1-t)$，税率使国民收入的边际消费倾向变小了。C_1 曲线为 $t>0$ 情况下的消费曲线，对应的总支出曲线 AE_1，C_1 曲线和总支出曲线 AE_1 的斜率等于国民收入的边际消费倾向 $b(1-t)$，由于 $0 < t < 1$，所以 $b > b(1-t)$，也就是，C_1 曲线和总支出曲线 AE_1 的斜率小于 C_0 曲线和总支出曲线 AE_0 的斜率。总支出曲线 AE_1 与 45°线相交于 E_1 点，决定的均衡国民收入为 y_1。税率的增加使消

费曲线的斜率减小，使消费水平从 C_0 减少到 C_1，从而导致总支出曲线斜率也减小，使总支出从 AE_0 减少到 AE_1，进而使均衡国民收入从 y_0 减少到 y_1。

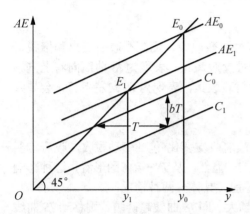
图 6.6 定量税对消费、总支出及国民收入的影响

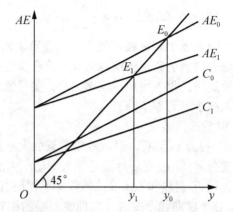
图 6.7 税率对消费、总支出及国民收入的影响

综上所述，政府税率的增大对经济会产生两方面影响：一方面，税率的增大导致国民收入的边际消费倾向减少，使经济的均衡点从 E_0 移到 E_1，均衡国民收入水平从 y_0 下降到 y_1。另一方面，税率的增大使得可支配收入对经济周期波动的敏感性降低。在国民收入变动的增量(正的或负的)中，有一部分为政府税收所吸收。这样，可支配收入和消费支出的波动，可能小于国内生产总值的波动，从而起到稳定经济的作用。税率的这种作用通常被称为财政政策中的自动稳定因素。

【例 6-3】 政府的税率改变国内收入的边际消费倾向。如果税率 $t=0$，国内生产总值的边际消费倾向等于可支配收入的边际消费倾向。税率越高，在国内生产总值的增量中，可支配收入的增量越少，消费的增量也越少。假设可支配收入的边际消费倾向 $b=2/3=0.667$，如果税率 $t=0$，每增加 1 元国内生产总值，消费支出会增加 0.667 元；如果税率 $t=0.2$，则国内生产总值的边际消费倾向是 $(1-0.2)\times\dfrac{2}{3}=\dfrac{1.6}{3}=0.533$，即每增加 1 元国内生产总值，消费支出的增加仅是 0.533 元，其余部分为税收和储蓄所吸收。

2. $IS—LM$ 模型与财政政策的效果分析

1) $IS—LM$ 模型与财政政策的影响

实施财政政策会影响 $IS—LM$ 模型中的 IS 曲线发生移动。借助 IS 曲线可以分析财政政策如何影响国民收入变动。在三部门经济中，IS 曲线方程是根据三部门国民收入均衡的条件即 $i+g=s+T$ 推导出来的。

由 $i+g=s+T$ 有

$$e-dr+g=(y_d-c)+T=\{(y-T)-[a+b(y-T)]\}+T$$

整理得 IS 曲线方程为

$$y=\frac{a+e+g-bT}{1-b}-\frac{dr}{1-b} \tag{6-8}$$

由式(6-8)可知，当政府支出增加(减少) Δg 时，IS 曲线右移(左移) $\dfrac{1}{1-b}\Delta g$，使国民收入

增加(减少)量为 $\Delta y = \dfrac{1}{1-b}\Delta g$，而当税收增加(减少) ΔT 时，IS 曲线左移(右移) $\dfrac{b}{1-b}\Delta T$，使国民收入减少(增加)量为 $\Delta y = \dfrac{b}{1-b}\Delta T$。

增加政府支出和减税，属于增加总需求的扩张性财政政策，而减少政府支出和增税，属于降低总需求的紧缩性财政政策。政府实行扩张性财政政策，表现为 IS 曲线向右上方移动，会导致国民收入增加，利率上升；实行紧缩性财政政策，表现为 IS 向左下移，会导致国民收入减少，利率下降。

2) 财政政策效果

从 IS—LM 模型看，财政政策效果的大小是指政府收支变化(包括变动税收、政府购买和转移支付等)使 IS 变动对国民收入变动产生的影响。显然，从 IS—LM 图形看，这种影响的大小，随 IS 曲线和 LM 曲线的斜率不同而有所区别。具体分两种情况：

(1) 在 LM 曲线不变时，IS 曲线斜率的绝对值越大，即 IS 曲线越陡峭，则移动 IS 曲线时国民收入变化就越大，即财政政策效果越大。反之，IS 曲线越平坦，则 IS 曲线移动时收入变化就越小，即财政政策效果越小，如图 6.8 所示。

在图 6.8 中，假定 LM 曲线即货币市场均衡情况完全相同，并且起初的均衡收入 y 和利率 r 也完全相同，均为 r_0 和 y_0，政府实行一项扩张性财政政策，它可以是增加政府支出，也可以是减少税收，现在假定是增加同样一笔支出为 Δg，则会使 IS_1 右移到 IS_1'，IS_2 移到 IS_2'，右移的距离都是 E_0E_3，E_0E_3 为政府支出乘数和政府支出增加额的乘积，即 $E_0E_3 = K_g\Delta g$，这就是说，一笔政府支出能带来若干倍国民收入的增加，这在下一节财政政策乘数中将详细讲绍。在图形上，就是指收入应从 y_0 增加到 y_3，y_0 $y_3 = \Delta y = K_g\Delta g$。但实际上国民收入不可能增加到 y_3，因为如果国民收入要增加到 y_3，则必须假定利率 r_0 不上升。可是，利率不可能不上升，因为 IS 向右上方移动时，国民收入增加了，因而对货币的交易需求增加了，但货币供给未变动(LM 未变)，这就会使利率上升。因此，在图 6.8 中，IS_1 右移到 IS_1' 时，均衡利率上升到 r_1，IS_2 右移到 IS_2' 时，均衡利率上升到 r_2，利率的上升抑制了私人投资，这就是所谓的"挤出效应"。由于存在政府支出"挤出"私人投资的问题，因此，新的均衡点只能处于 E_1 和 E_2，收入不可能从 y_0 增加到 y_3，而分别只能增加到 y_1 和 y_2。

从图形可见，y_0 $y_1 < y_0$ y_2，就是说 IS_1 右移到 IS_1' 的政策效果小于 IS_2 右移到 IS_2'，原因在于图中 IS_1 曲线比较平坦，而 IS_2 曲线较陡峭。IS 斜率大小主要由投资的利率系数所决定，IS 越平坦，表示投资的利率系数越大，即利率变动一定幅度所引起的投资变动的幅度越大。若投资对利率变动的反应较敏感，一项扩张性财政政策使利率上升时，就会使私人投资下降很多，就是"挤出效应"较大，因此，IS 越平坦，实行扩张性财政政策时被挤出的私人投资就越多，从而使国民收入增加得就越少，即政策效果越小。图 6.8 中，y_1 y_3 是由于 IS_1 移到 IS_1'，均衡利率由 r_0 上升到 r_1 时而被挤出的私人投资所减少的国民收入，y_0 y_1 是这项财政政策带来的收入。y_2 y_3 则是由于 IS_2 移到 IS_2' 时均衡利率由 r_0 上升到 r_2 时而被挤出的私人投资所减少的国民收入，y_0 y_2 是这项财政政策带来的国民收入。图中 IS 曲线较陡，说明政府支出的"挤出效应"较小，因而政策效果较大。

(2) 在 IS 曲线的斜率不变时，财政政策效果又随 LM 曲线斜率不同而不同。LM 斜率越大，即 LM 曲线越陡，则移动 IS 曲线时国民收入变动就越小，即财政政策效果就越小，反之，LM 越平坦，则财政政策效果就越大，如图 6.9 所示。

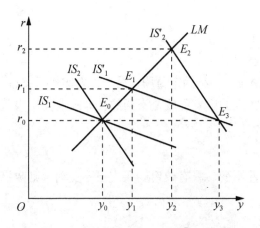
图 6.8 财政政策效果因 IS 曲线斜率而异

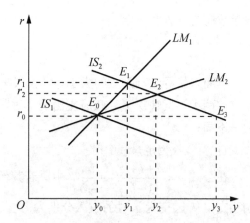
图 6.9 财政政策效果因 LM 曲线斜率而异

在图 6.6 中，IS 曲线斜率相同，现因实行扩张性财政政策而由 IS_1 移动到 IS_2，在 LM 曲线斜率不同的情况下，财政政策的效果是不同的。可以看出，在 LM 较陡峭时(LM_1)，财政政策效果小，国民收入只增加了 $y_0 y_1$，而在 LM 曲线较平坦时(LM_2)，财政政策效果大，国民收入增加了 $y_0 y_2$。显然，$y_0 y_2$ 大于 $y_0 y_1$。

为什么政府增加同样大一笔支出，在 LM 曲线斜率较大即曲线较陡时，引起的国民收入增量较小，即政策效果较小；相反，在 LM 曲线较平坦时，引起的国民收入增量较大，即政策效果较大？这是因为，LM 曲线斜率较大即曲线较陡时，当实施扩张性财政政策增加国民收入，货币交易需求就会增加，这将使利率上升较多，从而对私人部门投资产生较大的挤出效应，结果使财政政策效果较小。相反，当 LM 曲线较平坦时，政府增加支出，不会使利率上升很多，从而不会对私人投资产生很大的影响，这样，政府增加支出就会使国民收入增加较多，即财政政策效果较大。

6.1.4 财政政策乘数

6.1.3 节分析了政府的财政政策如何影响国民收入，在这一节中，将要分析财政政策对国民收入影响的程度，要确定财政政策乘数的大小。这对政府制定合适的财政政策是十分重要的。例如，当经济增长过快时，政府需要制定紧缩型财政政策减缓经济增长，如果知道乘数的大小，政府就能确定应该增加的税收或减少的政府支出的数量。

同投资支出一样，政府支出、政府税收和转移支付在决定国民收入的过程中也具有乘数作用。也就是说，由于经济中的连锁反应，因政府支出 g 和税收 T 引起的国民收入变动的幅度往往几倍于政府支出 g 和税收 T 变动的幅度，这种因政府财政政策变动而引起的国民收入变动的倍数通常被称作财政政策乘数。财政政策乘数包括了政府支出乘数、税收乘数、转移支付乘数和平衡预算乘数。

1. 政府支出乘数

政府支出乘数是指因政府公共工程支出增加(减少)或购买货物和服务支出的增加(减少)所引起的国民收入增加(减少)的倍数。以 Δg 表示政府支出变动，Δy 表示国民收入变动，K_g

表示政府支出乘数，则

$$K_g = \frac{\Delta y}{\Delta g} \tag{6-9}$$

下面来推导这一乘数的大小。税收有两种情况，一种为定量税，另一种为比例所得税。在这样两种不同情况下，政府支出变动对国民收入的影响程度是不同的，即政府支出乘数大小不同。

1) 当税收为定量税 T 时

在公式 $y = \frac{a+i+g}{1-b} - \frac{b}{1-b}T$ 中，若其他条件不变，只有政府购买支出 g 变动，则政府购买支出从 g_0 变为 g_1 时的收入分别为

$$y_0 = \frac{a_0 + i_0 + g_0}{1-b} - \frac{b}{1-b}T_0$$

$$y_1 = \frac{a_0 + i_0 + g_1}{1-b} - \frac{b}{1-b}T_0$$

$$y_1 - y_0 = \Delta y = \frac{g_1 - g_0}{1-b} = \frac{\Delta g}{1-b}$$

所以

$$\frac{\Delta y}{\Delta g} = K_g = \frac{1}{1-b} \tag{6-10}$$

可见，K_g 为正值，它等于 1 减边际消费倾向的倒数。

【例 6-4】若边际消费倾向 $b = 0.75$，则 $K_g = 4$，因此，政府购买支出若增加 200 亿美元，则国民收入可增加 800 亿美元。当然，这种作用是双向的，政府购买支出减少 200 亿美元，则国民收入也要减少 800 亿美元。

2) 当税收为比例所得税 $T = ty$ 时

在公式 $y = \frac{a+i+g}{1-b(1-t)}$ 中，若其他条件不变，只有政府购买支出 g 变动，则政府购买支出从 g_0 变为 g_1 时的收入分别为

$$y_0 = \frac{a_0 + i_0 + g_0}{1-b(1-t)}$$

$$y_1 = \frac{a_0 + i_0 + g_1}{1-b(1-t)}$$

$$y_1 - y_0 = \Delta y = \frac{g_1 - g_0}{1-b(1-t)} = \frac{\Delta g}{1-b(1-t)}$$

所以

$$\frac{\Delta y}{\Delta g} = K_g = \frac{1}{1-b(1-t)} \tag{6-11}$$

可见，与定量税情况相比，比例所得税使 K_g 变小了。只要税率 t 大于零，支出乘数 $\frac{1}{1-b(1-t)}$ 就小于支出乘数 $\frac{1}{1-b}$。在因政府支出增加而引起的国内生产总值增量中，除了一部分被储蓄所吸收外，还有一部分按税率被政府的税收所吸收。税率 t 的值越大，国内生产总值的边际消费倾向则越小，政府支出对国民产出的乘数作用也就越小。

【例 6-5】 若边际消费倾向 $b=0.75$，税率 $t=0.2$，则 $K_g=2.5$，因此，政府购买支出若增加 200 亿美元，则国民收入可增加 500 亿美元，政府购买支出减少 200 亿美元，国民收入也要减少 500 亿美元。本例与上例中的政府购买支出同样增加(减少)200 亿美元，但对国民收入的影响程度却因比例所得税而减小了 300 亿。

从例 6-4 和例 6-5 得出了在两种税收不同情况下，政府支出同样变动对国民收入影响的结论。下面来具体说明它们的影响过程。

例 6-4 的连锁反应过程是增加 200 亿美元的政府购买本身使企业产量或收入增加 200 亿美元。在定量税情况下，这 200 亿美元成为要素所有者可支配收入。在边际消费倾向 $b=0.75$ 时，这 200 亿美元中有 150 亿美元用于增加消费($200\times0.75=150$)，并导致企业增加产量或收入 150 亿美元。这 150 亿美元的收入中有 75% 又作为消费，并导致企业增加生产或收入 112.5 亿美元。如此不断继续下去，收入增加是 $\Delta y = 200+200\times0.75+200\times(0.75)^2+200\times(0.75)^3+\cdots+200\times(0.75)^{n-1}$，因此，$\Delta y = 200\times\dfrac{1}{1-0.75}=800$ 亿美元。

例 6-5 的连锁反应过程是增加 200 亿美元的政府购买本身使企业产量或收入增加 200 亿美元。在比例所得税 $t=0.2$ 情况下，这 200 亿美元中的 20% 即 40 亿美元作为所得税交给政府，余下 160 亿美元作为要素所有者可支配收入。这 160 亿美元中又有 120 亿美元用于增加消费(160×0.75=120)，并导致企业增加产量或收入 120 亿美元。这 120 亿美元中又有 24 亿美元作为所得税交给政府，留下 96 亿美元可支配收入中有 75% 又作为消费，并导致企业增加生产或收入 72 亿美元。如此不断继续下去，收入增加是 $\Delta y = 200+200\times0.75\times(1-0.20)+200\times[0.75\times(1-0.20)]^2+200\times[0.75\times(1-0.20)]^3+\cdots+200\times[0.75\times(1-0.20)]^{n-1}$，因此，$\Delta y = 200\times\dfrac{1}{1-0.75\times(1-0.2)}=500$ 亿美元。

2. 税收乘数

税收乘数指因政府税收的增加(减少)而引起的国民收入减少(增加)的倍数。政府税收的变动会引起国民收入的反方向变动，即税收增加，国民收入减少；税收减少，国民收入增加。因此，税收乘数为负值。以 ΔT 表示政府税收变动，Δy 表示国民收入变动，K_T 表示政府税收乘数，则

$$K_T = \frac{\Delta y}{\Delta T} \tag{6-12}$$

这一乘数大小也要就税收的两种情况分别进行推导。

1) 当税收为定量税 T 时

在公式 $y=\dfrac{a+i+g}{1-b}-\dfrac{b}{1-b}T$ 中，若其他条件不变，只有政府税收 T 变动，则政府税收从 T_0 变为 T_1 时的收入分别为

$$y_0 = \frac{a_0+i_0+g_0}{1-b}-\frac{b}{1-b}T_0$$

$$y_1 = \frac{a_0+i_0+g_0}{1-b}-\frac{b}{1-b}T_1$$

$$y_1-y_0 = \Delta y = -\frac{b}{1-b}(T_1-T_0) = -\frac{b}{1-b}\Delta T$$

所以

$$\frac{\Delta y}{\Delta T} = K_T = -\frac{b}{1-b} \tag{6-13}$$

可见，K_T 为负值，这表示收入随税收增加而减少，随税收减少而增加，其原因是税收增加，表明人们的可支配收入减少，从而消费会相应减少，因而税收变动和总支出变动方向相反，税收乘数等于负的边际消费倾向对 1 减边际消费倾向之比，或边际消费倾向对边际储蓄倾向之比。

【例 6-6】若边际消费倾向 $b = 0.75$，则 $K_T = -3$，因此，政府税收若减少 200 亿美元，则国民收入可增加 600 亿美元。这种作用也是双向的，政府税收增加 200 亿美元，国民收入则要减少 600 亿美元。

政府支出乘数与税收乘数的关系用公式表示为

$$税收乘数 = -边际消费倾向 \times 政府支出乘数 = -b \cdot \frac{1}{1-b}$$

比较政府支出乘数和税收乘数，可以发现税收乘数小于政府支出乘数，因为边际消费倾向 b 的值小于 1。在上述例子中，200 亿美元的税收变动引起国内生产总值的变动是 600 亿美元，而 200 亿美元的政府支出变动引起国内生产总值的变动是 800 亿美元。

为什么政府税收乘数小于政府支出乘数呢？政府支出变动所引起的总支出变动等于自发支出变动和诱发支出变动之和。诱发支出变动是因消费和国内生产总值之间的一系列连锁反应而导致的消费支出变动。200 亿美元的政府支出的增加引起的自发支出的增加是 200 亿美元，引起的诱发支出的增加是

$$200 \times [0.75 + (0.75)^2 + (0.75)^3 + \cdots] = 200 \times \frac{0.75}{1-0.75} = 600(亿美元)$$

则政府支出增加 200 亿美元所引起的总支出增加的总额是

$$200 + 600 = 800(亿美元)$$

政府税收变动发生的直接影响是改变居民的可支配收入，从而改变消费支出。税收变动引起的总支出变动仅包括诱发的消费支出变动。在边际消费倾向 $b = 0.75$ 时，减税 200 亿美元诱发的消费支出的增量是

$$200 \times [0.75 + (0.75)^2 + (0.75)^3 + \cdots] = 200 \times \frac{0.75}{1-0.75} = 600(亿美元)$$

所以，政府税收减少 200 亿美元引起的总开支增加的总额只是 600 亿美元。

2) 当税收为比例所得税 $T = tY$ 时

在比例所得税时，不能利用 $y = \frac{a+i+g}{1-b(1-t)}$ 公式简单地推导出 $K_T = \frac{\Delta y}{\Delta T}$。这一乘数大小，需要从它引起的连锁反应过程中得出。

现在讨论减税的反应过程。减税 200 亿美元时，在比例所得税 $t = 0.2$ 情况下，获得这 200 亿美元减税的收入者，需要将这 200 亿美元中的 20%即 40 亿美元作为所得税交给政府，只会使可支配收入增加 160 亿美元[200×(1-0.2)=160]，这 160 亿美元导致消费(即需求)增加 120 亿美元(160×0.75=120)。这笔增加的消费支出使企业产量或收入增加 120 亿美元。这是第一轮收入的增加。这 120 亿美元中有 20%纳税，故可支配收入增加 96 亿美元，从而使消费增加 72 亿美元。这样，收入最终变化是 $\Delta y = 200 \times (1-0.20) \times 0.75 + 200 \times [(1-0.20) \times (0.75)]^2 + 200 \times [(1-0.20) \times 0.75]^3 + \cdots + 200 \times [(1-0.20) \times 0.75]^n$，即 $\Delta y = 200 \times (1-0.20) \times 0.75 + [(1-0.20) \times$

$(0.75)]^2+[(1-0.20)\times 0.75]^3+\cdots +[(1-0.20)\times 0.75]^n=200\times \dfrac{0.75\times (1-0.2)}{1-0.75\times (1-0.2)}=300$ 亿美元。于是 $K_T=\dfrac{\Delta y}{\Delta T}=-\dfrac{300}{200}=-1.5$(因为减税使收入增加，税收变动与收入变动方向相反，故税收乘数是负号)。

在上面的例子过程中，如果用一般符号表示为：$\Delta y = b(1-t)\Delta T + [b(1-t)]^2 \Delta T + [b(1-t)]^3\Delta T+\cdots+[b(1-t)]^n\Delta T=\Delta T\{b(1-t)+[b(1-t)]^2+[b(1-t)]^3+\cdots [b(1-t)]^n\}$。显然，大括号内数列是一个无穷递减等比数列，其首项是 $b(1-t)$，公比也是 $b(1-t)$，于是 $\Delta y=\dfrac{b(1-t)}{1-b(1-t)}\Delta T$。

由于税收变动和收入变动方向相反，因此，税收乘数是 $K_T=\dfrac{\Delta y}{\Delta T}=-\dfrac{b(1-t)}{1-b(1-t)}$。

3. 政府转移支付乘数

政府转移支付乘数是指因政府转移支付的增加(减少)而引起的国内生产总值增加(减少)的倍数。政府转移支付增加，增加了人们可支配收入，因而消费会增加，总支出和国民收入增加，因而政府转移支付乘数为正值。以 ΔT_r 表示政府转移支付变动，Δy 表示国民收入变动，K_{Tr} 表示政府支出乘数，则

$$K_{Tr}=\dfrac{\Delta y}{\Delta T_r} \tag{6-14}$$

这一乘数大小也要就税收的两种情况分别进行推导。

1) 当税收为定量税 T 时

在公式 $y=\dfrac{a+i+g}{1-b}-\dfrac{b}{1-b}T$ 中，T 为政府净税收，它是政府总税收 T_z 与转移支付 T_r 的差额，即 $T=T_z-T_r$。

若其他条件不变，只有政府转移支付 T_r 变动，则政府转移支付从 T_{r0} 变为 T_{r1} 时的收入分别为

$$y_0=\dfrac{a_0+i_0+g_0}{1-b}-\dfrac{b}{1-b}(T_z-T_{r0})$$

$$y_1=\dfrac{a_0+i_0+g_0}{1-b}-\dfrac{b}{1-b}(T_z-T_{r1})$$

$$y_1-y_0=\Delta y=\dfrac{b}{1-b}(T_{r1}-T_{r0})=\dfrac{b}{1-b}\Delta T_r$$

所以

$$\dfrac{\Delta y}{\Delta T_r}=K_{Tr}=\dfrac{b}{1-b} \tag{6-15}$$

可见，政府转移支付乘数也等于边际消费倾向对 1 减边际消费倾向之比，或边际消费倾向对边际储蓄倾向之比，其绝对值和税收乘数相同，但符号相反。

【例 6-7】若边际消费倾向 $b=0.75$，则 $K_{Tr}=3$，因此，政府转移支付若增加 200 亿美元，则国民收入可增加 600 亿美元。政府转移支付减少 200 亿美元，国民收入也要减少 600 亿美元。

2) 当税收为比例所得税 $T = tY$ 时

在比例所得税时,还是从它引起的连锁反应过程来推导得出乘数大小。

如果政府增加转移支付 200 亿美元,在比例所得税 $t = 0.2$ 情况下,获得这 200 亿美元转移支付的收入者,也同样要纳税,需要将这 200 亿美元中的 20% 即 40 亿美元作为所得税交给政府,只会使可支配收入增加 160 亿美元[200×(1−0.2)=160],这 160 亿美元导致消费(即需求)增加 120 亿美元(160×0.75=120)。于是,与上述减税一样,使最终的收入增加 300 亿美元。这样,政府转移支付乘数的绝对值也是 1.5。

用符号表示是 $\Delta y = b(1-t)\Delta T_r + [b(1-t)]^2 \Delta T_r + [b(1-t)]^3 \Delta T_r + \cdots + [b(1-t)]^n \Delta T_r = \Delta T_r \{b(1-t) + [b(1-t)]^2 + [b(1-t)]^3 + \cdots + [b(1-t)]^n\}$。于是,$\Delta y = \dfrac{b(1-t)}{1-b(1-t)}\Delta T_r$。由于政府转移支付变化和收入变化方向相同,因此,符号为正,政府转移支付乘数是

$$K_{Tr} = \frac{\Delta y}{\Delta T_r} = \frac{b(1-t)}{1-b(1-t)}。$$

比较以上政府支出乘数,税收乘数和转移支付乘数的绝对值,可以看到,$|K_G| > |K_T| = |K_{Tr}|$,由于政府支出乘数大于税收乘数及政府转移支付乘数,因此,改变政府支出水平对宏观经济活动的效果要大于改变税收和转移支付的效果,改变政府支出水平是财政政策中最有效的手段。同时,也正是由于政府支出乘数大于税收乘数,因此,如果政府支出和税收同样地增加一定数量,也会使国民收入增加。这就是所谓平衡预算乘数的作用。

4. 平衡预算乘数

平衡预算乘数指政府支出和税收的等量变动而引起的国内生产总值变动的倍数,一般表示为政府支出乘数和税收乘数之和。以 K_B 表示平衡预算乘数,Δy 表示国民收入变动,Δg 表示政府支出变动,ΔT 表示税收变动,且 $\Delta g = \Delta T$。

1) 当税收为定量税 T 时

$$\Delta y = K_g \Delta g + K_T \Delta T = \frac{1}{1-b}\Delta g + \frac{-b}{1-b}\Delta T$$

由于 $\Delta g = \Delta T$,因此,$\Delta y = \Delta g = \Delta T$

$$K_B = \frac{\Delta y}{\Delta g} + \frac{\Delta y}{\Delta T} = K_g + K_T = \frac{1}{1-b} + \frac{-b}{1-b} = 1 \qquad (6\text{-}16)$$

2) 当税收为比例所得税 $T = tY$ 时

由于政府支出乘数 $\dfrac{\Delta y}{\Delta g} = \dfrac{1}{1-b(1-t)}$,税收乘数 $\dfrac{\Delta y}{\Delta T} = \dfrac{-b(1-t)}{1-b(1-t)}$,所以

$$K_B = \frac{1}{1-b(1-t)} + \frac{-b(1-t)}{1-b(1-t)} = \frac{1-b(1-t)}{1-b(1-t)} = 1 \qquad (6\text{-}17)$$

无论哪种税收情况,如果政府支出增加 200 亿美元,同时税收也增加 200 亿美元,均衡国内生产总值将增加 200 亿美元。也就是说,如果政府支出和税收按同等数额增加,由此引起的国内生产总值的增量等于政府支出的增量或税收的增量。

由于等量的政府支出和税收的变动不影响财政预算的平衡关系,这种乘数可以说明在

不改变政府的预算盈余或赤字的情况下,变动政府支出和税收对国民收入的影响。如当经济处于萧条时期时,政府可以通过适当地增税来弥补等量的政府增支,这样既可以提高国民产出和就业的水平,又可以避免财政赤字。

在现实世界中,平衡预算乘数往往不等于1。例如,如果考虑到对货币市场的影响,因政府支出和税收的增加而引起的国内生产总值的增加,会使货币需求增加,从而导致利率上升和投资下降,这时平衡预算乘数可能小于1。

上述财政政策乘数分析了财政政策与国民收入之间的关系,对于解释经济波动有着不可或缺的帮助作用,但在乘数背后,有重要的假定和限制条件。乘数理论假定,投资是固定的,并忽略货币和信用的影响。

6.2 需求管理政策(二):货币政策

货币政策是中央银行运用货币政策工具,调节货币供求,以实现宏观经济调控目标的方针和策略的总称。货币政策是国家宏观经济政策的重要组成部分,它是通过中央银行对货币供给量的控制作为实现宏观经济目标的主要手段。根据货币政策对总需求的影响,分为扩张性货币政策和紧缩性货币政策。本节首先简单介绍金融市场与金融体系的基本构成,其次说明中央银行的产生及职能,然后进一步阐述货币政策的要素,最后分析货币政策如何影响产出。

6.2.1 金融市场与金融体系的基本构成

1. 金融市场及其结构

金融是指资金盈余单位和资金短缺单位就让渡资金使用权发生的交易行为和过程,其意义在于:金融系统实现了资金的自由流动,促成了资金盈余方和短缺方潜在的互利交换要求;金融系统高效运行是指经济整体高效运行的基本条件;金融通过自利机制实现,能够对经济发挥积极作用。

金融市场是指资金供给者和资金需求者双方通过金融工具进行交易而融通资金的市场,是实现货币借贷、各种票据和有价证券交易活动的市场,如图6.10所示。

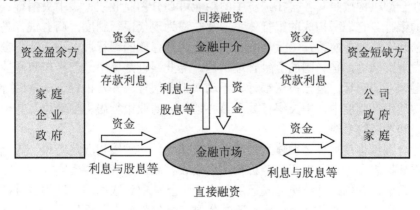

图 6.10 金融流程图

金融市场包括货币市场和资本市场,是资金融通市场。在金融市场中,资金从盈余者手中转移到资金赤字者手中。货币市场是融通短期资金的市场,通常为1年及1年以下;资本市场是融通长期资金的市场,通常为1年以上。货币市场和资本市场又可以进一步分为若干不同的子市场。货币市场包括金融同业拆借市场、回购协议市场、商业票据市场、银行承兑汇票市场、短期政府债券市场等。资本市场包括中长期信贷市场和证券市场。中长期信贷市场是金融机构与工商企业之间的贷款市场;证券市场是通过证券的发行与交易进行融资的市场,包括债券市场、股票市场、基金市场等。

证券市场分为一级市场和二级市场。资金短缺单位向最初购买者出售新发行证券的市场,即为一级市场或发行市场。一级市场有3个参与方:①资金需求方即筹资者,以尽可能低的成本获得资金使用权;②资金供给方即投资者,目的是获得预期利息、股息和资本利息等收益;③证券商,如帮助筹资者承销证券的投资银行等中介机构。由于存在信息不对称,公众对一级市场上交易的新证券了解非常有限,新发行证券的最初购买一般由投资银行协助销售。投资银行基本职能是认购和包销新证券。投资银行不是通常意义上存贷款银行,是在一级市场上帮助证券发行方承销证券的金融机构。二级市场是指转手买卖已发行证券的市场。二级市场的经济功能是实现金融资产流动性,通过股东的投票机制,促使企业改进治理结构,提高运行效率。二级市场组织形式:证券交易所(场内交易)和场外交易市场。

融资方式一般分为直接融资和间接融资两种。直接融资是资金短缺单位直接在金融市场向盈余单位出售债券、股票等有价证券获得资金,盈余单位据此获得未来利息、股息或资本增值等收益;间接融资则是指盈余单位将资金存入银行等金融中介机构获得收益,这些机构再以贷款或证券投资形式将资金转移给短缺单位。金融市场对经济活动的各个方面都有着直接的深刻影响,如个人财富、企业的经营、经济运行的效率,都直接取决于金融市场的活动。

2. 现代市场经济国家的金融体系的基本构成

与市场经济制度相适应,现代市场经济国家一般都拥有一个规模庞大、分工精细、种类繁多的金融机构体系,包括银行性金融机构与非银行性金融机构两大类。其中,银行性金融机构居支配地位。

银行性金融机构按照其各自在经济中的功能可划分为商业银行、中央银行、专业银行3种类型的银行。它们所构成的银行体系通常被称为现代银行制度。商业银行是办理各种存款、放款和汇兑业务的银行,且是唯一能接受活期存款的银行。中央银行是在商业银行的基础上发展形成的,是一国的金融管理机构。专业银行是集中经营指定范围业务并提供专门性金融服务的银行,包括投资银行、不动产抵押银行、开发银行、储蓄银行、进出口银行等。现代银行制度中,中央银行处于核心地位,商业银行居主导地位,其他专业银行仍然有存在和发展的余地。

非银行金融机构是整个金融体系的重要组成部分,其发展状况是衡量一国金融体系是否成熟的重要标志之一。非银行金融机构不以吸收存款作为其主要资金来源,却以某种特殊方式吸收资金,并以某种特殊方式运用其资金,且从中获取利润。这类金融机构包括保险公司、信用合作社、消费信用机构、证券公司、财务公司、信托公司、租赁公司等。

金融体系的分工与组成是在不断变化的。长期以来大多数国家的金融机构体系中,商业银行与非银行金融机构有较明确的业务分工,如美国、英国等 20 世纪 30 年代后采用的分业经营模式,就是以长短期信用业务分离,一般银行业与信托业务分离、与证券业务分离为特点。20 世纪 80 年代以来,金融机构的分业经营模式逐渐被打破,各种金融机构的业务不断交叉,各种金融机构原有的差异日趋缩小,综合性经营与多元化发展的趋势日益明显。

3. 金融机构体系中银行性金融机构与非银行性金融机构的异同及相互关系

一国的金融机构体系由银行性金融机构与非银行性金融机构构成,其中银行性金融机构占支配地位。

银行性金融机构与非银行性金融机构的共同点表现在两者都是以某种方式吸收资金,又以某种方式运用资金的金融企业,都具备金融企业的基本特点,表现在:都以赢利为经营目的;主要从事与货币资金运动有关的各项业务活动;在经济运行中都发挥着融通资金的作用。

银行金融机构和非银行金融机构也有着明显的区别,主要表现在:①吸收资金的方式不同。银行金融机构主要以吸收存款的方式吸收资金,而非银行金融机构则以其他方式吸收资金;②业务方式不同。银行金融机构的主要业务方式是存款和贷款,而非银行金融机构的业务方式则呈现出多样化,如保险公司主要从事保险业务,信托公司从事信托业务,租赁公司主要从事租赁业务,证券公司则主要从事投资业务等;③在业务中所处的地位不同。银行在其业务中,一方面是作为债务人的集中;另一方面是作为债权人的集中,而非银行金融机构则比较复杂,如保险公司主要是作为保险人,信托公司则主要充当受托人,证券公司则多作为代理人和经纪人;④在金融领域中发挥的具体职能不同。银行性金融机构主要发挥信用中介职能,而非银行金融机构则根据其业务不同而发挥不同职能,如保险公司主要发挥社会保障职能,信托公司则主要发挥财产事务管理职能等。

银行性金融机构和非银行性金融机构都是一国金融机构体系的重要组成部分,它们共同为社会提供全面而完善的金融服务。银行性金融机构在整个金融机构体系中居主导地位,而非银行性金融机构的存在则丰富了金融业务,充分满足现代经济对金融的多样化需要,因此,非银行金融机构的发展程度是一国金融机构体系是否成熟的重要标志。

6.2.2 中央银行的产生及职能

1. 中央银行制度的建立

西方中央银行大部分是由商业银行演变而来的。19 世纪以前,西方国家的货币发行大部分都分散在各个商业银行,随着商品经济的发展,客观上需要有一家银行能够垄断货币发行,于是产生了最初以垄断货币发行为职能的发行银行。由于这些发行银行集中了全国的货币发行,逐步成为各商业银行的最后贷款者,并在整个银行业中处于"中心"地位,后来人们把这种发行银行称之为中央银行。

各国中央银行制度建立的情况各不相同。最早建立中央银行制度的是英国。1694 年成立的英格兰银行,一般被公认为具有现代中央银行的典型特征。英格兰银行起初也是一家以股份形式建立的商业银行,当时它虽拥有货币的发行权,但并不是唯一的发行银行,还没有成为银行的中心。直到 1844 年通过著名的《英格兰银行条例》(即比尔条例) 时,英格兰银行也没有完全垄断银行券的发行权。到了 19 世纪中下叶,资本主义社会的生产力有了巨大发展，随之而来的是银行业的高度发展，逐步形成了英格兰银行的中心地位。特别是经过 1847 年、1857 年和 1866 年 3 次金融危机，使人们意识到，银行券发行权不集中统一，银行业没有一个最后贷款者，是银行业出现倒闭风潮的重要原因。这一现实为英格兰银行转变成为中央银行起到催化作用。19 世纪后期，英格兰银行垄断了银行券发行权，成为全部银行的最后贷款者，成为一个真正的中央银行。此后，法国、荷兰、奥地利、挪威、丹麦等国先后建立起中央银行制度。

美国中央银行的建立晚于其他国家。第一次世界大战以前，美国还没有建立中央银行，当时共有 3700 多家国民银行，这些银行都有银行券发行权，因此造成货币供应的混乱，同时没有一家权威性银行对各类银行的准备金进行集中管理，使得银行业安全得不到保障，频频出现银行倒闭的危机。于是 1908 年美国国会成立了全国货币委员会，提出改革货币银行制度的建议。1913 年国会通过了《联邦储备条例》的改革方案。根据这一条例，美国被分为 12 个联邦储备区，每一个区都有自己的联邦储备银行(分别位于纽约、芝加哥、旧金山、里奇蒙、达拉斯和其他城市)。它们的创业股本系由联邦储备体系的商业银行所承购，因此，在名义上，每一个联邦储备银行都是为其"成员银行"所有的。为了协调 12 个联邦储备银行的活动，在首都华盛顿建立了联邦储备局，又称联邦储备委员会(FDMC)，作为联邦储备银行的最高决策机构。联邦储备委员会由 7 人组成。这样，12 个联邦储备银行和华盛顿的联邦储备委员会形成了一个完整的联邦储备系统，这就是美国的中央银行。这种复合式的中央银行，与世界大多数国家单一式的中央银行制度截然不同。与联邦储备委员会并行的还有一个由 12 个人组成的联邦公开市场委员会，包括 12 个地区的 5 个代表以及联邦储备委员会的 7 个委员。该委员会是联邦储备系统的关键决策机构。

联邦储备委员会的会员——委员及主席由美国总统任命，任期为 14 年，长于总统的任期。根据联邦储备条例的规定，它主要听命于国会，而不是听命于行政部门。美国的中央银行具有很大的独立性。

2. 中央银行的职能

中央银行作为西方银行制度长期发展的一个产物，在经济生活中发挥着十分重要的作用。中央银行职能、主要业务及业务对象如图 6.11 所示。

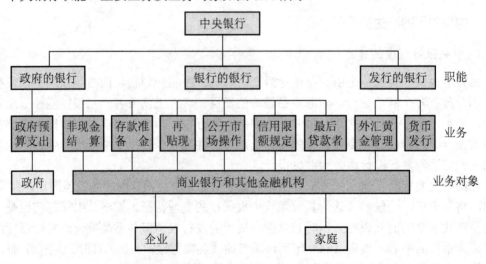

图 6.11　银行性金融机构与中央银行

第6章 宏观经济政策

中央银行具有3个方面的职能，如下所述。

1) 中央银行是发行银行

各国中央银行最基本的职能是掌握货币发行权，负责调节货币流通。在西方，货币供应量不仅包括现金通货，而且还包括存款货币。现金发行垄断在中央银行，中央银行通过商业票据贴现，买进国家债券将现金投放出去。

中央银行通过调节现金发行和存款货币的制造，控制着整个经济中货币供应的数量，这构成货币政策实施的主要环节。

2) 中央银行是银行的银行

中央银行制度形成之后，整个银行体系分化为两大部分：一部分是直接与企业和居民发生业务往来的商业银行、专业银行和其他金融机构；另一部分是中央银行。它一般不与企业发生业务往来，主要充当商业银行、专业银行和其他金融机构的最后贷款者，为它们提供信用、办理结算，并集中它们的准备金，所以被称为"银行的银行"。

作为银行的银行，中央银行发挥三个方面的作用：第一，集中商业银行的准备金。中央银行集中准备金，不仅仅是为了保证银行的清偿能力，更重要的是将准备金制度作为中央银行货币政策的重要工具。第二，为商业银行提供清算服务。中央银行接受商业银行的准备金存款，商业银行之间所发生的应收应付款项，可以通过中央银行的存款户头进行划拨。第三，为商业银行提供贷款，充当最后贷款者。商业银行主要依据自己的存款发放贷款，但是在许多情况下，商业银行所吸收的存款远远不能满足贷款的需要。在这种情况下，商业银行往往求助于中央银行，中央银行充当了"最后贷款者"。中央银行对商业银行的贷款一般采取商业票据的再贴现和票据、有价证券的再抵押的方式提供。

3) 中央银行是国家的银行

中央银行是国家的银行，并不是说中央银行的资本一定归国家所有，而是指：第一，各国中央银行都代理国家金库，办理国家财政的收付款业务，代理国家发行和买卖公债；第二，为国家提供短期贷款，以解决财政收支不平衡；第三，执行国家的经济和货币政策，成为国家宏观经济管理的重要机构。

 阅读案例6-6

中国的银行体系构成

中国银行体系由中央银行、监管机构、自律组织和银行业金融机构组成。中国人民银行是中央银行，在国务院的领导下，负责制定和执行货币政策，防范和化解金融风险，维护金融稳定。中国银行业监督管理委员会，简称银监会，负责对全国银行业金融机构及其业务活动实施监管。中国银行业协会是在民政部登记注册的全国性非营利社会团体，是中国银行业的自律组织。中国银行业金融机构包括政策性银行(国家开发银行、中国进出口银行、中国农业发展银行)、大型商业银行(中国工商银行、中国银行、中国农业银行、中国建设银行、交通银行)、中小商业银行(股份制商业银行、城市商业银行)、农村金融机构，以及中国邮政储蓄银行和外资银行。银监会监管的非银行金融机构包括金融资产管理公司、信托公司、企业集团财务公司、金融租赁公司、汽车金融公司和货币经纪公司。

6.2.3 货币政策的三大要素

货币政策由三大要素构成：最终目标、中间目标和货币政策工具。这三大要素之间的关系可以用图 6.12 来表示，即中央银行通过操作政策工具，调节中间目标，最终使最终目标得以实现。

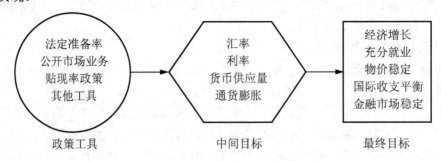

图 6.12 货币政策的三大要素

1. 货币政策的最终目标

货币政策的最终目标是货币政策的制定者通过实施货币政策所希望达到的最终结果。货币政策的最终目标一般有 5 个，即高经济增长、充分就业、物价稳定、国际收支平衡及金融市场稳定，与宏观经济的主要目标基本上是一致的。就货币政策而言，要同时实现这些目标，是非常困难的。因此，在实践中，世界各国的货币政策最终目标并不一样，各国从本国的实际情况出发，不同时期可以有不同的政策目标偏重，可以采取不同的最终目标。

货币政策的最终目标客观上体现了各国货币当局的调控意图与政策取向。因此，它一般被认为是一国货币政策制定及实施各环节中最重要的一项。进入 20 世纪 90 年代以来，在货币政策最终目标问题上，各国货币当局意见较为一致，普遍(明确或隐含地)放弃了多重目标的做法，而把控制通货膨胀，保持物价稳定，进而创造一个平稳的经济环境当作各国货币当局追求的首要目标，有时甚至是唯一的目标。

中国 1995 年颁布的《中国人民银行法》明确规定，中国货币政策目标是保持货币币值稳定，并以此促进经济增长。货币币值稳定包括货币对内币值(物价)和对外币值(汇率)稳定两个方面。

2. 货币政策的中间目标

货币政策的中间目标是指中央银行为了实现货币政策最终目标而设置的可供观测和调整的指标。

为什么要设置货币政策的中间目标呢？在货币政策最终目标确定之后，货币当局必须利用一些政策工具的操作去实现这一目标。但是货币政策从政策工具的实施到其效果的实现并不是一个同步的过程，一般存在一个传导过程相当长的"政策效应时滞"。为了在最终目标的追求过程中，了解目标实现的程度或者政策措施的有效性，以便及时采取必要的纠正或补充措施来争取最终目标的实现，就需要在工具与最终目标之间纳入一些中间目标——既是货币当局制定货币政策的基础，也是实施货币政策过程中的一个重要支点。为此，各国中央银行都设置一些能够在短期内显现出来，并可与货币政策最终目标高度相关的指标,作为调整货币政策工具时用于观测和控制的目标。这样在跟踪目标和校正工具过程中,中央银行将处于主动的地位,能够更有效地使货币政策达到预期的效果。

综合起来,货币政策中间目标的作用在于:第一,表明货币政策实施的进度;第二,为中央银行提供一个追踪的指标;第三,便于中央银行随时调整货币政策。

有哪些指标可作为货币政策的中间目标呢?这取决于这些指标是否具备以下3个条件:①可测性。指中央银行能够迅速获得中间目标相关指标变化状况和准确的数据资料,并能够对这些数据进行有效分析和做出相应判断。显然,如果没有中间目标,中央银行直接去收集和判断最终目标数据如价格上涨率和经济增长率是十分困难的,短期内如一周或一旬是不可能有这些数据的。②可控性。指中央银行通过各种货币政策工具的运用,能对中间目标变量进行有效地控制,能在较短时间内(如1~3个月)控制中间目标变量的变动状况及其变动趋势。③相关性。指中央银行所选择的中间目标,必须与货币政策最终目标有密切的相关性,中央银行运用货币政策工具对中间目标进行调控,能够促使货币政策最终目标的实现。

各国货币政策的中间目标不尽相同,但一般说来,大致包括以下几个指标。

1) 利率

(1) 利率的含义。货币的出借价格称为利息或利率,对借款人来说,利息是在获得收入之前提前消费或投资的成本;对贷款人来说,利息是将自己的货币出借给他人,因而推迟消费的一种报酬。在资本市场中,利率反映着资本的供求关系,均衡利率是市场中资本供给量等于资本需求量时供求双方都能接受的资本借贷价格。

利率分为名义利率与实际利率。名义利率是指货币现值与货币未来值之间的交换比率。实际利率是指货币现值的购买力与货币未来值的购买力之间的交换比率。在不存在通货膨胀的条件下,名义利率等于实际利率。在有通货膨胀的条件下,名义利率与实际利率是不相等的。

名义利率与实际利率的关系为

$$1+i=(1+i_r)(1+\alpha) \tag{6-18}$$

式中,i表示名义利率,i_r表示实际利率,α表示通货膨胀率。将式(6-18)展开,得

$$i=i_r+\alpha+i_r\alpha \tag{6-19}$$

当实际利率与通货膨胀率都较小的情况下,两者的乘积$i_r\alpha$就更小,因而式(6-19)可以近似地表示为

$$i=i_r+\alpha \tag{6-20}$$

式(6-20)表明,名义利率等于实际利率加上通货膨胀率。式(6-20)是名义利率与实际利率关系的最常见的一种表达式。

在一般情况下,借贷双方在订立借款协议时是无法知道未来确切的通货膨胀率的,因此借款人和贷款人只能根据预期通货膨胀率来制定双方的借贷利率,才能保证借款人的利益不因通货膨胀的原因而受损。式(6-20)可以写为

$$i=i_r+\alpha^e \tag{6-21}$$

式中,α^e表示预期通货膨胀率。

(2) 利率成为货币政策中间目标的理由。利率是凯恩斯学派所推崇的货币政策中间目标,在20世纪70年代以前各国中央银行大都将此作为一个主要的中间目标。利率之所以能作为货币政策的中间目标是因为:第一,利率的升降波动能比较灵敏地反映资金的供求关系。第二,利率与经济周期变化有密切关系,当经济处于萧条阶段,利率呈下降趋势,

而经济转向复苏以至高涨，利率则趋向上升。因此，利率可作为观测经济波动状况的一个尺度。第三，利率可由中央银行控制，它是一个可控变量。

利率作为中间目标也有其不足的一面。影响利率本身变化的因素比较复杂，它既可以是经济过程中的内生变量(即经济因素所决定的变量)，还可以是非货币政策性的外生变量，这种复杂性使它难以成为理想的中间目标，由于影响利率变化的因素太多，各种因素可能互相制约，相互抵消，这就降低了它作为观测指标的使用价值。因此，利率作为货币政策中间目标有其局限性，必须通过其他一些指标加以补充。

2) 货币供应量

现代经济中的货币供给，是由银行系统提供的现金和存款货币构成的，货币供应量是指一个国家在一定时点上存在于个人、企业、金融机构、政府等部门的现金和存款货币的数量。货币供应的数量、流动性状况是社会总需求变化的货币表现，是各国的主要经济统计指标之一，也是中央银行执行货币政策的重要依据。货币供应量的变化代表着社会购买力的变化。

(1) 货币供应量的构成。按照流动性从高到低，货币供应量可以作如下的层次划分。

$M0$ 为流通中的现金，包括各种面值的钞票和硬币。这部分货币是流动性最高的，日常生活中的商品劳务交换主要是以现金为媒介而实现的。流通中的现金是最小意义上的货币。

$M1$ 为狭义货币供应量，包括流通中的现金和各种活期存款，活期存款指能够随时用于支付的存款，包括支票存款和信用卡存款等。流通中的现金主要是个人日常支付采取的媒介形式，而各种公司、企事业单位之间的交易多采取支票作为支付方式。使用支票存款只要在银行存入一定的金额开立支票账户，就可以随时向这个账户签发支票以支取款项，因而具有较高的流动性。

$M2$ 为广义货币供应量，包括 $M1$ 和各种储蓄存款与定期存款。储蓄存款和定期存款都是购买力的暂时储存，很容易变成现金，因此，应该包括在货币的范围内。

$M3$ 为信用总量，也有用 D 表示，包括 $M2$ 和其他短期流动资产。其他短期流动资产是指国库券、银行承兑汇票和商业票据等，这些资产的到期日比较近、兑现有保障，在到期之前可以通过贴现的方式转化为现实支付能力，但是要承担一定的费用，因而也具有一定的流动性。

对于不同层次的货币，可以根据不同的需要进行选择分析，对于一般的宏观经济分析来说，比较重视狭义货币供应量 $M1$ 和广义货币供应量 $M2$ 这两个指标。

上面介绍的是理论上的货币供应量层次划分方法，具体到每个国家，划分方法可能不完全一样。

 阅读案例 6-7

我国货币供应量的层次划分及各层次的变动特点

我国于1994年正式确定了货币供应量层次划分方法，并定期公布各层次货币供应量的数据。从1996年开始，中国人民银行正式启用货币供应量取代贷款指标，作为我国货币政策中间目标。具体的划分是这样的：

$M0$=流通中的现金

$M1 = M0$+企业活期存款+机关团体部队存款+农村存款+个人持有的信用卡类存款

$M2 = M1$+城乡居民储蓄存款+企业存款中具有定期性质的存款+信托类存款+其他存款

第6章 宏观经济政策

$M3=M2+$金融债券+商业票据+大额可转让定期存单等

其中 $M2$ 减去 $M1$ 剩下的部分称为准货币。

2001年6月份第一次修订货币供应量,将证券公司客户保证金计入 $M2$。2002年年初,第二次修订货币供应量,将在中国的外资、合资金融机构的人民币存款业务,分别计入到不同层次的货币供应量。

尽管货币供应量统计已修订了两次,但它仍未全面反映金融市场的变化。一是货币在境内外的流动加大。货币在境内外的流动表现为人民币的流出和外币的流入。二是出现一些新的金融资产且交易量增长迅速,与货币供应量统计相关,有短期金融债券、商业票据、债券回购等。三是金融机构发生变化。随着金融市场的发展,出现了证券公司、投资基金公司、住房公积金、担保公司、养老基金公司、期货公司等非银行金融机构,它们的一些资产构成了货币供应量。也有部分存款性机构进行清理整顿,吸收的存款不应包括在货币供应量之内。保险公司业务的发展使保险存款增长较快,对货币供应量影响较大。

中国人民银行于2003年12月17日发布公告,就修订货币供应量统计分类向社会公开征求意见。向社会征求意见的报告是央行研究局的《关于修订中国货币供应量统计方案的研究报告》,根据这个报告,现有的金融机构分类方式和各层次货币供应量统计分类将会进行调整。我国货币供应量的统计分类有可能在原 $M0$、$M1$、$M2$ 三层次的基础上,增加一个新的分层 $M3$。对各层次货币供应量统计的修订,央行的研究报告提出了4种方案。

其一,维持原结构不变,扩大数量较大、流动性变化明显的金融资产的监测层次。货币供应量在原 $M0$、$M1$、$M2$ 三个层次的基础上,再扩大到 $M3$。$M0$、$M1$、$M2$ 三个层次不做调整,保持了统计的连续性,便于操作和对比。

其二,对原结构进行微调,同时扩大货币供应量一个监测层次。货币供应量划分为 $M0$、$M1$、$M2$,监测外币存款,同时将 $M2$ 中的部分金融资产调整到 $M1$ 中去。这个方案既考虑货币供应量统计的连续性,又具有可操作性,但货币供应量包括的内容不全面,例如日益发展的各种基金存款、商业票据等,没有包括在货币供应量中。

其三,对原结构进行微调,同时扩大货币供应量两个监测层次。货币供应量划分为 $M0$、$M1$、$M2$,监测 $M3$ 和外币存款。

其四,按目前金融市场变化的实际情况,进行较全面的修订。这个方案将货币供应量分为4个层次:$M0$、$M1$、$M2$、$M3$。其中,$M0=$流通中现金 $-$ 境外人民币流通量;$M1=M0+$企业活期存款(包括结算中的款项)$+$机关团体存款$+$农村存款$+$银行卡项下的个人人民币活期储蓄存款;$M2=M1+$企业定期存款$+$居民人民币储蓄存款(扣除银行卡项下的个人人民币活期储蓄存款)$+$其他存款(信托存款、委托存款、保证金存款、财政预算外款)$+$外汇存款$+$回购协议;$M3=M2+$基金存款$+$保险公司存款$+$商业承兑汇票。

报告还建议调整金融机构分类方式,将金融机构划分为中央银行、其他存款性公司和其他金融性公司三大类。

第一类是中央银行。

第二类是其他存款性公司,在我国包括存款货币公司和其他存款货币公司。

存款货币公司是指可以吸收活期存款、使用支票进行转账并以此实现支付功能的金融公司。在我国主要包括国有独资商业银行、股份制商业银行、城市商业银行和农村商业银行、城市信用社和农村信用社、外资银行、中国农业发展银行。

其他存款货币公司是指接受有期限、金额限制和特定来源存款的金融性公司。在我国包括中资和在我国的外资企业集团财务公司以及国家开发银行、中国进出口银行。

第三类是其他金融性公司,指除中央银行和其他存款性公司以外的其他金融公司。在我国主要包括信托投资公司、金融租赁公司、保险公司、证券公司、证券投资基金管理有限公司、养老基金公司、资产管理公司、担保公司、期货公司、证券交易所和期货交易所等。

不过,报告征求意见之后并没有下文,央行没有发布修订通知。

从以上对货币供应的3个层次分类来看,$M0$ 是流动性最强的,但涵盖的范围偏小,尤其是不能反映企业资金状况,企业日常资金运作量大,一般都会对资金进行合理配置,形成活期或者定期存款,而不是简单闲置;$M2$ 作为广义货币,涵盖范围最广,但其中的居民储蓄存款和企业定期存款流动性差,而且比重也很高;$M1$ 流动性和涵盖范围界于 $M2$ 和 $M0$ 之间,被视为是实体经济运行的重要货币供应指标。

(数据来源:中国人民银行网站,http://www.pbc.gov.cn.)

阅读案例 6-8

美国、日本、英国货币供应量的层次划分

现代经济中的货币供给,是由银行系统提供的现金和存款货币构成,货币供应量是指一个国家在一定时点上存在于个人、企业、金融机构、政府等部门的现金和存款货币的数量。在现实的经济生活中,人们往往还将货币的范围扩展到一些流动性较强的短期证券,如国库券、商业票据等,因为它们可以容易地转换为现金或活期存款而成为现实的购买和支付工具。国际货币基金组织采用的货币供应量口径是货币和准货币。其中,货币包括银行以外的通货和私人部门的活期存款,准货币包括定期存款、储蓄存款和外币存款。

美国的口径是 $M1$、$M2$、$M3$、L and $Debt$。其中,$M1$ 包括财政部、联邦储备银行和各存款机构金库之外的通货、非银行发行的旅行支票、各种活期存款、可转让支付命令账户(NOW)、自动转账服务账户(ATS 账户)等近似活期存款账户的存款。$M2$ 包括 $M1$ 商业银行发行的隔夜回购协议存款、美国银行海外分支机构对美国居民开办的隔夜欧洲美元存款、储蓄存款和小额定期存款、货币市场存款账户、货币市场互助储蓄金额等。$M3$ 包括 $M2$ 大额定期存款、商业银行和储蓄机构发行的定期回购协议负债、由美国居民持有的美国银行海外机构的欧洲美元定期存款等。L 包括 $M3$ 非银行的社会公众持有的美国储蓄债券、短期国库券、商业票据和银行承兑票据、货币市场互助基金中上述资产的净额。$Debt$ 包括国内非金融机构持有的美国联邦政府、州和地方政府债务、私人机构在信贷市场上的债务(私人债务包括法人债券、抵押债券、消费信用、其他银行票据、银行承兑票据和其他债务工具)。

日本的口径是 M'、$M1+CD$、$M2+CD$、$M3+CD$。M' 包括现金和活期存款。$M1$ 包括 M' 和企业定期存款。$M1+CD$ 包括 $M1$ 和企业可转让存款。$M2+CD$ 包括 $M1$、定期存款和可转让性存款。$M3+CD$ 包括 $M2+CD$、邮局、农协、渔协信用组织存款和信托存款。

英国的口径是 $M1$、$M2$、英镑 $M3$、$M3$、PSL_1、PSL_2。$M1$ 包括流通中的钞票和硬币、英国私人部门的英镑即期存款。$M2$ 包括流通中的钞票和硬币、英国私人部门持有的在银行的 10 万英镑以下的活期存款和其他存款(一个月内通知银行提取的零售性存款)。英镑 $M3$ 包括 $M1$、英国私人部门的英镑定期存款、英国公有部门的英镑存款。$M3$ 包括英镑 $M3$、英国居民持有的其他通货存款。PSL_1 包括私人部门所持有的英镑 $M3$、私人持有的国库券、私人在地方机关及金融机构的存款、纳税存款证、银行承兑汇票。PSL_2 包括 PSL_1、其他各种流动性资产如国民储蓄证券及在住房协会、信托储蓄银行和国民储蓄银行的存款等。

从上述各国货币供应量的构成内容来看,其基本结构是由现金、活期存款向各类存款和短期证券依次扩展,其层次的划分,在各国不完全相同,但基本标准是一致的,都是根据货币的流动性强弱而划分的。所谓货币的流动性,是指各种货币形态转化为现金所需要的时间和成本的多少,它反映了各种货币形态作为流通手段和支付手段的方便程度。现金和活期存款是直接可以用于购买和支付的货币,因而流动性最强,被普遍列为第一层次。货币的第二层次中,一般包括各类定期存款和储蓄存款,其流动性较活期存款弱。在定期存款和储蓄存款之后的货币一般是加进各类非银行金融机构的存款,属于第三层次。再下一个层次的货币,一般是加进各种短期金融工具,如国库券、银行承兑票据等,其流动性比各种存款弱,比其他长期证券强。依据流动性的强弱来划分货币层次,其目的在于中央银行实施对货币的宏观控制。由于货币的流动性不同,表明货币在流通中作为购买和支付手段的方便程度不同,形成货币购买力的程度不同,对市场供求关系、物价变动等方面的影响也就不同,按照流动性强弱划分货币层次,并进而有区别有重点地加以监测和控制,就可以达到更好的控制货币的效果。就是说,有了依据流动性标准而划分的货币层次指标以后,中央银行的货币控制就有了结构分析和监测的依据。从各国的普遍情况看,流动性最强的 $M1$ 和次强的 $M2$ 一般被作为货币量监控的重点。

(2) 货币供应量作为货币政策中间目标的理由。货币供应量作为货币政策中间目标的理由是:第一,货币供应量与货币政策最终目标高度相关。根据货币的数量理论,名义 $GDP=PQ=VM$,其中 P 代表价格水平,Q 代表实际 GDP,V 代表货币周转速度,M 代表货

币供给量。如果 V 稳定不变，价格总水平 P 与货币供给量 M 同比例地变化，稳定的货币供给量会使价格总水平保持稳定。如果货币供给量急剧增长，价格总水平也会急剧上升。第二，中央银行可以通过各种手段对其直接进行控制。中央银行达到目标的信息也能立即地公布于众。即向公众和市场传递货币政策的姿态和政策制定者的意图。这些信号都有助于固定通胀预期和产生较低的通胀。第三，货币政策的松紧变动，通过货币供应量增减变动而表现出来，与货币政策手段的变动方向正好一致。

3) 汇率

汇率为中间目标是指一国货币的币值钉住某一物价稳定的经济大国(如美国)的币值。名义汇率目标可以对宏观经济起到自动调节作用，当本币趋于贬值时，提示决策者采取紧缩性的货币政策，本币升值时，则采取扩张性的货币政策。另外，名义汇率目标简单明确，很容易被公众接受。同时钉住汇率还能够稳定国际贸易商品的价格波动，如果这种钉住是可信的，该国的通货膨胀率也可以降低。

实行以汇率为中间目标的国家主要分 3 种类型：一是欧元区这种实行单一货币体系的地区。二是经济开放的小国。由于外贸是其宏观经济稳定的主要因素，控制通货膨胀的关键在于稳定进出口价格，所以这些国家的货币当局一般选择汇率作为其中间目标。三是发生过恶性通货膨胀的国家。这些国家往往将本币与坚挺的外币硬性挂钩，从而增强人们对本币的信心，其货币政策也需以汇率作为中间目标。

4) 通货膨胀

货币流通量与通胀目标变量间关系的不一致使许多国家采用通胀指标作为名义锚。20世纪 90 年代，新西兰率先采用通货膨胀目标制，之后加拿大、英国、澳大利亚、智利、哥伦比亚等许多西方国家和新兴市场国家竞相使用。通货膨胀目标制是指货币当局会明确公布通货膨胀目标(或目标区)，之后对通胀未来走势进行预测并与公布的目标区相比较，若有偏差则货币当局会综合运用利率、汇率、信贷等多种货币政策工具进行灵活调节，使通胀率稳定在预设水平。通货膨胀目标制克服了传统货币政策框架过度依赖单个特定金融变量的弊端，实现了政策操作规则性和灵活性的高度统一。

采用通货膨胀目标制的货币政策主要包括以下几方面内容：①向公众宣布通货膨胀中期目标；②承诺以价格稳定作为货币政策的基本长期目标并达到通胀目标，其他货币政策目标如就业、产出等均为次要目标；③可运用多种变量(货币供应量、汇率、利率等)作为货币政策工具来制定决策；④通过向公众和市场公开货币当局的计划、目标、决策来增强货币政策的透明度；⑤增强央行实现通胀目标的责任。

同货币供应量、利率乃至汇率充当中介目标相比，通货膨胀目标制下货币政策的操作直接指向政策最终目标(物价稳定)。由于公众注意力被引导到对物价稳定的关注上，其对信贷总量、利率、汇率水平的关注程度自然会有所下降，货币当局就能够在复杂多变的经济环境中，综合利用信贷、利率、汇率乃至股票价格变化所提供的信息，对本国的经济运行和物价变动做出更加准确的预测和判断。

阅读案例 6-9

货币政策中间目标选择中的新动向——通货膨胀目标

为了提高宏观货币调控的有效性，西方国家的货币政策中间目标发生了巨大的调整，一般走过了一条从利率到货币供给量,再到汇率、利率的路径,到今天,甚至有相当国家摒弃了"两阶段货币政策操作模式",直接采用通货膨胀目标的做法。

发达国家货币政策中介目标的选择与主流经济学的发展相一致。第二次世界大战后,凯恩斯主义将利率作为最有效的货币政策中介目标;20世纪70年代经济"滞胀"时期,以弗里德曼为代表的货币主义主张将货币供应量作为中介目标;进入20世纪80年代以后,在金融创新和经济全球化等因素的影响下,货币供应量作为中介目标的可控性下降,这一时期各国对中介目标的选择呈多元化趋势,分别根据各自最终目标的要求,采用利率、汇率、货币供应量。自1990年3月新西兰率先采用通货膨胀目标之后,已先后有加拿大、英国、墨西哥等20余国采用了该政策,并且都取得了较好的效果。实施通货膨胀目标的国家以及采纳的时间见表6-3。21个经济合作与发展组织(OECD)国家货币政策中间目标的选择情况见表6-4。

从20世纪90年代中后期开始,在一些非采用国(如美国、日本等)对通货膨胀目标的讨论一直是经济学界及经济政策界的热点之一。近年来,在对我国货币政策框架的前瞻性研讨中,它也正逐渐为人所瞩目。以下以20世纪90年代初期最早采用通货膨胀目标制的五个工业国(新西兰、加拿大、英国、瑞典、澳大利亚)为对象,简括地介绍通货膨胀目标制的政策实践。

表6-3 实施通货膨胀目标的国家以及采纳的时间

采 用 国	采 用 时 间	采 用 国	采 用 时 间
新西兰	1990.3	智利	1991.1
加拿大	1991.2	瑞典	1993.1
英国	1992.10	秘鲁	1994.1
澳大利亚	1993.1	西班牙	1994.10—1998.1
捷克	1993.2	波兰	1998.10
巴西	1999.1	南非	2000.2
伊拉克	1992.1	哥伦比亚	1998.1
韩国	1998.1	芬兰	1998.1
墨西哥	1999.1	泰国	2000.4
瑞士	2000.1		

表6-4 21个经济合作与发展组织(OECD)国家货币政策中间目标比较

国 家	中间目标	国 家	中间目标
新西兰	通货膨胀	瑞士	货币数量
澳大利亚	通货膨胀	荷兰	汇率
加拿大	通货膨胀	挪威	汇率
英国	通货膨胀	比利时	汇率
丹麦	汇率	葡萄牙	汇率
法国	汇率	瑞典	通货膨胀与汇率
奥地利	汇率	芬兰	通货膨胀与汇率
爱尔兰	汇率	西班牙	通货膨胀与汇率
希腊	货币数量	美国	折中策略
德国	货币数量	日本	折中策略
意大利	货币数量		

看一下通货膨胀目标制采用前、后通货膨胀率的变化,表6-5为这5国采用前10年以及采用后至2005年年末的年平均通胀率以及其波动(用标准差反映)情况。可以看到,各国的通胀率在采用后大幅下降,同时,通货膨胀波动也急剧缩小。当然,20世纪90年代是一个世界性通胀率由高到低的年代,许多非通货膨胀目标制的国家也有着相同的经历,因此似乎无法简单地就此判断上述5国通货膨胀目标制的采用与之后良好的通货膨胀表现之间的因果关系。但是,上述5国中的英国、瑞典有着收益率与通胀率连动的国债市场,将它与一般的国债市场相比可以计算出预期通胀率。该两国的记录显示,通货膨胀目标制采用后经过2~3年的过渡,这一货币政策的公信度为公众所认可后,预期通胀率开始下降,并且之后保持着稳定。这一事实表明,通货膨胀目标制对降低预期通胀率、治理通货膨胀以及之后的物价稳定具有有益的影响。

表6-5 通货膨胀目标制采用前后的通胀率及其波动的对比

采 用 国	采用时间	采用前10年		采用后至2005年年末	
		平均通胀率/%	通胀波动率/%	平均通胀率/%	通胀波动率/%
新西兰	1990.3	11.6	5.8	2.2	1.3
加拿大	1991.2	5.8	3.1	1.8	1.1
英国	1992.10	5.2	4.4	2.6	0.7
瑞典	1993.1	6.6	3.1	1.9	1.1
澳大利亚	1993.1	6.2	2.8	2.5	1.9

表6-5反映了通货膨胀目标制确立后对产出的影响。由于通货膨胀目标制对中长期的通货膨胀预期提供了一个比较清晰可靠的路径,减少了不确定性通胀的冲击和由此带来的成本,因此,它将为缩小产出的振荡幅度、促进经济的中长期良好发展提供一个良好的"平台"。虽然目前为止的实证分析对此尚无完全一致的结论,但在表6-6中显示了5国采用通货膨胀目标制后,GDP成长速度加快的同时其波动(用标准差反映)明显缩小(新西兰除外),表明通货膨胀目标制对缩小产出的震荡幅度、进而促进经济的中长期良好发展具有积极意义。

表6-6 通货膨胀目标制采用前后的产出增长率及其波动的对比

采 用 国	采用前10年		采用后至2005年年末	
	产出平均增长率/%	产出波动率/%	产出平均增长率/%	产出波动率/%
新西兰	1.83	2.06	2.79	2.03
加拿大	2.37	2.46	3.15	1.86
英国	1.76	2.39	2.90	0.65
瑞典	1.73	1.72	2.75	1.38
澳大利亚	2.8	2.43	3.72	0.87

以上的分析结果表明通货膨胀目标制的实行对这5国经济具有积极影响,它有利于"瞄住"通货膨胀预期、降低通货膨胀的变动率,而一个清晰可靠的通货膨胀预期路径将有助于减少企业和消费者进行投资、消费决策和规划时所面临的不确定性,有利于经济的长期发展。

(资料来源:应展宇. 西方国家货币政策中间目标调整的理论与实践. 经济评论,2003-09-05
我国货币政策最终目标的调整研究. 浙江金融. 2008-12-15.)

3. 货币政策工具

货币政策工具是中央银行为了实现货币政策的最终目标而采用的措施和手段。货币政策的运用分为紧缩性货币政策和扩张性货币政策。总的来说,紧缩性货币政策就是通过减少货币供应量达到紧缩经济的作用，扩张性货币政策是通过增加货币供应量达到扩张经济的作用。

货币政策工具可以分为 3 种：①一般性(常规性)货币政策工具，是指从总量的角度入手，通过控制货币供给量和信用总量对国民经济施加普遍性影响的工具，包括公开市场业务、贴现率政策和法定准备率三大工具，被称为中央银行的"三大法宝"；②选择性货币政策工具，是指中央银行对信用进行结构性调整的控制工具，即通过对不同信用形式的管理鼓励或抑制某一部门与市场的发展，从而达到结构调整的目标，它包括规定或调整证券保证金的最低比率，以调节证券市场的信用规模；对消费信用进行限制，如规定分期付款第一次付款金额的比例等；③补充性货币政策工具，中央银行对信用进行直接控制和间接控制。包括信用直接控制工具，指中央银行依法对商业银行创造信用的业务进行直接干预而采取的各种措施，主要有信用分配、直接干预、流动性比率、利率限制、特种贷款；信用间接控制工具，指中央银行凭借其在金融体制中的特殊地位，通过与金融机构之间的磋商、宣传等，指导其信用活动，以控制信用，其方式主要有窗口指导、道义劝告。

下面主要介绍一般性货币政策工具。

1) 法定准备率

(1) 存款准备金制度。商业银行是银行体系中的主体，它是以经营存款、放款为主要业务，以追求利润最大化为主要经营目标的银行，也是唯一能吸收、创造存款，从而改变社会货币总供给量的金融中介机构。由于这类银行最初所吸收的主要是活期存款并将其作为短期商业性放款的基本资金来源，故称为"商业银行"。

商业银行的主要业务是从储户吸收存款，并将存款作为可贷资金贷给客户，存贷款之间的利息差额是商业银行的主要利润来源。在存款量一定的情况下，贷款量越大，银行所获利润就越大，同时银行所承担的风险也就越大。银行每天必须面对大量前来存取款的客户，如果银行为了获取更大的利息收入，过多地将资金借贷出去，就有可能出现客户前来取款而银行却无钱支付的情况，这会引起人们对银行信誉的怀疑，从而爆发"挤兑"风潮。一旦这种风潮出现，由于银行不可能立即收回所贷出去的资金，因而会导致该银行倒闭。在现代社会中，整个金融机构相互关联，一家银行的倒闭，会引发整个金融市场的混乱，其后果将是严重的。为了保障存款者的利益和整个社会金融市场的良好秩序，各国在法律上一般有硬性规定，商业银行必须保持它所吸收存款总额中一定百分比的现金作为"法定准备金"，而法律规定的这个保持现金的百分比称为"法定准备率"，即法定准备金占全部存款的比例。任何商业银行实际持有的存款准备金可以在法定准备金持有总额以上，但不得低于这一最低限额，否则即为违法，将会受到该国司法部门的追究与制裁。以 r_d 表示法定准备率，若某国的法定准备率 $r_d=10\%$，这表示各商业银行账户上的存款余额每 100 元必须持有的准备金为 10 元。在现实生活中，各商业银行为了保险起见，一般会持有略高于法定准备金的库存现金，以防突如其来的提款风潮使银行陷入窘境。但准备金太多会使银行代价过高，减少银行信贷获利的机会。

商业银行的准备金包括法定准备金和超额准备金两部分。法定准备金是商业银行根据中央银行所规定的比例上交给中央银行的那部分存款。超额准备金是商业银行超过中央银行规定的比例而形成的存款或现金准备。

各国设立法定准备金的作用主要有两方面的考虑：从微观角度来说，法定准备金使银行存款安全,可以有效防止因挤兑风潮而引起的银行倒闭事件的发生;从宏观角度来说,它是中央银行控制商业银行贷款规模,从而调控社会货币总供给量的一项有力的货币政策工具,中央银行利用这一工具,可以对社会所需要的货币供给量进行有效的调节。

(2) 银行如何创造存款。从银行存款的创造过程可以看到,中央银行改变法定准备率能够明显地影响货币乘数,从而对整个社会的货币供给量产生重要的影响。下面先来说明银行如何创造存款。

① 简单情况下银行存款创造。银行存款创造是从最不现实的假设条件开始讨论的,满足这些假设条件的情况称为简单情况下银行存款的创造。它必须满足以下3个假设条件:一切银行除了向中央银行缴存法定存款准备金之外,自己并不保留超额准备金,即一切银行发放贷款都能贷到极限;一切新货币均存留于银行体系之内,公众并不从新增加的银行存款中提取现金;各商业银行的存款只有一种可以签发支票的活期存款,没有定期存款及其他存款方式。

现在讨论在满足上述条件下,银行存款的创造过程。当某银行接受客户缴存的一笔现金存款时,按法定准备率留下部分现金,剩余的存款银行可将其借贷出去。在现代银行体系中,一笔贷款通常是以借贷人的身份存放于某个银行的支票账户中或以转账支付的方式转向另一个银行的存款账户。在约定的期限内,借贷人对该贷款拥有支配权。对整个银行体系来说,实际上是又增加了一笔存款。那么该银行就可以对这笔存款留下准备金后再将超额的那部分存款继续借贷出去。这个过程会不断地继续进行,直到全部初始存款都成为存款准备金,保留在整个银行体系之中为止。这意味着银行体系将会获得大于初始现金存款额的银行存款总额,这种由于银行体系一连串的存款,贷款,再存款,再贷款……的过程,使银行存款总额不断增加的机制就称为银行存款的创造机制。由此引致的新增存款总额,将是初始存款或新增存款准备金的数倍,这个倍数称为存款乘数,它等于新创造出来的存款总额与初始存款或新增存款准备金之比,它表示每1元初始存款能够转变为几倍的存款。下面举例来说明银行存款的创造过程。

【例6-8】 设法定准备率r_d=10%,这时某人将一笔现金1 000元存入第一级银行,第一级银行在收到1 000元现金存款后,留下100元作为法定准备金,而将其余900元用于贷款或购买各种债券。如果这家银行将这900元用于发放贷款,那么借款者就会取得这900元现金存入第二级银行(注意:这笔存款称为"派生存款",它是由贷款所引起的存款,并不同于第一笔初始存款)。如果这家银行将900元款项购买各种债券,其结果也是一样,它将支出900元,而债券购买者将会把卖出债券的进款存入第二级银行(当然也可以将款项存进第一级银行,但是假设这种情况不存在)。第二级银行获得900元存款后,也要将其中的90元留作准备金,而将其余的810元再行贷出,如此反复进行存款,贷款,再存款,再贷款……每经过一轮,贷款金额与其派生的存款金额总会比上一轮减少10%,直到可贷款金额递减为零,全部初始存款都成为存款准备金,存款创造的过程才会终止。那么存款创造的总和是多少?用表6-7进行计算。

这一过程可以表示的数学计算过程为

$$1\,000 + 1\,000 \times (1-0.1) + 1\,000 \times (1-0.1)^2 + 1\,000 \times (1-0.1)^3 + \cdots$$
$$= 1\,000 \times [1 + (1-0.1) + (1-0.1)^2 + (1-0.1)^3 + \cdots]$$
$$= 1\,000 \times \frac{1}{1-(1-0.1)} = 10\,000(元)$$

在这里，可以看到一笔初始的存款额(现金)经过银行存款的创造过程，将使最终银行系统的存款额倍数增加，这一增加的倍数就是存款乘数。在本例中，存款乘数为10，它是法定准备率的倒数。

表6-7 整个银行体系创造货币的结果　　　　　　　　　　单位：元

银行的位次	新增存款	新增贷款与投资	新增准备金
第一级银行	1 000.00	900.00	100.00
第二级银行	900.00	810.00	90.00
第三级银行	810.00	729.00	81.00
第四级银行	729.00	656.10	72.90
第五级银行	656.10	590.49	65.61
第六级银行	590.49	531.44	59.05
第七级银行	531.44	478.30	53.14
第八级银行	478.30	430.47	47.83
第九级银行	430.47	387.42	43.05
第十级银行	387.42	348.68	38.74
前十级银行的总和	6 513.22	5 861.90	651.32
以后各级银行总和	3 486.87	3 138.10	348.77
整个银行体系总和	10 000.00	9 000.00	1 000.00

以 $\Delta C'$ 表示银行所收到的第一笔现金初始存款；ΔD_d 表示由于这笔初始存款的增加，银行系统最终新增活期存款的总增量；r_d 为法定准备率，则上述存款创造机制可以用数学方法导出第一步。由于公众将一笔现金收入存入银行，使银行系统获得了第一笔活期存款金额为

$$\Delta D_{d1} = \Delta C'$$

银行系统将保留的法定准备金为

$$\Delta R_1 = r_d\, \Delta C'$$

银行系统将留下法定准备金后的剩余资金借贷出去，由于贷款不能提现金，这笔贷款又作为银行系统的第二笔存款保留在银行系统的负债账户上

$$\Delta D_{d2} = \Delta C'\,(1-r_d)$$

对于第二笔存款，银行系统应该保留的法定准备金为

$$\Delta R_2 = r_d\, \Delta C'\,(1-r_d)$$

同样，银行系统又会在第二笔存款中将按照规定将留下法定准备金的剩余资金再次借贷出去，如同前一次的处理结果，这笔贷款再次作为银行系统的第三笔存款保留在银行系统的负债账户上，其大小应为

$$\Delta D_{d3} = \Delta C'\,(1-r_d)^2$$

……

上述这一过程可以不断地进行下去，每进行一次，都会使银行系统的存款总额与法定准备金总额有所增加，最终将使银行系统的活期存款总额为

$$\Delta D_d = \Delta C' \left[1 + (1-r_d) + (1-r_d)^2 + (1-r_d)^3 + \cdots + (1-r_d)^{n-1}\right]$$

$$\Delta D_d = \Delta C' \frac{1}{1-(1-r_d)} \tag{6-22}$$

即
$$\Delta D_d = \Delta C' \frac{1}{r_d} \tag{6-23}$$

式(6-23)可以表述为，银行体系最终所创造出的存款总额的增量等于法定准备率的倒数乘以初始现金存款额。

与此同时，保留在银行系统内的法定准备金最终的总和应为

$$\Delta R = \Delta C' r_d \left[1 + (1-r_d) + (1-r_d)^2 + (1-r_d)^3 + \cdots + (1-r_d)^{n-1}\right]$$

$$\Delta R = \Delta C' \frac{r_d}{1-(1-r_d)}$$

即
$$\Delta R = \Delta C' \tag{6-24}$$

式(6-24)表明由于第一笔现金存款存入银行系统，使得最终保留在银行系统内的法定存款准备金的数额刚好等于初始现金存款额，以 ΔR 表示该准备金额，当初始存款额全部作为准备金保留在银行金库中(即 $\Delta R = \Delta C'$)时，银行存款的创造过程将自动终止。因此，式(6-24)也可以表示成

$$\Delta D_d = \Delta C' \frac{1}{r_d} = \Delta R \frac{1}{r_d} \tag{6-25}$$

令存款乘数为 K_c，K_c 可以表示为

$$K_c = \frac{\Delta D_d}{\Delta R} = \frac{\Delta D_d}{\Delta C'} = \frac{1}{r_d} \tag{6-26}$$

显然，活期存款乘数是活期存款增量与法定存款准备金增量或初始存款之比，表示两者之间的倍数关系，等于法定准备率的倒数。存款乘数的大小与法定准备率的大小成反向变动关系，它等于法定准备率的倒数。法定准备率越大，存款乘数越小；反之，法定准备率越小，存款乘数就越大。

② 存款创造过程中的"漏出"。在上面的假设条件下所推导出来的活期存款乘数为法定准备率的倒数。在现实生活中，所能看到的银行存款的创造大都不能满足上述 3 项假定条件，因而实际得出的新增银行存款总额往往因为有其他一些漏出项目而变小，这些漏出项目主要有超额准备金、定期存款、公众持有现金 3 项。现在来考查由于这些漏出项目对银行存款的创造与存款乘数的影响。

(a) 超额准备金。设银行系统除了保留法定准备金外，还自愿保留一笔超额准备金(ΔE)，并假设超额准备金与活期存款保持固定的比率，也就是超额准备金占活期存款的比率，称这一比率为超额准备金率，用 e 来表示，即 $e = \frac{\Delta E}{\Delta D_d}$。在一般情况下，超额准备金率为大于零的正数，它表示银行系统的实际准备金大于法定准备金；当超额准备金率为零时，说明银行系统的实际准备金等于法定准备金。在这种情况下，银行系统新增存款准备金由两部分构成，一部分是新增的法定准备金；另一部分是新增的超额准备金。可以表示为

$$\Delta R = r_d \Delta D_d + \Delta E = (r_d + e)\Delta D_d$$

由此可得

$$\Delta D_d = \frac{1}{r_d + e} \Delta R \qquad (6\text{-}27)$$

在式(6-27)中,活期存款乘数为法定准备率与超额准备率之和的倒数。由此看出,由于银行系统自愿保留了一笔超额准备金,使得活期存款乘数变小。活期存款乘数与法定准备率和超额准备率两项之和成反向变动,当法定准备率与超额准备金率之和越大时,活期存款乘数就会越小。在法定准备率固定不变时,超额准备率越大,活期存款乘数就越小,同一笔新增初始现金存款通过银行系统所能创造的最终存款总额也就越少。

【例6-9】 设现金初始存款额为1 000元,法定准备率为10%,超额准备率为0时,则活期存款货币乘数为10;现金初始存款额仍为1 000元,法定准备率为10%,而超额准备率为2.5%,这时活期存款乘数减少到8,由此产生的活期存款增加额也由原来的10 000元下降到8 000元。这是因为原来可用于贷款的金额由于超额准备率的作用而自动减少,这种现象称为超额准备金的漏出作用,使活期存款乘数变小,进而使银行系统的新增活期存款总额下降。

(b) 活期存款转为定期存款。设在银行系统的新增活期存款(ΔD_d)中有部分存款转为新增定期存款(ΔD_t),而且新增活期存款与新增定期存款之间存在着某一种固定的比率,这一比率称为定期——活期存款比率,记为t,即$\Delta D_t = t \Delta D_d$。由于新增的定期存款也必须保留一定比例的定期存款法定准备金,在银行新增准备金不变的条件下,新增定期存款总额的增加就会使新增活期存款总额减少,因此活期存款转为定期存款可以视为活期存款的一种漏出。在有超额准备金率的条件下,银行系统新增存款准备金(ΔR)由3部分构成:第一部分是新增活期存款的法定准备金,第二部分是新增活期存款的超额准备金,第三部分是新增定期存款的法定准备金。以r_t代表银行定期存款的法定准备率,按各国惯例,定期存款的法定准备率小于活期存款的法定准备率。这一关系可用数学表达式表示为

$$\Delta R = r_d \Delta D_d + e \Delta D_d + t r_t \Delta D_d = (r_d + e + t r_t) \Delta D_d$$

因此,银行系统最终新增活期存款总额为

$$\Delta D_d = \frac{1}{r_d + e + t r_t} \Delta R \qquad (6\text{-}28)$$

在式(6-28)中,活期存款乘数表达式为

$$K_c = \frac{1}{r_d + e + t r_t} \qquad (6\text{-}29)$$

从式(6-29)中可以看出,在存在活期存款法定准备率与上述两项活期存款的漏出项目的条件下,活期存款乘数是r_d、e、$t r_t$这3项之和的倒数,显然,这时的活期存款乘数比简单情况下的活期存款乘数要小,而且所有能够使这3项漏出之和增大的因素都会使活期存款乘数变小,进而使银行系统活期存款的最终存款总额减少。在活期存款的法定准备率与超额准备率不变的条件下,活期存款乘数和活期存款转为定期存款的比率t与定期存款的法定准备率r_t之积成反向变化,$t r_t$的值越大,活期存款乘数就会越小;反之,$t r_t$的值越小,活期存款乘数就会越大。

在超额准备率为零的条件下,活期存款乘数的表达式为

$$K_c = \frac{1}{r_d + tr_t} \tag{6-30}$$

从式(6-30)中可以看出,在只考虑活期存款法定准备率与定期存款法定准备率两项漏出项目的条件下,活期存款乘数是 r_d、tr_t 两项之和的倒数。在活期存款法定准备率不变的条件下,活期存款乘数和活期存款转为定期存款的比率 t 与定期存款的法定准备率 r_t 之积成反向变化,tr_t 的值越大,活期存款乘数就会越小;反之,tr_t 的值越小,活期存款乘数就会越大。

【**例 6-10**】 设初始存款额为 1 000 元(初始存款额最终将全部转为银行系统的准备金),活期存款的法定准备率 r_d 为 10%,超额准备率 e 为 2.5%,$t = 0.3$,定期存款的法定准备率 r_t 为 5.5%,由式(6-29)计算出的在考虑了超额准备金率和部分活期存款转为定期存款两项漏出后,活期存款乘数约为 7.067。由此计算出这笔活期存款增加额为 7 067 元,比未考虑部分活期存款转为定期存款时的新增活期存款 8 000 元有所下降,这是由于有部分活期存款转为定期存款的漏出所致。在不考虑超额准备金漏出的条件下,由式(6-30)可得活期存款乘数约为 8.584,由此计算出活期存款的新增加额为 8 584 元。

上面仅讨论了新增活期存款创造过程中所产生的活期存款总额,而新增定期存款并没有离开银行系统,当社会公众将第一笔现金作为活期存款存入 A 银行时,由于假定定期存款与活期存款之间保持一定的比率,银行系统也因此增加了一笔新增定期存款,银行在按定期存款的法定准备率留存定期存款的法定准备金后,再把这笔存款借贷出去,使银行系统的活期存款增加。以后每当银行系统活期存款额增加时,新增定期存款额也必然与之同比例增加。最终银行系统的新增定期存款也必然与新增活期存款之间保持固定的比率。这一结果可计算为

$$\Delta D_t = t\Delta D_d = \frac{t}{r_d + e + tr_t} \Delta R \tag{6-31}$$

式中,ΔR 表示银行系统的新增存款准备金额。

以上分别求出由于公众将一笔现金存入银行,使银行系统活期存款总额与定期存款总额的变动状况;而银行系统全部新增存款(包括活期存款与定期存款)总额应为

$$\Delta D = \Delta D_d + \Delta D_t = \frac{1+t}{r_d + e + tr_t} \Delta R \tag{6-32}$$

以 ΔD 表示银行系统全部新增存款总额,将例 6-10 中的数据代入式(6-32)计算全部新增存款(包括活期存款与定期存款)乘数,可得存款乘数为 9.187,由此可得银行全部新增存款总额为 9 187 元。

(c) 公众持有现金。设在货币扩张过程中,社会公众不仅持有活期存款,而且持有一定比例的现金(通货),有现金漏出银行系统。设现金与活期存款之间具有一定的比例,即 $\Delta C = h\Delta D_d$。h 表示通货变动量与活期存款变动量之间的比率,它取决于人们愿意在手头上持有货币的一种习惯,称为现金漏出率或现金漏损率,一般在 0.25~0.3 之间变动。这表明银行系统每增加一笔活期存款,就会漏出一笔公众持有的现金,现金与活期存款额之间保持固定的比例 h。

现在引入基础货币的概念,所谓基础货币,也称为强力货币或者高能货币,是商业银行的准备金 R 与公众手中所持有的可流通现金 C 之和。以 B 表示基础货币,则 $B = R + C$。新增基础货币可表示为

$$\Delta B = \Delta R + \Delta C \tag{6-33}$$

式(6-33)表示新增基础货币的增量等于银行系统新增准备金增量与公众新增通货的增量。

新增准备金增量可表示为

$$\Delta R = r_d \Delta D_d + e \Delta D_d + tr_t \Delta D_d \tag{6-34}$$

新增公众通货增量可表示为

$$\Delta C = h \Delta D_d \tag{6-35}$$

因此新增基础货币增量为

$$\Delta B = r_d \Delta D_d + e \Delta D_d + tr_t \Delta D_d + h \Delta D_d = (r_d + e + tr_t + h) \Delta D_d$$

在有超额准备金、定期存款与公众持有现金的条件下，新增基础货币将使银行活期存款增加额为

$$\Delta D_d = \frac{1}{r_d + e + tr_t + h} \Delta B \tag{6-36}$$

故活期存款乘数为

$$K_c = \frac{1}{r_d + e + tr_t + h} \tag{6-37}$$

【例6-11】 设 ΔB=1 000元，r_d=10%，e 为2.5%，t = 0.3，r_t=5.5%，h=0.25，由式(6-37)可得活期存款乘数应为2.554 28，新增1 000元基础货币最终使银行系统的活期存款增加到2 554.28元。在新增的1 000元基础货币中，保留在银行系统的库存现金 ΔR 由式(6-34)得出，为361.43元，保留在社会公众手中的现金 ΔC 由式(6-35)得出，为638.57元。基础货币为：$\Delta B = \Delta R + \Delta C$ =1 000(元)。

因为定期存款与活期存款保持一定的比例，故

$$\Delta D_t = \frac{t}{r_d + e + tr_t + h} \Delta B \tag{6-38}$$

$$K_{ct} = \frac{t}{r_d + e + tr_t + h} \tag{6-39}$$

则 K_{ct} 称为定期存款乘数。

银行系统全部新增存款(包括活期存款与定期存款)总额应为

$$\Delta D = \Delta D_d + \Delta D_t = \frac{1+t}{r_d + e + tr_t + h} \Delta B \tag{6-40}$$

式(6-33)表示当中央银行新发行一定数量的基础货币时，新增基础货币将分为两部分：一部分成为银行与储蓄机构的库存现金；另一部分成为公众手中可流通的现金。这些基础货币将使银行与储蓄机构的活期存款与定期存款增加，最终使全部(包括活期与定期)存款增加，其增加额由式(6-40)计算得出。

以上说明了商业银行存款的创造过程。那么，商业银行所创造出来的存款与货币供给量是什么关系呢？下面要进一步分析经济中的货币供给量是怎样决定的。

③ 货币供给量的决定。把银行的准备金和流通中的现金合称为基础货币，货币供给量 M 包括流通中的现金和银行存款 D，它们之间的关系可以用图6.13表示。

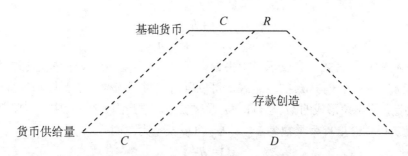

图 6.13 基础货币与货币供给量的关系

从图 6.13 中可以看出。基础货币中的现金直接构成货币供给量的一部分，但是货币供给量中的存款是由商业银行的准备金经过存款创造而得到的。基础货币经过扩张形成货币供给量。扩张形成的货币供给量与基础货币之间存在倍数关系，我们把这种倍数称为货币乘数。那么货币乘数为多大呢？

以 M_1 表示狭义货币供给量，它包括公众手中持有的现金和各种活期存款总额。由狭义货币供给量 M_1 的定义

$$M_1 = C + D_d \tag{6-41}$$

故

$$\Delta M_1 = \Delta C + \Delta D_d$$
$$\Delta C = h \Delta D_d$$

所以

$$\Delta M_1 = (1+h) \Delta D_d$$

将式(6-36)代入上式，可得狭义货币供给量 M_1 的表达式为

$$\Delta M_1 = \frac{1+h}{r_d + e + tr_t + h} \Delta B \tag{6-42}$$

式(6-42)为狭义货币供给量 M_1 的计算公式，它表示当中央银行新增一笔基础货币时所能增加的狭义货币供给量。

令狭义货币供给量货币乘数为 K_m，K_m 可以表示为

$$K_m = \frac{1+h}{r_d + e + tr_t + h} \tag{6-43}$$

以 M_2 表示广义货币供给量，它是由 M_1 和各种定期存款总额组成。由广义货币供给量 M_2 的定义

$$M_2 = C + D_d + D_t \tag{6-44}$$

故

$$\Delta M_2 = \Delta C + \Delta D_d + \Delta D_t$$
$$\Delta C = h \Delta D_d$$
$$\Delta D_t = t \Delta D_d$$

所以

$$\Delta M_2 = (1 + h + t) \Delta D_d \tag{6-45}$$

将式(6-36)代入式(6-45)，可得 M_2 的表达式为

$$\Delta M_2 = \frac{1+h+t}{r_d + e + tr_t + h} \Delta B \tag{6-46}$$

式(6-46)为 M_2 的计算公式，它表示当中央银行新增一笔基础货币时所能增加的狭义货币供给量。比较 M_1 的表达式与 M_2 的表达式，可以看出，对于同样一笔新增基础货币，通过银行存款的创造，最终所形成的 M_2 总额比 M_1 总额要多。这是因为在 M_2 中有定期存款的缘故。

令广义货币供给量货币乘数为 K_{mt}，K_{mt} 可以表示为

$$K_{mt} = \frac{1+h+t}{r_d + e + tr_t + h} \tag{6-47}$$

从上面的分析，可以看出影响一国货币供给量的主要因素是中央银行发行的基础货币和货币乘数。进一步分析可以看到，在上面的因素中可以具体分为3类因素。

第一类是中央银行可以操纵与控制的因素，包括基础货币 B、法定活期存款准备率 r_d 和法定定期存款准备率 r_t。

第二类是由银行和其他存款机构决定的因素，主要是超额准备金率 e。影响超额准备金率的因素十分复杂，如市场利率、经济活动的状况和储户的提款心理都会对超额准备金的留存产生一定的影响。

第三类是家庭与企业所能影响的因素，有定期存款对活期存款的比率 t 和公众手持现金对活期存款的比例 h。前者主要取决于市场利率水平的高低，当定期存款的利率较高时，人们会增加定期存款的数量，t 就会增大；当定期存款的利率降低时，人们会减少定期存款的数量，t 就会下降。后者主要取决于公众的持币心理意愿，间接地受到多种经济因素的影响，如个人财富的多少，利率的高低，物价水平的高低，通货膨胀的预期等。

总之，一国的货币供给量，由多种因素共同决定，这里，中央银行的作用起着主导性作用，但一项货币政策能否达到预期的效果，并不完全取决于货币当局的主观愿望，作为货币需求者的商业银行、金融机构的行为与家庭、企业的持币意愿和金融资产持有方式的决策同样会对一项货币政策产生一定的影响。有时三者的行为共同推动货币政策以达到货币当局希望的目标，但有时三者的行为却相互抵消，相互制约，以至远离货币当局的目标。

④ 改变法定准备率。改变法定准备率对调节货币供给量的特点是反应强烈，见效迅速。当法定准备率增大时，货币乘数变小，在基础货币不变的条件下，通过银行系统的存款创造，货币供给量将会倍数减少；当法定准备率减小时，货币乘数变大，通过银行系统的存款创造，货币供给量将会倍数增加。

当社会上货币供给量不足，企业出现银根紧、资金周转不灵时，中央银行可以宣布降低法定准备率，其本身就是一个强烈的放松银根的信号，意味着所有商业银行可以减少库存储备中的法定准备金，这使得商业银行可贷款项突然因此而增多，通过银行存款的创造过程，将使社会货币供给量倍数增加，从而缓解了企业急需现金的燃眉之急。因此降低法定准备率的政策被公认为是放松银根的扩张性货币政策。反之，当社会上货币供给量过多，市场因购买力过旺而出现产品供不应求、价格上涨等现象时，中央银行应该提高法定准备率。这等于向社会发出紧缩银根的金融信号，所有商业银行必须无条件地按新规定的法定准备率重新调整库存储备，这使得商业银行为筹集新增准备金必须紧缩信贷规模，通过银行存款的创造过程，使社会货币供给量倍数减少，从而达到紧缩货币、促使经济降温的目的。由此看来，提高法定准备率的政策被公认为是收缩银根的紧缩性货币政策。

为了说明改变法定准备率对整个社会货币总供给量的影响，现假设某国中央银行所发

行的基础货币为1 000亿元，法定准备率为10%，若此时由于需求过旺，市场上出现了较为普遍的价格上涨的情况。为抑制过热的经济，货币当局决定立即采取果断措施紧缩货币，将法定准备率提高到15%。现在计算在简单情况下银行体系由此而收缩的货币总供给量。

【例6-12】 设ΔB=1 000亿元，r_d=10%，e为2.5%，t=0.3，r_t=5.5%，h=0.25，由式(6-47)可得广义货币供给量货币乘数应为3.959，新增1 000亿元基础货币经过存款创造后的货币总供给量最终增加到3 959亿元。如果提高法定准备率r_d=15%，按提高后的法定准备率，由式(6-47)可得广义货币供给量货币乘数应为3.511，新增1 000亿元基础货币银行体系总共能够创造广义货币总供给量应为3 511亿元。提高法定准备率的实际效果应为3 959-3 511=448(亿元)。

通过计算可以看出，该项政策的实际效果将使整个社会的货币总供给量减少，一共使货币总量收缩了448亿元。由此说明虽然法定准备率仅提高了5%，但对于货币总供给量的收缩量来说却十分明显，使货币总供给量收缩了11.3%。

阅读案例6-10

1984—2024年我国存款准备金率的历次调整

我国在1984年建立了存款准备金制度，各银行开始向中央银行上交存款准备金，当时存款准备金率不一致，自1985年起，各银行开始按相同的存款准备率向中央银行上缴存款准备金。从2008年09月25日开始，大型金融机构和中小金融机构开始实行差别存款准备金率。

中国人民银行决定，从2024年2月5日起，下调存款类金融机构人民币存款准备金率0.5个百分点。至此，我国存款准备金率经历了67次的调整，其中33-60次的调整略去，其余见表6-8。

表6-8 1984—2024年我国存款准备金率历次调整一览表

次数	时间	调整前	调整后	调整幅度(百分点)
67	2024年2月5日	(大型金融机构)10.50%	10.00%	-0.5
		(中小金融机构)7.50%	7.00%	-0.5
66	2023年9月15日	(大型金融机构)10.75%	10.50%	-0.25
		(中小金融机构)7.75%	7.50%	-0.25
65	2023年3月27日	(大型金融机构)11.00%	10.75%	-0.25
		(中小金融机构)8.00%	7.75%	-0.25
64	2022年12月5日	(大型金融机构)11.25%	11.00%	-0.25
		(中小金融机构)8.25%	8.00%	-0.25
63	2022年4月25日	(大型金融机构)11.50%	11.25%	-0.25
		(中小金融机构) 8.50%	8.25%	-0.25
62	2021年12月15日	(大型金融机构)12.00%	11.50%	-0.5
		(中小金融机构)9.00%	8.50%	-0.5
61	2021年7月15日	(大型金融机构)12.50%	12.00%	-0.5
		(中小金融机构)9.50%	9.00%	-0.5

续表

次数	时间	调整前	调整后	调整幅度(百分点)
32	2010年2月25日	(大型金融机构)16.00%	16.50%	0.5
		(中小金融机构)13.50%	不调整	—
31	2010年1月18日	(大型金融机构)15.50%	16.00%	0.5
		(中小金融机构)13.50%	不调整	—
30	2008年12月25日	(大型金融机构)16.00%	15.50%	-0.5
		(中小金融机构)14.00%	13.50%	-0.5
29	2008年12月05日	(大型金融机构)17.00%	16.00%	-1
		(中小金融机构)16.00%	14.00%	-2
28	2008年10月15日	(大型金融机构)17.50%	17.00%	-0.5
		(中小金融机构)16.50%	16.00%	-0.5
27	2008年09月25日	(大型金融机构)17.50%	不调整	—
		(中小金融机构)17.50%	16.50%	-1
26	2008年06月07日	16.50%	17.50%	1
25	2008年05月20日	16.00%	16.50%	0.5
24	2008年04月25日	15.50%	16.00%	0.5
23	2008年03月18日	15%	15.50%	0.5
22	2008年01月25日	14.50%	15%	0.5
21	2007年12月25日	13.50%	14.50%	1
20	2007年11月26日	13%	13.50%	0.5
19	2007年10月25日	12.50%	13%	0.5
18	2007年09月25日	12%	12.50%	0.5
17	2007年08月15日	11.50%	12%	0.5
16	2007年06月05日	11%	11.50%	0.5
15	2007年05月15日	10.50%	11%	0.5
14	2007年04月16日	10%	10.50%	0.5
13	2007年02月25日	9.50%	10%	0.5
12	2007年01月15日	9%	9.50%	0.5
11	2006年11月15日	8.50%	9%	0.5
10	2006年08月15日	8%	8.50%	0.5
9	2006年07月05日	7.50%	8%	0.5
8	2004年04月15日	7%	7.50%	0.5
7	2003年09月21日	6%	7%	1
6	1999年11月21日	8%	6%	-2
5	1998年03月21日	13%	对存款准备金制度进行改革下调到8%	-5
4	1988年09月	12%	13%	1
3	1987年	10%	12%	2
2	1885年	央行将法定存款准备金率统一调整为10%	—	
1	1984年	企业存款20%, 农村存款25%, 储蓄存款40%	—	—

2) 公开市场业务

公开市场业务是西方中央银行常用的货币政策工具,特别是在美国。公开市场业务是指中央银行在公开市场上通过买进或卖出政府债券,用以调节货币总供给量的政策。当货币的供给量过多,导致经济过热出现通货膨胀时,中央银行就会在公开市场上卖出政府债券。购买政府债券的可能是商业银行、金融机构和社会公众,中央银行借此收回基础货币。这将减少社会公众手中的现钞与银行的库存现金总量,通过货币乘数的作用,使整个社会的货币总供给量倍数减少,促使利率水平的上升。利率水平的上升将抑制投资与消费,使总产出水平下降。反之,当货币的供给量过少,导致社会通货供给紧张,一般企业出现资金短缺时,中央银行将会在公开市场上买进政府债券,放出基础货币。由于基础货币的增加,商业银行的库存现金增加,公众手中的现金总量增加,通过银行存款的创造过程,使社会货币总供给量倍数增加,促使利率水平的下降。利率水平的下降将刺激投资与消费,进而使总产出水平增加。

一般把中央银行在公开市场上买进政府债券增加货币供给量,降低市场利率水平的货币政策,称为扩张性的货币政策;而把中央银行在公开市场上卖出政府债券减少货币供给量,提高市场利率水平的货币政策,称为紧缩性的货币政策。

公开市场业务按其作用可以分为主动性业务与防御性业务。主动性业务是为了实现某一宏观经济目标而影响货币总供给量与利率水平的公开市场业务。所谓防御性业务是指为了抵消因临时性、季节性与随机性因素对基础货币需求的影响而采取的业务活动。其目的在于对市场可能出现的某种倾向进行预防,以抵消由此对经济产生的不利影响。

阅读案例 6-11

中国公开市场业务的演变

中国公开市场操作包括人民币操作和外汇操作两部分。1994 年年初,随着中国外汇管理体制改革的实施以及外汇交易中心正式联网营运,外汇公开市场操作于 1994 年 3 月正式启动。中国人民银行通过参与银行间外汇市场买卖,适时调节国内外汇供求,稳定人民币汇率,对保证以结售汇为特征的外汇体制改革的顺利实施,发挥了重要作用。

中国人民银行于 1996 年 4 月 9 日正式启动了人民币公开市场操作,初步建立了操作的技术网络系统,制定了相关的交易规程和办法。中国的公开市场操作实行的是一级交易商制度。1996 年,参与公开市场操作的金融机构是国内四大国有商业银行和十大股份制商业银行的总行共计 14 家,1996 年 12 月底,上海城市合作银行、北京城市合作银行和南京城市合作银行的加盟使公开市场业务的操作对象达到 17 家。在交易方式上,公开市场业务采用的是回购交易方式。从 1996 年 4 月 9 日到 1996 年年底,中国人民银行共进行了 51 次短期国债的"逆回购"业务,回购总量 43 亿元。

1997 年人民币公开市场操作被暂停了,主要原因是根据 1996 年的货币政策的需要,中央银行应回收基础货币。但当时中国人民银行并未持有国债,只能进行"逆回购"交易,由于这种操作的效果是投放基础货币,与当时的政策目标相异。

1998 年 5 月 26 日人民币公开市场操作恢复交易,有了较大发展。交易的品种包括国债、中央银行融资券、政策性金融债券等;交易的对象扩大到 29 家商业银行;交易规模逐步扩大,当年累计交易量为 2 827 亿元。

1999 年以来,公开市场操作已成为中国人民银行货币政策日常操作的重要工具,对于调控货币供应量、调节商业银行流动性水平、引导货币市场利率走势发挥了积极的作用,到了 2001 年公开市场业务操作规模达到 16 781 亿元,交易量比 1998 年增长了 4.9 倍,而且在交易方式上也有了明显的改善,过去主要以回购交易为主,2001 年现券交易量增加迅速。

2003年，中国人民银行为了解决公开市场业务操作的对象问题，于2003年第二季度开始发行中央银行票据，调控基础货币，调节商业银行的流动性，引导货币市场利率。人民银行在4月22日至6月30日的10个发行日中，以价格招标方式贴现发行17期央行票据，发行总量为1950亿元，其中3个月期900亿元，6个月期750亿元，1年期300亿元。中央银行票据的发行是人民银行公开市场业务交易方式的创新和货币政策操作的现实选择。

2004年是中国人民银行公开市场操作发展历程中具有重要意义的一年。针对外汇占款快速增长、财政库款波动较大等流动性变化的新情况，全年重点加强了流动性管理体系建设，进一步完善了公开市场业务制度，积极推进公开市场操作创新，银行体系流动性管理出现了比较主动的局面。根据货币政策调控的总体要求，全年不同阶段分别采取适度从紧和相对中性的操作取向，灵活开展央行票据发行和回购操作，有效对冲外汇占款，实现了银行体系流动性总量适度、结构合理、变化平缓和货币市场利率基本稳定的目标。公开市场操作的前瞻性增强，透明度进一步提高。央行票据发行体系渐趋成熟，在宏观调控和市场发展中的作用日益突出。

中国人民银行公告，根据公开市场业务一级交易商考评调整机制（公开市场业务公告〔2004〕第2号、〔2018〕第2号），中国人民银行对2022年度公开市场业务一级交易商及申请加入一级交易商的机构进行了综合评估，根据评估结果，确定了51家2023年度公开市场业务一级交易商。此外，为配合民营企业债券融资支持工具，再次将中债信用增进投资股份有限公司纳入公开市场业务一级交易商。见表6-9。

表6-9　2023年度公开市场业务一级交易商名单

中国工商银行	中国进出口银行	中国农业发展银行
中国银行	招商银行	徽商银行
交通银行	浙商银行	江苏银行
招商银行	齐商银行	广州市商业银行
上海浦东发展银行	重庆农村商业	南京银行
兴业银行	渤海银行	杭州银行
华夏银行	青岛银行	西安市商业银行
花旗银行(中国)有限公司	厦门市商业银行	平安银行
上海银行	北京银行	北京农村商业银行
厦门国际银行	汇丰银行(中国)有限公司	渣打银行(中国)有限公司
中国农业银行	中信证券	河北银行
中国建设银行	贵阳银行	郑州银行
中国邮政储蓄银行	西安银行	成都银行
中国光大银行	上海农村商业银行	广东顺德农村商业银行
中信银行	国家开发银行	德意志银行(中国)有限公司
民生银行	中国国际金融股份有限公司	成都农村商业银行
广发银行	广州农村商业银行	中债信用增进投资股份有限公司

(资料来源：中国人民银行网站(www.pbc.gov.cn)。)

阅读案例6-12

中国人民银行公开市场业务操作

公开市场业务交易公告(2024年第62号)

为维护季末流动性平稳，2024年3月28日人民银行以利率招标方式开展了2500亿元逆回购操作。

具体情况如下:

逆回购操作情况

期　限	交 易 量	中 标 利 率
7天	2500亿元	1.80%

中国人民银行公开市场业务操作室
二〇二四年三月二十八日

公开市场业务交易公告(2024年第61号)

为维护季末流动性平稳,2024年3月27日人民银行以利率招标方式开展了2500亿元逆回购操作。具体情况如下:

逆回购操作情况

期　限	交 易 量	中 标 利 率
7天	2500亿元	1.80%

中国人民银行公开市场业务操作室
二〇二四年三月二十七日

公开市场业务交易公告(2024年第60号)

为维护季末流动性平稳,2024年3月26日人民银行以利率招标方式开展了1500亿元逆回购操作。具体　情况如下:

逆回购操作情况

期　限	交 易 量	中 标 利 率
7天	1500亿元	1.80%

中国人民银行公开市场业务操作室
二〇二四年三月二十六日

(资料来源:中国人民银行网站(www.pbc.gov.cn).)

3) 贴现率政策

"贴现率政策"最初称为"再贴现政策"。先来了解一下什么是贴现与再贴现。贴现与再贴现是一国中央银行与商业银行的业务活动之一。一般商业银行的贴现是指客户持有未到期的商业银行的各种合法票据与政府债券,因急需现金,到商业银行请求兑换现金时,商业银行则要预先扣除一定百分比的现金作为贴现利得,这种金融业务活动称为贴现。所预先扣除的一定百分比称为贴现率。商业银行以赢利为目的,所要扣除的百分比必然要大于票据或债券本身所能获得的收益率。再贴现是指商业银行与金融机构向中央银行借款的一种金融业务。有时商业银行也会出现支付困难,急需现金头寸以应对支付需要,这时商业银行会将未到期的银行票据或政府债券作为抵押,请求中央银行兑换现金或提供贷款。中央银行向商业银行贷款所要求的贷款利率称为中央银行向商业银行的贴现率或再贴现率。后来再贴现的概念有所变化,商业银行从中央银行获得资金,除了采取再贴现的方式外,还采取了其他贷款方式,各国中央银行一般都不再提再贴现政策,而提贴现率政策。贴现率政策主要是中央银行通过改变对商业银行的贷款利率来影响后者的信用活动。

中央银行调整贴现率的主要目的有两个：第一，影响商业银行的资金成本，借以影响商业银行的融资意向。当中央银行提高贴现率时，商业银行有两种反应：一种反应是减少从中央银行的借款，因为利率提高后，对商业银行的贷款需求起着一种抑制作用，这样就直接地紧缩了信用；另一种反应是按同幅度提高对企业的贷款利率，因为若银行不提高贷款利率，其盈利就会受到影响。提高对企业的贷款利率就会抑制后者的贷款需求，从而间接地起到了紧缩货币的作用。第二，中央银行调整贴现率的目的是产生"告示作用"，以影响商业银行及公众的预期。当中央银行提高贴现率时，意味着向企业与公众传递紧缩信用信息。这一"告示作用"一般会使商业银行自觉与中央银行保持一致，按同样幅度调高对企业的贷款利率。

中央银行通过变动再贴现率可以直接影响商业银行的信贷数量，从而调节社会货币总供给量。当中央银行提高再贴现率时，就会明显减少向商业银行的贷款数量，这将使社会上的货币供给量因信贷减少而收缩，称为紧缩性的货币政策；当中央银行降低再贴现率时，就会增加向商业银行的贷款数量，这将使社会上的货币供给量因信贷的增加而增加，称为扩张性的货币政策。

6.2.4 货币传导机制

在分析了中央银行货币政策的最终目标、中间目标和政策工具之后，再来研究货币政策是怎样影响产出和价格的。

货币传导机制是指货币供应量变动如何导致产出、价格和就业的变动。货币政策的传导机制包括两个阶段，第一阶段是中央银行操作货币政策工具影响货币总供给量，货币供应量变化后将引致利率的变化。第二阶段是利率发生变化时，总需求(总支出——包括总需求的全部构成部分)会对利率的变动做出不同程度的反应，产出、价格和就业会对总需求的变化而做出调整。

现在假设中央银行采取扩张性的货币政策，增加货币供给量，实行货币扩张，其产生的影响如图 6.14 所示。假设原来的货币供给曲线为 S_M，原来的货币需求曲线为 D_L，中央银行担心出现经济衰退，通过公开市场购买债券来增加货币供给量，使货币供给曲线移动到 S'_M，从而使市场利率从 r_1 降到 r_2。利率降低后，使总需求的全部构成部分对利率的变动做出不同程度的反应。利率降低将诱使企业在厂房、设备和存货上增加投资支出。另外，利率降低意味着住房抵押贷款每月支付的利息减少，因而鼓励家庭购置更多和更大的住房。此外，消费支出将会增加。一方面是因为利率下降会使财产的价值增加(因股票、债券和住房的价格趋于上升)。另一方面是当利率较低而贷款又较易获得时，消费者就会在汽车或其他高价耐用品上花销更多的钱。再者，利率降低会趋于降低外汇汇率，因而增加净出口数量。可见，利率下降会在许多不同领域里导致总需求(总支出)的增加。

下面运用总供给—总需求框架来观察货币政策对产出和价格水平的影响(如图 6.15 所示)。以横轴 y 表示国民产出，以纵轴 P 表示价格水平，货币供给量的增加，导致总需求的增加，引起 AD 曲线的右移，由 AD 移动到 AD'，在有未被利用资源的情况下，AS 曲线比较平缓，货币扩张，使均衡点由 E 移动到 E'，使国民产出由 y_0 增加至 y_1，国民产出增加的较多，对价格水平只有轻微的影响。但是，如果资源接近或已经充分利用时，AS 曲线会比较陡峭，在这种情况下，货币扩张对于实际产出不会产生很大影响，而主要导致价格水平的上升。

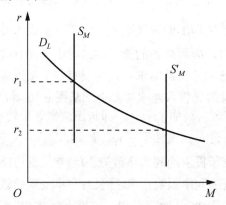

图 6.14 货币供求变化影响利率

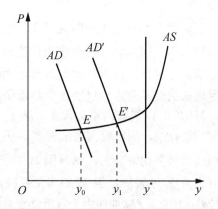

图 6.15 扩张性货币政策对产出和价格水平的影响

阅读案例 6-13

中国人民银行发布《宏观审慎政策指引（试行）》

为贯彻落实党的十九大关于"健全货币政策和宏观审慎政策双支柱调控框架"的重大决策部署，完善宏观审慎政策治理机制，提高防范化解系统性金融风险的能力。2021年12月31日中国人民银行发布《宏观审慎政策指引（试行）》。《指引》从我国实际出发，明确了建立健全我国宏观审慎政策框架的要素。主要包括：一是界定了宏观审慎政策相关概念，包括宏观审慎政策框架、系统性金融风险、宏观审慎管理工作机制等；二是阐述了宏观审慎政策框架的主要内容，包括宏观审慎政策目标、系统性金融风险评估、宏观审慎政策工具、传导机制和治理机制等；三是提出了实施好宏观审慎政策所需的支持保障和政策协调要求。发布《指引》是建立健全我国宏观审慎政策框架的重要举措，有助于构建运行顺畅的宏观审慎治理机制，推动形成统筹协调的系统性金融风险防范化解体系，促进金融体系健康发展。人民银行将按照《指引》构建的总体框架，认真履行宏观审慎管理牵头职责，不断完善宏观审慎政策框架，推动宏观审慎政策落地见效，守住不发生系统性金融风险底线。

(资料来源：中国人民银行网站(www.pbc.gov.cn.))

6.2.5 IS—LM 模型与货币政策的效果分析

货币政策的效果指变动货币供给量的政策对总需求的影响，假定增加货币供给能使国民收入有较大增加，则货币政策效果就大；反之则小。货币政策效果同样取决于 IS 和 LM 曲线的斜率，也分两种情况：

在 LM 曲线形状基本不变时，IS 曲线越平坦，LM 曲线移动(由于实行变动货币供给量的货币政策)对国民收入变动的影响就越大；反之，IS 曲线越陡峭，LM 曲线移动的影响就越小，如图 6.16 所示。图中横轴 y 表示国民收入，纵轴 r 表示利率水平，LM 曲线斜率相同，IS 曲线斜率不同，假定开始的均衡收入和均衡利率都为 r_0 和 y_0。政府货币当局实行增加同样一笔货币供给量 ΔM 的扩张性货币政策时，LM 都右移相同距离 EE_3，

$EE_3 = y_0y_3 = \dfrac{\Delta M}{k}$,这里 k 是货币需求函数 $L = ky - hr$ 中的 k,即货币交易需求量与收入之比率,y_0y_3 等于利率 r_0 不变时因货币供给增加而能够增加的国民收入,但实际上收入并不会增加那么多,因为利率会因货币供给增加而下降,因而增加的货币供给量中一部分要用来满足增加了的投机需求;另一部分才用来满足增加的交易需求。究竟要有多少货币量用来满足增加的交易需求,这决定于货币供给增加时国民收入能增加多少。从图 6.16 看,IS 较陡峭时(IS_2),国民收入增加较少,从 y_0 增加到 y_2,增加了 y_0y_2,即货币政策效果较小,IS 较平坦时(IS_1),国民收入增加较多,从 y_0 增加到 y_1,增加了 y_0y_1,显然,$y_0y_1 > y_0y_2$,即货币政策效果比前者大,这是因为 IS 较陡,表示投资的利率系数较小(当然,支出乘数较小时也会使 IS 较陡,但 IS 斜率主要决定于投资的利率系数),即投资对利率变动的敏感程度较差,因此,LM 曲线由于货币供给增加而向右移动使利率下降时,投资不会增加很多,从而国民收入也不会有较大增加;反之,IS 较平坦时,表示投资利率系数较大,因此,货币供给增加使利率下降时,投资和收入会增加较多。

当 IS 曲线斜率不变时,LM 曲线越平坦,货币政策效果就越小,反之,则货币政策效果就越大,如图 6.17 所示。在图中横轴 y 表示国民收入,纵轴 r 表示利率水平,只有一条 IS 曲线,因而斜率相同,货币供给增加使 LM 从 LM_1 右移到 LM'_1 和 LM_2 右移到 LM'_2 时(相同距离为 EE_3),LM_1 较陡峭时,收入增加较多,从 y_0 增加到 y_1,而 LM_2 较平坦时,收入增加较少,从 y_0 增加到 y_2,显然,$y_0y_1 > y_0y_2$。这是因为,若 LM 曲线较陡峭,表示货币需求受利率的影响较小,即货币供给量稍有增加就会使利率下降较多,因而对投资和国民收入有较多增加,即货币政策的效果较强。反之,LM 较平坦,表示货币需求受利率的影响较大,即利率稍有变动就会使货币需求变动很多,因而货币供给量变动对利率变动的作用较小,从而增加货币供给量的货币政策就不会对投资和国民收入有较大影响。

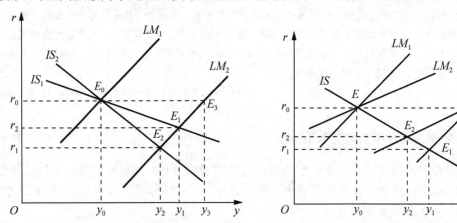

图 6.16 货币政策效果因 IS 曲线斜率而异　　图 6.17 货币政策效果因 LM 曲线斜率而异

总之,一项扩张的货币政策如果能使利率下降较多(LM 较陡时就会这样),并且利率的下降能对投资有较大刺激作用(IS 较平坦时就会这样),则这项货币政策的效果就较强。反之,货币政策的效果就较弱。

政策对比

财政政策与货币政策在宏观调控中的不同作用

(1) 财政和货币政策作用机制不同。财政政策更多地偏重于公平。财政政策是影响和制约社会总产品和国民收入分配的重要环节,它的主要责任是直接参与国民收入的分配并对集中起来的国民收入在全社会范围内进行再分配,调节各经济主体间的利益差别,保持适当合理的分配差距,以防止过度的收入悬殊,并从收入和支出两部分影响社会总需求的形成。货币政策则更多地偏重于效率。货币政策的实施是国家再分配货币资金的主要渠道,是在国民收入分配和财政再分配基础上的一种再分配,主要是通过信贷规模的伸缩来影响消费需求和投资需求,进而引导资源流向效益好的领域。

(2) 从两种政策调节的方式和途径看,财政政策可以由政府通过直接控制和调节来实现,如要控制总需求,可通过提高税率,增加财政收入,压缩财政支出,特别是基本建设支出等措施,可立见成效;而要刺激需求,则可通过减税,扩大国债发行规模,增加固定资产投资等手段较快实现政策目标。货币政策首先是中央银行运用各种调节手段,调节存款准备金和对商业银行贷款数量,以影响商业银行的行为。若抑制总需求则调高法定存款准备金比率及再贴现比率,若刺激总需求则降低比率,商业银行则立即做出反映,相应调整对企业和居民的贷款规模,影响社会需求,从而利于政策目标的实现。

(3) 两大政策调节的领域不同。财政政策主要通过参与社会产品和国民收入的分配来实现对国民经济的调节。货币政策主要从流通领域出发对国民经济进行调节。货币政策的核心内容是通过货币供应量的调节来对国民经济施以影响,其功能是向流通领域提供既能满足经济发展需要,又能保证物价稳定的流通手段和支付手段。

(4) 两大政策调节的对象不同。财政政策调节的对象是财政收支;货币政策调节的对象是货币供应量。

(5) 两大政策的效应时滞不同。从政策制定上看,财政政策的时滞较货币政策长,因为在决定财政政策时,政府提出的有关税收变动和支出调整财政措施,往往要经过一个较长的批准过程。而货币政策制定则不需要那么长的批准过程。从政策的执行上看,货币政策的时滞要比财政政策长,因为货币政策无论是通过扩张货币供给量降低利率来刺激有效需求的增长,还是通过紧缩货币供给量提高利率来抑制有效需求增长,都需要一个较长的过程。而财政政策只要能使政府扩大或紧缩支出,便可以较快地对社会总供求产生影响。

(6) 两大政策调节的透明度不同。财政预算一收一支,收入多少,支出多少,一清二楚,因而,具有较高的透明度;而货币政策具有一定的隐蔽性,主要表现为:银行贷款源于存款,但贷款本身又可以创造派生存款,这样信贷投放的合理规模、货币发行的合理界限很难掌握。

(7) 两大政策的实施者不同。财政政策是由政府财政部门具体实施,而货币政策则由中央银行具体实施。

(8) 两大政策的作用过程不同。财政政策的直接对象是国民收入再分配过程,以改变国民收入再分配的数量和结构为初步目标,进而影响整个社会经济生活;货币政策的直接对象是货币运动过程,以调控货币供给的结构和数量为最初目标,进而影响整个社会经济生活。

(9) 两大政策工具不同。财政政策所使用的工具一般与政府产生税收和收支活动相关,主要是税收和政府支出、政府转移性支出和补贴;货币政策使用的工具通常与中央银行的货币管理、业务活动相关,主要有存款准备金率、再贴现率或中央银行贷款利率、公开市场业务。

6.3 供给管理政策

20世纪70年代初,石油价格大幅度上升对经济的严重影响,使经济学家们认识到了总供给的重要性。这样,宏观经济政策工具中就不仅有需求管理,而且还有供给管理。因此,自20世纪70年代以后,西方经济学家重视了总供给对经济的影响,分析了总供给对通货膨胀的影响,以及劳动力市场结构对失业的影响。在短期内影响总供给的主要因素是生产成本,特别是生产成本中的工资成本。在长期内影响总供给的主要因素是生产能力,即经济潜力的增长。因此,供给管理包括控制工资与物价的收入政策、指数化政策、改善劳动力市场状况的人力政策,以及促进经济增长的增长政策。

6.3.1 收入政策

收入政策是通过控制工资与物价来制止通货膨胀的政策,因为控制的重点是工资,故称收入政策。

根据成本推动的通货膨胀理论,通货膨胀是由于成本增加,特别是由于工资成本的增加而引起的。因此,要制止通货膨胀就必须控制工资增长率,而要有效地控制工资增长率,还要同时控制价格水平。收入政策一般有3种形式,如下所述。

1. 工资与物价冻结

政府采用法律手段禁止在一定时期内提高工资与物价。这种措施一般是在特殊时期(例如战争时期)采用的。但在某些通货膨胀严重时期,也可以采用这一强制性措施。这种措施在短期内可以有效地控制通货膨胀,但它破坏了市场机制的正常作用,在长期中不仅不能制止通货膨胀,反而还会引起资源配置失调,给经济带来更多的困难。所以,一般不宜采用这种措施。

2. 工资与物价指导线

政府为了制止通货膨胀,根据劳动生产率的增长率和其他因素,规定出工资与物价上涨的限度,其中主要是规定工资增长率,所以又称"工资指导线"。工会和企业要根据这一指导线来确定工资增长率,企业也要根据这一规定确定物价上涨率。这种作法比较灵活被广泛采用。如,2023年广东省企业工资指导线公布,基准线为8.5%,上线(警戒线)为12.5%,下线为0或负增长。

3. 税收刺激计划

以税收为手段来控制工资的增长。具体作法是:政府规定货币工资增长率,即工资指导线,以税收为手段来付诸实施。如果企业的工资增长率超过这一指导线,就苛以重税;如果企业的工资增长率低于这一规定,就给以减税。但这种计划在实施中会遇到企业与工会的反对。

6.3.2 指数化政策

通货膨胀会引起收入分配的变动,使一些人受害,另一些人受益,从而对经济产生不利的影响。指数化就是为了消除这种不利影响,以对付通货膨胀的政策。它的具体作法是:

定期地根据通货膨胀率来调整各种收入的名义价值，以使其实际价值保持不变。主要的指数化措施如下。

1. 工资指数化

工资指数化是指按通货膨胀率来调整名义工资，以保持实际工资水平不变。在经济发生通货膨胀时，如果工人的名义工资没变，实际工资就下降了。这就会引起有利于资本家而不利于工人的收入再分配。为了保持工人的实际工资不变，在工资合同中就要确定有关条款规定在一定时期内按消费物价指数来调整名义工资，这项规定称为"自动调整条款"。此外，也可以通过其他措施按通货膨胀率来调整工资增长率。工资指数化可以使实际工资不下降，从而维护社会的安定。但在有些情况下，工资指数化也引起工资成本推动的通货膨胀。

2. 税收指数化

税收指数化是指按通货膨胀率来调整起征点与税率等级。当经济中发生了通货膨胀时，实际收入不变而名义收入增加了。如果不实行税收指数化，在累进税制下，纳税者名义收入的提高使原来的实际收入进入了更高的税率等级，需交纳的实际税金增加，从而使收入分配发生不利于公众而有利于政府的变化，成为政府加剧通货膨胀的动力。只有根据通货膨胀率来调整税收，即提高起征点并调整税率等级，才能避免不利的影响。我国在2018年10月1日正式实施新个人所得税法。新起征确定在5000元，个人所得税继续维持七档的级距，各级距的范围和适用的税率作出了较大的调整。这属于税收指数化。

3. 利率指数化

利率指数化是指按通货膨胀率来调整名义利率，以保持实际利率不变。即在债务契约中规定名义利率自动按通货膨胀率指数进行调整。这样就可以使通货膨胀不会对正常的债务活动与住房投资这类长期投资产生不利的影响。此外，银行存款利率也要按通货膨胀率进行调整，以保护储户的利益，既便于银行吸引存款，也有利于储户进行储蓄的积极性。

利率作为资本的价格可以使资本这种资源得到最优配置，通货膨胀会使利率受到扭曲，从而会导致资源配置失误。对利率实行指数化则可以消除这种失误，因此，这种指数化政策得到了广泛采用。

6.3.3 人力政策

人力政策又称就业政策，是一种旨在改善劳动市场结构，以减少失业的政策。当经济中普遍出现结构性失业时，需采用人力政策，主要原因在于：一是与劳动者本身结构有关，失业者多为缺乏技能、不熟练的工人；二是与经济结构变化有关，经济结构的不断变化和升级，使劳动者原来的部分职业技能难以适应现有经济结构；三是由于信息不充分、不准确，形成"工人找工作，雇主找工人"的状况；四是新加入劳动力市场的劳动者同样会因为最初技能不适应现有经济结构而造成的失业。

人力政策的措施主要有以下两个内容。

1. 人力资本投资

由政府或有关机构向劳动者投资，以提高劳动者的文化技术水平、劳动技能和身体素质，适应劳动力市场的需求。从长期来看，人力资本投资的主要内容是增加教育投资，普及教育。从短期来看，是对工人进行在职培训，或者对由于技术不适应而失业的工人进行培训，增强他们的就业能力。

2. 完善劳动力市场

失业产生的一个重要原因是劳动力市场的不完善，例如劳动供求的信息不畅通、就业介绍机构的缺乏等。因此，政府应该不断完善和增加各类就业介绍机构，为劳动的供求双方提供迅速、准确而完全的信息，使工人找到满意的工作，企业也能得到所需要的工人。这无疑会有效地减少失业，尤其是降低自然失业率。

6.3.4 经济增长政策

从长期来看，影响总供给的最重要因素还是经济潜力或生产能力。因此，提高经济潜力或生产能力的经济增长政策就是供给管理政策的重要内容。促进经济增长的政策是多方面的，其中主要有以下几个方面。

1. *增加劳动力的数量和质量*

劳动力的增加对经济增长有重要的作用。劳动力包括数量与质量两方面。增加劳动力数量的方法有提高人口出生率、鼓励移民入境等。提高劳动力质量的方法则是以上所讲的增加人力资本投资。

2. *资本积累*

资本的增加可以提高资本—劳动比率，即提高每个劳动力的资本装备率，发展资本密集型技术，利用更先进的设备，以提高劳动生产率。资本的积累主要来源于储蓄，因此，应该通过减少税收、提高利息率等途径来鼓励人们储蓄。从各国的经验看，但凡储蓄率高的国家，经济增长率也高。例如，德国、日本等经济发展迅速的国家，储蓄率都是比较高的。

3. *技术进步*

技术进步在现代经济增长中起着越来越重要的作用。因此，促进技术进步成为各国经济政策的重点。其中的主要措施有：第一，国家对全国的科学技术发展进行规划与协调。第二，国家直接投资于重点科学技术研究工作。第三，政府采取鼓励科学技术发展的政策措施。诸如重点支持工业企业的科学研究，以取得直接经济效益；支持大学与工业企业从事合作研究，促进科研与生产的结合；实行技术转让，加速科技成果的推广等。第四，加强对科技人才的培养。其中包括加强与改革中小学基础教育；发展各种职业教育；发展与改革高等教育；加强对在职科技人员的继续教育；引进国外科技人才等。

4. *计划化与平衡增长*

现代经济中各个部门之间是相互关联的，各部门之间协调的增长是经济本身所要求的。在以私有制为基础的资本主义经济中，这种各部门之间的平衡增长，要通过国家的计划化或政策指导来实现。国家的计划与协调要通过间接的方式来实现。因此，各国都要制定本国经济增长的短期、中期与长期计划，并通过各种经济政策来实现。

本章小结

国家采取的宏观经济政策主要有：需求管理政策、供给管理政策及对外贸易政策。需求管理政策是通过调节总需求来达到一定政策目标的宏观经济政策，包括财政政策与货币政策。供给管理政策是通过调节总供给来达到一定政策目标的宏观经济政策。各国政府正在积极运用这些政策对宏观经济进行调控。

财政政策是政府财政部门运用财政政策工具，调节财政收支规模、收支结构，以实现宏观经济调控目标的一系列方针、准则、措施的总称。它是国家宏观经济政策的重要组成部分。财政政策的构成要素包括财政政策目标、财政政策工具。财政政策工具主要包括政府支出、税收、国家预算、国债等。

货币政策是中央银行运用货币政策工具，调节货币供求，以实现宏观经济调控目标的方针和策略的总称。货币政策由三大要素构成：最终目标、中间目标和货币政策工具。货币政策工具是中央银行为了实现货币政策的最终目标而采用的措施和手段。货币政策的运用分为紧缩性货币政策和扩张性货币政策。货币政策工具可以分为3种：①一般性(常规性)货币政策工具，包括公开市场业务、贴现率政策与法定准备率三大工具，被称为中央银行的"三大法宝"；②选择性货币政策工具，包括规定或调整证券保证金的最低比率，以调节证券市场的信用规模；对消费信用进行限制，如规定分期付款第一次付款金额的比例等；③补充性货币政策工具，中央银行对信用进行直接控制和间接控制。

财政政策和货币政策在实施过程中，受各种因素的影响，效果各不相同，可用 $IS-LM$ 模型进行具体的分析。

中英文关键词语

1. 财政政策　　　　　　　fiscal policy
2. 预算盈余　　　　　　　budget surplus
3. 预算赤字　　　　　　　budget deficit
4. 自动稳定器　　　　　　automatic stabilizer
5. 政府支出乘数　　　　　government expenditure multiplier
6. 转移支付乘数　　　　　transfer payment multiplier
7. 税收乘数　　　　　　　tax multiplier
8. 货币政策　　　　　　　monetary policy
9. 货币政策工具　　　　　instrument or tool of monetary policy
10. 中央银行　　　　　　　central bank
11. 货币供给　　　　　　　money supply
12. 放松银根政策　　　　　easy money policy
13. 紧缩银根政策　　　　　tight money policy
14. 法定准备金　　　　　　required reserve
15. 贴现率　　　　　　　　discount rate
16. 超额准备金　　　　　　excess reserve
17. 公开市场业务　　　　　open market operation
18. 再贴现政策　　　　　　rediscounting policy
19. 法定准备金率　　　　　required reserve rate

20. 货币乘数　　　　　　money multiplier
21. 基础货币　　　　　　monetary base

综合练习

一、选择题

1. 财政政策是指(　　)。
   A. 政府管理价格的手段
   B. 周期性变化的预算
   C. 为使政府收支相抵的手段
   D. 利用税收、支出和债务管理等政策来实现国民收入的预期水平
2. 如果目前存在通胀缺口,应取的财政政策是(　　)。
   A. 增加税收　　　　　　B. 减少税收
   C. 增加政府支出　　　　D. 增加转移支出
3. 在其他条件相同的情况下,下列哪种情况对扩张经济的作用最小?(　　)
   A. 降低贴现率　　　　　B. 央行购买政府债券
   C. 增加货币需求　　　　D. 降低法定准备金率
4. 政府支出增加将使(　　)。
   A. IS 曲线右移,并使利率和收入水平同时降低
   B. IS 曲线右移,并使利率和收入水平同时提高
   C. IS 曲线右移,提高收入水平但降低利率
   D. LM 曲线下移(右移),提高收入水平但降低利率
5. 社会保障支付的报酬属于(　　)。
   A. 政府支出　　　　　　B. 转移支付
   C. 税收　　　　　　　　D. 消费
6. 当边际消费倾向为0.9,税率为33.33%时,政府支出乘数为(　　)。
   A. 1/2　　B. 2.5　　C. 5　　D. 10
7. 货币政策影响经济的渠道之一是(　　)。
   A. 直接影响收入　　　　B. 改变资金的周转率
   C. 直接影响价格　　　　D. 改变借款的成本
8. 当边际消费倾向为0.9,税率为33.33%时,若政府支出增加30美元,这将使预算盈余(　　)。
   A. 减少30美元　　　　　B. 减少5美元
   C. 增加5美元　　　　　 D. 增加30美元
9. 如果消费函数为 $c=100+0.8(y-T)$,那么税收和政府支出同时增加1美元,则均衡的收入水平将(　　)。
   A. 保持不变　　　　　　B. 增加3美元
   C. 增加1美元　　　　　 D. 下降4美元

10. 货币供给增加将( )。
   A. 使 IS 曲线左移，并使利率和收入水平同时降低
   B. 使 IS 曲线下移(右移)，同时提高利率和收入水平
   C. 使 LM 曲线左移，提高收入水平但降低利率
   D. 使 LM 曲线下移(右移)，提高收入水平但降低利率

二、简答题

1. 财政政策的工具有哪些？它们是如何影响总需求的？
2. 什么是法定准备率？法定准备金的作用是什么？
3. 说明简单情况下银行存款创造过程(包括假设条件)。
4. 如果在完全放松简单情况下银行存款创造过程的假设条件，这时货币乘数和货币供应量会发生什么变化？
5. 什么是货币政策工具？说明一国中央银行是怎样使用货币政策工具来调控宏观经济的？

三、计算题

1. 假设经济模型为 $c=20+0.75(y-T)$，$i=380$，$g=400$，$T=0.20y$，$y=c+i+g$，求：(1)计算均衡的收入水平；(2)在均衡的收入水平下，政府预算盈余为多少？(3)计算政府支出乘数、税收乘数。

2. 假定只有活期存款有存款准备金要求，比率为10%，人们持有的通货量总是活期存款的40%，求：(1)如果强力货币等于100亿元，狭义货币供应量为多少？(2)如果强力货币增加500亿元，活期存款将增加多少？

案例分析1

根据以下案例所提供的资料，试分析我国各阶段财政政策和货币政策搭配实践的效果？

中国财政政策和货币政策的搭配实践

随着经济体制改革的逐步深化，传统的依靠行政手段管理经济的作法在减弱，而依靠经济手段来调控经济的作法在加强。20世纪80年代末期以来，财政政策和货币政策在中国政府对宏观经济的调控中得到了充分的实施，并取得了一定的成效。下面就财政政策和货币政策搭配实践分7个阶段加以介绍。

第一阶段(1988.9－1990.9)，实行"紧财政紧货币"的双紧政策。从1988年年初开始，中国经济进入过热状态，表现为经济高速增长(工业产值增幅超过20%)、投资迅速扩张(1988年固定资产投资额比1987年增长18.5%)、物价上涨迅速(1988年10月物价比上年同期上升27.1%)、货币回笼缓慢(流通中的货币增加了46.7%)和经济秩序混乱。在这种形势下，中国于1988年9月开始实行"双紧"政策。具体措施有：收缩基本建设规模、压缩财政支出、压缩信贷规模、严格控制现金投放和物价上涨、严格税收管理等。双紧政策很快见效，经济增长速度从20%左右跌至5%左右，社会消费需求大幅下降，通货膨胀得到遏制，1990年第三季度物价涨幅降到最低水平，不到1%。

第二阶段(1990.9－1991.12)，实行"紧财政松货币"的一紧一松政策。在"双紧政策"之后，中国经济又出现了新的失衡。表现为市场销售疲软，企业开工不足，企业资金严重不足，三角债问题突出，生产大幅下降。针对上述情况，从1991年年初开始，实行了松的货币政策，中央银行陆续多次调低存贷款利

率,以刺激消费、鼓励投资。这些政策在实施之初效果并不显著,直到1991年下半年,市场销售才转向正常。

第三阶段(1992.1—1993.6),实行"松财政松货币"的双松政策。1992年,财政支出4426亿元,其中财政投资1670亿元,分别比年初预算增长10.7%和10.8%。信贷规模也大幅度增长,货币净投放额创历史最高水平。双松政策的成效是实现了经济的高速增长,1992年GDP增长12.8%,城市居民人均收入增长8.8%,农村居民人均收入增长5.9%。但是"双松政策"又带来了老问题,即通货膨胀加剧、物价指数再次超过两位数,短线资源再度紧张。

第四阶段(1993.7—1997年年底),实行"适度从紧的财政与货币政策"。具体措施有:控制预算外投资规模,控制社会集资搞建设,控制银行同业拆借,提高存贷款利率等。与1988年的紧缩相比,财政没有大动作,但货币紧缩力度较缓。适度的双紧政策,使过热的经济得到遏制,经济较为平稳地回落到了适度增长区间,各项宏观经济指标表现出明显的改善:GDP增长率由1992年的14.2%逐步回落到1996年的9.6%,平均每年回落1个百分点;商品零售价格上涨率由1994年的21.7%下降到1996年的6.1%,共回落了15.6个百分点;外汇储备达到1000多亿美元。中国经济成功地实现了"软着陆"。这次政策配合实施被认为是中国治理宏观经济成效较好的一次,为中国以后实施经济政策积累了正面的经验。在软着陆的过程中,货币政策方面采取了一系列放松银根、刺激需求的政策,1996年5月到1998年的两年多时间里,中央银行先后7次降低存贷款利率,并在1998年年初取消国有商业银行的贷款限额控制(改行资产负债比例管理和风险管理),降低准备金率,颁布积极实行贷款支持的指导意见等,以求扩大企业贷款需求,刺激投资。货币政策如此连续、密集的运用,可以说是"竭尽全力",然而迟迟没有产生足够明显的政策效果,其操作余地已经相对狭小。在1997年,关于软着陆之后宏观经济形势的判断上,已颇有争议,一些分析者认为中国经济出现了总需求不足问题,但这种观点一直到1998年年初还未成为主流认识。

第五阶段(1998—2004年),实行"积极的财政政策与稳健的货币政策"。1997年到1998年,中国经济发展经受了亚洲金融危机和国内自然灾害等多方面的冲击。经济问题表现为通货紧缩式的宏观失衡,经济增长的力度下降,物价水平持续下降,失业增加,有效需求不足,出口不振等。1998年4~5月间,当一季度和1~4月间的宏观统计数据得出之后,各方面关于宏观经济态势的认识趋于统一,决策层下定了增加投资、扩大内需的决心,在货币政策效应不理想的情况下,考虑更多运用财政政策实施扩张。6月中旬,财政部长项怀诚在《人民日报》、《中国财报》发表关于宏观经济调控与启动经济增长的重要文章中表示意向,指出我国现时不宜采取通过减税刺激经济方法,而应适时适度地扩大财政举债规模和财政支出加投资,刺激消费,扩大出口,并通过推进改革克服有效需求不足的体制和政策因素,促进国民经济增长。有关部门加紧研究了启动财政政策手段、对原预算安排作出整个方案,这一方案在8月的全国人民代表大会常务委员会上提请审议并获得批准。这些政策使中国经济成功地应对了亚洲金融危机的挑战,保持了国民经济的持续增长。

第六阶段(2005—2008.10),实行"稳健的财政政策"和"稳健转从紧的货币政策"。2004年12月3日召开的中央经济工作会议做出决定,实行稳健的财政政策。中央经济工作会议指出:为应对亚洲金融危机,中国从扩大国内需求入手,连续7年实施积极财政政策,取得了显著成就。随着近年来经济环境发生明显变化,积极财政政策的着力点已经从扩大需求和拉动经济增长,逐步转向加强薄弱环节和调整经济结构。现在适当调整财政政策取向,实行稳健财政政策是适宜的、必要的。中央经济工作会议同时强调:财政政策调整的重点是适当减少财政赤字和长期建设国债发行规模,适当增加中央预算内经常性建设投资,财政支出要继续加大对"三农"、社会发展、区域协调和其他薄弱环节的支持力度,增加对深化改革的必要支持。2005年3月5日,温家宝总理代表中国政府在十届全国人大三次会议上作政府工作报告时强调:2005年要坚持加强和改善宏观调控,实施稳健的财政政策。这一政策的具体要求也同时体现在提交本次全国人大会议审议的预算安排和其他相关工作部署中，标志着稳健财政政策进入全面实施阶段。稳健财政政策不仅是财政政策名称变化，更是宏观经济调控中财政政策性质和导向的转变。随着财政政策由"积极"(扩张)向"稳健"(中性)转变，财政政策将进一步与时俱进地发挥其在经济社会协调发展中的职能作用。稳健(中性)财政政策的主要内容概括起来，是4句话16个字，即控制赤字、调整结构、推进改革、增收节支。2008年中央财政赤字占GDP比重仅为0.6%。2007年下半年，针对经济中呈现的物价上涨过快、投资信贷高增等现象，2007年底，货币政策由"稳健"转为"从紧"。为实行从紧货币政策，央行再度启用信贷规模限制，提出2008年的信贷增量与2007年持平，并按季控制。2008年6月7日，央行决定上调存款类金融机构人民币存款准备金率1个百分点，存款准备金率达到17.5%的历史最高位。直到2008年下半年，从紧的货币政策渐次松动。2008年7、8月，央行在年初增量规划的基础上，分别向全国性商业银行和地方法人银行追加了5%、10%的信贷额度，专项用于支持三农、小企业和灾后重建(下称"3项贷款")。9月15日，央行决定下调人民币贷款基准利率0.27个百分点(一年期)和中小金融机构人民币存款准备金率1个百分点。业内称之为"两率"下调，坚定了货币政策进一步松动的预期。此后，央行于10月8日宣布下调存款准备金率0.5个百分点。10月8日和29日，连续两次下调存贷款基准利率共0.54个百分点。其间，央行还取消了对"3项贷款"的增量指标限制。

第七阶段(2008.11至今)，实行"积极的财政政策和适度宽松的货币政策"。伴随愈演愈烈的国际金融危机对世界经济的严重冲击，中国经济开始陷入一种四面楚歌的困境。面对危机四伏的现状，2008年11月5日，国务院常务会议决定，中国将采取十大措施，在未来两年内投资4万亿元，以刺激经济，保持我国经济平稳较快增长。会议第一次采用"积极的财政政策和适度宽松的货币政策"来描述中国的宏观经济政策。这是1998年以来中国再一次实行大规模的经济刺激计划。积极的财政政策主要包括两个方面，一是大幅度增加政府支出，这是扩大内需最主动、最直接、最有效的措施；二是实行结构性减税，减轻居民和企业负担，这是帮助企业走出困境、促进经济早日复苏的有效手段。由于实施结构性减税会减少财政收入的增长，而另一方面又要大力增加政府公共投资和政府重点支出，财政收支紧张的矛盾十分突出。所以，为弥补财政减收增支形成的缺口，就需要较大幅度地扩大财政赤字并相应增加国债发行规模。于是，2009年全国财政预算赤字达到9 500亿元。2010年拟安排全国财政收入73 930亿元，从中央预算稳定调节基金调入100亿元，全国财政支出84 530亿元。全国财政收支差额10 500亿元。其中，中央财政赤字8 500亿元，比上年增加1 000亿元，相应增加国债发行规模；地方财政收支差额2 000亿元。随着积极的财政政策等各项宏观调控措施的贯彻落实，我国经济回升向好的势头不断巩固，但是当前经济发展面临的形势仍然十分复杂，不确定、不可预计的因素较多，必须保持财政政策的连续性、稳定性，必须保持财政对经济发展的支持力度，积极促进经济又好又快发展。2008年11月10日，央行召开行长办公会。作为实行适度宽松货币政策的表现之一，央行表示要"保持货币信贷的合理增长，加大银行信贷对经济增长的支持力度。取消对商业银行信贷规模限制，合理扩大信贷规模"。至此，货币政策在一年之内实现了从紧向适度宽松的重大转向。

(资料来源：祁华清.宏观经济学.北京：清华大学出版社，2007；中国政府网.www.gov.cn，2010年03月07日.)

案例分析2

根据所提供的资料，试说明：
(1) 宏观审慎政策工具有哪些？
(2) 系统性金融风险包括哪些？

宏观审慎政策指引（试行）

第一章 总则

第一条 为健全宏观审慎政策框架，提高防范和化解系统性金融风险的能力，增强宏观审慎政策透明度，制定本指引。

第二条 宏观审慎政策框架包括宏观审慎政策目标、风险评估、政策工具、传导机制与治理机制等，是确保宏观审慎政策有效实施的重要机制。宏观审慎管理部门将在实践探索中不断丰富和完善宏观审慎政策框架。

第三条 在金融委的统筹指导下，中国人民银行作为宏观审慎管理牵头部门，会同相关部门履行宏观审慎管理职责，牵头建立健全宏观审慎政策框架，监测、识别、评估、防范和化解系统性金融风险，畅通宏观审慎政策传导机制，组织运用好宏观审慎政策工具。

第四条 宏观审慎政策适用于依法设立的、经国务院金融管理部门批准从事金融业务或提供金融服务的机构，以及可能积聚和传染系统性金融风险的金融活动、金融市场、金融基础设施等。

第二章 宏观审慎政策框架

第五条 宏观审慎政策的目标是防范系统性金融风险，尤其是防止系统性金融风险顺周期累积以及跨机构、跨行业、跨市场和跨境传染，提高金融体系韧性和稳健性，降低金融危机发生的可能性和破坏性，促进金融体系的整体健康与稳定。

第六条 系统性金融风险评估是指综合运用风险评估工具和监管判断，识别金融体系中系统性金融风险的来源和表现，衡量系统性金融风险的整体态势、发生可能性和潜在危害程度。及时、准确识别系统性金融风险是实施宏观审慎政策的基础。

第七条 根据系统性金融风险的特征，结合我国实际并借鉴国际经验，开发和储备适用于我国国情的一系列政策工具，建立健全宏观审慎政策工具箱。针对评估识别出的系统性金融风险，使用适当的宏观审慎政策工具，以实现宏观审慎政策目标。不断丰富和完善的宏观审慎政策工具，是提升宏观审慎政策执行效果的必要手段。

第八条 宏观审慎政策传导机制是指通过运用宏观审慎政策工具，对金融机构、金融基础设施施加影响，从而抑制可能出现的系统性金融风险顺周期累积或传染，最终实现宏观审慎政策目标的过程。顺畅的传导机制是提高宏观审慎政策有效性的重要保障。

第九条 宏观审慎政策的治理机制是指为监测识别系统性金融风险、协调和执行宏观审慎政策以及评估政策实施效果等，所进行的组织架构设计和工作程序安排。良好的治理机制可以为健全宏观审慎政策框架和实施宏观审慎政策提供制度保障。

第三章 系统性金融风险的监测、识别和评估

第十条 系统性金融风险是指可能对正常开展金融服务产生重大影响，进而对实体经济造成巨大负面冲击的金融风险。系统性金融风险主要来源于时间和结构两个维度：

（一）从时间维度看，系统性金融风险一般由金融活动的一致行为引发并随时间累积，主要表现为金融杠杆的过度扩张或收缩，由此导致的风险顺周期的自我强化、自我放大。

（二）从结构维度看，系统性金融风险一般由特定机构或市场的不稳定引发，通过金融机构、金融市场、金融基础设施间的相互关联等途径扩散，表现为风险跨机构、跨部门、跨市场、跨境传染。

第十一条 系统性金融风险的监测重点包括宏观杠杆率，政府、企业和家庭部门的债务水平和偿还能力，具有系统重要性影响和较强风险外溢性的金融机构、金融市场、金融产品和金融基础设施等。

第十二条 宏观审慎管理牵头部门建立健全系统性金融风险监测和评估机制，会同相关部门开展监测

第6章 宏观经济政策

和评估,定期或不定期公开发布评估结果。针对特定领域系统性金融风险,宏观审慎管理牵头部门组织开展专项评估。

第十三条 宏观审慎管理牵头部门根据系统性金融风险的特征,建立健全系统性金融风险监测和评估框架。完善系统性金融风险监测评估指标体系并设定阈值,适时动态调整以反映风险的发展变化。丰富风险监测方法和技术,采取热力图、系统性金融风险指数、金融压力指数、金融条件指数、宏观审慎压力测试、专项调查等多种方法和工具进行监测和评估,积极探索运用大数据技术。

第四章 宏观审慎政策工具

第十四条 宏观审慎政策工具主要用于防范金融体系的整体风险,具有"宏观、逆周期、防传染"的基本属性,这是其有别于主要针对个体机构稳健、合规运行的微观审慎监管的重要特征。宏观审慎政策会运用一些与微观审慎监管类似的工具,例如对资本、流动性、杠杆等提出要求,但两类工具的视角、针对的问题和采取的调控方式不同,可以相互补充,而不是替代。宏观审慎政策工具用于防范系统性金融风险,主要是在既有微观审慎监管要求之上提出附加要求,以提高金融体系应对顺周期波动和防范风险传染的能力。宏观审慎管理往往具有"时变"特征,即根据系统性金融风险状况动态调整,以起到逆周期调节的作用。

第十五条 针对不同类型的系统性金融风险,宏观审慎政策工具可按照时间维度和结构维度两种属性划分,也有部分工具兼具两种属性。时间维度的工具用于逆周期调节,平滑金融体系的顺周期波动;结构维度的工具,通过提高对金融体系关键节点的监管要求,防范系统性金融风险跨机构、跨市场、跨部门和跨境传染。

(一)时间维度的工具主要包括:

1. 资本管理工具,主要通过调整对金融机构资本水平施加的额外监管要求、特定部门资产风险权重等,抑制由资产过度扩张或收缩、资产结构过于集中等导致的顺周期金融风险累积。

2. 流动性管理工具,主要通过调整对金融机构和金融产品的流动性水平、资产可变现性和负债来源等施加的额外监管要求,约束过度依赖批发性融资以及货币、期限严重错配等,增强金融体系应对流动性冲击的韧性和稳健性。

3. 资产负债管理工具,主要通过对金融机构的资产负债构成和增速进行调节,对市场主体的债务水平和结构施加影响,防范金融体系资产过度扩张或收缩、风险敞口集中暴露,以及市场主体债务偏离合理水平等引发的系统性金融风险。

4. 金融市场交易行为工具,主要通过调整对金融机构和金融产品交易活动中的保证金比率、融资杠杆水平等施加的额外监管要求,防范金融市场价格大幅波动等可能引发的系统性金融风险。

5. 跨境资本流动管理工具,主要通过对影响跨境资本流动顺周期波动的因素施加约束,防范跨境资本"大进大出"可能引发的系统性金融风险。

(二)结构维度的工具主要包括:

1. 特定机构附加监管规定,通过对系统重要性金融机构提出附加资本和杠杆率、流动性等要求,对金融控股公司提出并表、资本、集中度、关联交易等要求,增强相关机构的稳健性,减轻其发生风险后引发的传染效应。

2. 金融基础设施管理工具,主要通过强化有关运营及监管要求,增强金融基础设施稳健性。

3. 跨市场金融产品管理工具,主要通过加强对跨市场金融产品的监督和管理,防范系统性金融风险跨机构、跨市场、跨部门和跨境传染。

4. 风险处置等阻断风险传染的管理工具,例如恢复与处置计划,主要通过强化金融机构及金融基础设施风险处置安排,要求相关机构预先制定方案,当发生重大风险时根据预案恢复持续经营能力或实现有序处置,保障关键业务和服务不中断,避免引发系统性金融风险或降低风险发生后的影响。

第十六条 按照对政策实施对象约束力大小,宏观审慎政策工具可分为强约束力工具和引导类工具。强约束力工具是指政策实施对象根据法律法规要求必须执行的工具;引导类工具是指宏观审慎管理牵头部门通过研究报告、信息发布、评级公告、风险提示等方式，提出对系统性金融风险状况的看法和风险防范的建议。

第十七条 根据系统性金融风险的来源和表现，由宏观审慎管理牵头部门会同相关部门开发新的宏观审慎政策工具。

第十八条 压力测试可以为开展宏观审慎管理提供重要参考和支撑。宏观审慎管理牵头部门通过测试极端情况下金融体系对冲击的承受能力，识别和评估系统性金融风险，启用和校准宏观审慎政策工具等。宏观审慎压力测试包括宏观层面压力测试，还包括系统重要性金融机构压力测试、金融控股公司压力测试、金融行业压力测试等针对特定机构和行业的压力测试。

第五章 宏观审慎政策工具的使用

第十九条 使用宏观审慎政策工具一般包括启用、校准和调整三个环节，相关流程由宏观审慎管理牵头部门会同相关部门制定。

第二十条 当潜在的系统性金融风险已触及启用宏观审慎政策工具阈值时，宏观审慎管理牵头部门会同相关部门结合监管判断，适时启用应对系统性金融风险的宏观审慎政策工具。在风险未触及启用宏观审慎政策工具阈值时，宏观审慎管理牵头部门会同相关部门通过综合分析评估，认为可能出现系统性金融风险时，也可基于监管判断启用宏观审慎政策工具。

第二十一条 宏观审慎政策工具启用后，宏观审慎管理牵头部门会同相关部门开展动态评估，综合判断宏观审慎政策工具是否达到预期、是否存在监管套利和未预期后果等。根据评估结果对宏观审慎政策工具进行校准，包括工具适用范围、指标设计和政策要求等。

第二十二条 宏观审慎管理牵头部门会同相关部门，动态评估系统性金融风险态势，根据评估结果并结合监管判断，适时调整宏观审慎政策工具的具体值。

第六章 宏观审慎政策治理机制

第二十三条 宏观审慎管理牵头部门会同相关部门推动形成适合我国国情的宏观审慎政策治理机制，并根据具体实践不断完善。

第二十四条 宏观审慎管理牵头部门可推动建立矩阵式管理的宏观审慎政策架构，针对特定系统性金融风险，通过组建由宏观审慎管理牵头部门和相关部门组成的跨部门专项工作组等方式，跟踪监测、评估系统性金融风险，并对宏观审慎政策工具的使用提出建议。

第二十五条 根据系统性金融风险涉及的领域，宏观审慎管理牵头部门会同相关部门讨论和制定宏观审慎政策工具的启用、校准和调整。

第二十六条 宏观审慎管理牵头部门会同相关部门根据职责分工，组织实施所辖领域的宏观审慎管理工作，并对宏观审慎政策执行情况进行监督和管理。

第二十七条 宏观审慎管理牵头部门会同相关部门，及时跟踪评估宏观审慎政策工具实施效果，将评估结果以适当形式向社会披露。

第二十八条 在金融委指导下，建立健全宏观审慎政策监督机制，加强对宏观审慎管理牵头部门及相关部门履行宏观审慎管理职责情况的监督，确保宏观审慎管理牵头部门及相关部门有效履职。

第二十九条 宏观审慎管理牵头部门建立健全宏观审慎政策沟通机制，做好预期引导，定期或不定期以公告、报告、新闻发布会等方式与市场进行沟通。沟通内容包括宏观审慎政策框架、政策立场、系统性金融风险评估、宏观审慎政策工具使用，以及未来可能采取的政策行动等，增强宏观审慎政策的透明度及可预期性。（以下略）

(资料来源：中国人民银行网站(www.pbc.gov.cn.))

第7章

失业与通货膨胀理论

教学目标

通过本章的学习,对失业和通货膨胀的产生原因及解决措施有一定的了解和认识,能对经济社会中的失业与通货膨胀现象进行解释,能针对不同的案例进行分析并拿出自己的解决方案。

教学要求

知识要点	相关知识	能力要求
失业理论	失业的含义、衡量、类型、原因、影响及治理	了解失业的含义及其测算方法,掌握失业的类型和原因,掌握解决失业的政策
通货膨胀理论	通货膨胀的含义、衡量、类型、原因、影响及治理	理解通货膨胀的定义、衡量指标及其分类,掌握通货膨胀产生的原因和影响,掌握治理通货膨胀的政策
失业与通货膨胀的关系	早期的菲利普斯曲线、短期和长期的菲利普斯曲线	理解菲利普斯曲线的含义,了解失业与通货膨胀之间的关系

■ 导入案例

自20世纪90年代后期以来，我国出现了严峻的就业问题。严峻的就业形势首先表现在城镇失业率的快速攀升。城镇登记失业率是指在报告期末城镇登记失业人数占期末城镇从业人员总数与期末实有城镇登记失业人数之和的比重。统计显示2001—2009年我国城镇登记失业率分别为3.6%、4%、4.3%、4.2%、4.2%、4.1%、4%、4.2%、4.3%，远远高于20世纪90年代平均城镇登记失业率2.8%。中国统计年鉴显示2010—2018年我国城镇登记失业率一直在4%左右。但实际情况可能更严重。因为城镇登记失业率没有失业的农民工和未实现就业的大学毕业生，所以城镇登记失业率被指难以反映失业真实情况，希望以调查失业率取代，作为失业指标并予以公布。城镇调查失业率是指城镇调查失业人数占城镇调查从业人数与城镇调查失业人数之和的比。国家统计局从2018年4月开始，该数字每月正式对外公布。在2018年的宏观经济目标中，首次新增了城镇调查失业率控制在5.5%以内，并从2021年取代了城镇登记失业率指标。该指标更全面反映失业状况。2019—2023年城镇调查失业率分别为5.2%、5.2%、5.1%、5.6%、5.1%。

国家统计局每月9日发布全国居民消费价格指数（CPI）数据。2024年3月9日发布，2月份全国居民消费价格指数（CPI）同比上涨0.7%，环比上涨1.0%。中国近些年未发生通货膨胀。

通货膨胀和失业是宏观经济学两个重要研究课题，也是困扰各国政府的两大经济难题。通货膨胀使货币购买力降低，使所有人痛苦，而失业使劳动者丧失工作，相对于就业者是少数人的痛苦。西方国家将通货膨胀率和失业率合称为社会的"痛苦指数"。本章将介绍失业和通货膨胀的定义、分类、成因及危害，并借助菲利普斯曲线来分析二者之间的关系。

7.1 失业理论

失业问题不仅是一个经济问题，而且是关系到社会稳定的政治问题。自从20世纪30年代西方资本主义社会经济大萧条引发大量失业以来，失业是一直是世界各国努力想要解决的问题，也一直是困扰西方市场经济的痼疾。

7.1.1 失业的衡量和类型

失业是指在社会经济中劳动者处于无工作的状态。失业者是指凡是在一定年龄范围内愿意工作却没有工作，并正在寻找工作的劳动者。这里的"一定年龄范围"，指的是法定劳动年龄。《现代经济学词典》对失业的解释是"所有那些未受雇，以及正在调往新工作岗位或未能按当时通行的实际工资率找到工作的人"。

根据国际劳工组织的定义，失业人口是指一定劳动年龄以上、有劳动能力、在规定的调查时间范围内没有职业或工作时间没有达到规定标准、正在寻找有报酬的工作并已在失业机构进行登记的人员。

各国对工作年龄和失业的范围都有不同的规定。在美国，工作年龄是16~65岁。属于失业范围的人包括：①新加入劳动力队伍第一次寻找工作或重新加入劳动力队伍正在寻找工作已达4周年以上的人；②为了寻找其他工作而离职，在找工作期间作为失业者登记注册的人；③被暂时辞退并等待重返工作岗位而连续7天未得到工资的人；④被企业解雇而且无法回到原工作岗位的人，即非自愿离职者。

根据我国国家统计局的定义，失业人员是指非农业户口、在一定劳动年龄、有劳动能力、无业而要求就业、并在当地就业服务机构进行求职登记的人员。

1. 失业的衡量

衡量经济中失业状况最基本的指标是失业率。失业率是失业人数与就业人数加失业人数之和(即劳动力总数)之比。用公式表示为：

$$失业率 = (失业人数/劳动力总数) \times 100\%$$

然而失业率是一个很难准确测量的指标。在计算失业人数和失业率时，各个国家具体统计方法、统计口径及规定不同。如有些国家把愿意工作而没有工作(包括对找工作不很积极的人)都计入失业人数，有些国家则只把那些领取失业救济金的人算作失业者。有些国家的失业统计数据是通过随机调查得出的，有些国家则是根据领取失业救济金的人数统计失业人数的。因此，各国的失业率统计数字并不是完全可比的。

2. 失业的类型和原因

充分就业是各国政府的政策目标之一。但充分就业并非人人都有工作，这是由于在市场经济中，劳动力的供给与需求双方都有自由选择的权利。比如，有人对自己现有的工作不满意而辞职，在寻找新的工作期间，一般会需要一段时间。又如，学生毕业后，也往往需要一段时间才能找到合适的工作。所以，从整个经济来看，任何时候都会有一些正在寻找工作的人，即使在经济繁荣的时候也是如此。于是，西方经济学家把失业分为自然失业和周期性失业。自然失业指由于经济中某些难以克服的原因而造成的失业。周期性失业是指由于总需求不足而造成的失业。实现了充分就业时的失业率称为自然失业率(natural rate of unemployment)。

1) 自然失业

充分就业时仍然存在一定的失业，即自然失业的存在。在任何动态经济中，自然失业的存在都是必然的。现代经济学家按引起失业的具体原因把自然失业分为以下类型。

(1) 磨擦性失业(frictional unemployment)。这是由于经济中正常的劳动力流动引起的失业。在一个动态的经济中，各行业、各部门与各地区间劳动力需求的变动是经常发生的，这种变动必然导致劳动力的流动。在劳动力的流动过程中，总有部分劳动者处于失业状态，这就形成了磨擦性失业。在经济中劳动力的流动是正常的，所以，这种失业存在也是正常的。劳动力流动过程包括工人退休、年轻人进入劳动市场的新老交替过程，以及人们出于某种原因放弃原来的工作或被解雇寻找新工作的过程。磨擦性失业包括：求职性失业(search unemployment)，即不满意现有工作，离职寻找更理想工作造成的失业；失职性失业，即被解聘，被迫寻找新的工作所造成的失业；寻找性失业，即新进入劳动力队伍，暂时没有找到工作造成的失业。

摩擦性失业量的大小取决于劳动力流动性的大小和寻找工作所需要的时间。劳动力流动性的大小在很大程度上是由制度性因素、社会文化因素和劳动力的结构决定的。寻找工作所需要的时间则主要取决于获得有关工作机会的信息的难易程度和速度，以及失业的代价和失业者承受这种代价的能力。

(2) 结构性失业(structural unemployment)。这是由于劳动力市场的供求结构不一致引起的失业。经济结构的变动(例如产业调整)要求劳动力的流动能迅速适应，但由于劳动力有其一时难以改变的技术结构、地区结构和性别结构，很难适应经济结构的这种变动，从而就会出现失业。在这种情况下，一方面存在着有工作无人做的现象，另一方面又存在着有人无工作的"失业"现象。例如，当某些产业部门走向衰退时，这些部门对劳动力的需求就会减少，从而引起了这些部门中工人的失业。与此同时，某些新兴产业部门所需要的具有特殊技能的劳动力却供不应求，产生了许多职位空缺。表现为失业与空位并存。

结构性失业包括：技能性失业、技术性失业(technological unemployment)及季节性失业(seasonal unemployment)。技能性失业是指劳动力技能不适合经济结构、地区结构和性别结构的变动而引起的失业。技术性失业是指由于技术进步所引起的失业。在经济增长过程中，技术进步的必然趋势是生产中越来越广泛地采用了资本密集性技术，越来越先进的设备代替了工人的劳动，这样，对劳动力需求的相对缩小就会使失业增加。此外，在经济增长过程中，资本品相对价格的下降和劳动力相对价格的上升加剧了机器取代工人的趋势，从而也加重了这种失业。在长期中，技术性失业是很重要的，属于这类失业的工人大都是文化技术水平低、不能适应现代化技术要求的工人。季节性失业是指由于某些行业生产的季节性变动所引起的失业。某些行业的生产具有季节性，生产繁忙的季节所需要的工人多，生产淡季所需要的工人少，这样就会引起具有季节性变动特点的失业。这些行业的生产季节性是自然条件决定的，很难改变，因此，这种失业也是正常的。在农业、建筑业、旅游业中，这种季节性失业最严重。

阅读案例 7-1

我国结构性失业的现状及成因

1. 我国结构性失业的现状

所谓的结构性失业，是指劳动力的供给和需求不匹配所造成的失业。这种失业与其他类型失业相区别的明显特征是：社会上既有失业又有职位空缺，失业者或者没有合适的技能，或者居住地点不当，因此无法填补现有的职位空缺。结构性失业在我国经济转型期已经成为一种普遍现象。可以预见，在我国经济结构调整的一个相当长的时期内，结构性失业作为社会失业的主要类型，将是长期存在的社会问题。随着经济体制改革的深化，我国的结构性失业在不同的经济领域与不同的社会群体中都将呈现不断扩大的趋势。当前我国结构性失业人员主要有以下3个群体。

(1) 城市下岗失业人员。改革开放以来，我国积极推进经济体制改革，走上了一条渐进式的市场化改革之路。随着国内产业结构的不断升级与优化，尤其是最近几年企业改制的速度加快，城市下岗失业人员也在不断地增加。这些下岗失业人员普遍存在学历低、技能低的问题，因而很难适应现代产业对高素质劳动者的需求。

(2) 农村剩余劳动力。家庭承包经营责任制的实施，极大地解放了农村劳动生产率，有力地推动了农村经济的发展，农业取得了举世瞩目的成就。但与此同时，大量的农村剩余劳动力的再就业问题也困扰着我国经济与社会的发展。除了城市二、三产业容纳部分农民工外，还有相当比例的农村剩余劳动力亟待转移。这些农村劳动力由于自身综合素质偏低，很难被现代产业部门所吸收。因此，农村剩余劳动力成为转型期结构性失业的主力军。

(3) 大学生群体。近年来，大学生就业困难成为社会热点问题。自从1999年高校扩招后，我国高等教育进入跨越式发展阶段。大学生就业难的主要原因是社会的有效需求赶不上高校毕业生的快速增长速度。但是，高校毕业生就业结构性矛盾的存在是个不容忽视的问题。

2. 我国转型期结构性失业的主要成因

随着我国经济结构调整的步伐不断加快,结构性失业会更加明显地凸现出来。造成我国转型期结构性失业的原因是多方面的,但是主要有以下几个原因。

(1) 二元经济结构的影响。发展经济学认为,发展中国家一般存在着二元经济结构,即国民经济中含有两种性质不同的结构和部门,一个以传统农业为代表,另一个以现代化工业为代表。著名经济学家刘易斯在其二元经济结构模型中把发展中国家的经济划分为资本主义部门和非资本主义部门两大块前者以现代的资本主义的或者说市场化的工业部门为代表,其基本特征是经济发展依赖于现代工业部门的扩张,而现代工业部门的扩张又需要从传统的、维持生计的农业部门不断地吸收剩余劳动力。

(2) 产业结构演化进程中"游离"出来结构性失业人员。随着新型工业化道路的推进,传统工业企业中大量存在的知识结构陈旧、素质低下的劳动力,由于不适应企业科技创新的要求,这些人员将会从原有岗位中不断"游离"出来,成为"结构性"失业人员。同时,伴随产业结构升级的劳动力转移,劳动者一般是从职业素质要求低的岗位转向对职业素质要求高的岗位。在这个过程当中,不能实现顺利转移的人将成为结构性失业者。

(3) 落后的教育体制培养出结构性失业者。大学生就业难,从表面上来看,是由于高校扩招的结果。但是,总量矛盾是次要的,结构矛盾才是主要矛盾。我国高校教育体制的改革明显滞后于经济体制改革步伐。计划经济体制下培养出来的人才专业划分过细、知识陈旧,使劳动者无法顺利直接向其他岗位转移。因此,教育体制的改革跟不上经济结构调整,不仅浪费了教育经费也为社会增加了结构性失业者数量。

(资料来源:窦烨明,浅析我国结构性失业,现代经济信息,2009年18期.)

阅读案例 7-2

辽宁省资源枯竭型城市的失业现状及就业出路

1. 辽宁省资源型城市就业现状

辽宁省陆地面积 14.59 万平方公里,总人口 4 090 万人,共辖 14 个市、44 个县(县级市)。辽宁省自然资源型城市有鞍山、抚顺、本溪、阜新、盘锦以及 6 个县级市(区),总人口占全省 33%,土地面积占全省 37%,被国家公布为资源枯竭型城市(区)的有 7 个。

除盘锦市以外,辽宁省资源枯竭型城市的失业率都处于相对较高的水平。根据《辽宁统计年鉴2009》中 2005—2008 年辽宁省各地区城镇登记失业人数及失业率得知:2005 年以来,辽宁省资源型城市的城镇登记失业率高于非自然资源型城市的大连和沈阳。2008 年,本溪市和阜新市的登记失业率为 5%和 5.1%。据 2006 年国家人口计划生育委员会调研组抽样调查发现:资源型城市抚顺、本溪和阜新 3 个市的失业率分别为 31.12%、21.30%和 24.68%。

根据辽宁省统计局 2005 年人口抽样调查结果得知: 辽宁省城镇失业人口 137.7 万人,失业率为 10.89%,失业人口和失业率分别为登记失业人口和登记失业率的 2.28 倍和 1.91 倍。2008 年底辽宁省城镇登记失业人数为 39.0 万人,城镇登记失业率为 3.8%。而全省城镇实际失业人口 88.9 万人,实际失业率为 7.3%,实际失业人口和实际失业率分别为登记失业人口和登记失业率的 2.27 倍和 1.92 倍。据此分析,辽宁省资源型城市的实际失业率超过了国际警戒线 7%的水平。这足可以反映 2005 年以来辽宁省资源型城市就业形势十分严峻。

此外,辽宁省第三产业的比重相对较小,自 2005 年起,辽宁省第三产业比重呈下降趋势,到 2007 年降为36.6%,与发达国家70%以上或者发展中国家65%的平均水平仍有较大差距。而在三大产业中,第三产业吸纳就业的能力最强,但是2005—2007年辽宁省第三产业产值的比重呈连续下降趋势,连续3年低于全国平均水平。这在一定程度上限制了就业的增长。

2. 辽宁省资源枯竭型城市劳动力就业的出路

1) 优先引导劳动力向就业弹性大的第三产业转移

扭转辽宁省劳动力严峻的就业形势,需要根据就业弹性调整产业结构,优先发展就业弹性系数大的产业,并且逐渐使三次产业的就业比重和每一大产业内部就业比重趋于合理,提高产业发展对就业的吸纳能力。2007年辽宁省第三产业就业弹性为0.455 4,而第一、二产业就业弹性分别是-0.091 2和0.079 9,第三产业就业弹性系数分别比第一产业和第二产业高0.56和0.38。2008年,辽宁第三产业就业弹性下降为0.143 1,第一、二产业就业弹性分别是-0.047 6和0.021 1,就业增长明显低于2007年。因此,辽宁省可以利用第三产业的增长来创造更多的就业岗位,即辽宁省解决就业问题的希望,应当主要放在就业弹性大的第三产业上。第三产业内部就业弹性也不一样。房地产业、批发和零售贸易、餐饮业的就业吸纳弹性最高,均在0.4以上,增加就业的潜力最大;交通运输、仓储和邮电通信业、社会服务业和金融保险业的就业吸纳弹性也比较高,在0.2左右,增加就业的潜力也较大。

2) 继续扩大第二产业内就业转移

辽宁省历来以第二产业为主,今后也是如此,应该将第二产业作为扩大就业的一个战略重点,在第二产业内部也要优先发展就业弹性大的行业。辽宁省的优势工业产业主要集中在以下三方面:一是原材料开采加工业;二是钢铁业;三是装备制造业,其中装备制造业吸纳就业能力比较强,所以辽宁省要优先发展装备制造业,同时加强新兴制造业的发展,推动劳动力就业发展,尤其是要发展制造业中拉动就业能力强的产业,如皮革制品、服装、文教体育用品、家具、纺织、专业设备、普通机械、金属制品、仪器仪表及文化办公用机械、木材加工、非金属矿物制品和电气机械及器材等就业密度高的产业。

3) 引导劳动力向现代农业转移

据研究:如果搞工业项目,安置一个劳动力需要投入固定资产100~200千元,搞现代农业只需要30~50千元就够了,并且当年就能见成效。资源枯竭型城市可以利用自身的土地资源,建设农业园区,促进现代农业发展。阜新市重点发展花卉和畜牧业,建设都市农业;盘锦市重点发展精品农业;抚顺、大石桥和本溪重点发展林果、药材及其加工业;调兵山、北票重点发展林草、花卉、畜牧业;弓长岭发展生态观光农业,实现工业与农业、城市与农村的良性互动,切实解决农村剩余劳动力就业出路。

4) 引导劳动力向辽宁省外部转移

辽宁省资源枯竭型城市的主导产业在人才、资金、技术、设备、管理等方面具有优势,可以到异地开发矿产资源,实现异地就业。各市可以以域外就业机构为支撑点,拓展域外劳务输出,在省外境外建立一批稳固的劳务输出基地,组建劳务输出协会,培养劳务经济带头人、经纪人,组织省外、国外输出。

5) 培育当地优势替代产业

辽宁省各个资源城市可以从其自身的比较优势出发,培育优势替代产业。2009—2013年辽宁省重点支持接续替代产业项目——葫芦岛煤炭工业园区资源深加工,可以吸纳14 000人就业;盘锦市2009—2013年的海洋装备制造基地项目可以吸纳15 000人就业,政府要重点支持。辽宁省资源枯竭型城市在确定重大接续替代产业项目时,要重点考虑解决人口就业问题。

6) 培训劳动力,提高劳动力工作技能

提高劳动力资源素质和工作技能是解决就业问题的根本之策。资源枯竭型城市剩余劳动力技能单一,很难在其他行业就业。各市要鼓励政企联手对农民工开展劳动技能、个人素质、敬业精神、法律法规等综合素质培训,把培训的重点放在45岁以下、文化基础好、有培训要求、有转移就业愿望的农民工上。

(资料来源:游玉惠,刘怫翔. 对辽宁省资源枯竭型城市就业出路的探讨,中国集体经济,2010(8).)

(3) 古典失业(Classical Unemployment)。这是由于工资刚性所引起的失业。按照古典经济学家的假设，如果工资具有完全的伸缩性，则通过工资的调节能实现人人都有工作。如果劳动的需求小于供给，则工资下降，直至全部工人都被雇佣为止，从而不会有失业。但由于人类的本性不愿使工资下降，而工会的存在与最低工资法又限制了工资的下降，这就形成工资能升不能降的刚性。这种工资刚性的存在，使部分工人无法受雇，从而形成失业。这种失业是古典经济学家提出的，所以称为古典失业，凯恩斯也把这种失业称为自愿失业。

2) 周期性失业

周期性失业(Cyclical Unemployment)又称需求不足的失业，也就是凯恩斯所说的非自愿失业。根据凯恩斯的分析，就业水平取决于国民收入水平，而国民收入水平又取决于总需求。周期性失业是由于总需求不足而引起的短期失业。它一般出现在经济周期的萧条阶段，故称为周期性失业。

可以用紧缩性缺口来说明这种失业产生的原因。紧缩性缺口是指实际总需求小于充分就业的总需求时，实际总需求与充分就业的总需求之间的差额。可用图 7.1 来说明紧缩性缺口与周期性失业的关系。

在图 7.1 中，y^* 为充分就业的国民收入。当国民收入为 y^* 时，此时经济中实现了充分就业。实现这一国民收入水平所要求的总需求水平为 AD^*，即充分就业的总需求。但实际总需求为 AD_0，由它所决定的国民收入为 y_0。$y_0 < y^*$，这就必然引起失业。$y^* - y_0$ 之间的差额叫紧缩性缺口。$y_0 < y^*$ 是由于 $AD_0 < AD^*$ 造成的。因此，实际总需求 AD_0 与充分就业总需求 AD^* 之间的差额(图中的 $E_f K$)，就是造成这种周期性失业的根源。这种失业是由于总需求不足引起的，故又称为"需求不足的失业"。

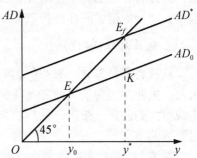

图 7.1　紧缩性缺口与周期性失业的关系

7.1.2　失业的影响

失业不仅是经济问题，也是社会问题。从经济方面来看，主要是减少了产出，造成劳动力乃至其他经济资源的浪费；从社会方面来看，失业使失业人员生活水平下降，影响着社会稳定。

1. 失业对经济的影响

失业的最大损失就是实际国民收入的减少。有失业存在时，社会上可利用的资源(劳动力、土地、资本)并未能得到充分利用，直接造成资源的浪费。劳动力是最重要的生产要素，失业或劳动力闲置本身就是资源的浪费，而且劳动力这种经济资源具有自身的特点，即本期可利用的劳动力不能转移至下期使用，本期可利用的劳动力的闲置就是这部分资源的永久性浪费。在劳动者失业的同时，生产设备以及其他经济资源也常常会大量闲置，生产能力开工不足，这直接地减少了社会产品，降低了国民收入水平，经济中没有了本来应由这些失业者创造的商品和服务。失业率上升将使社会经济付出沉重的代价。失业率上升引起的产量损失不可能在失业率下降的时候得到补偿，不可能所有的工人在一年内能做出两年的劳动量，失去的将永远失去。

美国经济学家阿瑟·奥肯(Arthur Okun)在20世纪60年代发现失业率与实际国民生产总值之间有一种替代关系,这也被称为奥肯定律(Okun's Law)。奥肯定律表明,失业率每高于自然失业率1%,实际国内生产总值便低于潜在国内生产总值2.5%～3%。它表明了失业率与实际国内生产总值之间是反方向变动的关系,并且该定律主要适用于没有实现充分就业的情况,即失业率是周期性失业的失业率。

失业的另一个损失是人力资本的损失。人力资本是人受到的教育和获得的技能的价值。人力资本源于所接受的教育和工作中获得的经验,也包括长期形成的工作习惯和能力。失业对人力资本的损失是双方面的。一方面,失业者已拥有的人力资本得不到利用;另一方面,失业者无法通过工作增加自己的人力资本。长期的失业会大大降低人力资本的价值,因为人力资本闲置同样会折旧。

2. 失业对社会的影响

从社会方面来看,失业的影响虽然无法用货币单位表示,但这种影响却可能是非常巨大的。失业不但会使失业者及其家庭的收入水平和消费水平下降,而且会给失业者的心理造成巨大的创伤,带来一系列社会问题。失业者长期找不到工作就会悲观失望,甚至失去对生活的信念。

在过去,失业者中依靠自己的积蓄和亲朋的帮助维持生存,其悲惨境况是可想而知的。现代西方国家普遍实行了失业保险制度,由政府给失业者一定的失业救济金,这种失业保险制度在一定程度上缓和了失业的社会影响,但在高失业率长期持续的时期,仍会有很多人在用完失业救济金之后找不到工作,而且即使得到失业救济金也远不能抵消失业给失业者带来的损害。

高失业率往往伴随着高犯罪率、高离婚率和其他各种社会骚乱,并使很多的人早衰早亡。失业率的上升往往会引起犯罪率的提高。可以说高犯罪率是高失业率的代价。此外,失业有损于失业者的自尊心,这也会引发许多社会与政治问题。因此,从社会学角度来看,失业不利于社会的稳定。如犯罪、自杀、离婚、吸毒等在很多情况下都与失业率的增加有关。

7.1.3 失业的治理

任何国家都将治理失业问题作为宏观就业政策的一个重要部分,从增加劳动力的需求、改善劳动力的供给及完善市场机制等方面制定并实施了综合治理对策,在一定程度上促进了失业问题的解决。

1. 增加社会的劳动力需求

一国就业状况取决于该国的国民经济运行水平,在劳动力总量不变的情况下,国民经济运行水平高,社会总需求水平就高,意味着社会对劳动力的需求也就多,劳动力的失业率就会降低。各国采取的宏观政策主要包括:①实施积极的产业政策,如引导和扶持国民经济主导产业和就业吸纳能力强的产业的发展,充分发挥这些产业对其他产业的带动和扩散效应,促进国民经济水平的提升和经济结构的转变,进而增加社会对劳动力的需求,降低失业率;②实施扩张性财政政策,加大政府在直接购买和公共工程建设方面的支出。政府购买的增加直接增加了对社会产品的需求,刺激相关行业的发展,促进社会对劳动力的

第7章 失业与通货膨胀理论

需求增加,而公共工程建设项目则直接创造就业岗位;③实施扩张性的货币政策,包括降低利息率、扩大社会信贷规模。通过降低企业投资成本,吸引企业扩大投资规模,带动就业岗位的增加。

2. 改善社会的劳动力供给

改善劳动力供给的措施主要包括控制劳动力的供给数量和提高供给质量两个方面,使得劳动力的质量与劳动力市场的需求相匹配。

控制劳动力供给量的方法主要是扩大劳动力受教育的覆盖面,延长劳动力的教育年限。这样一方面可以推迟他们进入劳动力市场的年龄,甚至直接缓解失业,同时可以提高劳动者素质,降低他们将来失业的可能性。另外,还应鼓励向境外输出青年劳动力以缓解国内就业压力。

提高劳动力供给质量的方法是开展职业技能培训,建立并充实职业教育训练制度以缓解结构性失业。通过政府和各种非政府渠道,加强对职业教育的支持,使更多的人能够有条件接受教育,提高失业者的技能,使之与企业需求相适应。同时还要扩大劳动者接受正规教育的机会,政府增加对高等教育和研发计划的投资,设立各种奖学金以减轻学业优秀但贫穷的学生的负担,着眼于为贫困的学生创造更多接受高等教育的机会等。一些发展中国家如巴基斯坦和柬埔寨等也发起了扫除文盲运动,以提高人口素质和劳动生产率。

3. 完善劳动市场的供求机制

劳动市场的机制不完善对就业的影响主要包括:①由于工作机会、工作报酬、资质鉴别等方面的信息不畅通产生的信息失灵,降低了找到工作的概率;②培训领域的信息不对称使失业者的技能与企业需求相脱节;③因地域、经济状况、各民族差异及劳动力市场制度等因素造成的市场人为分割,限制了劳动力的自由流动和就业机会的获得。另外,社会保障体系的不健全会进一步恶化就业状况。

在调节劳动力市场的供求方面,灵活调整的价格发挥着至关重要的作用,确保市场实现均衡。政府可以利用各种形式的收入政策直接或间接地调控工资水平,这种政策有助于消除由于实际工资水平过高引起的失业。20世纪80年代以来,各国都开展了以市场化为导向的改革。西欧等国放松了对劳动力市场的管制,包括取消了最低工资制、削弱工会组织的垄断势力;转型国家和发展中国家进行了市场经济体制改革,逐渐缩减国家干预的范围和强度,逐步消除分割各种市场的制度性障碍(放松对垄断行业的管制;打破城乡、地区之间的户籍等制度性障碍),完善以价格机制为核心的市场体系,促进劳动力在城乡及地区之间的自由流动,以消除市场失灵造成的非自愿失业。

建立多种就业服务机构,对就业服务部门实行专业化管理,为失业者及时提供有效的求职信息,也可以在一定程度上缓解失业。就业服务部门的工作内容主要包括职业介绍、信息咨询、指导服务、职业培训等。例如,政府可以为劳动者提供有关劳动力市场的信息,或鼓励、支持私人机构提供这种信息服务,使劳动力更容易、更迅速地获得有关工作机会的信息,缩短他们寻找工作所需要的时间,以降低摩擦性失业。这些机构还为不利群体(如青年、妇女、残疾人等)提供就业服务。

在市场经济体制国家,失业是不可避免的现象。完善的社会保障体系作为国家的最后一道防护网,保证失业者能够维持基本的生存,避免了社会动荡。因此,无论是发达国家,还是发展中国家都将社会保障体系的建设和完善作为一项长期、重要的任务。近年来，西方各国的经济决策者普遍认为，现行失业保险津贴制度急需改革，在保留功能的同时，恢复市场的激励措施促进失业者的再就业。因此，各国对失业保险制度进行了改革，严格领取条件、缩短救济时间、降低津贴金额，用压缩下来的失业保险经费建立具有促进再就业的各种职业教育与培训机构，从简单地保护失业者转为促进他们再就业。

7.2 通货膨胀理论

通货膨胀(inflation)是现代宏观经济学的核心问题之一，数十年以来，通货膨胀越来越引起经济学家及社会经济生活中各阶层的重视，它已成为西方国家政府所要解决的首要问题。

7.2.1 通货膨胀的衡量及分类

在西方，一般给通货膨胀下的定义为：通货膨胀是指总体物价水平普遍而持续的上涨。通货膨胀发生时的主要特征是物价上涨，但通货膨胀与物价上涨并不是一回事。

第一，通货膨胀下的物价上涨，不是指一种或几种商品的物价上涨，而是物价水平的普遍上涨，即物价总水平的上涨。如果一部分物价上涨，而另一部分物价水平下跌，则不能称为通货膨胀，因为两者反方向作用的结果，可能会使一般物价水平稳定，甚至下降。

第二，通货膨胀是指持续一定时期的物价上涨，而不是指物价水平一时的上升。如果这个季度物价上升，而另一个季度物价下降，则从全年来看，一般物价水平可能稳定，甚至下降，也不能称为通货膨胀。

第三，通货膨胀是指物价上涨达到一定的幅度，如果每年物价水平上升幅度较小，即使物价上涨，也不能算是通货膨胀。

第四，通货膨胀并不一定表现为物价上升。比如在高度集中计划经济体制的国家里，价格受到国家严格控制，大部分商品既不涨价也不降价，即使货币超量发行，市场货币流通量过多，物价水平也不会明显上涨。

1. 通货膨胀的衡量

通货膨胀最终要通过物价水平的上涨表现出来，因而物价水平的持续上涨幅度就成为通货膨胀的标志。目前，世界各国普遍采用"一般物价水平"来说明物价水平的变动情况，并根据"一般物价水平"的上升情况来确定通货膨胀的程度。"一般物价水平"是指全社会所有的商品和劳务的平均价格水平，而该平均价格是通过编制价格指数来计算的，因而价格指数就成了衡量通货膨胀的尺度。

价格指数是表明某些商品的价格从一个时期到下个时期变动程度的指数。因此，通货膨胀率可以这样来表示：

本期通货膨胀率=[(本期价格指数-上期价格指数)/上期价格指数]×100%

西方国家采用的价格指数主要有消费者价格指数、生产价格指数和国内生产总值价格指数。

1) 消费者价格指数(consumer price index)

消费者价格指数简称 CPI，又称零售价格指数，是衡量各个时期居民个人消费的商品和劳务零售价格变化的指标,表示的是消费者在不同时期为购买一篮子固定商品所支付的成本的价格指数,反映了消费者生活费用的变化情况。它度量的是典型化的城市消费者所购买的一组固定物品的价格平均上涨情况,每种商品的价格都根据其在消费者的总消费支出中的相对重要性而被相应地给出一个固定的权重。它的编制方法是:由官方统计部门确定典型城市家庭购买的商品和劳务单,并估算出每一商品所占的权数,然后政府派出观察员逐月到商店记下商品和劳务的价格资料,计算出新的消费价格指数。

消费者物价指数的计算公式如下:

$$CPI = \frac{P_{1t}}{P_{10}}a_1 + \frac{P_{2t}}{P_{20}}a_2 + \cdots + \frac{P_{nt}}{P_{n0}}a_n$$

其中:P_{i0}表示第i种消费品或劳务基期的价格;

P_{it}表示第i种消费品或劳务计算期的价格;

a_i表示基期用于第i种消费品或劳务的消费支出占全部消费支出的比重。

以 CPI 衡量通货膨胀的优点是消费品的价格变动能及时反映消费品市场的供求状况,资料易收集,公布次数频繁;不足之处在于范围较窄,公共部门消费、生产资料和资本、进出口商品和劳务的价格均不包括在内。

2) 生产价格指数(producer price index)

生产价格指数简称 PPI,又称批发价格指数,它是以大宗批发交易为对象,根据产品和原料的批发价格编制而成的指数。PPI 是衡量各个时期生产资料与消费资料和原料的批发价格变化的指数。批发价格指数反映的是生产者销售价格的变动情况。一般说来,消费者对批发价格指数不太感兴趣,但它是原材料价格和中间产品价格的信息来源。

以 PPI 衡量通货膨胀的优点是能在最终产品价格以前获得工业投入品及非零售消费品的价格变动信号,从而能较灵敏地反映企业生产成本的升降,并能进一步判断其对最终进入流通的零售商业价格变动可能带来的影响;不足之处在于不能反映劳务费用的变动情况。

3) 国内生产总值价格指数(gross domestic product price index)

国内生产总值价格指数是衡量各个时期一切商品和劳务变化的指数,是按现价计算的国内生产总值与按固定价格计算的国内生产总值的比例。

$$国内生产总值价格指数 = \frac{报告期名义GDP}{报告期实际GDP} \times 100\%$$

以国内生产总值价格指数衡量通货膨胀的优点是范围广,包括了商品、劳务、生产资料、消费资料,能全面反映一般物价水平的趋向。不足之处在于资料难以收集。

以上 3 种价格指数从不同侧面反映了通货膨胀的变动趋势,由于消费者价格指数与人民生活消费水平紧密相关,因此,一般都用消费价格指数来衡量通货膨胀。但在美国,经济学家则赞成把国内生产总值价格指数作为衡量美国经济中通货膨胀的最好的唯一准则。

阅读案例 7-3

我国使用的价格指数

我国采用的价格指数有 5 类,分别是居民消费价格指数,商品零售价格指数,工业品出厂价格指数,原材料、燃料、动力购进价格指数以及固定资产投资价格指数。

居民消费价格指数又细分为城市居民消费价格指数和农村居民消费价格指数,居民消费价格调查按用途分为 8 类：①食品；②烟酒及用品；③衣着；④家庭设备用品及服务；⑤医疗保健及个人用品；⑥交通和通信；⑦娱乐教育文化；⑧居住。8 类又进一步细分为 251 个基本分类，各地每月调查 600～700 种产品的价格。

商品零售价格指数与居民消费价格指数有交叉的内容，但也存在不同的地方，是一个更广泛的指数，其涵盖的项目包括如下几大类：①食品；②饮料、烟酒；③服装、鞋帽；④纺织品；⑤中西药品；⑥化妆品；⑦书报杂志；⑧文化体育用品；⑨日用品；⑩家用电器；⑪首饰；⑫燃料；⑬建筑装潢材料；⑭机电产品。大类之下细分为 225 个基本分类，各地每月调查 500 种以上产品的价格。

工业品出厂价格指数是工业品第一次出售时的价格。该项调查采用重点调查与典型调查相结合的调查方法。重点调查对象为年销售收入 500 万元以上的工业企业，典型调查对象为年销售收入 500 万元以下的工业企业。目前《工业品价格调查目录》包括 1410 多种工业出厂产品，共 3 019 个规格，调查采用企业报表形式，每月 4.1 万家工业企业上报数据资料。

原材料、燃料、动力购进价格指数考察 8 类：①燃料、动力类；②黑色金属材料类；③有色金属材料类；④化工原料类；⑤木材及纸浆类；⑥建材类；⑦农副产品类；⑧纺织原料类。

固定资产投资价格调查所涉及的价格是构成固定资产投资额实体的实际购进价格或结算价格。调查的内容包括构成当年建筑工程实体的钢材、木材、水泥等主要建筑材料价格；作为活劳动投入的劳动力价格(单位工资)和建筑机械使用费用；设备工器具购置和其他费用投资价格。本价格指数的调查采用企业报表和调查员走访相结合的方式。

我国 2008 年 1 月到 2024 年 2 月 CPI 走势图如图 7.2 所示。

图 7.2　我国 2008 年 1 月到 2024 年 2 月 CPI 走势图

PPI 是衡量工业企业产品出厂价格变动趋势和变动程度的指数，是反映某一时期生产领域价格变动情况的重要经济指标，也是制定有关经济政策和国民经济核算的重要依据。与 PPI 对应，CPI 是反映与居民生活有关的产品及劳务价格统计出来的物价变动指标，通常作为观察通货膨胀水平的重要指标。根据价格传导规律，PPI 对 CPI 有一定的影响。PPI 反映生产环节价格水平，CPI 反映消费环节的价格水平。整体价格水平的波动一般首先出现在生产领域，然后通过产业链向下游产业扩散，最后波及消费品。产业链可以分为两条：一是以工业品为原材料的生产，存在原材料→生产资料→生活资料的传导。另一条是以农产品为原料的生产，存在农业生产资料→农产品→食品的传导。在中国，就以上两个传导路径来看，目前第二条，即农产品向食品的传导较为充分，2006 年以来粮价上涨是拉动 CPI 上涨的主要因素。但第一条，即工业品向 CPI 的传导基本是失效的。

(资料来源：国家统计局网站。)

2. 通货膨胀的分类

根据不同的标准,西方经济学家对通货膨胀作了如下划分。

(1) 根据通货膨胀严重程度,可以划分为 3 种类型。

① 爬行的通货膨胀。亦称潜行的通货膨胀,是指当通货膨胀率在 1%~3%以内(也有人认为是 1%~5%以内)时的通货膨胀。由于爬行的通货膨胀的程度很低,所以不会引起通货膨胀预期和负面的经济后果。

② 温和的通货膨胀。当通货膨胀率在 3~6%(或 3%~10%)时,就是温和的通货膨胀。因为温和的通货膨胀和爬行的通货膨胀的通货膨胀率都比较低,对社会经济的负面影响甚微,所以,许多经济学家把它们归为一类。但是,实践证明,如果一个国家长期存在这种通货膨胀,也会对其经济产生不良影响。因此,对于爬行的通货膨胀和温和的通货膨胀,也不容忽视。

③ 奔驰的通货膨胀(galloping inflation)。奔驰的通货膨胀,又称加速的通货膨胀,其特点是通货膨胀率较高且还在加剧,一般为 10%~100%。在这种情况下,人们对通货膨胀有明显感觉,不愿以货币形式贮藏财富,而代之以商品、证券或住房等形式。由于其通货膨胀率很高,所以通常会引起较高的通货膨胀预期,并通过生产和流通领域,破坏一个国家的经济。意大利和日本这些先进的工业国家曾不时地出现过这种通货膨胀。许多拉丁美洲国家,如阿根廷和巴西,在 20 世纪七八十年代就经历过这样的通货膨胀。

④ 恶性的通货膨胀(hyper inflation)。恶性的通货膨胀,又称超速的通货膨胀,其特点是通货膨胀率非常高,而且完全失去了控制,一般在 100%以上。一般而言,经济学家将这种通货膨胀定义为当通货膨胀率以每月 50%或 50%以上的速度持续上涨时的通货膨胀。这种通货膨胀在阿根廷和德国出现过。在 20 世纪 80 年代,阿根廷年通胀率平均达到 450%,在 90 年代初更飙升至 20 000%。在这种情况下,经济活动的主要目的只是避免通胀吞噬一切。再如,德国从 1922 年 1 月到 1923 年 11 月,价格指数从 1 上升到 100 亿。恶性通货膨胀不管发生在哪个国家,它都有一些共同之处:第一,实际的货币需求急剧下降;第二,相对价格变得极不稳定;第三,它有可能导致货币金融体系的彻底崩溃,只好重新建立新的货币体系使人们恢复对本国货币的信任。

在这四种类型中,恶性通货膨胀对于经济的破坏性最强。不仅会给证券市场和房地产市场带来大量的泡沫,而且会严重破坏一个国家的货币体制,导致经济的崩溃。

阅读案例 7-4

委内瑞拉波澜壮阔的恶性通货膨胀

众所周知,进入 21 世纪以来,委内瑞拉的恶性通胀就像脱缰的野马,根本停不下来。尤其是到了 2017 年直接这个世界石油储量第一的国家,在通胀和债务面前,彻底崩溃。

委内瑞拉在 2018 年的通货膨胀率为 65000%,在 2019 年降至 19910%,在 2020 年降至 15000%,在 2021 年降到 686%,现在大概 210%。看着情况是在好转,其实具体到委内瑞拉民众的生活上,就是一卷卫生纸是卖 10 万还是卖 1 万的变化,普通民众的生活不会好转,只有纸面上的国际债务数字在下降而已。

除了查韦斯的盲目自信和委内瑞拉政府的贪污腐败，造成委内瑞拉 10 多年恶性通胀的根本原因有两个：

1. 盲目相信自己的石油储量世界第一的名头，忽视了需求端、结算端和美元霸主地位。一旦被美国等国家进行制裁时，马上面临国际市场份额下降、石油销售的回款困难的难题。

2. 因为自己的石油储量世界第一，既没有考虑到利用资源优势进行经济结构转型，也没有认识到自己的石油有相当一部分属于重油，不仅开采成本高、使用范围小，而且运输和冶炼成本更高。

到了 2019 年，委内瑞拉的恶性通胀已经发展到印货币的专用纸都比面值要值钱了。怎么办呢？委内瑞拉历任政府想到短平快的"好办法"：进行币制改革，一次不行，就 N 次。在币制改革方面，委内瑞拉的步子更猛更大，因为委内瑞拉的经济底子更烂——除了石油和矿产，其他什么都没有，一旦能源方面被全面、长期制裁，输入型通胀只用了 15 年就逼得委内瑞拉进行了 3 次币制改革。更厉害的是，委内瑞拉甚至还大胆尝试过数字货币和虚拟货币。直到 2022 年委内瑞拉经济和通胀才得到了喘息：俄乌冲突爆发后，俄罗斯石油出口受到全面制裁，委内瑞拉得到了一部分石油出口的份额，并顺利拿到了一部分美元货款。

(2) 根据通货膨胀对不同商品价格的影响，划分为两种类型。

① 平衡的通货膨胀。平衡的通货膨胀是指各种商品的价格都按相同比例上升。在这里，商品的价格包括生产要素及各种劳动的价格，如工资率、租金、利率等。

② 非均衡的通货膨胀。非均衡的通货膨胀是指各种商品价格上升的比例并不完全相同。比如，商品 A 上涨幅度大于商品 B 的上涨幅度，或者利率上升的比例大于工资上升的比例。

(3) 根据人们的预料程度，划分为两种类型。

① 未预期的通货膨胀。未预期的通货膨胀是指价格上升的速度超出人们的预料，或者人们根本没有想到价格上涨的问题。比如，国际市场原料价格突然上涨引起了国内价格上涨等。

② 预期的通货膨胀。预期的通货膨胀是指一国政府有意识地实行通货膨胀政策，并向公众公布货币增长率和经济实际增长率，从而使人们能正确地预期通货膨胀趋势。如一个国家长期以来都经历着一个给定的通货膨胀率(设为 4%)，且每个人都能预期通货膨胀率仍将继续在 4% 的水平，这样很多经济活动都将根据预期的 4% 的通货膨胀率来进行。如银行贷款利率肯定会高于 4%，只有这样才能补偿通货膨胀的作用。

(4) 按市场机制的作用分类，划分为两种类型。

① 开放型通货膨胀。开放型通货膨胀是指在市场机制充分运行和政府对物价不加控制的情况下表现出来的通货膨胀。在市场经济条件下，特别在发达的市场经济下，由于没有政府的直接干预，货币的多少直接影响着物价水平的升降，通货膨胀便以物价水平公开上升的形式表现出来。

② 抑制型通货膨胀。抑制型通货膨胀是指政府通过计划控制和行政管制手段来抑制物价的上涨，使通货膨胀的压力不是通过一般物价水平的上涨表现出来，而是以非价格信号如商品与物资供给的短缺表现出来。

7.2.2 通货膨胀的原因

在西方经济学中，造成通货膨胀的具体因素被区分为两个方面，一些来自需求方面的原因，另一些来自供给方面的原因。具体分为以下几种类型。

1. 需求拉动型通货膨胀(demand-pulled inflation)

这是从总需求的角度来分析通货膨胀的原因，认为通货膨胀的原因在于总需求过度增长，总供给不足。而对于引起总需求过大的原因又有两种解释：一是消费、投资、政府支出或净出口等实际因素引起的变动的影响；二是货币供给对总需求的影响。

第一种解释以凯恩斯的经济理论为基础。这可分为两种情况分析，一种情况是当产量低于充分就业的水平时，即社会上存在着大量的未被利用的资源和失业现象，需求的增加会导致两种可能的结果：一是产量提高了而价格水平保持不变，因而不会产生通货膨胀；二是由于经济扩张到一定程度，有些资源变得稀少的情况下，有效需求的增加部分引起产量的增加，部分物价上涨。凯恩斯称为半通货膨胀。另一种情况是当产量达到充分就业水平以后，资源已得到充分利用，由于生产能力的制约，总需求增长不再引起产量的增加，而只会导致物价水平按同一比例增长。凯恩斯称之为真正的通货膨胀，如图 7.3 所示。

在图 7.3 中，当产量小于 y_0 时，总供给曲线 AS 为一条水平线，总需求的增加，使总需求曲线 AD 右移，只能引起产量的增加，而价格水平保持不变，始终为 P_0；当产量介于 y_0 与 y^*(潜在产量)之间时，总需求曲线 AD 的右移，将同时提高产量和价格水平(如从 AD_0 移到 AD_1 时，产量和价格分别由 y_0 和 P_0 上升到 y_1 和 P_1)；当产量达到潜在产量 y^* 时，总供给曲线 AS 为等于 y^* 的垂直线，总需求曲线 AD 的右移只会导致价格上涨而不影响产量。

第二种解释是以货币数量论为理论基础的。按照这一理论，生产量恒等于充分就业时的产量，货币流通速度 V 为一固定值，故当货币量 M 增加时，代表名义货币需求量的 MV 也会增加。既然生产量 y 不能增加，那么，根据交易方程式(名义供给等于名义货币需求量，即 $Py=MV$)，价格水平 P 必然与货币量 M 以同一比例增加，如图 7.4 所示。

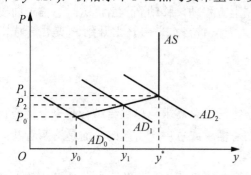

图 7.3 凯恩斯对需求拉动型通货膨胀的解释

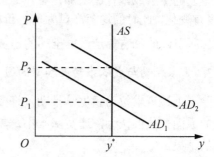

图 7.4 货币主义对需求拉动通货膨胀的解释

由于产量恒等于充分就业时的产量，故总供给曲线 AS 为与产量轴交于 y^*(潜在产量)的一条垂直线。当货币供给量 M 增加时，就会引起总需求的增加，使总需求曲线 AD 由 AD_1 右移至 AD_2，结果产量保持在原来的水平 y^* 而价格由 P_1 上升到 P_2。

虽然凯恩斯学派与货币主义对需求拉动通货膨胀的解释有些差异，但有一点是共同的，都认为产生需求拉动通货膨胀的原因在于过多的货币支出追逐在充分就业条件下可生产出来的有限的物品供给。

2. 成本推动的通货膨胀(cost-pushed inflation)

成本推动的通货膨胀(cost-pushed inflation)是从供给的角度来分析通货膨胀的原因。在总需求不变的情况下，由于工资和原材料产品的价格引起生产成本提高，从而推动物价上涨。物价上涨后，又要求增加工资，再使成本提高，这又要提高价格，引起通货膨胀。具体分析引起成本推动通货膨胀的因素有两个：一个是工人得到较高的工资，另一个是垄断或寡头行业中的企业得到较高的利润。由前者引起的称为工资推动的通货膨胀，由后者引起的称为利润推动的通货膨胀。

(1) 工资推动的通货膨胀(wage-pushed inflation)。由于工资的普遍上涨而引起一般价格水平持续明显的上涨，称为工资推动的通货膨胀。工资推动的通货膨胀发生在不完全竞争的劳动市场上，此时，工会处于垄断地位，企业不得不接受工会代表工会会员提出的较高工资的要求。当工资的增长率超过了生产的增长率，引起了价格的上涨，而价格上涨又会使工会要求提高工资，再度引起物价上涨，如此循环往复，形成了工资与物价的螺旋上升，从而形成工资推动的通货膨胀。

(2) 利润推动的通货膨胀(profit-pushed inflation)。利润推动的通货膨胀，是指拥有控制产品市场价格能力的垄断企业，为谋取高额利润，超过生产成本上升的幅度来提高产品价格，致使价格上涨的速度超过成本增长的速度，进而导致总体物价水平的上升。

从成本推动通货膨胀的两种方式来看，目的都是操纵价格的上升，其根源在于经济中的垄断，工会的垄断形成工资推进的通货膨胀，厂商的垄断形成利润推动的通货膨胀。成本推动的通货膨胀如图7.5所示。

在图7.5中，横轴代表总产出 y，纵轴表示物价水平 P，总需求曲线 AD 是既定的。原来的总供给曲线 AS_0 与总需求曲线 AD 相交于 E_0 点，此时均衡产量为 y_0，价格水平为 P_0。如果企业的生产成本普遍增加，总供给曲线向左上方移动，移动到 AS_1，这时总需求曲线 AD 没有变化，此时的均衡产量为 y_1，价格水平为 P_1。价格水平由 P_0 上升到 P_1 是由于成本的增加所引起的，这就是成本推动的通货膨胀。

3. 需求拉动与成本推动混和型的通货膨胀

除了上述需求拉动和供给推动，许多经济学家还把总需求与总供给结合起来分析通货膨胀的原因。他们认为，通货膨胀不是单一的由总需求或总供给引起的，而是这两者共同作用的结果。

如果通货膨胀是由过度需求拉动开始的，过度的需求将引起物价上升，这种物价上升又使工资增加，从而引起供给成本增加，成本增加又引起成本推动的通货膨胀。如果通货膨胀是由成本推动开始的，即成本增加，引起物价上升。这时，如果没有总需求相应增加，工资上升最终会减少生产，增加失业，从而使成本推动的通货膨胀停止。只有在成本推动的同时，又有总需求的增加，才会引起物价水平继续上升。

可以用图7.6来说明供求混和如何共同引起通货膨胀。

在图 7.6(a)中，成本增加，使总供给曲线 AS_1 左移到 AS_2，此时均衡物价水平由 P_0 上升到 P_1，这是成本推动的通货膨胀(价格上升，产量水平下降)。然后总需求增加，总需求曲线由 AD_1 移动到 AD_2，引起物价水平继续上升，均衡物价水平由 P_1 继续上升到 P_2，这是需求拉动的通货膨胀(价格上升，产量水平上升)。物价上升的过程是 $a \to b \to c$。

在图 7.6(b)中，总需求增加，总需求曲线由 AD_1 移动到 AD_2，引起物价水平继续上升，均衡物价水平由 P_0 继续上升到 P_1，这是需求拉动的通货膨胀(价格上升，产量水平上升)。通货膨胀发生后引起成本增加，使总供给曲线 AS_1 左移到 AS_2，均衡物价水平由 P_1 上升到 P_2，这是成本推动的通货膨胀(价格上升，产量水平下降)。物价上升的过程是 $a \to b \to c$。如果总需求的继续增加，还会引起物价水平继续上升。

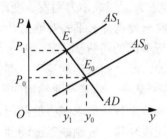

图 7.5　成本推动的通货膨胀

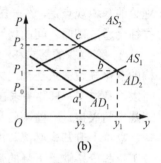

图 7.6　供求混和推动的通货膨胀

阅读案例 7-5

我国 20 世纪 90 年代初期通货膨胀的成因

我国 1992—1994 年发生的通货膨胀是多种因素综合作用的结果，概括起来，主要有以下几种原因。

(1) 需求拉动。1993 年的通货膨胀表现出超常的投资需求，而消费需求增长较平稳。1993 年全社会固定资产投资比 1992 年增长了 50.6%，固定资产投资率达 37.7%。投资需求的单向急剧扩张必然成为投资品价格上涨的直接推动力，而投资成本的激增，也会通过与成本推进机制相互作用最终引起消费品价格上涨，从消费需求方面又推动了物价上涨，最后导致货币发行过多，社会总需求进一步扩张。此外，固定资产投资规模过大，必然会因缺少流动资金而求助于银行信贷，最终导致信用膨胀。据统计，固定资产贷款占银行各项贷款的 19.5%，比 1992 年高出 1.5%。

(2) 成本推进。1993 年生产资料大幅上涨和行政事业单位提高工资，外加前两年投资需求和货币投放大幅度增长累积的压力，以及税制、外汇改革等因素，都导致了产品成本的上升，推动总物价水平上涨。1993 年一季度职工工资总额增长了 19.6%，仅上半年工业名义总成本就比上年同期上升 14.9%。从生产资料成本的增长来看，由于当时中国正处于改革基础产业价格偏低的价改时期，又受到过度投资需求的拉动，因而价格上涨表现为从上游产品投入成本的增加自上而下传导给下游产品，这就使消费品生产中的投入物品价格上升，相应从成本方面推动了消费品物价的上升。

(3) 粮食减产。1993 年，中国的粮食总产量地区之间不平衡，南方的稻谷减产。从 1993 年 11 月开始，南方沿海地区大米价格大幅度上涨，并迅速波及全国。粮食一价带百价。粮价上涨，带动肉禽蛋等主要食品价格大幅度上涨，而食品作为居民必须的生活物资，在居民的消费指数中占有重要地位。食品价格的上涨，更加剧了居民对通货膨胀的预期，从而进一步刺激需求的上升。

(4) 体制转轨中，价格管理经验欠缺。从物价管理看，主要是在90%左右的商品价格放开以后，各级政府尚未很好解决管理上的认识问题，一度放松管理，且缺乏有效的平抑物价上涨的手段，以致乱涨价、垄断涨价等不良现象得不到有效治理，据统计，自发涨价就占新涨价的50%以上。

4. 结构性通货膨胀

继需求拉动型通货膨胀理论、成本推动型通货膨胀理论和混合型通货膨胀理论之后，舒尔茨、鲍莫尔、希克斯、托宾等经济学家从经济部门的结构方面来分析通货膨胀的成因，形成了结构型通货膨胀理论。他们发现，即使一国经济中的总供给和总需求不变，也会由于经济部门结构方面的因素，使一般物价水平持续上涨，产生"结构型通货膨胀"。这个理论的基本观点是，在一国经济中，当一些产业和部门在需求方面或成本方面发生变动时，往往会通过部门之间的相互比较而传导到其他部门，并导致一般物价水平的普遍上升。

(1) 舒尔兹的需求移动论。1959年，舒尔兹发表《最近美国的通货膨胀》，从经济结构的变化导致需求在部门之间的移动来解释通货膨胀的原因，即"需求移动论"。即使总需求不是过多，只要需求在部门之间发生移动，也会发生通货膨胀。随着产业结构的变化，一些部门兴盛，一些部门衰落。需求增加的部门，工资、物价上升，需求减少的部门，工资、物价上升却未必降。由于短期内需求在部门之间的大规模转移，资源缺乏流动性，以及工资和价格缺乏下降的弹性，在总需求不变的情况下，发生结构性通货膨胀。

(2) 鲍莫尔的不平衡增长模型。1967年，鲍莫尔发表《不平衡增长的宏观经济学：城市危机的解剖》，提出了一个以不同劳动生产增长率为核心的结构性通货膨胀模型。在鲍莫尔的不平衡增长模型中假设：经济活动中有两个部门，即先进部门(主要指工业部门)和保守部门(主要是服务部门)；两个部门的劳动生产率的增长率不同，且先进部门的劳动生产率的增长率大于保守部门；两个部门的生产函数都是线性的；两个部门的货币工资增长率是一致的，且货币工资增长率按先进部门的劳动生产率增长。

由于整个经济的货币工资增长率是按先进部门的劳动生产率决定的，对服务部门而言，其货币工资的增长率大于其劳动生产率的增长率。这样，就会给服务部门带来一定的压力，于是，服务部门就采取涨价措施，提高产品的价格。由于整个社会对保守部门的产品(服务)的需求弹性小，而对先进部门的产品(制成品)的需求弹性大，保守部门可以维持其产品的高价格。结果导致整个社会价格总水平的上升，形成结构型通货膨胀。

(3) 希克斯—托宾的劳动供给理论。劳动供给理论的主要观点有：①实际工资是由劳资之间的长期契约决定的；②在工资谈判过程中，工人通常以其与某些部门的收入差别为标准，并企图保持这种差距；③短期内由于历史等因素所造成的各部门差别是公平的。

1974年，希克斯在《凯恩斯经济学的危机》将社会经济部门划分为"扩展部门"和"非扩展部门"，分析了产生通货膨胀，特别是滞胀的主要原因。在经济繁荣时期，扩展部门对劳动力的需求增加，整个社会的劳动力供给相对不足，并打破了劳动力市场的平衡。在劳动力市场，由于需求曲线的向上移动，扩展部门的工资水平上涨。而扩展部门工资水平的上涨，也使其与非扩展部门的收入差距扩大，引起了非扩展部门工人的不满，要求提高工资水平并得到同意。于是，整个社会的工资水平和工资成本普遍上涨，导致结构型通货膨胀的形成。

1972 年，托宾发表《通货膨胀与失业》提出了关于相对工资的理论。与希克斯不同，托宾从劳动力市场结构出发解释了结构型通货膨胀理论的观点。托宾认为，劳动力市场是不完全竞争市场，一旦个别劳动力市场上对劳动力的需求过度，就会导致整个劳动力市场货币工资的普遍上涨，从而产生结构型通货膨胀。

(4) 斯堪的纳维亚模型。斯堪的纳维亚模型最初由挪威经济学家 W.奥克鲁斯特提出，后经瑞典经济学家 G.埃德格兰、K.法克森和 C.奥德纳等修正和补充而成，也被称为北欧模型。该模型在剖析北欧开放型小国通货膨胀的形成原因时，不仅以结构性通货膨胀理论作为理论基础，而且将其与通货膨胀的国际传递机制相结合，因此，又被称为"小国开放通货膨胀模型"。

斯堪的纳维亚模型假设汇率固定不变，国外价格水平为既定。该理论将整个经济部门分为开放部门(用 E 代表)和保守部门(用 S 代表)。两个部门的价格决定方式和生产率的增长速度不同。由于 E 在世界市场上进行交易，其产品价格由世界商品市场的供求关系决定，同时，该部门的生产率的增长速度较高；而 S 部门只能在国内市场进行交易，因此其产品价格由国内商品市场的供求关系决定，且其生产率的增长率较低，低于 E 部门生产率的增长率。

设 E 部门的通货膨胀率为 π_e，世界通货膨胀率为 π_w，S 部门的通货膨胀率为 π_s，国内通货膨胀率为 π；E 部门的劳动生产率为 g_e，S 部门的劳动生产率为 g_s，且 $g_e > g_s$；E 部门在整个经济中所占比例为 a_e，S 部门所占比例为 a_s，且 $a_e + a_s = 1$。

该国国内通货膨胀率 π 等于两个部门的通货膨胀率的加权平均值，所以有

$$\pi = \pi_e a_e + \pi_s a_s \tag{7-1}$$

虽然两个部门的货币工资增长率相同，但 S 部门劳动生产率的增长率小于 E 部门，因此，S 部门通货膨胀率大于 E 部门通货膨胀率，其差额等于$(g_e - g_s)$。所以，S 部门通货膨胀率为

$$\pi_s = \pi_e + (g_e - g_s) \tag{7-2}$$

将式(7-2)代入式(7-1)，于是得到

$$\pi = \pi_e a_e + \pi_s a_s = \pi_e a_e + [\pi_e + (g_e - g_s)]a_s$$

而在开放经济条件下

$$\pi_e = \pi_w$$

所以

$$\begin{aligned}\pi &= \pi_e a_e + [\pi_e + (g_e - g_s)]a_s \\ &= \pi_w a_e + [\pi_w + (g_e - g_s)]a_s \\ &= \pi_w + (g_e - g_s)a_s\end{aligned} \tag{7-3}$$

由式(7-3)可以看出，即使社会总需求和总供给是稳定的，也会由于经济结构的原因，引起通货膨胀。而该国通货膨胀率的高低取决于世界通货膨胀率、各部门在整个经济中所占比例和两部门劳动生产率的差距。在世界通货膨胀率一定时，若开放部门比重增加而非开放部门比重减少，则通货膨胀率下降；反之，通货膨胀率上升。这体现了结构性因素对通货膨胀的影响。

综上所述，结构性通货膨胀模型的核心是：经济中存在两大部门，(需求增加部门，需

求减少部门；先进部门，保守部门；扩展部门，非扩展部门；开放部门，非开放部门)，由于需求转移，劳动生产率增长的不平衡或世界通货膨胀率的变化，一个部门的工资、物价相应上升，但劳动力市场的特殊性要求两个部门工人的工资以同一比例上升，相反的情况出现时，工资与物价存在向下的刚性，结果引起物价总水平的普遍持续上升。

 阅读案例 7-6

我国的结构性通货膨胀

1. 结构性通货膨胀在我国的表现形式

结构性通货膨胀是指在全社会总供给与总需求处于均衡状态下，因部门间劳动生产率的差异和货币工资增长率保持一致的矛盾所引起的物价总水平上涨。部门发展结构的不协调是结构性通货膨胀的经济实质，而部门间物价涨落幅度的差异程度则是结构性通货膨胀的表现形式。结构性通货膨胀在我国主要表现为：

(1) 食品等农副产品价格出现较大幅度的上涨。2003 年到 2008 年 9 月次贷危机爆发，经济呈现快速增长态势，以居民消费价格指数 CPI 衡量的物价总体保持平稳，没有出现大幅上涨。但是，却呈现了明显的结构性上涨特点，主要是食品价格上涨一枝独秀，其他商品价格保持温和上涨。2003—2008 年，食品价格平均超过居民消费价格指数 4.3 个百分点。2007 年的食品价格上涨 12.3%，其中猪肉价格上涨尤其明显，带动牛肉、羊肉、鸡蛋等食品上涨，当年的通货膨胀有 83%源于食品价格上涨因素。2008 年，这种由食品价格拉动整个消费物价上涨的状况未发生改变，当年的食品价格上涨达到 14.3%，超过居民消费价格指数 8.4 个百分点。同期，其他商品价格温和上涨，烟酒及用品、家庭设备用品及服务、医疗保健和个人用品涨幅都在 3%以内，而交通和通信、文教娱乐用品及服务、衣着等价格还出现了不同程度下降。2010 年 1—8 月，CPI 上涨 2.8%，食品涨幅达 5.9%，其中蔬菜、豆类产品价格出现大幅上涨，仍然呈现结构性通货膨胀特点。

(2) 房地产资产价格大幅上涨。2003 年起，我国商品房价格出现明显上涨趋势，2004 年平均价格增长幅度达 17.8%，首次超过了居民可支配收入的增长幅度，2006 年之后，房地产销售额上涨速度超过销售面积上涨速度，2007 年中国楼市呈现了异常繁荣，经历了 2008 年的短暂调整后，2009 年重拾升势，房价创历史新高，2003—2009 年，全国房价上涨幅度达到 300%以上，大大超过城镇人均收入增长 186%的水平。2010 年 6 月末，全国房屋销售价格指数同比上涨 11.4%，北京、上海、杭州、南京等一线城市的房价高达 40 000 元/平米，房价的快速上涨已经引起了国家高度重视，国家正对高房价进行综合调控，避免房价上涨过快。

2. 结构性通货膨胀形成的机理探析

我国的结构性通货膨胀，有其特殊诱因，我国的结构性通货膨胀形成主要在于部门经济结构，而不是比价结构、消费结构、地区结构等。主要有以下两种合理解释：

(1) 部门瓶颈制约模型。市场化程度较低的部门，往往伴随着垄断(包括行政干预)，构成了中国结构性通货膨胀的主体部分。一般来说，瓶颈部门提供的产品，其需求弹性比较固定，因此通货膨胀取决于供给弹性。而产品的供给弹性又与资源约束程度负相关，与市场化程度正相关，产品供给弹性过低主要受制于资源约束。

农业部门提供粮食、蔬菜等农副产品，供应能力低供给弹性较低。由于中国长期存在着二元经济的格局，农民收入与城镇居民收入的差距加大，农民进行农业生产积极性受挫，随着大批农民进城务工，农业供给能力相对下降。又因为中国长期实行以农业补贴工业，农业由于长期投资较少，生产水平提高较慢，农产品供给缺乏弹性，一旦出现自然灾害或疫病造成减产(如猪蓝耳病)，农业部分供给受到限制，农产品价格极易波动；同时农业部门在土地处于管制、粮食等农副产品流通环节价格受到控制等行政因素，无法实现资源的有效配置，农业部门相对于其他部门"瓶颈制约"越加明显。这样由于供给不足，形成农产品价格上涨，从而推动农业部门工资水平上升，形成工资-物价的螺旋式上涨。

房地产也存在着供给弹性低瓶颈制约约束。房地产开发中的土地使用、规划、建设开工等一系列活动，都需要政府相关部门审批，受到行政制约，突出表现为市场化程度较低部门，制度性缺陷与不合理管制导致要素市场中资源无法按照市场规律配置出现资源约束，造成该部门的生产效率低下，是引发结构性通货膨胀的主要原因。从需求角度，对住宅需求主要是保值增值需要，既有投资需求，又有投机需求，当需求在短时期迅速膨胀，供给能力相对不足，房地产价格呈现加速上涨态势。

(2) 劳动生产率增长水平差异模型。根据非均衡的结构性通货膨胀理论，其基本思想是一国经济可根据劳动生产率增长速度的差异划分为生产率增长较快的先进部门和生产率增长较慢的落后部门。先进部门是带动经济增长的引擎，先进部门工资将随劳动生产率提高同步上涨，因此先进部门工资水平就比落后部门要高。因为部门之间劳动力是可以流动的，且存在这种信威胁，落后部门的工人往往会要求与先进部门的货币工资上涨率看齐。由于这一压力，落后部门工人工资上涨将超过其生产率上升的速度，落后部门工资整体水平便与先进部门的劳动生产率成比例增长，其结果是落后部门的生产成本便上升，并造成物价整体总水平的上升。我国的加工工业多为外向型经济，劳动生产率提高快，工资整体水平高，很多工厂工人为农民务工人员，其带动了从事农业的农民向加工工业工人工资看齐，目前我国农民劳动力成本上升就体现了该命题。

(资料来源：申建文.王立平.结构性通货膨胀、流动性过剩及政策应对.华东经济管理.2011年01月.)

5. 输入型通货膨胀

输入型通货膨胀(imported inflation)是指由于国外商品或生产要素价格的上涨，引起国内物价的持续上涨现象。

输入型通货膨胀与开放经济有密切的关系，开放的程度越大，发生的概率越大。通常，输入型通货膨胀的传导途径主要有3个。

1) 国外商品的价格传导途径

该途径的传导机制是：在价格机制的作用下，一方面，由于国外商品的价格上涨，会导致该国对外商品出口的增加，从而增加该国的对外贸易出口需求；另一方面，由于国外商品的价格上涨，又会减少本国居民对国外进口商品的消费，而转为增加对本国商品的消费，由此，一增一减，最终引起整个社会总需求的增加。

2) 货币供给途径

该途径的传导机制是：当国外存在通货膨胀和价格上涨时，由于国外商品的价格上涨，使得该国的对外贸易将出现大量顺差，而大量的贸易顺差存在，又会使该国的外汇储备大量增加。在固定汇率制下，大量的外汇储备将导致国内货币供给大大增加，从而引起国内利率降低、投资增加，并最终导致需求拉上型通货膨胀。

3) 成本传导途径

该途径的传导机制是：由于国际市场上石油、原材料等价格上涨，导致国内这些基础产品的输入价格增加，从而引起国内的价格上涨，并最终引发成本推动型通货膨胀。

7.2.3 通货膨胀的影响

通货膨胀的发生会给社会经济带来严重的伤害，其影响要比一般价格变动所产生的影响更加强烈。通货膨胀对社会经济的影响主要体现在以下几个方面。

1. 通货膨胀对就业和产出的影响

下面分 3 种情况来进行论述。

第一种情况：需求拉动通货膨胀的刺激，促进了产出水平的提高。西方许多经济学家长期以来坚持这样的看法，即认为温和的或爬行的需求拉动的通货膨胀将刺激产出的扩大和就业的增加。假设总需求增加，产生经济复苏，造成一定程度需求拉动的通货膨胀。在这种情况下产品的价格会跑到工资和其他资源价格的前面，由此而扩大了企业的利润。利润的增加会刺激企业扩大生产，从而发生减少失业、增加国民产出的效果。这种情况意味着通货膨胀的再分配效应会被由于更多的就业、增加产出所获得的收益所抵消。例如，对于一个失业工人来说，如果他只有在通货膨胀条件下才能得到就业机会，显然，这是受益于通货膨胀。

第二种情况：成本推动通货膨胀引起产出与就业的下降。假定在原总需求水平下，经济实现了充分就业和物价稳定。如果发生成本推动型通货膨胀，则原来总需求所能购买的实际产品的数量将会减少。那就是说，当成本推动的压力抬高物价水平时，一个已知的总需求只能在市场上支持一个较小的产出。

第三种情况：极度通货膨胀导致经济崩溃。有些经济学家认为，第一，随着物价持续上升，居民户和企业会产生通货膨胀预期，即估计物价会再度升高。这样人们就不会让自己的储蓄和现行的收入贬值，而宁愿在价格上升前把它花掉，从而产生过度的消费购买，这样储蓄和投资会减少，使经济增长率下降。第二，随着通货膨胀而来的生活费用的上升，劳动者会要求提高工资，不但会要求增加工资以抵消过去物价水平的上升，而且要求补偿下次工资谈判前可以预料到的通货膨胀带来的损失。于是，企业增加生产和扩大就业的积极性就会逐渐丧失。第三，企业在通货膨胀率上升时会力求增加存货，以便在稍后按高价出售以增加利润，这种通货膨胀预期除了会鼓励企业增加存货外，还可能鼓励企业增加新设备。然而，企业这些行为在无法筹措到必需的资金时就会停止，银行会在适当时机拒绝继续为企业扩大信贷，银行利率也会上升，企业会越来越难得到贷款。企业被迫减少存货，生产就会收缩。第四，当出现恶性通货膨胀时，情况会变得更糟。当人们完全丧失对货币的信心时，货币就不能再执行它作为交换手段和储藏手段的职能了。这时，任何一个有理智的人都不会再花精力去从事财富的生产和正当的经营，而会把更多的精力用在如何尽快把钱花出去，或进行种种投机活动。等价交换的正常买卖、经济合同的签订和履行、经营单位的经济核算以及银行的结算和信贷活动等，都无法再实现，市场经济机制也就无法再正常运转。在恶性通货膨胀下，生产可能停滞，而高度分化的财富和收入再分配又可能引起社会各阶层的冲突，造成不安和动乱，有时甚至会带来灾难性的结果。正因为如此，西方政府和经济学家都主张对通货膨胀进行控制。

2. 通货膨胀对收入分配的影响

通货膨胀将使一部分人受损，一部分人受益，从而带来收入分配的变化。在西方经济学中，收入包括从劳动中取得的工薪收入、从资本中得到的利润收入、从利息和租金中得到的收入及私人养老金和老年社会补贴收入等。

在通货膨胀中，由于货币资金的增长落后于物价上涨，则实际工资降低，使以工资为主要收入来源的人们受到损失，而雇用这些人的雇主则会得到好处。而领取固定收入的人，在通货膨胀下，虽然名义工资增加了，但实际的购买力会下降。对于以利息和租金取得收入的人来说，由于利息和租金是由合同定下来的，未能及时调整，因此他们在通货膨胀中会由于实际利率降低受到损害。其中，受损失最大的是离退休人员，他们的收入全部来源于养老金和老年社会补贴，不能及时调整的养老金会使他们变穷。通货膨胀还使债权人受损，债务人受益。因为债务人向债权人借债后，虽然到期如数偿还，但因货币已经贬值，债权人实际收回的货币购买力小于他当时所借出的货币购买力。

3. 通货膨胀对财产分配的影响

一般来说，家庭财产可分为两类：一类是价格可变的资产，如房屋、土地等实物资产和股票等金融资产；另一类是金额固定的资产，如储蓄存款等。在通货膨胀中，价格可变资产的价格随着物价上升而提高，使可变资产的价值不变或上升；而金额固定的资产实际价值随着物价的上升而下降。因此，在家庭中，金额固定的资产所占的比重越大，家庭受通货膨胀的损失就越大，反之，损失就越小。

4. 通货膨胀对资源配置的影响

通货膨胀是由价格水平普遍、持续上涨引起的，通货膨胀期间的价格是"病态的"，既难以反映生产成本的变化，也不是社会真实需求状况变动的体现，这就造成市场经济的供需双方难以准确判断并做出正确的反应。从供给方来看，价格的频繁变动使企业的收益和成本处于不稳定状态，难以把握，从而给企业的收益—成本核算带来困难，这会影响资源的配置效率；在"病态的"通货膨胀期间，产品价格上涨快于其成本上涨的部门会得到扩张，而产品价格上涨慢于其成本上涨的部门会收缩，引起资源由收缩部门向扩张部门流动，影响资源的合理配置。从需求方来看，在一个高通胀经济中，买方的决策很容易被扭曲，做出非合理的行为调整，这也会影响资源的合理配置。

5. 通货膨胀对经济增长的影响

在通货膨胀对经济增长的影响上，西方学者有两种不同的观点，一种观点认为，通货膨胀有利于经济增长。因为通货膨胀可以增加国民收入中的利润份额，减少工资的份额，加剧收入分配的不平等，由于富人的储蓄率又倾向于大于穷人，从而提高了全社会的平均储蓄倾向，增加了投资比例。另一种观点是认为，通货膨胀不利于经济增长。由于通货膨胀，人们不愿意储蓄和购买债券，不愿意持有金额固定的资产，而愿意购买和持有如房屋、土地等价格可变的资产，这样就减少了储蓄，抑制了投资。

统计资料表明，长期来说，通货膨胀与产出的增长之间存在着一种倒"U"型的关系。表 7-1 显示了最近的一项涉及许多国家的研究，结果表明，低通货膨胀的国家的经济增长最为强劲，而高通货膨胀或通货紧缩国家的经济增长趋势则较为缓慢。

表 7-1 通货膨胀与经济增长

通货膨胀率	人均 GDP 的增长(%/年)
−20%～0%	0.7
0%～10%	2.4
10%～20%	1.8
20%～40%	0.4
100%～200%	−1.7
1 000%以上	−6.5

在经济增长与通货膨胀的关系上，可以有 4 种组合情况：一是高经济增长率，低通货膨胀率；二是高增长率，高通胀率，而高通胀率又可低于、等于或高于高增长率；三是低增长率，高通胀率；四是低增长率，低通胀率。第一种情况是最好的，是应争取实现的。追求过高的增长率会带来高通胀率，但正常的高增长率并不一定会伴之以高通胀率。应当寻求经济增长率与通货膨胀率之间的最佳组合点。

从世界范围来看，增长率与通胀率的几种组合关系都有事例。新加坡自 1965—1984 年 20 年中，是高经济增长率与低通胀率相结合。如 1968—1972 年的 5 年中，经济增长率分别为 13.9%、13.7%、13.7%、12.5%、13.4%，而通胀率则分别为 0.5%、-0.2%、-0.4%、1.7%、2.3%。韩国 1962—1976 年共 15 年中，是高增长率与高通胀率并存，而且其中 11 年高通胀率超过了高增长率。但在 20 世纪 80 年代，韩国变为高增长率与低通胀率相结合。南斯拉夫是低增长率高通胀率的例子。1980—1988 年，经济增长率最高为 2.4%，最低为 -2%，而通胀率最高为 270%，最低为 30%。低增长率与低通胀率相结合，是近十多年来西方发达国家存在的现象。

7.2.4 治理通货膨胀的政策

大多数国家都遭受过通货膨胀，虽然经济学家对通货膨胀产生的后果持不同的观点，但都一致认为严重的通货膨胀对经济发展是有害的。因此，各国政府都把抑制通货膨胀作为自己的目标之一。由于产生通货膨胀的原因不同，因而也有不同的反通货膨胀措施。反通货膨胀的政策与产生通货膨胀的原因是密切相关的。

1. 控制总需求

针对需求拉动型的通货膨胀，政府应实行紧缩性的需求管理政策。它包括紧缩性的财政政策和紧缩性的货币政策。紧缩性的货币政策通过减少货币供给量，降低人们的收入水平，以抑制消费需求。同时货币供给量的减少会推动利率上升，提高厂商的融资成本，从而抑制投资需求，由此达到抑制总需求的目的。紧缩性的货币政策包括中央银行通过公开市场业务卖出政府债券、提高法定准备金率或贴现率等。紧缩性的财政政策的具体措施有：减少财政支出，以降低公共投资，抑制投资需求和政府需求；增加税收，压缩厂商和个人的可支配收入，抑制投资和消费需求。总之，减少了消费需求、投资需求和政府需求，就减少了总需求，从而抑制了物价水平的上涨，制止了通货膨胀。

2. 改善总供给

成本推动型的通货膨胀发生的重要原因之一就是总供给曲线的左移。而总供给曲线的左移主要源于工资的上涨，所以，通过执行一种收入政策，稳定工资水平，改善总供给，从而达到抑制通货膨胀的目的。具体做法是由政府确定工资—物价"指导线"，以限制工资—物价的上升。根据估计的平均生产率的增长，政府估算出货币收入的最大增长限度，而每个部门的工资增长率应等于全社会劳动生产率的增长趋势，并且不允许超过，从而维持整个经济中每单位产量的劳动成本稳定，使价格总水平保持不变。

在治理通货膨胀的同时，要注意防止通货紧缩。通货紧缩是指一般价格水平、经济增长速度与货币供应量的持续下降。同通货膨胀一样，通货紧缩也会对社会经济带来诸多消极影响。首先，通货紧缩会形成经济衰退，因为通货紧缩增加了货币的实际购买力，会抑制个人消费支出和企业的投资支出，投资和消费需求的下降最终会造成经济衰退。因此，通货膨胀和通货紧缩都是有害的。维持总体价格水平的稳定或小幅上涨才是理想的。

阅读案例 7-7

巴西实行稳健经济政策降低通货膨胀率

巴西现在流通的货币雷亚尔，是 1994 年为了取代大幅贬值的克鲁塞罗而推出的。当时克鲁塞罗的官方比价为 100 克鲁塞罗兑 1 美元，但黑市价格则长期在 1 万至 1.4 万克鲁塞罗兑 1 美元之间徘徊。1994 年 7 月，巴西年通货膨胀率达到了 2 000%，当时的巴西总统卡多索痛下决心实行货币政策改革。他任命了新的中央银行行长，并实施"雷亚尔计划"，推出新货币雷亚尔，同时提高利率，收紧银根，控制恶性通货膨胀。1995 年，巴西通货膨胀率降至 22.41%，虽然依旧很高，但在当时的背景下，已是十分了不起的成就了。

然而，巴西政府的财政赤字却依然居高不下。到 1997 年，巴西财政赤字已高达 650 亿美元，占国内生产总值的 8%。1998 年巴西政府更是欠下 3 000 亿美元的内债和 2 000 多亿美元的外债，雷亚尔得不到市场的信任，持续贬值，通货膨胀率也随之攀升。2002 年，巴西通货膨胀率达到 12.53%，为 1996 年以来的最高值。

现任巴西总统卢拉 2003 年年初开始执政后，采取稳健的经济政策，强调独立自主，节约开支，以发展本国经济为主，吸引外资为辅。此时，巴西经济又受益于国际市场原材料价格上涨，该国的铁矿石和农作物出口激增，从而带动了国民经济的发展。此外，巴西在沿海发现大量石油储备，同时开发、利用和出口乙醇等生物能源，这些进展改变了巴西依赖进口能源的局面，仅能源一项每年可为巴西节省近 100 亿美元的外汇。从 2004 年开始，巴西政府发行债券收购美元以增加外汇储备。随着外汇储备的增多，巴西提前还清了所欠国际货币基金组织的全部债务。目前巴西的外汇储备已超过 1 500 亿美元，远远高于拉美其他国家。

外贸出口和贸易顺差增加，内外债降低，使巴西的通货膨胀率持续大幅下降。2006 年，巴西通货膨胀率降至 3.14%，低于巴西政府 4.5% 的预定目标，为 1998 年以来通货膨胀率最低的年份，在拉美国家中仅高于秘鲁(2.45%)和巴拿马(2.8%)。

2007 年年初，卢拉在第二个任期伊始就发布了"促进增长计划"，将 2007 年的经济增长目标从 2006 年的 3.5% 上调到 4.5%，通货膨胀率则设定为 3.9% 以下。受政府鼓励政策的刺激，巴西经济发展逐渐加速，2007 年上半年通货膨胀率降为 3.18%。为使经济持续增长，巴西中央银行 2007 年多次下调基准利率。这些措施拉动了内需，巴西国内市场，特别是零售业和房地产市场一片繁荣，国家经济进入了持续发展阶段。

试分析：
(1) 巴西具体采取了哪些经济措施降低通货膨胀率？
(2) 同为经济增长较快的发展中国家，我国应如何借鉴巴西的成功经验？

7.3 失业与通货膨胀的关系

通货膨胀与失业之间的关系研究起始于经济学家 A·菲利普斯。本节将讨论菲利普斯曲线及其他经济学家对这一曲线的理解。

7.3.1 早期的菲利普斯曲线

1958 年，新西兰裔英国经济学家菲利普斯通过整理英国 1861—1957 年的统计资料，在英国《经济学人》杂志上发表了使他成名的论文《1861—1957 年英国失业和货币工资变动率之间的关系》，发现了货币工资上涨率与失业率之间具有稳定的反向变动或交替关系，即失业率上升，货币工资率下降；失业率下降，货币工资率则上升，这就是原始状态的菲利普斯曲线，如图 7.7 所示。图中横轴 U 为失业率，纵轴 $\frac{\Delta W}{W}$ 为货币工资变动率，PC 曲线表示早期的菲利普斯曲线。

菲利普斯曲线具有以下特征。

(1) PC 曲线的斜率为负，表示货币工资变化率与失业率之间的负相关关系。

(2) PC 曲线的状况不是一条直线。

(3) PC 曲线与横轴相交的交点失业率为正值，也就是说，工资增长率保持在稳定状态（$\Delta W/W=0$），也必然存在一定的失业。

在菲利普斯的论文发表两年后，萨缪尔森和索洛发表了《反通货膨胀政策分析》，他们用美国的数据得出与菲利普斯相同的结论。他们在菲利普斯研究的基础上作了两方面的拓展。

(1) 用菲利普斯曲线来反映失业率与通货膨胀率之间的关系。他们认为，价格一般由成本加成而来，即在一定成本的基础上，加上一定比例的利润，在短期中，工资是唯一的成本，工资增加就会引起价格的提高。这样，工资和价格之间就会有一个固定比率的关系，可以将工资变化率折算为通货膨胀率，这就是前面讲过的工资成本推动的通货膨胀。

(2) 菲利普斯曲线成为决策的工具。由于失业率与通货膨胀率之间存在替代关系，所以，决策者可以利用菲利普斯曲线对通货膨胀率和失业率进行相机抉择，菲利普斯曲线就为决策人提供了"一个在不同失业水平和价格决定之间的选择菜单"。从此，菲利普斯曲线得到了广泛的认可和应用，成为宏观经济政策的重要工具。

如图 7.8 所示，当图中的菲利普斯曲线 PC 稳定时，政策当局就可以沿着既定的 PC 曲线来决定适当的通货膨胀率与失业率的组合。图中的 A 点和 B 点只是许多可能的组合中的两种。通过 A 点和 B 点两组通货膨胀率与失业率的组合可以看出，利用菲利普斯曲线进行政策目标的选择，具有重要的政策含义。A 点的结果表示，如果政策当局想压低失业率，就必须付出较高通货膨胀率的代价。相反，B 点则表示，如果政策当局的目标是较低的通货膨胀率，则必须以较高的失业率为代价才能达到。因此，在稳定的菲利普斯曲线下，通货膨胀率与失业率之间，具有鱼与熊掌不可兼得的取舍关系。

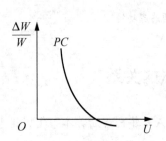

图 7.7 原始的菲利普斯曲线

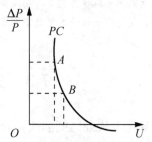

图 7.8 通货膨胀率与失业率的交替关系

从菲利普斯曲线 PC 可以发现，线上有无数组通货膨胀率与失业率的组合，可供政策当局选择。但是，究竟哪一组才是最适当的组合，是无法从菲利普斯曲线本身找到答案的。因为，菲利普斯曲线所代表的只是政策当局所面临的通货膨胀率与失业率关系的客观条件。要决定最适当的组合，还需要看政策当局对通货膨胀率和失业率的主观态度如何。因此，决定最适当的通货膨胀率与失业率组合的问题，可以看成是在菲利普斯曲线的客观条件限制下，政策当局如何使其主观效果达到最大适当程度的问题。

7.3.2 短期菲利普斯曲线和长期菲利普斯曲线

菲利普斯曲线在 20 世纪 60 年代备受青睐，但是自 20 世纪 70 年代以来，人们发现，要把失业率降到一定的水平，要以付出比过去更高的通货膨胀率为代价，这就意味着，菲利普斯曲线向上移动了。货币学派经济学家弗里德曼和费尔普斯经过研究发现，这是由于人们对通货膨胀预期的作用。鉴于此，弗里德曼和费尔普斯提出了短期菲利普斯曲线和长期菲利普斯曲线，这是对菲利普斯曲线的又一重大发展。

弗里德曼与货币主义学派经济学家认为，通货膨胀从根本上讲只是一种货币现象。所以，他们对菲利普斯曲线的发展也是从此出发的。

如图 7.9 所示，菲利普斯曲线与横轴相交于 A 点，A 点为自然失业率，假如此时通货膨胀率为零，如果这时国家增加货币发行量，那么由于失业率已经处于自然失业率的水平，货币数量的增加便会造成对需求的增加，导致通货膨胀的发生。此说是前面讲过的货币主义的需求拉动型的通货膨胀。

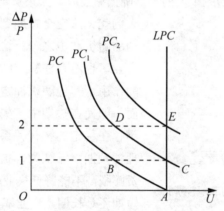

图 7.9 短期菲利普斯曲线和长期菲利普斯曲线

在短期内，由于 A 点的通货膨胀率为零，所以人们的预期通货膨胀率也为零，这样，所有厂商和劳动者都会只意识到自己的产品或劳务价格的上涨，而未曾觉察到这是整个社会性的物价上涨，这就是通常所说的"通货膨胀错觉"。于是，厂商愿意扩大生产，劳动者愿意扩大劳动供给，导致失业率沿着 PC 曲线向上移动，假设由于货币发行过量引起的通货膨胀率为 2%，则失业率会移到 B 点所处的水平，假设为 1%，这时，伴随着通货膨胀率的提高，失业率下降。可见，在短期中，由于人们存在"通货膨胀错觉"，没有产生通货膨胀预期，或者说，对通货膨胀预期为零。所以，货币政策可以通过通货膨胀来降低失业率，使之低于自然失业率。但在长期，包括厂商和劳动者都会意识到通货膨胀率的提高，会使人们重新调整各自的通货膨胀预期,并按新的预期修正工资水平。这时,厂商会重新回到原有的生产水平上,劳动者也将继续提供原有的劳动数量,这时,失业率增大,经济社会回复到自然失业率水平上。

但是,由于货币工资的刚性和人们通货膨胀预期的作用,B 点不会向 A 点回复,而是平行移到 C 点,这样,C 点就处于一条比 PC 更高的菲利普斯曲线 PC_1 上,PC_1 即为附加预期的菲利普斯曲线。在 C 点,如果还想通过货币政策将失业率降至自然失业率以下,就会产生更高的通货膨胀率。同理,会使 C 点上移到 D 点,D 点又会向 E 点运行。这样,从长期看,通货膨胀率与失业率之间已经完全没有替代的关系,菲利普斯曲线只能是一条处于自然失业率水平的垂线。

7.3.3 理性预期学派对菲利普斯曲线的否定

理性预期学派认为,失业率并不取决于通货膨胀率,而是取决于经济中的随机冲击,实际失业率围绕自然失业率波动并不是由通货膨胀原因引起的,而是随机冲击所致。失业与通货膨胀无论在短期还是长期中,都不存在菲利普斯曲线所描述的那种替代关系。鉴于此,政府也不可能利用人们的通货膨胀错觉,即实际通货膨胀率与预期通货膨胀率的差额来影响失业率。如果货币供给增长率变动是规则的,那么人们完全可以预期到。这样,货币供给的增长使人们产生的通货膨胀预期只会推动工资率的提高,从而使菲利普斯曲线的上升造成更高的实际通货膨胀率,而不是降低失业率。如果货币增长的变动是不规则的,

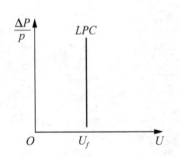

图 7.10 理性预期学派垂直的菲利普斯曲线

人们就无法完全预期到,这就属于影响失业率变动的随机冲击之一。这种情况下,通货膨胀率与失业率也不存在稳定的替代关系,而是随机冲击的作用,其他随机冲击也会发生类似的作用。因而,即使在短期中,失业率与通货膨胀率之间也不存在稳定的替代关系,长期更是如此。因此,理性预期学派认为,扩张性货币政策只会引起通货膨胀,不能降低失业率。如图 7.10 所示,无论短期还是长期,失业率与通货膨胀率无关。

理性预期学派认为,扩张性政策不会降低失业率而只会引起通货膨胀。政府继续采取扩张性政策,通货膨胀率再度上升,但失业率仍未下降。菲利普斯曲线是一条位于自然失业率水平上的垂线。垂直的菲利普斯曲线表明,无论在短期还是在长期,失业率与通货膨胀率之间均无替代关系。

阅读案例 7-8

一个新的"痛苦指数"

美国著名经济学家亚瑟·奥肯(Arthur Okun)在 1960 年代时创立了"痛苦指数"(Misery Index),它是

第7章 失业与通货膨胀理论

在一段给定的时间内的失业率和通货膨胀率的总和。数字越高，表示人们的痛苦程度越高。

这两个指数的加总不仅仅是因为这两个重要的经济现象，都能带给人们巨大的影响和伤害，也是因为所有减少失业率的努力都会提高通货膨胀，并且，反之亦然。让这两个数据保持低水平和一定的稳定性——这是美联储的目标，是一个非常棘手的事情。

当这两个数字都很大时，人们的痛苦程度上升。正如1970年和1980年的情况一样，当时该指数处于峰值，其产生的影响是令人痛苦的，并且很难修正。

但是今天人们对通胀的担心却不像以往那么明显，而另一个因素却明显地浮出水面——美联储的巨额赤字。今年年初，美国政府宣布实施7 870亿美元的经济刺激一揽子计划。这带来了巨大的财政赤字。增加就业都需要昂贵的花费，这使赤字水平很高。但目前，整个国家的失业率也居高不下，一直达到了10%。

考虑到这个新的情况，失业率和难以应付的赤字更加突出，正如可以用证据来证明的那样，它们导致了人们的经济痛苦。穆迪投资者服务公司(Moody's Investors Service)的一些分析家已经提出了一个新的"痛苦指数"。这个新的痛苦指数与以往奥肯的那个痛苦指数有些不同，它采用失业率和财政赤字在GDP中的占比这两个指标，以此来衡量人们的痛苦指数。穆迪的分析家说，"痛苦指数"反映未来十年里的一些经济挑战。

根据这个新的指数来衡量，现在美国的痛苦指数很高，西班牙和拉脱维亚等地也很糟糕。根据穆迪的研究结果可以看出，痛苦指数为0～30，最高的是英国，排在第二位的是爱尔兰，第三位是希腊，第四是冰岛，第五是美国，接下来依次为西班牙、立陶宛、牙买加、法国、葡萄牙、捷克、意大利、德国、匈牙利。这种局面或许不是十分令人鼓舞的。

(资料来源：世纪经济报道.2009年12月18日.)

 本章小结

　　失业人口是指一定劳动年龄以上、有劳动能力、在规定的调查时间范围内没有职业或工作时间没有达到规定标准，正在寻找有报酬的工作并已在失业机构进行登记的人员。自然失业率是充分就业时的失业率。自然失业是指由于经济中某些难以克服的原因而造成的失业。周期性失业是指由于需求不足而造成的失业。失业导致政治、经济、社会和家庭等多方面的损失。隐蔽性失业是指表面上有工作，而实际上对生产并没有做出贡献，即有"职"无"工"的现象。

　　通货膨胀是指物品与劳务价格的普遍持续上升。需求拉动型的通货膨胀又称超额需求通货膨胀，它是由于总需求超过总供给所引起的一般价格水平的持续普遍上升。成本推动型的通货膨胀是指在没有超额需求的情况下，由于供给方面成本的提高所引起的一般价格水平持续、显著的上升。通常把引起通货膨胀的成本方面的原因归为两类，一是工资推动型通货膨胀，另一个是利润推动型通货膨胀。大多数通货膨胀的发生实际总是包含了需求和供给两方面因素的共同作用。结构性通货膨胀是在没有需求拉动和成本推动的情况下，由于经济结构等因素的变动，也会出现一般价格水平的持续上涨。

　　菲利普斯曲线表示通货膨胀率和失业率之间的交替关系的曲线。考虑到人们对通货膨胀的预期，在短期内，通货膨胀率和失业率存在反方向的交替关系。在长期中，菲利普斯曲线是一条位于自然失业率水平上的垂线，通货膨胀率和失业率之间不存在交替关系。

中英文关键词语

1. 失业   unemployment
2. 自然失业率   natural rate of unemployment
3. 奥肯定律   Okun's Law
4. 通货膨胀   inflation
5. 消费者价格指数   consumer price index
6. 生产价格指数   producer price index
7. 菲利普斯曲线   Phillips curve
8. 通货紧缩   deflation

综 合 练 习

一、单项选择题

1. 一般用来衡量通货膨胀的物价指数是(   )。
   - A. 消费者物价指数
   - B. 生产物价指数
   - C. GDP 平均指数
   - D. 以上均正确
2. 在充分就业情况下,下列哪种因素最可能导致通货膨胀?(   )
   - A. 进口增加
   - B. 出口减少
   - C. 工资不变,但劳动生产率提高
   - D. 政府支出不变,但税收减少
3. 关于通货膨胀的正确说法是(   )。
   - A. 只有名义 GDP 有所增加
   - B. 根据通货膨胀的原因,GDP 上升或下降
   - C. 只有实际 GDP 有所下降
   - D. 经济运行超出潜在 GDP 时,只有名义 GDP 上升
4. 以下定义正确的是(   )。
   - A. 实际利率等于名义利率加上通货膨胀率
   - B. 通货膨胀率等于实际利率减去名义利率
   - C. 实际利率等于名义利率减去通货膨胀率
   - D. 名义利率等于实际利率减去通货膨胀率
5. 如果经济中已形成通货膨胀压力,但因价格管制价格没有上涨,那么这时(   )。
   - A. 不存在通货膨胀
   - B. 存在恶性通货膨胀
   - C. 存在真实通货膨胀
   - D. 存在抑制性通货膨胀
6. 如果导致通货膨胀的原因是"货币过多而商品过少",那么经济中存在的通货膨胀是(   )。
   - A. 结构性的
   - B. 需求拉动型的
   - C. 成本推动型的
   - D. 抑制性的

7. 失业率是指（　　）。
   A．失业人数占劳动力总数的百分比
   B．失业人数占人口总数的百分比
   C．失业人数占就业人数的百分比
   D．以上都正确
8. 充分就业的含义是（　　）。
   A．人人都有工作，没有失业者
   B．消灭了周期性失业的就业状态
   C．消灭了自然失业时的就业状态
   D．消灭了自愿失业时的就业状态
9. 引起周期性失业的原因是（　　）。
   A．工资刚性
   B．总需求不足
   C．经济中劳动力的正常流动
   D．经济结构的调整
10. 以下哪两种情况不可能发生（　　）。
    A．结构性失业与成本推进型通货膨胀
    B．需求不足性失业与需求拉动型通货膨胀
    C．摩擦性失业与需求拉动型通货膨胀
    D．失业与通货膨胀

二、判断题

1. 通货膨胀是指日常用品的价格水平的持续上涨。（　　）
2. 某些价格的上涨反映的是生产的改进而不是通货膨胀。（　　）
3. 需求拉动型通货膨胀理论认为价格上涨的原因是不断追逐利润的垄断厂商们对价格拥有决定权。（　　）
4. 货币政策对付需求拉动型通货膨胀会比对付成本推动型通货膨胀更为有效。（　　）
5. 如果通货膨胀率相当稳定，而且人们可以完全预期，那么通货膨胀对经济的影响就很小。（　　）
6. 物价稳定是指每一种商品的价格水平固定不变。（　　）
7. 在总需求不变的情况下，总供给曲线向左上方移动所引起的通货膨胀称为供给拉动型通货膨胀。（　　）
8. 由于政府的支出增加而引起的通货膨胀称为成本推动型通货膨胀。（　　）
9. 充分就业就是指社会中的每个人都有一份工作。（　　）
10. 菲利普斯曲线指出在失业和通货膨胀率之间存在着替代关系。（　　）

三、简答题

1. 失业对经济有什么影响？失业的原因是什么？治理失业政府应采取什么措施？
2. 通货膨胀对经济有什么影响？通货膨胀的原因是什么？如何治理通货膨胀？
3. 菲利普斯曲线说明什么关系？长期菲利普斯曲线的形态怎样？是怎样形成的？

案例分析1

根据以下案例所提供的资料,试分析:
(1) 大学毕业生就业难是结构性失业还是周期性失业?为什么?
(2) 如何促进高层次人才市场的发育与完善?

论破解大学毕业生就业难的原因

1. 大学毕业生就业签约情况分析

签约率是衡量高校毕业生就业情况的重要指标。当前,高校毕业生的就业基本上包括正规就业和非正规就业两种形式,前者一般都以签约作为统计依据。

1) 近年大学毕业生就业平均签约率维持在60%左右

据统计,截至2007年7月底,毕业生就业率("已签约"和"已有较明确和确定意向但没有签约")达62.07%。各学历层次毕业生的签约率分别为:大专生49.16%,本科生65.52%,研究生66.66%。麦可思公司和全球权威调查公司盖洛普、中国零点调查公司共同完成的"中国2006届大学应届毕业生求职与工作能力调查"显示,全国"211工程"院校毕业生毕业半年后平均就业率为89%。

2) 受金融危机的影响,2009年大学毕业生就业平均签约率大幅下降

调查显示:截至2009年2月下旬,全国2009届本科毕业生只有18%的人已经签约,尚有81%的人没有找到工作,此外还有1%的人已签约但被雇主取消;而在高职和专科毕业生中,已与雇主签约的仅有20%,未签约的占78%,已签约但被雇主取消的占2%。

在已签约毕业生的雇主中,民营和个体企业最多,占45%;其次是国有企业,占27%;中外合资和外资独资企业占17%;政府机构、科研事业单位占9%;占比例最少的是非营利组织,占2%。

应届大学毕业生签约量最大的前5位行业和薪资为:制造业,1 822元;电信及电子信息服务业,2 352元;文化体育教育和娱乐业,2 076元;金融、保险、房地产业,2 835元;建筑业,2 303元。

3) 大学毕业生非正规就业比例增加

随着知识经济时代的来临和网络的逐渐普及,包括SOHO一族等在内的大学毕业生非正规就业者也出现了逐年增加的趋势。大学毕业生非正规就业主要有两种情况:一种是大学毕业生通过非正规就业的形式来获得额外的利益;另一种是部分大学毕业生通过非正规就业形式来创业,拓宽就业渠道。与一些弱势群体为了生存而选择非正规就业不同,大学毕业生作出的选择更多是一种主动性选择。目前我国非正规就业者中,大专以上学历者占到8.5%。而且未来这一比例将呈现逐步增加的趋势。

2. 大学毕业生就业难原因分析

大学毕业生就业难已成为全社会关注的焦点问题。据中国社会科学院2009年《经济蓝皮书》介绍,随着高校逐年扩招,大学毕业生数量越来越多,而公共部门对大学毕业生的新增需求越来越少,大学毕业生求职成功的机会相对而言可能越来越小。要想使大学毕业生就业率明显提高,必须认真分析高校毕业生就业难的深层原因,有的放矢,进行综合治理。许多专家、学者从不同角度分析出了各方面的原因。结合文献研究和问卷调查所获得的信息,笔者也进行了理性思考,得到了一些结论。从现实情况来看,造成大学毕业生就业难的原因是多方面的,归纳起来有以下几个方面。

1) 宏观经济环境的影响

(1) 社会经济发展状况的制约。大学毕业生的就业在很大程度上受一定时期经济规模、经济结构和劳动力供给等多方面因素的制约,国民经济每增长1%可为社会提供的新增就业岗位为80万~100万个,可见经济因素是影响毕业生就业最直接、最重要的因素。当前我国国民经济结构正在进行战略性调整,由于产业结构的调整,传统产业比重下降,国有企业改组改造,行政事业单位的人事制度改革以及公务员队伍、

事业单位人员精简，社会不仅不能像以往那样吸纳大量劳动力，相反还造成了大量从业人员的体制性失业。这种情况下，大学毕业生的就业受到很大影响。

(2) 经济发展不平衡，城乡存在差异。当前我国地区发展差异较大，特别是东部地区与西部地区发展差异较大。地区间与城乡间经济发展的差异，一方面使得大学毕业生大多依然趋向于选择发达地区的城市作为就业选择地，而这些地区的人才相对饱和；另一方面使得经济欠发达地区尤其是西部地区难以形成对大学毕业生的有效需求，而且在较长的时期内，地区性的有效需求不足的局面都将难以改变。这也是造成大学毕业生就业难的原因之一。

(3) 金融危机引发了经济不景气。当前的金融危机使大学毕业生面对更加严峻的就业形势，这也成为当前大学毕业生就业难的又一重要原因。由于对未来预期不甚乐观，随着金融危机对实体经济的影响的显现，相关行业和企业面临困境。有的企业选择了紧缩和保守的人事政策，减少了新员工的招聘数量。有的企业为了降低人工成本进行大规模裁员，用工需求明显减少。

2) 就业环境的影响

(1) 就业弹性的下降。随着经济结构的变化，劳动密集型产业向高新技术产业转变，生产力的提升对劳动力产生挤出效应，带来就业弹性下降。我国GDP每增长1%，20年前可以创造240万个工作岗位，10年前可以创造120万个工作岗位，现在下降到70万到80万个。这也给大学毕业生就业增加了难度。

(2) 大学毕业生就业市场总量供求矛盾逐渐显现。从1999年起，我国开始了大规模的高校扩招，高校扩招所导致的总量供求矛盾逐渐显现。2007年，全国普通高校招生人数已经达到1998年的4.3倍，毛入学率为26.78%，高等学校在校人数规模居世界第一。2009年大学毕业生为611万人，加上历年没有就业人员，2009年需要安置的毕业生为700多万人。并且，未来相当长的时间内大学生就业压力仍不会减弱，到2011年，大学层次毕业生数量将达到峰值，约758万人。但社会对大学毕业生的需求数量远远赶不上大学毕业生的供给数量。

(3) 大学毕业生就业的结构性矛盾日益突出。这种结构性矛盾表现在两个方面：一方面，大学毕业生大多选择在发达地区、高薪部门就业，愿到欠发达地区工作的较少。大学毕业生就业难并不是人才过剩，而是结构性问题，人才过剩只是相对的现象。另一方面，由于目前高校的专业设置存在问题，普通高等学校专业结构和劳动力需求结构完全不一致。劳动力市场需求的，高校培养不出来；高校培养出来的，市场又不需要。一些大学毕业生之所以找不到工作，其原因之一就是个人素质达不到用人单位要求，人才的知识结构、层次与用人单位不吻合，又好高骛远不愿选择基础性岗位，产生了结构性错位。

3) 就业服务体系不完善

大学毕业生就业服务还处于初级阶段。从目前我国大中城市人才市场的运营来看，人才服务机构由于过去一直由政府所属机构独立经营，缺少竞争性，发展较慢，加之人力资源服务业传入我国较晚，专业化的公司还很少。人才市场的服务手段、服务方式以及社会各中介服务部门为大学毕业生就业提供的服务还处于初级阶段，而大学毕业生进市场的总量每年都在递增，就业服务体系与日趋增长的总量配置需求和个性化服务需要还有差距。其中一个重要的表现就是大学毕业生获取就业信息的不充分。学生就业信息的来源，更多地依赖学校和招聘单位的招聘宣传。

4) 用人单位的影响

(1) 过分看重工作经验，有意提高就业门槛。一方面，社会经济环境的变化，企业竞争日益加剧，使得很多用人单位特别是企业倾向于招聘有技术、有经验的人员，并且希望很快给企业带来效益，而一般大学毕业生则无法满足用人单位要求。另一方面，受当前劳动力市场供大于求的影响，用人单位不从单位实际需要和长远利益出发，而是有意提高就业门槛，从而增加了大学生就业的难度。

(2) 企业用工制度不合理。一些私营企业用工制度极不合理，不但不和员工签订劳动合同，而且社会保险、养老金、公积金等一系列社会福利也没有。另外，起薪较低，升幅不大，并伴有苛刻的罚款制度，让大学毕业生确实受不了。

5) 高等教育培养模式的影响

(1) 高校教育与市场需求脱节。高等教育的学科专业结构不尽合理；学生缺乏社会实践经验，就业能力不足；课程设置不合理，教育质量低。

(2) 大学缺乏系统的职业指导与服务规划。大学缺乏系统的职业指导与服务规划，没有长期系统地对大学毕业生进行择业观、职业价值观、诚信观和创业意识教育，而更多是毕业之前的突击教育，难以使大学毕业生们在一时之间改变观念。对于大学生从学校到工作的转换，也是毕业之前"恶补"就业技能，导致学生或许有专业能力，但是缺乏"市场能力"——获取职业信息、展示专业能力、适应实际工作及应对职业转换的能力等。

6) 大学毕业生自身存在的问题

(1) 大学毕业生个人综合素质和能力缺失。大学毕业生的个人素质，包括理论素质、技术素质和道德素质，还不能完全适应人才市场的需要。很多用人单位都把有相关实际工作经验作为招聘的必要条件。但是对大学毕业生的调查表明，多数大学生缺乏实际意义上的实践经验，这成为影响就业的重要因素。目前大学毕业生的个人综合素质和能力缺失，突出表现为相对缺乏社会实际工作经验，缺乏解决现实问题的能力，缺乏艰苦创业精神，在与人合作与沟通方面存在着障碍。

(2) 大学毕业生就业观念存在着误区。一是就业观念落后。受传统观念的影响，多数大学毕业生依然希望选择体制内就业，比如政府机关、事业单位、国有企业以及垄断行业。二是就业期望依旧过高。大学毕业生的择业预期与实际需求存在巨大落差，大学毕业生仍存在期望过高的现象，主要表现在薪酬、地域、个人发展机会、职位要求、行业要求和专业要求等方面。这种不恰当的自我定位，使大学毕业生在就业市场中出现了"就业不难择业难"的普遍现象。三是不愿去基层工作。大学毕业生到基层干事创业，本该是一个双赢的选择，然而现实生活中，由于受观念和体制的影响和制约，两者之间的融合存在着很大的障碍。很多大学毕业生不愿意到基层工作，这也是大学毕业生就业还不十分理想的原因之一。

(3) 缺乏职业规划。由于缺乏职业生涯规划意识，许多学生上大学后失去了目标与追求，缺乏个人学习和发展的动力，不能结合个人职业发展方向对大学生涯进行科学合理的规划，这就导致求职时个人综合素质、专业实践能力、学习成绩等不符合用人单位的要求，从而造成就业困难。

(资料来源：摘自张文强. 河南社会科学. 2010,1.)

 案例分析2

根据以下案例所提供的资料，试分析：

(1) 中国城市房地产价格波动的驱动因素有哪些？

(2) 如何理解该案例的结论与政策启示？

中国城市房地产价格走势与波动的驱动因素探析
——来自全国31个省份与70个大中城市的经验证据

自1999年中国城镇住房制度改革以来，居民住房消费水平不断提高，房屋成为家庭部门消费的重头戏，甚至是中国经济的"晴雨表"。特别是2005—2015的十余年间，中国房地产市场呈现一个显著的特征事实：一面是中国各省市房价的普遍加速上涨，另一面是以住建部为代表的监管部门对房价进行频繁调控。2015年后，中国房地产呈现新一轮复苏与回暖，房价也悄然出现地域间与城市间的显著分化：一线城市最先领涨，沿海地区的二线城市紧随其后，三四线城市房价涨幅差异巨大，并且这一变化逐渐形成中国房价变动的新趋势。这似乎表明使用单一的国家层面的宏观数据分析中国房价走势将不再适用，探析省份、城际间的异质性对于把握中国房价的未来至关重要。

与此同时，房价在评估金融稳定与预警系统性风险方面扮演着关键角色。当房地产泡沫过度聚集乃至导致房价突然显著下行时，将对家庭部门资产负债表、企业信心与商业银行借贷能力构成巨大冲击。数据显示，2018年中国50个大中城市房价收入比为11.36，如此高杠杆支撑的居高房价背后也暗藏着房价显著下行的风险。那么，分类找出房价的驱动因素，对于保持经济增长、维持金融稳定、稳定消费者信心均有积极的意义。

鉴于此，本文构建了研究中国房价走势与波动的分析框架，将中国房价的驱动因素划分为供给类因素、需求类因素、金融类因素与政策类因素，以全国31个省份及自治区与70个大中城市为样本，分地域与城市讨论了两个层面。2005－2017年间中国房价走势与波动的驱动因素。如果此轮房价变动主要由供需因素驱动，那么意味着该地区住房价格仍由经济基本面决定，政府可以从供给侧与需求侧共同构建调节房价的长效机制，引导房屋"只住不炒"；如果此轮房价更多由金融因素与政策因素决定，那么意味着该地区城市房价已偏离基本面，具有一定的金融属性甚至是资产泡沫，一旦出台打压房价的严厉政策或居民显著加杠杆，此类地区房价将具有较高的下行风险。

一、文献回顾（略）

二、中国房价走势与波动影响因素的分析框架

依据中国居民住房可能同时兼有商品和金融属性，并且房价受政策变动影响较大，参考平安证券瑠璨的研究，我们将中国房价走势与波动的驱动因素划分为四类：第一类为需求类因素；第二类为供给类因素；第三类为金融类因素；第四类为政策类因素。这四类因素基本囊括了影响中国房价走势的主要成因。

(一) 需求类因素

驱动中国房价的需求因素大抵可归为三类：一类是居民收入类变量，一类是存量人口需求，另一类是流量人口流动需求。具体如下：

人均收入水平：用一个地区或城市的人均GDP表示。根据住房的居民财富效应，人均收入水平是影响住房购买力需求的最关键变量，收入水平越高的地域，通常具有越高的购房需求，房价也因此越高。

常住人口/户籍人口：本地户籍人口通常具有稳定数量的家庭住房。相比之下，外来常住人口是该地区或该城市购房的刚性需求来源。该比例数值越大，说明购房需求越为强烈，房价也将上涨。对于人口流入较快的大中城市，该比例上升与房价上涨的正相关关系将更为显著。

工作人口/常住人口：在常住人口中，工作人口比例越大，表示具有更强的刚性购房需求。在房价涨幅位居前列的城市中，通常具有较高的工作人口比例。该变量与房价通常呈现正相关关系。

优质公共资源数量：一个地区或城市优质公共资源数量越多，表示具有更高的潜在人口流入，预示着潜在的购房需求越为旺盛，将长期推高房价。教育与医疗通常是最为优质的公共资源，我们使用"211大学+三甲医院"数目作为优质公共资源数量的工具变量。

(二) 供给类因素

住房作为一种普通商品，价格由供需定律决定。影响房价的供给类因素通常包括土地供给面积及房屋库存等。

土地购置面积：土地供给是影响房价波动的重要驱动因素。然而由于地区或城市面积大小存在差别，整体土地供给与房价的相关性并不大。但是，人均土地购置面积通常与房价具有较强的负相关关系，即土地供给较为充分的地区或城市，房价涨幅越小。该变量用土地购置面积/常住人口表示。

人均商品房库存：用库存/常住人口表示。理论上，库存越低的地区或城市，表明房屋越供不应求，房价涨幅的空间越大。该变量通常与房价涨幅呈负相关关系。

(三) 金融类因素

驱动中国房价的金融类因素主要与信贷规模、利率水平与估值水平有关。一方面，房价通常与信贷周期及利率周期的轮动有关；另一方面，房屋作为一种资产，兼有金融属性，因而房价受到金融类因素的影响也较大。住房贷款余额增速：信贷周期与房价走势具有较高的同质性及相互强化的效果。例如，房价上行的预期提高了居民购房意愿，导致住房贷款余额增速加快，而反之，居民过剩的购房意愿又推高房价的上行预期。因此，住房贷款余额增速越快，房价上行越快。

M2同比增速：M2同比增速越快，通常预示着流动性环境越为宽松，这将助推房价上行。同时，依据历史数据，M2同比增速通常领先于房价变动5－6个月，是房价走势的先行指标。

住房贷款利率：贷款利率水平是驱动房价走势的重要因素。理论上，住房贷款利率上升将增加购房者的融资成本，抑制房价的上涨；反之，住房贷款利率下降将减轻购房者成本，助推房价上行。值得注意的是，住房贷款利率的变动对于刚需购房者作用有限，对于具有投资需求的购房者作用更强。

购房杠杆水平：购房杠杆水平作为估值指标，被视为房价的"市盈率"。我们通常将房价收入比作为杠杆水平的代表变量，在形成单边预期的条件下，房价收入比越高，房价上涨预期越容易被放大，因此两者通常呈现正相关关系。同时，家庭部门杠杆率也可视为购房杠杆水平的另一替代指标，家庭部门加杠杆，通常对于房屋等资产价格具有一定的推动作用。

(四) 政策类因素

政策调控：在实践中，我们发现政策类因素对于中国房价走势的驱动作用不容小觑。例如，当住建部出台"国六条""国八条"的房地产调控政策时，房价走势将可能受到外生冲击而出现逆转。由于房地产调控政策有直接政策也有拟定方案的间接政策，我们只将影响房价预期的直接政策纳入分析框架中。在理性预期的情况下，若出台严调控政策，则视为抑制房价政策；若出现限令取消等宽松政策，则被视为助推房价上涨政策。我们将每条政策视为虚拟变量，助推房价记为+1，抑制房价记为-1。

三、实证分析：中国房价走势与波动的驱动因素

(一) 数据与样本选择

基于数据与样本的可获得性，我们依据从全局到主要城市再到核心区域的顺序，对中国房价走势与波动的驱动因素进行探索。首先，我们先选择全国31个省份及自治区(含直辖市)作为样本，对2005-2017年间全国房价走势与波动影响因素进行分析。选择被解释变量为各省房屋平均销售价格(单位：元/平米)(house_price)及房价波动(fluctuations)。选择解释变量如下：人均收入(GDP_per)、常住人口/户籍人口(permanent_resident)、优质资源(resource)、人均购置土地面积(per_land)、人均库存(per_stock)、货币供给量同比增长(M2)、个人贷款增长同比(personal_credit)、个人贷款利率(interest_rate)、居民部门杠杆率(leverage)、政策调控(policy)，数据来源于Wind及CEIC数据库。

其次，我们将考察城市层面的房价，选取全国70个大中城市作为样本，对2005—2017年间全国主要城市房价走势与波动进行研究。基于数据的可获得性，选择房屋销售价格指数—商品房(house_price index)与房屋销售价格指数变动(d_houseprice)作为被解释变量。选择解释变量如下：人均收入(GDP_per)、常住人口/户籍人口(permanent_resident)、工作人口/常住人口(employment)、人均购置土地面积(per_land)、货币供给量同比增长(M2)、个人贷款增长同比(personal_credit)、个人贷款利率(interest_rate)、居民部门杠杆率(leverage)、政策调控(policy)，数据来源于Wind及CEIC数据库。

再次，我们选择全国35个核心城市(一、二线城市)房价作为样本，对一、二线城市房价走势与波动的影响因素进行探索。我们仍然选择房屋销售价格指数—商品房(house_price index)与房屋销售价格指数变动(d_houseprice)作为被解释变量。解释变量如下：人均收入(GDP_per)、常住人口/户籍人口(permanent_resident)、工作人口/常住人口(employment)、人均购置土地面积(per_land)、货币供给量同比增长(M2)、个人贷款增长同比(personal_credit)、个人贷款利率(interest_rate)、房价收入比(house_to_price)、政策调控(policy)，数据来源于Wind及CEIC数据库。

最后，我们选择挖掘5个区域一体化地带核心城市群房价的驱动因素，分别是京津冀地区、长三角地区、珠三角地区、中部三角地带、西部三角地带。所选择的被解释变量与解释变量同全国35个核心城市样本组基本一致。

(二) 实证模型选取

根据上文中构建的中国房价走势与波动的分析框架，笔者构建度量各省市房价走势的如下面板回归方程：

$$house\_price_{it} = demand_{it} + supply_{it} + finance_{it} + policy_t + \mu_i + \upsilon \quad (1)$$

其中，被解释变量house_price为房屋平均销售价格或房屋销售价格指数，demand为需求类解释变量，supply为供给类解释变量，finance为金融类解释变量，policy为政策类变量，μ为残差项，υ为可能存在的个体或时间固定效应。i代表省份或城市，t代表年度。

随后，笔者构建了度量各省市房价波动的面板回归方程：

$$fluctuations_{it} = demand_{it} + supply_{it} + finance_{it} + policy_t + \mu_i + \upsilon \quad (2)$$

其中，被解释变量 fluctuations 为房价的波动(由房屋平均销售价格或房屋销售价格指数差分获得)，demand 为需求类解释变量，supply 为供给类解释变量，finance 为金融类解释变量，policy 为政策类变量，μ 为残差项，υ 为可能存在的个体或时间固定效应。i 代表省份或城市，t 代表年度。

依据方程(1)、(2)，可度量房价由以下各类解释变量的贡献程度，从而发现共性规律或异质性。

（三）变量的描述性统计（略）

（四）实证分析过程（略）

四、稳健性检验（略）

五、结论与政策启示

2005 年以来，中国房地产市场呈现总体上涨、城市间分化加剧的趋势。通过构建中国房价走势与波动的分析框架，本文将驱动房价的影响因素划分为需求类、供给类、金融类与政策类变量，从省到城市层面，构建面板回归方程，分别考察了 2005—2017 年 31 个省份与自治区、全国 70 个大中城市房价走势与波动的驱动因素，并且进一步探索了 35 个核心城市与五大区域核心城市群房价驱动因素的异质性，主要结论：

第一，从全国范围内看，各省份房价的走势与波动在一定程度上由供给类与需求类的经济基本面因素决定，住房仍具有较大程度的商品属性，住房用地供给的增加、人均收入水平的提高、常住人口与工作人口的流入、优质资源的集聚均将驱动房价变动，但"总量型"的政策调控可能造成房价短期内逆向波动，不易达到理想政策预期。

第二，从全国 70 个大中城市房价来看，城市房价的走势与波动主要由需求类与金融类变量驱动，这表明全国主要城市的住房兼有商品与金融资产属性。土地供给与商品房库存的增减不再是影响房价的显著因素，居民杠杆率的变动、货币供给量的增长快慢、个人贷款利率的调整是房价走势与波动的最大贡献因素。这可能表明未来全国主要城市的房价走势具有较大的不确定性，同时需警惕私人部门间债务可能形成联动与溢出效应，推高房价或者导致房价下跌，引发金融风险。

第三，从全国 35 个核心城市房价来看，一、二线城市住房的金融属性或许远大于商品属性，房价收入比的杠杆类变量是核心城市房价走势的最大贡献因素，这即意味着一、二线城市的房价已脱离传统的经济基本面因素，未来房价的波动性将显著上升，房地产市场的风险将显著增加。同时，土地供给一定程度上驱动着一、二线城市房价的走势，这即意味着增加房屋用地供给能够有效为"过热"的楼市"降温"。

第四，从全国五大区域核心城市房价来看，京津冀地区与长三角地区核心城市的房价主要由金融因素驱动，鉴于两区域常态化的高房价，未来两区域房价将面临更多的不确定性风险；珠三角地区核心城市的房价主要由需求类与金融类变量驱动，鉴于该地区对人才引进的优惠政策与优质资源的集聚，未来珠三角核心城市群房地产市场将延续活跃的局面；中部三角与西部三角地区核心城市的房价仍有供需类基本面因素主导，几大核心城市的增长潜力与空间溢出效应将导致需求类因素未来可能推升两地区的房价，未来中部三角与西部三角地区的核心城市将是房地产市场的"潜力股"。

本文的结论具有一定的政策启示：首先，中国房地产市场应加强结构性调控政策，也应避免同类政策频繁变动或政策滞后导致的反向预期，新常态下的房地产调控应构建划分区域与城市的差别化调控路径与体系，"因城施策"，一、二线城市房地产调控政策应注重增加供给，而三、四线城市应避免形成大规模库存。其次，监管部门应重点监控一、二线城市房价，尤其是抑制京津冀地区与长三角地区的投机性炒房需求，建立以户籍制度为核心的限购壁垒。再次，政府部门应落实热点城市的保障房与廉租房制度，引导热点城市房价逐渐回归理性，并在一定区域内形成示范效应与正外部性。最后，应避免诱导居民部门过快加杠杆的行为，商业银行应审慎确定住房贷款首付比例与贷款额度，避免违约风险与系统性金融风险的发生。

(资料来源：张明，刘瑶. 中国城市房地产价格走势与波动的驱动因素探析——来自全国 31 个省份与 70 个大中城市的经验证据. 南京社会科学，2021,06.)

第 8 章 经济周期理论

教学目标

通过本章的学习,掌握经济周期的一些基本问题,理解经济周期的含义及类型,了解经济波动的原因,掌握有代表性的经济周期模型及乘数与加速数原理。

教学要求

知识要点	相关知识	能力要求
经济周期的概述	经济周期的概念、阶段划分、分类、监测指标、经济周期理论的概说	理解经济周期的含义;掌握经济周期的 4 个阶段及特征;了解经济周期的分类和其监测指标;了解各种经济周期理论
乘数与加速数的相互作用	加速数原理、乘数—加速数原理与经济周期	了解现代经济周期理论;掌握乘数—加速数原理相互作用理论

第8章 经济周期理论

■ 导入案例

中国社会科学院经济研究所——宏观经济增长与稳定课题组,于2006年1月10日发表了《中国经济周期波动分析报告》,报告中说:中国经济周期波动在改革开放前后呈现出不同的特点。改革开放前,其突出特点是大起大落,且表现为古典型周期(即在经济周期的下降阶段,GDP绝对下降,出现负增长)。改革开放后,中国经济周期波动的主要特点为波幅减缓,并由古典型转变为增长型(即在经济周期的下降阶段,GDP并不绝对下降,而是增长率下降)。总的来看,改革开放以来中国经济周期波动呈现出一种新态势:峰位降低、谷位上升、波幅缩小。

报告中提到的经济周期和经济周期的不同阶段,对认识宏观经济波动和经济增长有重要作用。什么是经济周期?如何理解经济周期的不同阶段?本章内容有详细解答。

8.1 经济周期理论概述

宏观经济学研究的核心是为了保证经济长期持续稳定的发展。但是,从历史发展的实际来看,世界经济尤其是资本主义市场经济在总体趋于增长的过程中常常伴随着经济的波动,并且呈现出周期性的特点。从1825年英国爆发世界首次以普遍生产过剩为特征的经济危机,直至2008年由美国次贷危机引发的全球范围的经济衰退,世界经济始终是呈现周期性的起伏波动。作为一国经济发展的外部环境,世界经济的晴雨越来越多地牵动着每一个经济主体的神经,这就有必要对经济周期的产生原因加以分析。

8.1.1 经济周期的概念及阶段划分

1. 经济周期的概念

经济周期(Business Cycles 或 Trade Cycles)也称经济循环或商业循环(周期),是指经济活动水平有或多或少有规律的总体波动,表现为国民经济扩张与收缩的不断交替运动。

关于经济周期的定义,西方经济学家有各种不同的解释,米切尔(Mitchell Wesley)是研究经济周期的权威,这位1920—1945年期间曾担任过美国经济研究局局长的经济学家,从1908年以后的8部主要著作,全是论述经济周期的。他在《衡量经济周期》一书中给经济周期下了一个经典性的定义:"经济周期主要是按商业企业来组织活动的国家的总体经济活动中所发生的扩张,随之而来的同样普遍的衰退和与下一个周期的扩张阶段相连的复苏所组成;这种变化的顺序反复出现,但并不是定时的;经济周期的持续时间在一年到十年或十二年;它们不再分为具有接近自己的振幅的类似特征的更短的周期。"这个定义受到经济学界的公认,并被美国研究经济周期的权威机构——国民经济研究所作为确定经济周期顶峰与谷底的标准。当然,这个定义更多是一个古典意义上的经济周期定义。

事实上,从第一次经济危机到现在,发生在所有经济体的都有不同程度的经济波动,尽管经济波动幅度可能减弱,波动的破坏性减小,但经济周期仍然不可避免。与此同时,需要指出的是,经济周期往往是针对总体经济而言的,波动几乎同时发生在所有经济部门,从经济指标上,则表现为国民收入、物价水平、失业率、利率、对外贸易等方面的波动。从波动特点看,已经从古典周期向增长型周期过渡。

2. 经济周期的阶段及其特征

经济周期波动随时间变化具有不同的特征，经济学家根据经济周期运行的规律，大致将一个完成的周期分为4个阶段：即经济复苏、繁荣、衰退和萧条。

1) 复苏阶段

复苏(recovery)阶段是指经济从低点开始向上回升的时期。复苏阶段的特征是经济进入衰退后期以后，赢得喘息机会的厂商开始更新被磨损的机器设备，就业率、收入及消费开始缓慢上升。由于设备更新引致的投资增加促进生产和销售的增加，使企业利润有所提高，原先不肯进行的风险投资这时也开始出现。利润提高使得企业有能力改善员工的福利待遇，从而使人们开始对前景由悲观转为乐观。随着需求的增加、生产不断扩张，通过乘数效应和加速数进一步刺激经济的繁荣，萧条时期闲置的设备及劳动和其他生产资源开始陆续使用。但萧条阶段给人们带来的阴影并没有完全消除，社会经济在各方面都处于调整阶段，因而经济恢复的速度不会太快，随着经济恢复的不断完善，经济上升的速度也不断加快，到一定程度，便进入下一个高涨时期，即繁荣阶段。

2) 繁荣阶段

繁荣(prosperity)阶段是指经济活动经过上一个循环的复苏而继续增长的时期。在这一时期，社会有效需求继续不断增加，产品畅销，一般批发商和零售商的存货减少，纷纷向生产厂商订货，生产者利润大大提高，厂家投资增加，同时就业率提高，失业不断减少。劳动和其他社会资源得到了充分的利用，人们的信心恢复到最佳状态，所有人都充满了乐观情绪。人们敢于消费、各种价格指数均出现不同程度上涨，资产价格膨胀。

3) 衰退阶段

衰退(recession)阶段是指经济活动从扩张的高峰向下跌落的阶段。由于消费增长的停止以及社会现有生产设备及能力的过剩，经济扩张到达顶点以后开始下跌。投资减少，生产下降，失业率上升，社会收入水平和有效需求下降。从而导致需求更进一步大幅度下降，一般商品价格下跌，整个社会形成普遍的生产过剩，企业利润急剧下降，一些厂家开始倒闭；存货增加，生产急剧收缩，整个社会充满着悲观情绪，社会经济在经历了一段衰退时期以后，便进入萧条阶段。

4) 萧条阶段

萧条(depression)阶段是衰退阶段的继续发展，是经济周期的最低部分，这一时期，劳动失业率高，大众消费水平下降，企业生产能力大量闲置，存货积压，利润低落甚至亏损，企业对前景缺乏信心，不愿进行新的投资。萧条和衰退虽然都是经济活动的收缩阶段，但在概念上有所区别，衰退阶段是经济活动下降的初期，在这一时期，经济活动的整体水平仍然处于长期平均水平以上，但到了萧条时期，经济活动总体水平低于长期平均水平，其经济的低迷程度较衰退更深。到了萧条阶段后期，通常意味着新一轮经济复苏的来临，至此，整个经济就完成了一个周期的循环，萧条孕育着新的复苏的开始。

8.1.2 经济周期的分类

自19世纪中叶以来，人们在探索经济周期理论的过程中，各自根据自己所掌握的资料提出了周期划分标准。主要划分的方法有两种：一种是按照时间周期的长短来划分，另一种则是按照周期的性质来划分。

第8章 经济周期理论

1. 按周期时间的长度分类

根据划分的经济周期的长短，经济周期可以被划分为短周期、中周期和长周期。

1) 短周期或"短波"——基钦周期

短周期的长度平均为 40 个月，是由英国统计学家基钦提出来的。英国统计学家基钦(Joseph Kitchin)于 1923 年研究 1890—1922 年间英国与美国的物价、银行结算、利率等资料，提出经济波动可以分成两类，即大周期(major cycles)和小周期(minor cycles)。小周期平均持续 40 个月，大周期则是小周期的总和，一个大周期一般包括两三个小周期。经济学界习惯上将小周期叫做基钦周期。

2) 中周期或"中波"——朱格拉周期

中周期的长度平均为 8~10 年，法国朱格拉(Clment Juglar)在 1860 年首先提出，并在 1862 年出版了《法国、英国及美国的商业危机及其周期》，在该书中，他认为经济运行存在着周期，所以也称为朱格拉周期。朱格拉认为，危机或恐慌并不是一种独立的现象，而是经济周期中的一个阶段。朱格拉以国民收入、失业率和大多数经济部门的生产、利润和价格波动为标志将经济发展划分为 3 个阶段。这 3 个阶段分别是繁荣、危机和清算，这 3 个阶段反复出现所形成的周期现象就是经济周期。

3) 长周期或称"长波"——康德拉季耶夫周期

苏联康德拉季耶夫(Nikolai Kondratieff)在 1925 年提出了著名的"长波理论"。他分析有关法国、英国、美国、德国和世界的大量经济时间序列资料，根据这些国家批发价格水平、利率、工资和对外贸易、煤炭、生铁的产量和消费量得出结论：在资本主义经济中存在着平均长约 50 年的长期波动。这种 50 年左右的周期通常被叫做"康德拉季耶夫周期"。

4) "库兹涅茨"周期——建筑周期

库兹涅茨(Simon Kuznets)于 1930 年根据英、美、法、比利时等国 19 世纪初到 20 世纪初 60 种工农业主要产品价格的变动情况，提出了在主要资本主义国家存在着长度从 15 年到 25 年不等的长期波动过程，形成平均长度为 20 年左右的"长期波动"。这一周期被称为"库兹涅茨"周期，由于该周期主要以建筑业的兴旺和衰落这一周期性波动现象为标志加以划分的，因而又称为"建筑周期"。

5) 熊彼特周期——综合周期

1939 年，奥地利人熊彼特(Joseph Schumpeter 1883—1950)综合了前面三种经济周期思想，首次提出在资本主义的历史发展过程中，同时存在着长、中、短"三种周期"的理论。把近百余年来资本主义的经济发展过程进一步分为三个"长波"，而且用"创新理论"作为基础，以各个时期的主要技术发明和它们的应用，以及生产技术的突出发展，作为各个"长波"的标志，见表 8-1。

表 8-1 各周期的主要特征

	波 谷	波 峰	波 谷	主要特征
第一周期	1785—1795	1810—1817	1844—1851	产业革命—纺织业和蒸汽机的发明
第二周期	1844—1851	1870—1875	1890—1896	蒸汽与钢铁时代
第三周期	1890—1896	1914—1920		电力、汽车和化学工业发展时期

他还认为,每个康德拉季耶夫周期包含六个朱格拉周期,每个朱格拉周期包含三个基钦周期,而每个康德拉季耶夫周期则包含十八个基钦周期。上述几种周期并存而且相互交织的情况,正好进一步证明了他的"创新理论"的正确性。

此外,荷兰经济学家雅各布·范杜因用统计方法分析世界经济运行周期,将全球经济的运行分为多个周期,分析见表8-2。

表8-2 雅各布·范杜因对世界长波经济周期运行特征的总结

	繁 荣	衰 退	萧 条	回 升	中 心 国	标志性创新
第一波	1782—1802	1815—1825	1825—1836	1838—1845	英国	纺织机、蒸汽机
第二波	1845—1866	1866—1873	1873—1883	1883—1892	英国	钢铁、铁路
第三波	1892—1913	1920—1929	1929—1937	1937—1948	美国	电气、化学、汽车
第四波	1948—1966	1966—1973	1973—1982	1982—1991	美国	汽车、计算机

(资料来源:陈继勇主编,《美国新经济周期与中美经贸关系》,武汉大学出版社,2004年.)

阅读案例8-1

中国经济周期分析

改革开放以来,我国经济的周期性波动十分明显。这些周期的长度不一,波动的变化幅度也比较大。

1. 长周期分析

在分析中国的经济长周期之前,可以先探讨韩国和日本的经济长周期,因为中日韩在高速增长期具有较强的可比性。不同于英国和美国,中国、韩国和日本在经济高速增长时期相对处于落后地位(领先者均为美国),都存在外部技术输入。

作为一个典型的新兴市场国家,韩国对中国具有较强的借鉴意义。亚洲金融危机前夕,韩国出现了经济长周期的转换。如图8.1所示,1998年之前,韩国的长期经济增速为9.0%左右。1998年之后,随着亚洲金融危机的爆发,韩国的长期经济增速下降至 4.1%。经济长周期的转换,经济长期增速放缓与很多因素有关,亚洲金融危机只是外部因素,最主要的原因是人均收入达到了一定水平,同时城市化进程基本完成。当人均收入达到一定的水平之后,经济结构将发生改变,消费在经济中所占的比重上升,经济增速将受到制约。

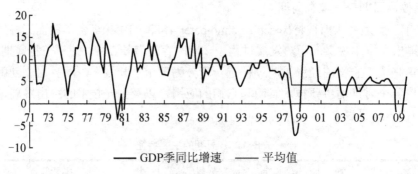

图8.1 韩国经济长周期切换

(数据来源:Bloomberg.)

对比中国和韩国的人均收入可以对中国的经济长周期进行估算。以2005年为基期,按照购买力平价,1995年,韩国人均GDP为14 717美元,同期美国人均GDP为34 045美元,韩国人均GDP相当于美国的 43.23%。按照购买力平价计算,2009 年中国人均 GDP 为 6 546 美元,美国为 46 442 美元,中国相当于美国的 14.10%。假设未来一段时期内,中国实际 GDP 保持在潜在增速 9%左右,人民币兑美元汇率每年以 3%的速度升值,那么按照购买力平价计算的中国人均 GDP 增速大约为 12%,而美国人均 GDP 增速为 3.0%,则中国人均 GDP 还需要 13.4 年才能达到美国的 43.23%,即当年韩国人均 GDP 占美国的比重,达到美国人均 GDP 相当的水平则需要 23.4 年。

此外,研究日本经济周期对中国也有借鉴意义。如图 8.2 所示,1956—1973 年日本经历了近 20 年的高速增长期,年均增速高达 9.25%,中国经济过去 30 年间平均增长率为 9.8%,两者极为类似。以 2005 年为基期,按照购买力平价,1973 年日本人均 GDP 为 15 820 美元,同时期美国人均 GDP 为 23 148 美元,日本人均 GDP 占美国的 68.34%;按照购买力平价来计算,2009 年中国人均 GDP 为 6 546 美元,相当于同时期美国的 14.10%。假设未来一段时期内,中国实际 GDP 保持在潜在增速 9%左右,人民币兑美元汇率每年以 3%的速度升值,那么按照购买力平价计算的中国人均 GDP 增速大约为 12%,而美国人均 GDP 增速为 3.0%,则中国人均 GDP 还需要 18.8 年才能达到美国的 68.34%,即当年日本人均 GDP 占美国的比重。

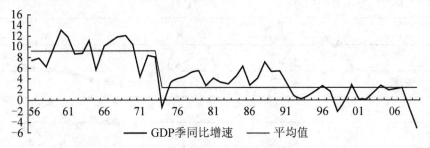

图 8.2 日本经济长周期切换

(数据来源:日本内阁府、日本央行、IMF、Bloomberg.)

综合来看,可以认为中国经济的长周期至少还有 13 年,即到 2022 年。如果从 1978 年算起,这个长周期将会延续 44 年左右。

2. 中周期分析

从 1978 年以来的 GDP 增速来看,中国的宏观经济约为 10 年一个周期。如图 8.3 所示,最近 30 余年 GDP 增速的低谷分别出现在 1981 年、1990 年、1999 年和 2009 年,分别为 4.7%、3.8%、7.6%和 8.7%。

2002—2007 年,GDP 连续 6 年加速增长后,2008 年经济增速开始回落,根据前两个经济周期的经验,可以看成本轮 GDP 增速的调整在 2009 年结束。2010 年进入下一个中周期。

从 2000—2009 年这一中周期开始,中国经济增长的波动明显变小,主要原因是经济结构较 1998 年之前更加平衡,以及宏观调控水平提高。

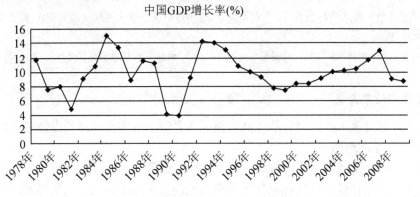

图 8.3 中国宏观经济中周期分析

(数据来源:国家统计局.)

3. 短周期分析

英国经济学家基钦认为，经济周期实际上有主要周期和次要周期两种，主要周期即中周期，次要周期即短周期，一般为3～4年。美国经济学家米切尔认为，每一个经济周期经历4个阶段，即扩张阶段、紧缩阶段、危机阶段和复苏阶段。最主要的体现是经济增长率和物价水平的波动。改革开放以来，中国经济大致经历了6个短周期，如图8.4所示，阶段划分为：1978—1983年为第一次短周期，1984—1987年为第二次短周期，1988—1992年为第三次短周期，1993—1998年为第四次短周期，1999—2004为第五次短周期，2005—2009第六次短周期。2010年是新一次短周期的开始。

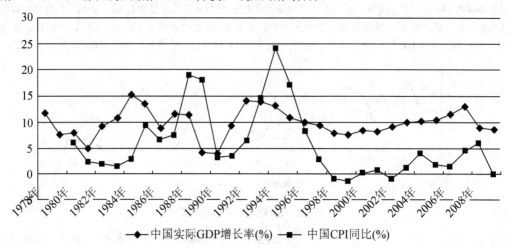

图8.4 中国经济短周期分析

(数据来源：国家统计局，IMF.)

结合上述长、中、短周期的分析，可以认为2010年是新一轮短周期和中周期的开始，但仍处于高速增长的长周期之中。保守估计，中国经济增长长周期至少还可以维持至2022年，这期间的潜在经济增长率大约为9%。

4. 测算

从1982年到2009年的28年间，中美两国基于购买力平价的人均GDP平均增速分别为11.88%和4.51%。如果将中国和美国的增速分别设定为11.88%和4.51%，对于以购买力平价衡量的人均GDP，中国需要28.7年左右的时间才能赶上美国，也就是大约29年后中国经济步入恒定增长阶段(对应DDM估值模型中的第三阶段)。

(资料来源：王小军. 专题研究：中国股市估值分析(二). 中国民族证券研究发展中心. 2010年04月19日.)

2. 按周期性质分类

按照周期的性质，可以将经济周期划分为古典型经济周期和增长型经济周期。

1) 古典型经济周期

早期的资本主义经济体经济波动，更多体现出如图8.5所示的古典型经济周期，即经济从总体上呈现出正弦波动特征，每次周期波动的幅度都非常大，这种波动对经济将产生破坏性影响。

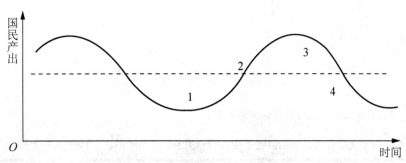

图 8.5　经济波动的古典型周期
1—复苏；2—繁荣；3—衰退；4—萧条

2) 增长型经济周期

当然，经济不可能是完全呈现正弦波动的特点，经济活动由高涨到低谷的循环波动，并非围绕着某一固定的经济水平进行的，从长期看，经济活动有增长的趋势，因而经济周期是围绕着一种向上的趋势而上下波动的，这就是经济波动的增长型周期，如图 8.6 所示。由于一个国家的人口(劳动力)和资本存量一般是逐年增加的，劳动生产率也是逐步提高的，所以经济发展的长期趋势是逐年递增的。现实经济产出总是围绕其潜在产出水平上下波动，而由于经济总是由于各种原因而无法实现充分就业，因此，历史资料显示，资本主义市场经济并不是稳定增长而是环绕其长期趋势周期上下波动的。

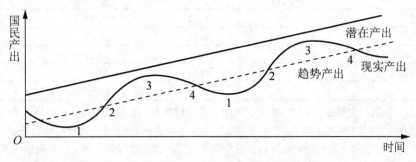

图 8.6　经济波动的增长型周期

8.1.3　经济周期的监测指标

经济波动的复苏、扩张、收缩和萧条都不是在某一个月发生的，而是通过许多经济变量在不同的经济过程中的不断演化而逐渐展开的。因此可以把一系列监测指标划分为先行、一致、滞后指标。

一致指标也叫同步指标。这些指标峰与谷出现的时间与总体经济运行峰与谷出现的时间一致，可以综合地描述总体经济所处状态。如工业总产值，社会消费品零售总额等。

先行指标，也叫领先指标。利用这些指标可以事先预测总体经济运行的峰和谷。如机械产品订货、股票指数等。

滞后指标是对总体经济运行中已经出现的峰和谷的一种确认，如利息率、库存等。

这些先行、一致、滞后指标，共同构成了景气指标体系。

阅读资料

我国景气动向指数指标体系

表 8-3 是我国景气动向指数各组指标时滞关系表。

表 8-3　我国景气动向指数各组指标时滞关系表(+为滞后、-为领先、0 为同步)

指　标	延迟月数	时差相关系数	K-L 信息量	权　重
产品销售率	-12	0.27	45.74	1.02
新开工项目	-12	0.13	134.05	0.95
新开工面积	-12	0.6	253.96	0.96
建材生产指数①	-12	0.64	30.06	1.02
物流指数②	-12	0.42	22.9	1.01
外商直接投资合同金额	-12	0.66	139.97	0.95
沪股波动指数③	-5	0.56	32.71	0.95
外商进口设备物品	-3	0.79	296.7	0.96
工业增加值	0	0.84	14.78	1.01
货币供应 M1	0	0.79	17.22	1.03
社会需求指数④	1	0.94	7.6	0.99
社会收入指数⑤*	-1,0⑥	0.79	22.22	0.97
工商业贷款	+12	0.37	47.55	0.98
居民储蓄	+12	0.62	36.69	1.04
工业企业产成品资金	+11	0.55	34.31	0.87
居民消费价格指数	+9	0.84	13.9	1.09
财政支出	+7	0.06	35.35	1.02

注：①建材生产指数：由钢材、木材、水泥生产缩制的合成指数；②物流指数由社会货运量、沿海主要海口货物存吐量缩制的合成指数；③沪股波动指数由上证综指振幅(综合指数量高诚最代)，沪市 A 股成交额缩制的合成指数；④社会需求指数由固定资产投资、消费品零售、进出口总额缩制的合成指数；⑤社会收入指数由国家财政收入、工业企业利润总额、城镇居民可支配收入缩制的合成指数；⑥-1 为时差相关系数方法的结果(提前 1 个月)，0 为 K-L 信息量方法的结果。*注：出于国家、企业、居民收入统一考虑的目的，尽管财政收入滞后基准循环 3 个月，但将其与企业利润、居民可支配收入一起生成社会收入指数。

阅读案例 8-2

影响我国房地产价格周期波动各因素的实证分析

自 1998 年我国住房分配制度货币化和房地产市场全面市场化以来，我国的房地产价格出现了周期性波动。

1. 供给因素对房地产价格波动的影响

一般来说，土地、建筑材料等原材料价格的波动会引起房地产价格的波动；同时，从供求原理出发，在其他条件不变的情况下，房地产投资发生额、新开工面积、竣工面积等供给因素的波动也会对房地产价格产生影响。因此这里以我国商品住宅市场为例，以1998年第一季度至2008年第二季度的数据为样本，分析这些供给因素的波动对房地产几个波动的影响。我们选取商品住宅价格的变动率 FQ_t 作为被解释变量[它用商品住宅销售价格指数（上年同期=100）减100来代表]。而解释变量则选择土地交易价格的变动率 TQ_t[它用用住宅土地交易价格指数（上年同期=100）减100来代表]、建筑材料购进价格的变动率 JC_t（它用建筑材料购进价格指数（上年同期=100）减100)、竣工面积变动率 JG_t（它等于本年竣工面积同上年同期比的变动率）、新开工面积变动率 KG_t（它等于本年开工面积同上年同期比的变动率）、实际完成投资额的变动率 TZ_t（它等于本期住宅投资实际完成额与上年同期相比的变动率）。

经过ADF检验和协整检验，得到以下协整向量：

$$VECM_t = FQ_t - 0.386TQ_t - 0.324JC_t + 0.050TZ_t + 0.061JG_t + 0.0989KG_t - 6.944$$

从各变量之间的协整关系可以看出，在诸多影响商品住宅价格波动的供给因素中，土地交易价格和建筑材料价格等成本因素对房地产价格的波动有正影响，其中土地交易价格的变动对房地产价格的波动影响最大，当土地交易价格上升1个百分点时，房地产价格上涨0.386个百分点；建筑材料价格上升1个百分点，房地产价格上涨0.324个百分点；而投资、新开工、竣工面积的增长对房地产价格有负的影响，但是他们的影响相当有限，其系数分别只有0.050、0.099、0.061，这主要是因为我国房地产市场长期处于供不应求的状况。

2. 需求因素对房地产价格波动的影响

房地产的需求分为消费需求、投资需求、投机需求，而各种需求因素的变动必然引起地产价格的波动。根据需求的一般原理，当其他因素不变的时候，房地产需求增加时，房地产价格会上升。而影响房地产需求的因素很多，诸如人们的收入水平、财富、对未来房价的预期、税收、人口数量、城镇化速度、家庭结构等。考虑到数据的可得性，本文采用商品住宅价格的变动率 FQ_t 作为我们的被解释变量[它用商品住宅销售价格指数（上年同期=100）减100来代表]、城乡居民储蓄余额的变化率 CX_t（它等于城乡居民储蓄余额与上一年同期相比的变化率）、人们收入水平的变化率 SR_t（它等于城镇居民可支配收入与上一年同期相比的变化率）、通货膨胀率 CPI_t（居民消费价格指数减去100）等作为解释变量，取1998年第1季度至2008年第2季度的数据为样本。

经过ADF检验和协整检验，得到以下协整向量：

$$VECM_t = FQ_t - 0.122CX_t - 0.505SR_t - 1.152CPI_t + 4.579$$

从协整结果可以看出诸多需求因素中，通货膨胀对商品住宅价格波动的影响最大，通货膨胀率上升1个百分点则会引起商品住宅价格上升1.152个百分点；其次是作为财富变量的储蓄变动率对房地产价格也有较大的影响，城乡居民储蓄余额增加1个百分点，则商品住宅价格上涨0.505个百分点；而城镇居民可支配收入的变动对商品住宅价格的影响有限，其系数只有0.122。

3. 资本因素对房地产价格波动的影响

房地产既是耐用消费品，又具有投资品的特性，其价格像其他金融资产一样会出现剧烈波动，而且房地产具有建设周期长、流动性差、资本密集等特点。综合来看，从资本角度考察，其价格主要受资本的可获得性、利率、其他资产的收益率、住宅抵押贷款证券化的程度、M2的变化以及相关调控房地产市场的货币政策等因素的影响。我们选取商品住宅价格的变动率 FQ_t 作为我们的被解释变量[它用商品住宅销售价格指数（上年同期=100）减100来代表]，以实际利率 R_t（它等于一年期贷款利率与当期通货膨胀率之差）、货币供应量的变化率 HB_t（它等于狭义货币供应量 MZ_t 与上一年同期相比的变化率）、房地产开发资金来源合计值的变化率 ZJ_t（它等于房地产开发资金来源合计值与上一年同期相比的变化率）作为解释变量，取1998年第1季度至2008年第2季度的数据为样本。

经过 ADF 检验和协整检验,得到以下协整向量:
$$VECM_t = FQ_t + 1.805R_t - 0.535HB_t - 0.192ZJ_t + 0.901$$

从协整结果可以看出三个资本因素当中,利率对商品住宅价格波动的影响最大,利率上升 1 个百分点会引起住宅价格的波动率下降 1.805 个百分点;其次是货币供应量的变动率对房地产价格也有较大的影响,广义货币增加 1 个百分点,则商品住宅价格的波动率上涨 0.535;而房地产企业的资金来源的波动对商品住宅价格的波动影响有限,其系数只有 0.192。政府在通过货币政策控制房市的过程中,往往通过利率来给市场以信号,然后通过控制银行信贷、准备金率等政策来控制房市的整个资金的供应,从而达到控制房市价格的目的。

(资料来源:徐会军、唐志军、巴曙松,我国房地产价格增长周期波动的实证分析,上海财经大学学报,2010 年第 2 期.)

8.1.4 经济周期理论的概说

自从 1825 年英国发生第一次经济危机开始,西方经济学界就开始出现了各种各样解释经济周期的理论,试图找到经济周期的根源、经济扩张和经济收缩过程的特征、分析克服经济周期波动的方法以及经济周期在各国的表现。

解释经济周期的理论从动力因素上看,可以划分为两类:即外生的和内生的(external and primarily internal)。外生论是在经济体系之外的一些要素的波动中寻找经济周期的根源。例如战争、革命、选举;发现金矿、移民;新土地、新资源发现;科学突破、技术创新,甚至太阳黑子活动、气候等。内生论是在经济体系内部寻找经济周期的机制。这种理论认为,任何一次扩张都孕育着新的衰退和收缩,任何一次收缩也都包含着可能的复苏和扩张。经济生活正是以这种近乎规律的方式不断循环往复。

从时间历史角度考察,20 世纪 30 年代以前的西方经济学主要用消费不足论、投资过多论、纯货币危机理论、创新理论、太阳黑子理论等解释经济周期波动的原因。20 世纪 30 年代以后,凯恩斯主义经济学用乘数和加速数相互作用的理论来解释经济的周期波动。这一理论的主要代表人物是英国经济学家希克斯和美国经济学家萨缪尔森,该理论的两个重要结论是:第一,强调在国民收入中投资、消费和收入的相互影响和相互限制;第二,强调政府在减少经济波动过程中应该给予积极干预。在当代经济周期分析中,货币主义和理性预期学派都从各自的角度阐述了各自的经济波动的解释,分别强调了货币数量和理性预期在经济波动过程中的作用。

对于上述经济周期理论,对经济周期所必须经历的阶段基本上分歧不大,只是在强调经济波动的主导因素时发生了一定分歧,下面对 20 世纪 30 年代以前经济周期理论的各种观点进行简要介绍。

1. 单一因素周期理论

单一因素周期理论强调经济的周期波动主要是由于经济或者社会中的某一因素起作用的结果,主要有 3 种理论,即农业收获理论、心理因素理论和纯货币危机理论。

1) 农业收获理论

强调农业因素的最为著名的理论是英国经济学家杰文斯父子的"太阳黑子论",他们认为由于太阳黑子的周期性运动造成了 10 年左右的经济周期。这种理论主要分析气候变化与农业生产，以及农业生产与经济周期的关系。其推导的逻辑是：太阳黑子活动等自然现象会影响农业收成，通过农产品价格波动影响到农民的实际工资水平，影响农民的购买力及其投资，农业收成的好坏也影响以农产品为原料的加工工业，以至于整个经济活动。

虽然杰文斯只强调了单一的外部气象条件变化的影响，但也有其实际意义。在其所处的年代，农业是整个国民经济的主导部门，天文状况变化会对气候条件产生影响，从而影响到农业，农业波动总会带来整个宏观经济的波动。

这种理论也许能说明资本主义早期的一些经济周期现象，但现代的经济学家们认为气候对农业影响不是决定性的，农业对整个经济的影响也不是举足轻重的。因此，这种经济周期理论已经被否认。

2) 心理因素理论(the psychological theory)

单独强调心理因素的学者主要是庇古和米尔斯。他们认为，当经济扩张时，乐观主义情绪被不断强化，从而刺激投资并进一步强化扩张，使经济走向繁荣。与之相对的是，衰退则引发悲观主义的因果累计，并不断抑制投资，加剧经济衰退，使经济走向萧条。因此，心理因素有放大宏观经济波动的重要作用。当前经济周期理论中对心理因素的强调主要侧重于预期在影响经济决策方面的作用。许多经济学家在其经济周期理论中都将心理因素作为解释波动的一种辅助因素，很少将其作为单一影响周期的因素。

这种理论强调心理预期对经济周期各个阶段形成的决定作用，有两种观点：一种观点认为，人在心理上都有一种"自然周期"，使人的情绪在乐观和悲观之间反复交替出现。这种周而复始的情绪变化是人难以控制的，它会对人们的消费行为和投资行为产生影响。当人们的情绪乐观时，消费者会增加消费，生产者会增加投资，从而引起经济繁荣；反之，当人们处于悲观情绪状态时，消费和投资都会减少，从而导致经济也相应地发生周期性变化。另一种观点则主要强调不合理的心理因素对经济周期的影响。他们认为，当任何一种原因刺激了投资活动，引起经济高涨后，资本家对未来的乐观预期一般总超过合理的经济考虑下应有的程度，出现了某种反应过度，这就导致过多的投资，形成经济的繁荣。而当这种过度乐观的情绪所造成的错误被察觉以后，又变成不合理的过度悲观预期，由此导致萧条。事实上，凯恩斯就认为，萧条的产生是由于资本边际效率的突然崩溃，而造成这种崩溃的正是资本家对未来悲观的预期。

3) 纯货币危机理论(the monetary theory)

纯货币因素周期理论的主要倡导者是英国的霍特莱和货币主义的创始人弗里德曼。该理论运用货币信用体系的不稳定来说明经济周期性波动。把经济周期和经济危机说成是纯货币现象，把经济的周期性波动归因于银行对货币和信用的扩张和收缩。

他们认为，货币流通量、货币供应量以及货币流通速度的波动直接导致名义国民收入的波动。银行体系也在经济周期波动过程中起到了推波助澜的作用。在发达资本主义社会，货币只用于零星支付，流通的主要工具是银行的信用。由于银行体系有通过乘数作用创造信用的功能，因而作为主要流通工具的银行信贷具有很大的伸缩性。当银行体系采取降低利率、放松信贷以及收购有价证券等扩张性的信用政策时，由于商人所运用的资本大部分来自银行信用，所以银行利率的轻微变动，商人最为敏感。利率降低，商人将增加向银行的贷款，以增加其对生产者的订货，于是引起生产的扩张和收入的增长，收入的增加引起对消费品需求的增加和物价上涨，物价上涨，市场繁荣和企业家的乐观情绪促使投资需求和消费需求的兴旺，由此引起货币流通速度的增加，造成累积的信用扩张和经济高涨。

当然，现代货币体系建立在部分准备金的基础上，在金本位制度下受黄金准备的限制。在采取不兑现的纸币条件下，为了稳定汇率和防止国际收支逆差的过度扩大，也不能无限扩张信用。因为当信用扩张到达一定程度后，银行迟早要被迫停止信用扩张，而相反地采取紧缩性的信贷政策，这就导致危机和继之而来的累积的衰退过程。若信用紧缩现象不发生，商业周期的繁荣阶段将无限延长这种理论，把经济周期的原因完全归结于现代的货币信用制度，因而认为只要改革货币信用制度，经济周期便能消除。因此，这一理论认为，阻止繁荣后期经济危机爆发的手段就是银行继续扩张信用。

2. 实业周期理论

实业周期理论更多的是从制造业角度来观察经济的周期性变化。该理论从两个方面解释了经济周期的形成：一是由于实业中的成本价格关系和利润率变动带来周期；二是存货的规律性变动带来经济周期。

(1) 成本价格关系和利润率变动带来经济周期。其代表人物是米切尔。他认为促使利润增长和减少的条件都是经济活动本身。当这种增长对现有产业设备的生产能力形成压力时，边际成本的下降就会逐步趋于稳定，同时，对合意利润的期望诱使企业相互哄抬原材料、劳动力和借贷资金的价格，从而使主要成本变高，这样的过程累积到一定程度，就很难通过快速提价来抵消成本上升带来的利润减少。由于扩张的动力是企业希望保持利润增长，这迟早会导致短缺和价格上涨，进而降低利润率。当利润不再增长时，企业扩张最终带来了衰退。在衰退中减少成本的做法变得普遍起来，如解雇、缩短工时以及削减非人工支出等办法被普遍采用，以便提高生产率和利润率。企业谋求改善利润状况的动机又会加速资本的使用和劳动力的雇佣。这一系列连续发生的情况造成了利润率的增减，结果企业就会对此作出反应，从而引起了经济波动。

(2) 存货的周期性变动带来了经济周期。这种理论认为企业对所期望的存货销售比率有一个固定的认识。当扩张中对其需求增加时，便发现其存货减少。将其存货水平恢复到预定比率的努力导致新订单增加，进而增加就业和收入。由于后一效应也增加销售，存货销售比率仍会保持下降的水平。由于边际消费倾向为正但小于 1，因此，销售的增加将小于收入的增加。在扩张的后期，所期望的存货销售比率可以逐渐恢复，消除了通过增加存货水平对经济的刺激。在经济收缩期则发生相反的过程，企业力图降低其存货水平，同时其销售下降，这进一步使收入下降并阻止比率的下降。然而，销售的下降率低于收入的下降率，所以经过一段时间，企业便可重新设定所期望的存货销售比率，结果在紧缩期达到最低点。

3. 储蓄投资过程周期理论

许多经济学家强调了储蓄投资过程的不稳定性导致了周期性经济波动。大致有货币因素的投资过度理论、非货币因素投资过度理论、"创新"周期理论、消费不足周期理论等。此外，凯恩斯主义及后凯恩斯主义的经济周期理论也强调储蓄和投资过程。

1) 货币因素的投资过度周期理论

货币因素的投资过度周期理论的代表人物是奥地利学派的哈耶克、米塞斯和罗宾斯等人。这种理论认为，货币金融当局的信用膨胀政策是干扰经济体系均衡，并引起经济扩张，进而导致繁荣和萧条交替变动的根本原因。即认为如果没有信用扩张，那么就不会产生生产结构失调和经济波动。但是，与纯货币理论不同的是，它没有把经济危机的爆发解释为纯粹是由于信用膨胀和经济扩张后期的信用紧缩所造成的，而是认为危机之所以出现仍是由于货币因素所引起的物质生产领域的两大部门之间的配合比率的失调，即相对消费资料生产部门而言，生产资料生产部门过度扩张了。

货币因素的投资过度理论的分析逻辑是：银行因逐利而扩张信贷，导致市场利率低于自然利率，工商企业因贷款成本降低，而对厂房、机器设备的投资意愿增加，从而导致对生产资料需求的增加，由于经济是充分就业的，促使原来用来制造消费品的生产要素转用于制造资本品，从而引起消费品产量的减少和消费价格的上涨。那些货币收入不变或货币收入的增加落后于消费品价格上涨的消费者，将因消费品价格的上涨而非自愿地减缩了他们的消费，称为"强制储蓄"(Forced Saving)，而信用扩张所引致的新的实物资本，如厂房、机器设备等，是"强制储蓄"提供支持的结果。

哈耶克认为，这种人为扩张信用的政策所引起的经济扩张是无法持续下去的，迟早会出现衰退，甚至是萧条。当银行扩张的信用通过企业的投资转化为人们的货币收入后，消费者势必会恢复他们原有的消费，于是引起消费品的需求比生产资料的需求增长得更多，消费品的供给减少，需求反而增加，消费品价格进一步上涨。银行受法律或营业习惯的限制而不能无限地扩张信用，由此表现为货币资本供给的短缺，货币资本短缺将引起两种结果：或者是工商企业在繁荣阶段进行的投资(建造厂房购置设备)半途而废，不能完成；或者是已经生产出来的资本因需求不足而价格下落，存货积压，从而造成经济萧条。

所以，导致经济周期波动的原因更确切的表述应该是资本短缺，即危机根源于货币资本的供给落后于货币资本的需求。至于货币资本之所以短缺，除了银行停止信用膨胀之外，按照哈耶克的说法，还因为当银行膨胀的信用变成消费者收入之后，它们将恢复其原有的消费，所以资本短缺又可视为源于消费过多。按照这一理论，只要消费者减少消费，从而增加储蓄，增加货币资本的供给，就可预防危机的爆发，所以货币的投资过多理论又可称为消费过多(储蓄不足)危机论。

总之，哈耶克等的危机理论，以充分就业的宏观均衡为出发点。认为危机之所以爆发，是导源于充分就业条件下银行部门膨胀信用引起的投资扩张，破坏了生产资料部门和生活资料部门之间的供求均衡和配合比例，而人们的收入在个人消费和个人储蓄之间的配置比例也互不协调，从而导致经济的周期性波动。

2) 非货币因素投资过度周期理论

非货币投资过度理论与货币因素的投资过度理论，在论述经济周期时的主要差别在于，前者着重从生产过程本身来解释周期，而不把货币因素视为引发经济周期的最初动因。其代表人物是图冈—巴拉诺斯基、斯皮特霍夫和卡塞尔。

该理论认为，货币信贷扩张是经济扩张的必要条件，但货币因素仅处于从属的被动地位。斯皮特霍夫认为消费品生产相对不足，才是周期真正的原因。他认为，引起高涨的主要动因，是新技术的发明、新市场的开拓以及萧条阶段利率的低落。这些因素促进投资活跃，于是生产资料(钢、铁、机器和建筑材料等)和耐用消费品(住宅、汽车、家具等)的生产大量增加，这就是经济高涨阶段。在复苏阶段和繁荣阶段，扩大投资所必需的货币资本，开始来自于萧条阶段所积累的大量闲置资本，继之则主要来自银行的信用扩张和企业未分配利润转用于投资,当经济繁荣达到一定程度后,由于货币工资上涨和使用生产效率较低的生产要素,成本提高,利润下降,这样,货币资本的供给减少,从而形成对生产资料的需求减少。另外,由于高涨阶段进行的投资所扩大的生产能力逐渐向市场上提供日益增多的钢、铁、建筑材料和耐用消费品,生产资料和耐用消费品供给大大增加了。这样,生产资料和日用消费品的供给增加而其需求逐渐减少,必然出现因货币资本供给不足以致使生产资料和耐用消费品生产部门生产过剩的经济周期。

该理论还认为,因上述货币资本短缺引起的经济危机并不是纯货币现象,这种短缺实际上代表的是某些实物资本的匮乏,即劳动力和生活资料的缺少,即使增加货币信用的供给,也不能防止危机。原料和生产设备之所以不能被充分利用起来以建造更多的新的生产设备和耐用消费品,只是因为缺乏劳动力和消费品。因此,在卡塞尔看来,如果在高涨后期缩减消费,增加储蓄,就能够获得足够的货币资本和实物资本,使那些已经生产出来的原材料和设备继续被利用起来,从而防止危机的出现。

最终,卡塞尔和哈耶克二人殊途同归,得出了基本相同的结论,经济危机的出现是因为生产了过多的固定资本货物,这种供过于求并不是因为消费者的需求不足,而是由于资本家的储蓄不足。

3) 熊彼特的"创新"经济周期理论

熊彼特于 1912 年出版的《经济发展的理论》一书中提出了"创新"经济周期理论(the innovation theory)。在其创新经济周期理论中,他综合分析不同经济周期的时间,即对短周期、中周期和长周期的关系做了较为明显的区分。要理解熊彼特的创新周期理论,需要理解其创新内涵,以及创新参与各方在整个经济周期中的各种行为,这些创新参与者包括企业家、消费者和银行,以及他们的各种行为,如创新、信贷扩张和实业扩张等。

熊彼特将创新和发明做了明确区分,他认为,发明是生产新方法的发现。在现代市场经济中这种情况或多或少在不断地发生,人们总是在发现生产的新方法、更好的生产方法,然而只有在发明真正引入经济活动时,才是具有经济意义的"创新"(innovation)。熊彼特把创新一词定义为"新的生产函数的建立",即"企业家对生产要素的新的组合",它包括以下 5 种情况:①引入一种新产品或提供一种新产品新的质量;②采用一种新的生产方法或新的技术;③开辟一个新市场;④获得一种原料或半成品的新的供给来源;⑤实行一种新的企业组织形式。

创新只是间断地发生,它们趋于成串或成组发生时,一组投资机会或多或少同时被利用,于是便产生了扩张。由于富有创新精神的企业家,借助银行扩大信用贷款的帮助,增加劳动力投入,新建厂房增添设备,推动国民收入的增长,促进消费品生产的增加,随后,由于企业的"创新"利润,刺激其他企业也在银行信贷的帮助下模仿,这就是经济周期的复苏和高涨。当经济扩张经历一段时间,"创新"扩散到较多企业时,利润逐渐消失,扩张趋向终结。熊彼特理论最具特点的是对扩张如何开始的解释,认为创新及其所带来的投资使经济的适应力过度紧张,创新刺激了扩张,而为了适应创新结果所作的调整又带来紧缩。

熊彼特认为,在经济高涨阶段,厂商在乐观情绪支配下,投机盛行,借助银行贷款扩大的投资高估了社会对产品的需求。此外,消费者的乐观情绪高估了可能的收入,常用抵押贷款方式购买耐用消费品,消费者负债购买反过来促进企业的过度投资。所以,经济周期的衰退与萧条，意味着新产品新技术对旧的厂商和部门的冲击，那些在经济高涨期间过度扩大的投资在萧条阶段的毁灭是社会经济从失衡趋向新的均衡之必然的有益的过程，一旦萧条到达底谷，新的"创新"引致的复苏和高涨推动经济在更高水平上向前发展，即均衡→失衡→在更高水平上的均衡……，经济周期总是如此循环往复。

熊彼特指出，推动经济周期性地循环往复、上下波动向前发展的"创新"是多种多样的，有的"创新"影响大，有的"创新"影响小，有的需要相当长的时间才能实现，有的只需要较短的时间就能引进经济之中。这就势必出现各种周期都可与特定的创新联系起来。影响深远和实现期限较长的"创新"是长周期的根源，影响较小和实现期较短的"创新"则是短周期的根源。总之，创新的大小及其重要性不同决定了经济周期时间的不同。

4) 消费不足论

消费不足理论(the under-consumption theory)(或储蓄过多论)是较早解释经济周期的波动的理论之一。最早的代表人物是马尔萨斯和西斯蒙第，近代则以英国经济学家霍布森为代表。这一理论以非充分就业为前提。

19世纪初，法国西斯蒙第(Simonde de Sismondi)认为，一个社会之所以耗费劳动从事生产的唯一目是满足人们的消费需要。但在资本主义社会，生产是由那些不劳动的人的需要来决定，而不是根据生产者自己的需要来决定，这既破坏了生产与消费之间的自然的直接的联系，也引起了生产无限扩张的可能性。但他认为更重要的是在资本主义制度下减少了消费者的消费能力。大规模机器生产使许多小生产者破产，从而减少了他们的收人和消费，劳动者尤其是工人阶级情况，随机器生产的发展而越来越坏。随着生产的发展和社会财富的增长，富人的消费虽将增加，但比起破产和贫困化的人所减少的消费要少得多，由此造成消费不足。当消费不足累积到一定程度会诱发经济衰退，甚至危机。

马尔萨斯则认为，商品价值是由生产商品所耗费的劳动加上预付资本的利润构成的，而利润是在交换中产生的。因为资本家既是买者又是卖者，他们在出卖商品时所获得的利润会在他们购买时丧失掉，因此，利润的实现不能依靠资本家。同时，利润的实现也不可能靠工人，由于他们购买的只是生活资料的一部分，只能实现工资部分的价值，而不会产生利润。因此，资本的利润只能依靠只买不卖的第三种人来实现。第三种人就是只消费不生产的地主、僧侣、官吏、大批军队及年金领受人等。如果这些非生产性的消费者的收入及消费不足，就会出现有效需求不足，从而导致生产过剩的经济危机。因此，马尔萨斯认为，要避免危机的出现，保证资本主义的顺利发展，必须使地租永远存在和增长，从而尽可能地扩大不生产阶级的消费，维持足够的有效需求。马尔萨斯还进一步指出，地主等非生产性消费者的特殊作用就在于维持供求平衡，使劳动成果获取最大的交换价值从而促进财富的增长。

英国经济学家、社会改良主义者霍布森于20世纪初则提出了根源于资本主义收入分配引起的消费不足危机理论，以及改善资本主义分配以防生产过剩和失业的改良主义主张。由于他对资本主义持批判的态度，他的理论一度被视为异端邪说。霍布森认为，资本主义分配中存在着非生产性剩余，这会造成人力、物力的浪费。首先，落在地租和超额利润利息收入者手中的非生产性剩余，使这些人能过上奢侈的生活，这些奢侈生活上的花费，虽然可以引起许多行业的活动，从而增加就业，但是如果分配比较公平的话，使落到地租利润等所有者手中的那部分非生产性剩余，分给劳动者作为效率工资，用于购买劳动者所需要的商品上,同样可以增加就业,并且较高的工资可以提高劳动效率。其次若非生产性剩余的所有者把它储蓄起来,转化为新资本,结果引起产业系统的资本大量增加,但劳动效率并不相应地增加,这会产生两种有害的影响;第一,它打乱生产要素的配合,使劳动这一项生产力量落后于资本。第二,这会刺激生产的增长速度超过了对消费者供给成品所需要的速度,因而引起周期性的商品生产过剩。霍布森改善资本主义分配的方法,无非就是战后西方发达国家普遍推行的征收高额累进税,同时实施一整套社会保障和社会救济的措施。

4. 新古典主义周期理论

1936年凯恩斯出版《就业、利息和货币通论》后,经济周期的发展集中在建立各种凯恩斯主义式的模型,例如本章后面将介绍的萨缪尔森模型。20世纪50年代以后,宏观经济学领域开始有不少学派的理论或其政策主张向凯恩斯前的理论回归,称为新古典主义周期理论,主要有货币主义经济周期、理性预期学派均衡经济周期、实际经济周期、政治经济周期等。

1) 货币主义经济周期

货币主义代表了对纯货币理论所采用的基本观点的回归。货币主义认为经济中的周期性波动是由于货币量变动所引起的,而货币量主要由中央银行控制,因此,中央银行对货币量的扩张或收缩引起了经济波动。

货币主义者认为,货币数量的变动不仅会引起价格水平的变动,而且在短期内也会影响实际产量。货币市场处于均衡状态时,产量也处于均衡状态。当货币供给增加时,货币市场就会出现失衡。此时,人们发现手中持有的货币数量超过了通常的水平,从而增加其货币支出量。货币的支出量增加有两种效应:一是直接效应,即直接导致人们对非货币资产的购买;二是间接效应,即货币量的增加引起利率下降,刺激人们对耐用消费品的购买,刺激投资者增加资本设备的购买。所以无论是间接效应还是直接效应,货币量的增加都会引起对非货币资产支出的增加,进而导致了总需求、价格水平以及总产量的增加,经济便进入了繁荣时期。但产量的增加最终受到资源等因素的制约。此时,货币量的增加只能引起物价的上涨。这样,实际量又会下降,经济又回到原来的水平。相反的情况,货币量的减少则会引起经济萧条。经济的波动总是随着货币供应的变化而出现周期性波动。

2) 理性预期学派均衡经济周期

理性预期学派提出了"均衡经济周期"观点,其代表人物是卢卡斯。他们认为,经济周期是完全正常的过程表示形式,通过它使经济适应于变化,经济周期绝不是需要干预的扰乱,而是经济正常增长过程的一部分。这种观点根植于两个重要假定:一是市场出清,即认为价格和工资能够在任何时候实现均衡,二是经济主体在决策时信息是充分的,经济主体不会犯一贯性的错误。由此得出政策对经济的干预是无效的,这是因为这些政策已经被经济活动的参与者预见到了。因此,经济周期是经济发展变化的正常表现。

理性预期学派的代表人物卢卡斯认为,货币对产量和其他经济变量有重要的影响,货币因素是经济波动的初始根源,货币供给的冲击引起经济的波动。发生波动的原因是信息障碍。由于经济当事人不能获得完全信息,所以不能准确判断价格变化的实际情况,从而导致了产量的波动。其推演逻辑是:一次意外的货币冲击使得价格水平上涨,但各种商品的相对价格水平没有发生变化。厂商由于不了解市场的全部情况，误把自身产品价格的上涨看作是相对价格的提高，是对自己产品需求增加的信号。此时，厂商会增加产品的供给。当所有的厂商都有相同行动时，实际产量就会超出正常需求水平。货币冲击产生的这种影响在长期中会消失，但在短期中会引起经济的波动。另外，如果货币冲击是意料之内的，则不会产生任何影响，因为此时不存在信息障碍，经济当事人不会产生错觉。

理性预期学派在说明上述逻辑推演时，特别强调了信息的不完全性和预期失误的重要作用，从而认为是政府货币政策的多变造成了经济周期波动，所以这一理论视国家干预为经济周期波动的原因。

在理性预期学派的经济周期理论提出之后，西方学者作了一些检验。部分理论得到了证实，但也存在一些问题。根本的一点是实际生活中信息障碍并不完全是导致产能扩张的主要原因。

3) 实际经济周期

实际经济周期(也译作真实经济周期)理论认为经济波动的首要原因是对经济的实际经济因素而不是货币因素的冲击。实际经济周期理论是从 1973 年和 1980 年石油价格冲击以及 1972 年食品冲击的后果中发展起来的，是将增长和周期结合在同一种理论中的一个重要的尝试。实际上是与非货币因素的投资过度理论观点基本趋同。

实际经济周期理论主要是强调了技术冲击等实际因素才是导致经济周期产生的原因，并对这种冲击的传导机制进行了较为细致的研究，结果发现传递机制则不唯一。在他们分析体系中，货币被认为是被动适应实际因素的结果，而不是导致经济波动的原因。

实际经济周期理论声称货币存量的变动和产量的变动没有关系，产量和就业的波动是各种各样的实际冲击搅动经济的结果，它们使得市场迅速调整且总是处于均衡状态。尽管有相当数量的实际经验表明货币存量的变动和产量的变动相关联，但这种相关性是货币变化适应产量变化的结果，而不是导致产量变化的原因。他们的依据是，当产量上升时，为了应对更高水平的融资，银行系统被动扩张货币。因此，货币数量虽然与经济周期相关，但并不是导致经济周期的原因。

在排除了货币不是经济波动的原因之后，实际经济周期还需要解释导致经济波动的冲击或扰动，以及这种搅动是如何传递的，也就是所谓传递机制。传递机制是冲击或扰动在某一局部发生以后，如何波及到经济整体的机制。研究这一机制的主要目的是解释冲击或扰动怎样才能具有长期影响。实际经济周期认为，影响经济周期的长期机制是赢利变化所引起的存货变化和投资变化。下面有必要对存货进行更为详细的分析。

首先，应该了解的是实际经济周期理论的合意存货思想对周期波动的影响。一般而言，存货包括原材料、生产过程中的产品和厂商为应付产品销售而持有的成品。合意存货则是厂商在长期中愿意持有的存货水平。厂商根据经济变量而确定存货对最终销售的合意比率。当厂商增加他们的存货时存货投资就会发生。存货投资问题的中心是对合意的存货投资和非合意的存货投资的区分。

存货投资在两种情形下会较高：第一，如果销售出乎意料地低落，厂商就会发现他们的货架上正在积累未销售的存货，这就构成了非预期存货投资；第二，存货投资可能因厂商有计划地扩大存货而较高，这就是预期的或者是合意的存货投资。非预期的存货投资是总需求出乎意料地低落的结果，而合意的存货投资增加则是总需求增加的结果。

其次，需要了解的是存货的变动是如何影响经济周期的。存货在经济周期中的作用是预期的和非预期的存货变化共同作用的结果。在复苏阶段产量迅速增加，随着产量超过销售，厂商开始累积存货。厂商当时可能预期将来的销售会较高，从而决定为未来的销售扩大他的产品存量，于是存在着合意的存货积累。后来厂商意识到他们的存货太多了，为了恢复正常的库存而削减产量。产量随着厂商为恢复正常的存货水平有意识的削减生产而急剧下降。这样存货减少了，经济进入衰退阶段。随着衰退的发展，需求减少而厂商非自愿地增加其存货存量，存货—销售比率因而上升。之后，生产减少，厂商通过销售存货中的产品来满足需求。

再次，实际周期理论还认为，闲暇的跨时替代也是影响传导机制的原因。闲暇的跨时替代思想实际上是一种观察结果，人们在有的时候比另一些时候会工作得更多。人们之所以在繁荣时期工作更长时间是因为工资更高，他们通过自愿供给更多劳动的方式对更高工资作出反应。劳动力供给对短期内工资变化具有较高的弹性，人们非常愿意对闲暇进行跨时替代。主要依据是人们在特定时期内并不在意何时工作。假如在给定的两年内人们在现行工资条件下计划工作 4 000 个小时(每年 50 周，每周 40 个小时)。如果两年内工资不变，他们将每年工作 2 000 小时。但是，如果某年的工资比另外一年高出 2%，他们也许愿意在这一年加班加点地工作(如 2 200 小时)，而在另外一年只工作 1 800 小时。通过这种方式他们工作相同的时间却赚取了更多的收入。当然，闲暇的跨时替代并不是意味着劳动力供给对工资持久变动的反应是灵敏的。因为如果工资上升保持在较高的水平上，那么闲暇跨时替代的收益并不明显。因此，相对于工资的恒久变化而言，瞬时变化带来的劳动供给变化更为明显。

在实际经济周期理论中，存货、投资和闲暇跨时替代机制是理解经济周期波动的关键点。而冲击因素更多的是生产率冲击或者供给冲击和政府支出冲击。生产率冲击会既定投入量所生产的产出量，如气候的变化和新的生产方法。假如本期发生了一次暂时有利的生产率冲击，这时人们将愿意更加勤奋地工作以便利用生产率提高的优势。由于本期工作得更多，他们提高了产量。同时他们也想增加投资，以便通过增加资本存量来将生产率冲击延续到未来的时期。如果闲暇的跨时替代效应较为强烈，即使较小的生产率冲击也将导致较大的产量波动效应。政府增加支出是为了提供政府额外需要的产品，人们在实际工资上升的情况下更加努力地工作，并在实际利率上升的情况下储蓄更多而消费更少。这样政府支出提高可以提高实际工资和利率。

实际经济周期理论的缺陷是显而易见的，忽略货币和政府对经济的影响，完全脱离了现实，当然，它为宏观经济分析提供了新的思路和技术工具。它认为，经济波动更多的是实际经济冲击而不是政府政策带来的，在凯恩斯主义经济学占据主导地位的情况下，这一提醒是弥足珍贵的。

4) 政治经济周期

政治经济周期(the political theories of cycles)的基础是政府采取政策，如各种财政和货币政策，以使其获得选举胜利的可能性最大。政治因素周期理论的主要倡导者是波兰的经济学家卡莱茨基，这个理论认为经济周期大体上与政策制定者的执政期相同。在大选之前，政府会运用其所有力量来刺激经济。然而，人们需要到选举一年以后才会感受到刺激行动的消极后果，所以政策必须转向。这种观点的主要结论是，选举型经济周期可以通过实际可支配收入和失业率来确定。

卡莱茨基认为,在资本主义社会,由于选举政治的原因,企业主总会反对政府为了实现和保持充分就业而干预经济。而政府在经济周期中扮演了反周期角色,在失业较多的萧条阶段,政府借助财政赤字来刺激经济,使经济转向复苏,此后,政府企图把就业推向更高的水平。但企业主和获利阶层会以反对赤字财政为借口,不愿继续刺激生产和就业。此时,尽管经济还没有达到充分就业,政府会转而采取紧缩性的政策,从而导致生产下降,失业增多。因此,资本主义繁荣交替更迭发展,是由于选举政治而带来的。

卡莱茨基指出,尽管较多的工人就业和充分利用生产设备,利润会较多,但大企业还是会反对政府旨在实现并保持的充分就业的政策措施。其主要原因是:①政府干预经济会使大企业感到丧失了一些控制社会经济的权力,他们害怕政府干预经济的扩展会逐渐蚕食自由企业制度;②在大企业看来,"失业后备军"的存在是经理们有效地管理工人所必需的。总之,卡莱茨基是从资本主义国家的政策总是代表大企业的利益这一观点出发,预言战后的经济周期并不会因为有了凯恩斯的药方而消除。

卡莱茨基还指出,在第二次世界大战以后,他与西方经济学家们普遍担心的问题(长期萧条和失业)正好相反,由于长期推行凯恩斯需求管理的财政政策和货币政策,经济周期发生了很大的变化。危机频繁,周期很短(平均 4 年左右),并且每一次经济扩张转向紧缩和衰退都是政府有计划采取的政策措施制造出来的。从 1951—1971 年的 20 年间英国经历了 5 个经济周期。英国是一个需要输入粮食和原料并输出制成品以偿付进口的国家,所以每当采用凯恩斯药方刺激经济高涨之后,国际收支和英镑危机迫使当局紧缩银根,提高税率以抑制过多的投资需求和消费需求。于是,走走停停成了英国战后经济增长的典型特征。

总之,卡莱茨基的政治周期理论是用政府交替运用紧缩性和扩张性政策调节经济生活来解释经济周期性的变化。他认为政府企图维持经济的稳定实际上却造成了经济的不稳定。这就是国家干预经济所造成的政治的经济周期,其根源在于充分就业和物价稳定这两个政策目标之间存在矛盾,而且很难协调。

8.2 乘数与加速数的相互作用

前面回顾了经济周期的理论思想,在经济中或多或少能够解释部分经济周期现象,在当代经济学中,对政府经济的管理产生重大影响的仍然是凯恩斯主义的思想。

凯恩斯主义者是从乘数—加速数的相互作用(multiplier-accelerator interaction)来解释经济的周期运动,其主要代表人物有英国的经济学家希克斯和美国的经济学家萨缪尔森。他们认为,影响经济周期的决定因素是投资的波动,而投资的波动又与消费、需求、货币信用、技术改良、心理等因素的变动相联系。通过加速数和乘数的相互作用影响经济周期各阶段的循环,使每一次经济高涨为危机和萧条创造了前提,每一次经济衰退又为复苏和高涨创造了条件。实际上,乘数—加速数理论是综合各种经济周期理论优秀思想的结果。

8.2.1 加速数原理

加速数原理(acceleration principle)是根据现代机器大生产应用大量固定资本设备的技术特点,说明收入或消费的变动所引起的投资变动的理论。即在没有多余的固定资本设备的情况下，收入或消费的增加，必然引起投资若干倍的增加，收入或消费的减少必然引起投资若干倍的减少。

在说明加速数原理之前，先介绍几个相关的概念。

(1) 资本—产量比率(capital-output ratio)与加速数(accelerator coefficient)：资本—产量比率是指生产一单位产量所需的资本量，用公式来表示就是资本-产量比率=资本/产量。加速数是指增加一单位产量所需要增加的资本量，如用公式来表示则是加速数=资本增量/产品增量=追加投资/收入增量。在技术不变的条件下，资本—产量比率与加速数的数值是同样的。

(2) 净投资(net investment)与重置投资(replacement investment)：净投资是指新增加的投资，它取决于收入的变动情况；重置投资即折旧，是指用于补偿所损耗的资本设备的投资，它取决于原有资本的数量、使用年限及其构成。净投资加上重置投资就是总投资。

下面通过举例来进一步说明加速数原理。

假设有一工厂，其资本—产量比率(加速数)是 10，重置资本每年为 300 万元，下面把该工厂 8 年以来的总产量、资本量、净投资、总投资之间的关系列出一个表，即表 8-4，并根据该表来说明加速数原理的含义。

表 8-4　加速数原理举例

阶　　段	时　　期	年　产　量	资　本　量	净　投　资	重置投资	总　投　资
第一阶段	1	600	6 000	0	300	300
	2	600	6 000	0	300	300
	3	600	6 000	0	300	300
第二阶段	4	900	9 000	3 000	300	3 300
	5	1 200	12 000	3 000	300	3 300
	6	1 500	15 000	3 000	300	3 300
第三阶段	7	1 500	15 000	0	300	3 300
第四阶段	8	1 470	14 700	-300	300	0

从表 8-4 中可以看出：

在第一阶段生产维持原有的规模不变，每年仅有 300 万元的重置投资，没有净投资，总投资也保持不变。

在第二个阶段生产是逐年增加的，而各年总投资增加的情况不同。在第四年，生产比第三年增加了 50%，总投资增加了 11 倍。在第五年，生产比第四年增加了 33.3%，而总投资没有增加。在第六年，生产比第五年增加了 25%，资本量增加了 25%，而总投资仍没有增加。

在第三个阶段生产维持原有规模，这时仅有 300 万元的重置资本，没有净投资，总投资比第 6 年减少了将近 91%。

在第四个阶段生产减少，比第 7 年减少了 2%(30 万元)，但总投资减少了 100%(没有总投资)。

由该表及其说明，可以概括出加速数原理的含义。

首先，投资或者资本品生产的变动虽然是由收入(产量)的变动引起的，但前者的变动比后者的变动要大得多，即收入(产量)的轻微变动都会引起投资或资本品生产的剧烈波动。如第四年的总产量比第三年增加了50%，总投资增加了11倍。这就是加速数的含义。

其次，要想使投资增长率不至于下降，产量就必须持续按一定比率连续增长。如果产量的增长率放慢了，投资增长率就会停止或者下降。这就意味着即使产量的绝对量并没有绝对地下降，而只是相对地放慢了增长速度，也可能会引起经济衰退。

再次，加速的含义是双重的，也就是说加速数原理在正、反两方面都起作用，当产量或收入增加时，投资或者资本品的生产就会加速地增长，当收入或产量减少时，投资或者资本品的生产也会加速地减少。例如，在上例中，从第6年到第7年产量不变，而投资减少了将近91%；从第7年到第8年，产量仅减少2%，而投资减少100%。

8.2.2 乘数—加速数原理与经济周期

凯恩斯主义的经济周期理论(资本存量调整理论)是以凯恩斯的就业理论为基础发展起来的，并在西方经济学界广泛发展的一种经济周期理论，其特点是：首先，认为一个国家一定时期的生产和就业决定于货币总支出，即决定于私人和政府的消费支出与投资支出，而投资支出的波动又是影响经济周期各阶段的决定性因素，就是说，资本存量的多少和投资量的大小标志并决定着经济周期各阶段的循环变动，所以被称为资本存量调整。其次，这一理论是从乘数原理和加速数原理的相互作用来解释资本主义社会经济的循环波动。再次，在分析方法上则是把凯恩斯的宏观静态均衡理论发展为宏观动态经济体系。

乘数理论是用来说明自发支出的变动将引起国民收入的变动，加速数原理是说明国民收入的变动将如何引起投资的变动。西方经济学家认为，凯恩斯只注意到了乘数的作用，而没有注意到加速数的作用。只有把两者结合起来，才能说明收入、消费与投资之间的关系。因此主张把乘数与加速数原理的作用结合起来进行考察，美国经济学家汉森和萨缪尔森建立了一个模型来说明。这一模型实际上是引入时间因素的国民收入决定模型，即国民收入决定理论的动态化。在封闭经济中，国民收入(Y_t)由消费(C_t)、投资(I_t)、政府支出(G_t)构成，这样就有下式

$$Y_t = C_t + I_t + G_t \tag{8-1}$$

本期消费由边际消费倾向(b)与前期的国民收入水平决定，其中边际消费倾向(b)为一不变的常数，所以

$$C_t = b \cdot Y_{t-1} \tag{8-2}$$

投资由消费增加量与加速数(a)决定，也就是由国民收入和加速数决定，所以

$$I_t = a \cdot (C_t - C_{t-1}) = a \cdot (b \cdot Y_{t-1} - b \cdot Y_{t-2}) = a \cdot b \cdot (Y_{t-1} - Y_{t-2}) \tag{8-3}$$

设政府支出为常数G_t，把式(8-2)、式(8-3)和G_t代入式(8-1)得到

$$Y_t = b \cdot Y_{t-1} + a \cdot b \cdot (Y_{t-1} - Y_{t-2}) + G_t \tag{8-4}$$

根据上面这个差分方程，只要已知两个时期的国民收入(Y_{t-1}、Y_{t-2})和a、b的数值，就可以推算出本时期的国民收入值。

当$b=0.5$(乘数为2)，$a=1$时，若政府从第一时期开始连续在以后的各时期注入1亿元。在这些假定下，如果不考虑第一时期以前的情况，从上期国民收入中来的本期消费为零，引致的投资也就为零。政府支出1亿元的增加将引起乘数作用，引起消费改变，又将引起投资的加速数作用，乘数与加速数作用交织在一起，其结果见表8-5。

表 8-5 乘数与加速数相互作用

时期 (t)	政府支出(G_t) (乘数作用)	本期消费(C_t)	本期投资(I_t) (加速数作用)	国民收入总额(Y_t)	经济变化趋势
1	1	0	0	1	—
2	1	0.5	0.5	2	复苏
3	1	1	0.5	2.5	繁荣
4	1	1.25	0.25	2.5	繁荣
5	1	1.25	0	2.25	衰退
6	1	1.125	-0.125	2	衰退
7	1	1	-0.125	1.875	萧条
8	1	0.937 5	-0.062 5	1.875	萧条
9	1	0.937 5	0	1.937 5	复苏
10	1	0.968 75	0.031 25	2	复苏
11	1	1	0.031 25	2.031 25	繁荣
12	1	1.015 625	0.015 625	2.031 25	繁荣
13	1	1.015 625	0	2.015 625	衰退
14	1	1.007 812 5	-0.007 812 5	2	衰退

使用 a 与 b 各种不同的数值，根据式(8-4)计算出政府在各个时期连续支出 1 亿元将引起的国民收入的变动序列表(见表 8-6)。

表 8-6 国民收入的变动序列表

时期	$b=0.5$ $a=0$	$b=0.5$ $a=2$	$b=0.6$ $a=2$	$b=0.8$ $a=4$
1	1.0	1.0	1.0	1.0
2	1.5	2.5	2.8	5.0
3	1.75	3.75	4.84	17.8
4	1.875	4.125	6.352	56.2
5	1.937 5	3.437 5	6.625 6	169.84
6	1.968 8	2.032 3	5.307 3	500.52
7	1.954 4	0.914 1	2.595 9	1 459.592
8	1.992 2	-0.117 2	-0.691 8	4 227.704
9	1.996 1	0.218 4	-3.603	12 241.121 6

表中第二列，$b=0.5$(乘数为 2)，$a=0$(没有加速数的作用)，表示若政府从第一时期开始连续在以后的各时期注入 1 亿元，由于没有加速数的作用，各时期的国民收入逐年递增，不呈现上下波动的现象(如图 8.7(a)所示)。

表中第三列，$b=0.5$，$a=2$，表示若政府在各时期连续支出 1 亿元，由于乘数原理和加速数原理的相互作用，国民收入的时间序列表现为上下波动，但其波动幅度逐渐减弱，称为削弱波(如图 8.7(b)所示)。

表中第四列，$b=0.6$，$a=2$，代表国民收入运动形态的第三种类型，即波动的幅度不断扩大，成为爆炸波(如图 8.7(c)所示)。

表中第五列，$b=0.8$，$a=4$，由于 a 和 b 都有较大的数值，在这种场合下，国民收入不再呈现上下波动，而是以巨大的增长率猛烈增长。就是说，只要该社会的潜在的生产资源能够提供恰好是社会所需要的各种产品和劳务，并且货币当局总是有保证地提供适合当时所需要的货币流通量，依靠政府宏观调控中微不足道的外生冲击，即政府每一时期注入 1 亿元，通过经济体系内生因素相互作用的运行机制(乘数原理与加速数原理的相互作用)，将导致国民收入天文数字般地自我增值(如图 8.7(d)所示)。

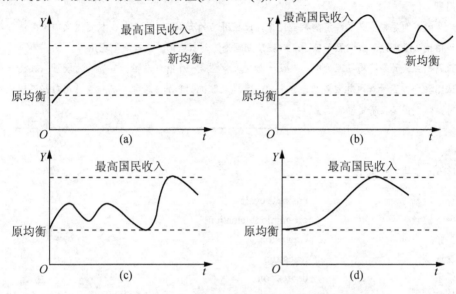

图 8.7　b 与 a 各种不同的数值与国民收入的变动的关系

根据上述模型，可以得出两点结论：①在国民收入中，投资、消费和收入是相互影响、相互制约的。如果自发投资是一个固定的量，依靠经济本身的调整，就会自发形成经济的周期波动，经济的扩张与衰退正是由乘数与加速数原理结合的作用决定的。②为了减少经济的周期波动，以维持经济的长期稳定，政府有必要对经济进行干预。干预的办法是，影响私人投资，或者影响劳动生产率的提高，或者影响人们的消费在收入增量中的比率。乘数和加速数原理的相互作用这一模型是凯恩斯主义者解释经济周期的主要理论。这一模型可以部分地解释西方经济出现周期性波动的原因。因为在社会经济活动中，投资的变动会引起国民收入的变动，而国民收入的变动又会引起投资的变动，前者是投资乘数的作用，后者是加速数的作用，乘数和加速数原理的作用是客观存在的，对经济周期的变动确实起到了一定的作用。

但是还应该明确加速数原理起作用是有一定的限制条件的：第一，必须假定现存的全部资本设备都是被充分利用的，同时还必须有充分的未被利用的原材料和劳动力，这样才有可能增加资本设备、购买机器等净投资；第二，必须假定每期收入或总产量的增加是引起新投资增加的唯一因素，即不考虑由外生变量所引起的自发投资的作用；第三，必须假定对于扩充设备所需要的资金，没有任何信贷上的障碍，也不存在任何"瓶颈"现象，即不存在任何障碍。在这些假定条件下加速数原理才是适用的。

本章小结

经济周期是指经济活动沿着经济发展的总体趋势所经历的有规律的扩张和收缩。经济周期大体上会经历4个阶段：繁荣、衰退、萧条和复苏。

经济周期分为平均长40个月左右的短周期、长度为9～10年左右的中周期和平均长度约为20年和50年的长周期。

在众多的非凯恩斯主义的经济周期理论中，比较著名的有以下几种理论：投资过度理论；消费不足理论；货币信用过度理论；太阳黑子理论；心理预期理论；创新理论；政治周期理论。

在凯恩斯主义的经济周期理论中，乘数—加速数模型是一个有代表性和有影响的模型。乘数—加速数模型在试图把外部因素和内部因素结合在一起，通过乘数机制和加速数机制的相互作用对经济周期作出解释的同时，特别强调投资变动的因素。

中英文关键词语

1. 经济周期　　　　　　　business cycle
2. 经济波动　　　　　　　economic fluctuation
3. 扩张　　　　　　　　　expansion
4. 衰退　　　　　　　　　recession
5. 萧条　　　　　　　　　depression
6. 繁荣　　　　　　　　　prosperity
7. 复苏　　　　　　　　　recovery
8. 乘数—加速数理论　　　multiplier-accelerator theory

综合练习

一、单项选择题

1. 中周期的一个周期为(　　)。
   A. 5～6年　　　　　　　B. 8～10年
   C. 25年左右　　　　　　D. 50年左右
2. 50～60年一次的经济周期为(　　)。
   A. 基钦周期　　　　　　B. 朱格拉周期
   C. 康德拉耶夫周期　　　D. 库兹涅茨周期
3. 从经济正常水平收缩至谷底称为(　　)。
   A. 繁荣　　B. 衰退　　C. 萧条　　D. 复苏
4. 繁荣阶段的主要特征是(　　)。
   A. 工资、价格不断上涨　　B. 投资减少、产品积压
   C. 大量工厂倒闭　　　　　D. 大量机器更新

第 8 章 经济周期理论

5. 40 个月左右的经济周期称为（　　）。
   A．库兹涅茨周期　　　　B．基钦周期
   C．朱格拉周期　　　　　D．康德拉耶夫周期
6. 根据经济统计资料，经济周期性波动最大的一般是（　　）。
   A．资本品的生产　　　　B．农产品的生产
   C．日用消费品的生产　　D．没有一定的规律
7. 一般而言，测度经济周期的宏观经济指标为（　　）。
   A．GDP 绝对值的变动
   B．GDP 增长率的变动
   C．包括 GDP 在内的多种指标的综合指标
   D．失业率与通货膨胀率
8. 下列关于经济特征的描述，哪一个是错误的？（　　）
   A．实际 GDP、就业、价格水平和金融市场变量等是理解经济周期的重要变量
   B．经济周期一般可以分为波峰和波谷两个阶段
   C．经济周期具有循环性
   D．经济周期的长短具有较大的差别
9. 乘数原理和加速原理的联系在于（　　）。
   A．前者说明投资的变化对国民收入的影响，后者说明国民收入变化对投资的影响
   B．两者都说明投资是怎样产生的
   C．前者了解了经济如何走向繁荣，后者说明经济在怎样陷入萧条
   D．前者说明经济怎样陷入萧条，后者了解了经济如何走向繁荣
10. 下列哪一项说法正确表达了加速原理？（　　）
    A．投资的变动引起国民收入倍数变动
    B．消费支出随着投资的变动而倍数变动
    C．投资的变动引起国民收入的增长率倍数变动
    D．消费需求的变动引起投资的倍数变动

二、判断题

1. 经济周期就是指实际产出上升和下降的交替过程。　　　　　　　　　　（　　）
2. 经济周期就是指经济增长率上升和下降的交替过程。　　　　　　　　　（　　）
3. 产出缺口等于潜在产出减去实际产出，因此，产出缺口总为正值。　　　（　　）
4. 只有在衰退期，实际产出才会低于潜在产出。　　　　　　　　　　　　（　　）
5. 根据纯货币理论，避免经济周期波动的前提条件是使货币流动稳定。　　（　　）
6. 经济周期一般是指总体经济活动的波动，而不是某一个具体经济变量的波动。（　　）
7. 加速数原理只有在经济活动由萧条走向繁荣时才起作用。　　　　　　　（　　）
8. 如果某一时期的国民收入持续增加说明净投资持续增加。　　　　　　　（　　）

三、简答题

1. 在经济周期中，各主要宏观经济变量的一般特征是什么？
2. 经济周期理论主要包括哪两方面的内容？

3．凯恩斯主义经济理论与古典经济理论关于经济周期的主要分歧是什么？
4．试述乘数与加速数原理。

案例分析1

根据以下案例所提供的资料，试分析：
(1) 我国经济周期的波动具有什么特征？
(2) 我国经济周期的划分？

基于经济周期理论分析我国近五十年的经济发展

1 文献综述与理论基础(略)
2 经济周期划分指标与指标数据
2.1 GDP与人均GDP

GDP是指按国家市场价格计算的一个国家（或地区）所有常驻单位在一定时期内生产活动的最终成果，能够直观反映国家经济和市场的发展状况。其与人均GDP结合，可以粗略地评价国家（或地区）的经济发展质量和市场效率。从我国近五十年的相关数据来看，我国GDP与人均GDP始终处于平稳增长状态，但两者差距相对较大，这也从某种程度上说明我国人均GDP有待提高，具体情况如图1所示。

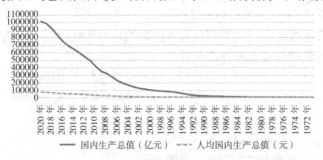

图1　1972—2022年我国GDP与人均GDP变化情况

（数据来源：国家统计局）

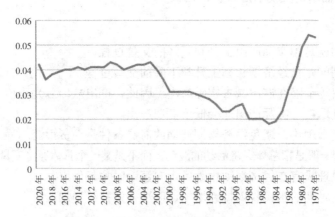

图2　1978—2020年我国城镇登记失业率

（数据来源：国家统计局）

2.2 失业率

经济体利用劳动力资源情况可以反映一个经济体的经济状况,一个经济体在充分就业状态下产生的GDP,可以反映该经济体处于充分就业时的实际GDP水平。1978—2020年我国城镇登记失业率如图2所示。由图2可知,1984—1988的失业率处于较低水平,随后缓慢爬升,至2004年趋于稳定,波动范围缩小。

2.3 CPI 与 PPI

CPI与PPI作为衡量产业链不同位置产品价格的指标,理论上其变化趋势具有一致性。CPI与PPI的倒挂现象是市场运行不畅、外部环境不稳定等因素的体现,这也是衡量经济运行状况的重要指标。1989—2020年我国CPI与PPI的关系如图3所示。由图3可知,我国CPI与PPI总体保持趋势一致,且两者传导关系运行正常,但部分时期出现"倒挂现象",如2001年、2008年、2016年和2019年,而这4个年份也被认为是经济周期的谷底或下行期。

2.4 外汇与汇率

外汇的变动趋势及突然的汇率变化对经济发展具有重要的指示作用。汇率的变化也将影响我国进出口贸易的发展,以我国货币为例,假使我国货币升值,将提高我国产品在海外市场的价格,不利于我国产品出口,但由于我国货币在国际市场的购买力增强,将对我国进口贸易产生一定的拉动作用。

图3 1989—2020年我国CPI与PPI的关系

(数据来源:国家统计局)

3 经济周期划分及说明

综合各项指标,借助经济周期"峰-峰"法,将我国近五十年的经济发展分为4个周期:1978—1984年为第1周期,此阶段波动范围较小,下行阶段趋势不明显,主要是由于此时我国处于改革开放初期,推行经济体制改革,优化营商环境,国内政治环境稳定,且政府相关政策的引导下,经济得到一定的发展。与此同时,在城镇进行国有企业改革,在农村进行家庭联产承包制改革,失业率大幅降低。1984—1992为第2周期,此阶段第一个峰值受益于我国加强对外开放及经济特区的建立,开放沿海城市,外贸环境优化,出口拉动经济增长的比重不断提高。尽管这一周期由于措施过于激进而引发了国内社会环境动荡,但中央政府积极及时调整转变,1992年提出建设社会主义市场经济的目标,为中国特色社会主义经济的发展奠定基础。1992—2007年为第3周期,这是社会主义市场经济逐步发展的阶段,我国在这一阶段经济发展速度显著,GDP增速趋势上行,投资与出口对经济发展的贡献增加。同时,结合相关数据可知,该周期存在一个经济发展谷底,即2001年,主要是受2001年美国的经济危机影响,但也为中国经济的转型升级提供机遇。2007年至今为第4周期,此阶段存在较多的小幅度波动,但从整体趋势上看,仍可被归置为同一周期。我国经济在此阶段经历了2008年的经济危机,金融市场泡沫严重,投资者信心下降。同时,受自然灾害影响,经济发展受阻,出现了周期内的低谷。在经济危机解除之后,我国经济基本保持平稳运行，但依然不能排除突发危机的影响，如 2015 年的股灾、2020 年的新冠疫情，难免对我国的经济运行带来负面影响，产生一定的下行压力。事实上，2015 年以后，我国确实存在经济增长动力不足的问题。

4 未来我国经济发展情况预测及政策性建议

4.1 情况预测

目前，我国经济发展速度快于全球平均水平，差距逐步缩小。但我国人均 GDP 仍与发达国家存在一定差距：2019 年我国人均 GDP 为 10262 美元，首次突破 1 万美元，较 2018 年增长 2.9%，列世界 65 位，略低于世界人均 GDP 水平，而位居世界第一的卢森堡人均 GDP 已突破 11 万美元。

随着我国经济的逐步发展，经济周期的波动逐渐趋于平稳，第 1 个经济周期（1978—1984 年）波动时长为 6 年，第 2 个经济周期（1984—1992 年）波动时长为 8 年，第 3 个经济周期（1992—2007 年）波动市场为 15 年，第 4 个经济周期（2007 年至今）已经历 14 年。根据经济周期的运行规律推测，我国经济在未来 2~3 年具有重新恢复峰值的可能，但不能排除新冠疫情等公共事件对经济周期的影响。

4.2 政策性建议

我国在关注经济复苏的同时，也应注意经济发展过程中已经存在和可能存在的问题。例如，我国人口年龄结构趋于老龄化，年轻劳动力数量较少，增速趋于平缓等，这些问题都对我国现有的经济发展模式提出挑战。因此，我国需在充分考虑未来趋势的基础上，为经济的高质量发展提出政策建议。一方面，坚持实施积极的财政政策与稳健的货币政策。消费、投资、出口是拉动经济增长的"三驾马车"。受新冠疫情影响，我国经济复苏的推动力主要来自供给层面，即投资、房地产、出口，但仅这一层面对经济的拉动是难以持续的。政府应采取一定的财政措施刺激消费，拉动内需型经济发展。在货币政策层面，尽管很多人受 2020 年上半年金融领域泡沫影响，认为货币政策应当退出，但目前我国仍处于需要借助货币政策推动经济高质量运行的阶段。此外，我国的货币政策一直处于稳健的状态，增速保持在 10%~13%，通货膨胀率在安全范围内。假使货币政策突然紧缩，将导致总需求下降，威胁经济的平稳运行。从具体的实施措施层面看，政府可适当降低存贷款利率，采取定向降准等方式，使我国经济平稳运行。

另一方面，持续扩大内需。纵观中国近五十年的经济周期发展情况，大多受市场波动影响，与投资、消费需求密切相关。投资与需求的迅速扩大将会导致经济的过热运行，而当投资与需求不足时，经济增长速度会明显放缓。深化改革的核心问题是处理好政府与市场的关系，充分发挥政府宏观调控的作用，有效扩大内需，形成经济高质量发展动力。

5 结束语

经济周期波动特征体现了国民经济运行机制的情况。我国经济虽然在短期内存在一定波动，但总体上仍保持着稳步上升的趋势。通过总结分析我国近五十年的经济周期概况可以得出影响经济高质量发展的众多因素，如消费需求等，这为未来经济的高质量发展提供了启示。

（资料来源：徐心悦. 基于经济周期理论分析我国近五十年的经济发展. 投资与合作, 2023, 12）

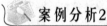

案例分析2

根据以下案例所提供的资料，试分析：

(1) 美国经济周期的平均长度为多少？美国经济现在正处于经济周期的什么阶段？

(2) 美国 GDP 波动与 CPI 增长率波动之间有什么关系？

美国经济周期的波动图及其分析

本文选取了 1910—2006 年美国实际 GDP 的数据，经过计算处理(本案例省略)，得到美国实际 GDP 指数的周期变动图 8.10，用它可以表示美国实际经济的周期变动情况，也可以回顾这近百年来世界经济发展的周期变动情况。图中比较明显的经济周期下跌转折点有4个，分别为A、B、C、D。

A点是发生于1930年左右的"大萧条"。持续时间为1929—1933年。起因是美国经济在快速发展的过程中同时也使生产和销售的矛盾不断激化，而美国政府却采用了放任政策，导致美国经济继续滑向低谷；随后的反危机措施也收效甚微，在短暂的回升之后，美国经济于1937年再次陷入萧条状态。这次危机发生之后，世界工业生产值比危机前缩减了36%，国际贸易衰落了近2/3，危机持续时间长，危害程度深，渗透领域广，波及到除前苏联以外的全世界。

B点是第二次世界大战后"经济危机"。持续时间为1948年8月开始至1949年10月。原因主要是由战争时形成的高速生产的惯性同战后重建时国际国内市场暂时缩小之间的矛盾所造成的。结果是美国工业生产指数下降了10.1%，失业率达到7.9%，道琼斯工业股票的平均价格下降了13.3%。

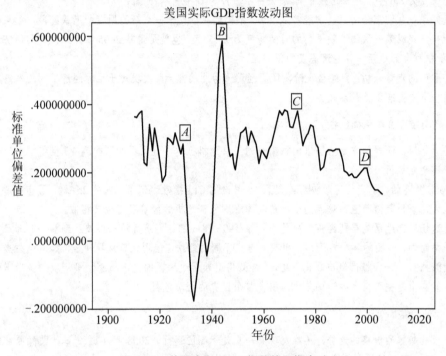

图8.10 美国实际GDP指数的周期变动

C点为20世纪70、80、90年代的"石油危机"，主要造成了三波下跌：第一波是1973—1977年，由于第四次中东战争爆发，中东主要石油输出国为打击以色列及其支持国，决定收回石油标价权，将油价提高两倍之多，从而引发了全球的经济危机。其结果是美国的工业生产下降了14%，日本的工业生产下降了20%以上，所有的工业化国家的经济增长都明显放慢。第二波是1978—1980年，由于伊朗政局动荡以及随后爆发的两伊战争，石油输出量锐减，引发油价出现暴涨走势，再次造成西方国家经济的全面衰弱。第三波是1990年爆发的波斯湾战争，由于伊拉克遭到制裁，石油输出量减少，原油市场价格急升，美国、英国经济加速陷入衰退，全球GDP增长率在1991年跌破2%。

D点为亚洲经济危机的爆发。持续时间为1997—1998年。由于泰国过早地开放本国的金融资本市场，再加上自己本身金融机制的不完善以及抗风险能力较为薄弱，使国际投机者找到"钻空子"的机会，以量子基金为代表的国际投机者大量抛空泰铢，泰国被迫宣布泰铢贬值，引起泰国金融体系波动，东南亚其他国家相继受到冲击，货币相继贬值。10月以后，金融危机蔓延到韩国和日本，导致货币贬值、股市暴跌和大公司纷纷破产。

得到美国经济周期的波动图形之后，接下来可以大致地划分从1910—2004年的几个周期，整体研究作为经济周期运行的大概的持续时间，见表8-7。

表 8-7 美国经济周期

周期起止年份	1910—1917	1918—1923	1924—1927	1928—1935	1936—1942	1943—1953
周期持续时间	8 年	6 年	4 年	8 年	7 年	11 年
周期起止年份	1954—1959	1960—1971	1972—1978	1979—1991	1992—2004	2005 至今
周期持续时间	6 年	12 年	7 年	13 年	13 年	—

从表 8-7 可以看出，从 1910—2004 年之间，美国经济周期可以大致划分为 11 个周期，而且这些周期长度参差不齐，长短不一。长的达 13 年，短的只有 6 年，差别很大，极不规则。平均而言，美国经济周期的平均长度为 8.6 年，与朱格拉中周期(又称中波)9~10 年基本符合。

所以如果仅从图上分析，美国经济从 2006 年到现在正处于一个新的周期的下跌阶段，如果完全按照图形来分析，完成第一浪的下跌平均的时间跨度为 2.25 年，也就是说从 2005 年开始，美国经济最有可能在 2008 年左右会到达新一轮经济周期的低谷。

除了图形的走势分析，再结合现阶段国际经济形势上的热点，发现对于世界经济不利的消息还是比较多，归纳一下主要有以下几点。

1. 越南经济出现危机征兆

时隔十年后，同样是东南亚国家的越南遭遇经济危机征兆，让人不禁联想到 20 世纪末引发世界经济动荡的亚洲金融危机。

从 2008 年开始，越南经济形势急转直下，5 月份的 CPI 指数达到了惊人的 25.2%，股市暴跌，贸易逆差不断扩大，货币贬值严重，这点同十年前泰国爆发经济危机的经济环境极其相似。

但是这场局部地区的早期经济危机是否会像 1998 年的那场经济危机一样波及到整个亚洲乃至整个世界这还不得而知，不同的学者对于这个也有着自己不同的看法，但现在普遍看法是，如果相关当局不采取特殊的政策措施，任由越南经济恶化下去，势必将引起周边地区的经济动荡；第一块"多米诺骨牌"倒下后，可能会引起整个世界的连锁效应，引发整个世界的经济危机。

2. 原油价格高位运行

分析近几年原油价格的走势，不难发现其一直处于高位运行。2008 年 1 月 2 日，国际原油价格突破 100 美元大关。随后又屡创新高，大大出乎市场人士的预料。

从影响油价的最直接的因素——供求关系上来看，国际能源机构发表报告称，目前国际市场油价已接近历史最高纪录，造成这一局面的主要原因是欧佩克成员国原油产量不足，同时还预计这种局面会一直持续到 2010 年以后。

如果情况真如报告预测的那样发展，而在这期间没有其他利好消息配合，国际原油价格在短时期内应该还是难以有大幅的回落，这样势必对世界主要的工业化国家的经济发展造成很大的冲击；由于原油价格的高企，带动了下游企业生产资料价格和制造成本的提高，由此大大削减了企业的利润。较高的上游产业生产成本又会向下游产业传导，导致整个国家的 PPI 与 CPI 逐步升高，加剧了全球性通胀，进一步影响全球经济的发展。因此仿佛又看到了 20 世纪 70 年代石油危机阴影。

至于未来的国际原油价格的走向，存在的变数还是很大，所以国际经济环境存在的变数也是很大，发展方向也很不确定。

3. 美国次贷危机波及全球

次贷危机的爆发是由于近几年来美国房价的下跌和利率的不断上升，使很多次级债的贷款人面临无法按期还贷的窘境，导致不少次级抵押贷款机构因此陷入严重财务困难，甚至破产。

虽然这次危机爆发的直接原因是美国房地产行业的不景气，房价下跌所致，但是追本溯源，其实还是由于次级债本身所特有的机制所决定的。信贷机构，甚至是整个社会对于未来经济的盲目乐观，以及受眼前利益的驱使，导致许多信用等级不够的次级借债不断增多，似乎已经没有人在意高利率与高收益后面所存在的风险，为以后危机的爆发埋下了祸根；美国还将次级债做成证券化产品打包出售，吸引国际投资基金前来购买，更是将"次贷危机"这个定时炸弹埋到了世界各地。

而且次贷危机首先影响投资者的投资信心，股市最先受到波及，随后危机有可能从金融市场蔓延到普通家庭，导致消费需求下降，引起美国进口大幅缩减，影响世界主要对美出口国的实体经济的发展。

(资料来源：摘自大地期货研发部金荣炜. 美国经济周期的研究. 2008年8月26日.)

第 9 章 经济增长理论

教学目标

通过本章的学习,使学生对经济增长的含义、经济增长的源泉、经济长期稳定增长的条件有一定的了解和认识,能运用哈罗德—多马模型、新古典模型、新剑桥模型的公式进行经济分析,并能理解新经济增长模型的内涵。

教学要求

知识要点	相关知识	能力要求
经济增长概述	经济增长的含义、衡量指标、影响因素	了解经济增长的含义、衡量指标、影响经济增长的因素
经济增长模型	哈罗德—多马经济增长模型;新古典经济增长模型;新剑桥经济增长模型;新经济增长模型	理解经济长期稳定增长的条件;掌握哈罗德—多马经济增长模型、新古典经济增长模型、新剑桥经济增长模型的公式并会运用;理解新经济增长模型的内涵

第 9 章 经济增长理论

导入案例

四十年来中国经济实现巨变。1978 年，中国国内生产总值只有 3679 亿元，2017 年站上 80 万亿元的历史新台阶，达到 827122 亿元。中国经济总量跃居世界第二，综合国力和国际影响力实现历史性跨越。1978 年，中国经济总量居世界第十一位，2010 年超过日本，成为世界第二大经济体。2017 年，中国国内生产总值折合 12.3 万亿美元，占世界经济总量的 15%左右。近年来中国对世界经济增长的贡献率超过 30%，经济结构实现重大变革，发展的协调性和可持续性明显提高。经济增长由主要依靠第二产业带动转向依靠三次产业共同带动。对外经济发展成绩斐然，全方位开放新格局逐步形成。1978 年货物进出口总额仅为 206 亿美元，位居世界第 29 位。2017 年，货物进出口总额达到 4.1 万亿美元，比 1978 年增长 197.9 倍，年均增长 14.5%，居世界第一位。科技创新成果大量涌现，发展新动能快速崛起。载人航天、探月工程、量子科学深海探测、……。2017 年，中国研究与试验发展（R&D）经费支出 17606 亿元，比 1991 年增长 122 倍。

9.1 经济增长理论概述

9.1.1 经济增长的含义及衡量

经济增长理论主要研究经济的长期发展趋势问题，主要是从总供给变动角度分析经济增长的源泉，使经济处于持续增长状态。

经济增长和经济发展是经济学家在分析经济运行的长期过程时使用的两个概念，两者既紧密联系又不尽相同。到了近代，尤其是第二次世界大战以后，经济增长理论和经济发展理论开始分道扬镳，前者保留在宏观经济学里，而后者的研究形成了一门独立的经济学分支——发展经济学。通常认为，经济增长是一个国家生产商品和劳务能力的扩大。在实际核算中，常以一国生产的商品和劳务总量的增加来表示，即以国民生产总值或国内生产总值的增长来计算。在这种定义下，经济增长被归结为国民生产总值或国内生产总值出现的增量。经济发展则还应包括生活质量的提高，经济结构、社会结构、政治体系的进步。从概念界定可以看出，经济增长的概念较狭隘，偏重于数量的统计，而经济发展的内涵较广，既包括数量又包含质量。

尽管经济增长包含着结构变迁，但度量经济增长的指标仍然是产量的增加，这里，产量既可以表示为经济的总产量，也可以表示为人均产量。因此，经济增长的程度可以用增长率来描述。

若用 Y_t 表示 t 时期的总产量，Y_{t-1} 表示 $(t-1)$ 期的总产量，则总产量意义下的增长率可以表示为

$$g_t = \frac{Y_t - Y_{t-1}}{Y_{t-1}} \tag{9-1}$$

式(9-1)中，g_t 为总产量意义下的增长率。

若 y_t 表示 t 时期的人均产量，y_{t-1} 表示 $(t-1)$ 期的人均产量，则人均产量意义下的增长率可表示为

$$g'_t = \frac{y_t - y_{t-1}}{y_{t-1}} \tag{9-2}$$

式(9-2)中，g'_t 为人均产量意义下的增长率。

9.1.2 经济增长的影响因素

影响经济增长的因素可以分为直接因素和间接因素。直接因素是指资源投入数量和资源使用效率，间接因素是指影响资源投入数量和资源使用效率的各种因素。需要指出的是，直接因素和间接因素的区分是相对的，在实际经济运动中，二者经常交织在一起。

1. 影响经济增长的直接因素

研究影响经济增长的直接因素，首先遇到的问题是资源及其使用效率。

资源即生产要素，通常包括劳动力、资本和自然资源。资源对一国经济增长有着非常重要的作用。

劳动力是经济活动的主体，对经济增长具有直接的、重要的作用。劳动力人口的增长率和劳动生产率的增长率决定了一个社会潜在的国民收入的增长。但是，孤立的劳动力并不能形成现实的生产力，劳动力必须与生产资源相结合，才能构成社会经济实际劳动力的投入。

资本包括物质资本和人力资本。物质资本又可分为固定资本和流动资本，前者主要包括厂房和机器设备，后者主要是原料、半成品等。所谓人力资本是指人的知识和技能，人力资本是通过教育等人力投资形成的。物质资本特别是人力资本的匮乏，以及物质资本与人力资本在数量上和结构上的适应性，常常成为发展中国家面对的巨大难题。

自然资源的贫乏显然会对经济增长产生约束作用，人们经常用自然资源的匮乏与富饶来解释不同国家发展水平的差异。然而，在现代世界，很难说哪一个国家资源是绝对贫乏的，更常见的却是"富饶的贫困"，许多发展中国家拥有丰富的自然资源，但发展水平却很低。相反，一些国家资源贫乏，却跻身于发达国家的行列。

资源的使用效率是决定经济增长的另一直接因素。如果资源使用效率有了提高，即使资源投入数量不变甚至减少，国民收入也有可能增长。资源的使用效率可以用部分生产率，即产量与某一特定投入量的比率来衡量，但部分生产率只能衡量一段时间内某一特定投入量的节约，而不能反映生产率的全部变化，生产率的全部变化还应包括由于投入结构变动造成的变化。因此，全要素生产率，即产量与全部要素投入量之比，是一个更适当的指标。

2. 影响经济增长的间接因素

间接因素是指那些既影响资源的数量也影响资源的使用效率的各种因素。这些因素中有些是经济因素，有些是非经济因素，另外一些则兼有二者的性质。在间接因素中最重要的因素有三类：一是技术，二是制度，三是结构调整。在某种程度上，可以认为，经济增长的根源在于三者的相互作用。

技术直接影响着资源使用效率，技术进步还提高了物质资本和人力资本投资的收益率，如果没的技术进步，这些资本的收益率都会降为零，资本积累将会停止。因此，全部经济增长，包括那些由资本积累直接组成的经济增长，都是以技术进步为基础的。经济增长模型演变的一个重思路就是将外生于模型的技术进步内生化。

制度对经济增长的作用是为经济活动提供了秩序，还与技术一起决定了从事经济活动的生产成本和交易成本，决定了经济的盈亏。在专业化、分工程度、交易成本等与制度息息相关的因素的综合作用下，经济依循一定的路径持续增长，人类社会也随之不断进步。

结构调整是影响经济增长的另一重要因素。结构调整包括需求结构、产业结构、城乡结构、区域结构和要素投入结构等方面的调整，涵盖社会经济的各个方面、各个层次。

阅读案例9-1

改革开放40年来我国经济高速增长的动力源泉

1978—2017年的40年间，我国经济以年均9.5%的速度持续高速增长，人均GDP从改革开放初期不足200美元，到2019年突破1万美元。这在世界经济发展史上极为罕见。制度变革、充足的生产要素供给和外需为主导的需求拉动是改革开放以来我国经济高速增长的动力和源泉。

1. 制度变革

制度变革是影响我国经济增长的长期因素，是我国经济长期高速增长的重要源泉。改革开放30年来，我国制度创新和变革涉及到的领域、范围、人员和取得的成就是史无前例的。这其中对我国经济长期增长起作用的最重要的制度变革就是1978年在农村推行的家庭联产承包责任制和1992年以建立社会主义市场经济体制为目的的经济体制改革。自改革开放以来，农村家庭联产承包制的推行、乡镇企业的兴办、经济特区的成功，每一次重大的制度创新都给我国经济注入了新的活力，从而推动经济的快速增长。家庭联产承包责任制是改革开放30年来最重要的制度创新，它的推行极大地调动了广大农民的劳动积极性，提高了农业生产效率。1992年以建立社会主义市场经济为导向的经济体制改革同样对我国经济的高速增长产生了深远影响。市场经济体制的逐步建立，极大地提高了包括国有企业在内的经济组织的效率，充分地发挥了资本、劳动力、技术、信息等生产要素的潜力，促进了资源的合理配置，加快了我国技术进步和技术创新的步伐，增强了我国产品的竞争力，促使我国经济融入世界经济中去。可以预见，随着充满效率的市场经济体制的建立和完善，必将推动我国经济进入稳定、持续、快速增长的新阶段。

2. 生产要素的充足供给

改革开放40年来，我国经济的高速增长是建立在资本高速积累、劳动力不断增加、技术不断进步的基础上。

40年来，我国固定资产投资保持快速增长。1978年以来我国固定资产投资呈现跨越式发展。1981—2017年全社会投资累计完成490万亿元，年均增长20.2%。世界上很少国家能长期保持这样高的投资率。这一方面在很大程度上得益于我国的高储蓄率，另一方面也得益于我国吸引大量的外资。改革开放以来，我国累计使用外商直接投资超过2万亿美元。2017年，我国实际使用外资1363亿美元，规模是1983年的60倍，年均增长12.8%。截至2017年底，实有注册的外商投资企业近54万家。2017年中国是全球第二大外资流入国，自1993年起利用外资规模稳居发展中国家首位。

我国劳动力供给不断增加，劳动者的素质显著提高，为我国经济增长提供了人才保障。在2010年至2019年的10年间，全国研究生人数从154万增加到286万，研究生毕业人数由36.36万增加到64万，专职研发人员数量由255万增加到400多万。此外，中国留学生回国人数近年来也大幅增加，从2010年的13.48万人增至2018年的51.94万人。

持续不断的大规模研发投入与科技人才队伍相结合，为中国独立自主实现跨越式发展打下了坚实的基础。40年来，我国科研经费不断增加，企业的总体技术水平有显著提升。近年来，中国在科技创新领域不断发力，国际专利申请数量逐年突飞猛进：2010年超过韩国，2013年超过德国，2017年超过日本。在1999年时，中国的国际专利申请量仅为276件，也就是说，中国在短短20年时间里实现了近200倍的飞跃。

3. 以进出口贸易为主导的需求结构的变化是我国经济增长的主要拉动力

一国或地区经济增长的快慢不仅取决于该国或该地区各种生产要素的供给及产品的生产情况,还取决于该国或地区产品的需求情况。从全球范围看,主要产品基本上都是供过于求,制约经济增长的主要因素是需求方面,而不是供给方面。同样,对我国来说,进入20世纪90年代后,短缺经济已得到改变,绝大多数产品是供过于求。因此,需求的扩大成为我国经济增长的主要决定因素。我国进出口贸易的快速增长成为我国经济增长的主要拉动力。

改革开放初期,我国货物进出口占国际市场份额仅为0.8%,在全球货物贸易中列第29位。2009年起,我国连续9年保持货物贸易第一大出口国和第二大进口国地位。2013年起,我国超越美国成为全球货物贸易第一大国,并连续3年保持这一地位。2017年,我国进出口占全球份额为11.5%,货物贸易重回全球第一,我国也是增长最快的全球主要进口市场。货物进出口规模实现跨越式发展。1978年到2017年,按人民币计价,我国进出口总额从355亿元提高到27.8万亿元,增长782倍,年均增速达18.6%;按美元计价,我国进出口总额从206亿美元提高到4.1万亿美元,增长198倍,年均增速达14.5%。1978年到2017年,我国的贸易伙伴已由40多个发展到231个国家和地区,其中欧盟、美国、东盟、日本等为我国主要贸易伙伴。这标志着我国利用外资取得的巨大成果,也标志着我国以出口导向为主的经济发展战略取得巨大成功。

9.2 经济增长模型

9.2.1 哈罗德—多马经济增长模型

经济增长模型,也称经济增长理论模型,它是研究实现经济稳定增长的条件的。现代经济增长模型包括哈罗德—多马模型、新古典模型、新剑桥模型、零增长模型和新增长模型。其中,哈罗德—多马模型是现代经济增长理论的开端和基础。1936年的"凯恩斯革命",标志着现代宏观经济学的诞生,但凯恩斯的体系仍然是静态的。哈罗德等人认为,需要使凯恩斯的理论长期化和动态化。1939年,哈罗德发表了《论动态理论》一文,阐述了他的经济增长思想。美国学者E.D.多马也进行了类似的探讨,于1946年和1947年发表了《资本扩张、增长率和就业》以及《扩张与就业》两篇论文。两位学者的研究成果被称为哈罗德—多马模型。

1. 哈罗德—多马经济增长模型的基本假定

哈罗德—多马模型试图说明的是稳态的经济增长所应具备的条件。具体地说,为了使经济按一个固定不变的增长率持续增长,收入和投资应按什么速度增长。哈罗德—多马模型假定:①将一个社会生产的多种多样的产品抽象地综合为一种产品,这种产品用于满足个人消费之后的剩余产品可作为追加投资所需要的生产资料,继续投入生产;②只有两种生产要素即资本与劳动,资本与劳动、资本与产量的配合比率是固定的;③不管生产规模的大小,单位产品生产成本不变,也就是说,规模报酬不变,但如增加两种要素中的一种,则受收益递减规律的支配;④不存在技术进步和折旧;⑤储蓄是国民收入的函数;⑥人口按一个不变的速度增长。以这些假定为前提,哈罗德—多马模型具体考察了稳态经济增长所需具备的条件。

2. 哈罗德—多马经济增长模型的基本方程

根据以上假定,哈罗德把有关的经济因素抽象为 3 个变量,如下所述。

(1) 储蓄率。根据假定(5)有：$s = \dfrac{S}{Y}$,这里 S 是储蓄量,Y 是国民收入。

(2) 资本—产出比率。$c = \dfrac{K}{Y}$,其中 K 为资本存量,Y 仍为国民收入。由于假定了技术不变,因此

$$c = \frac{K}{Y} = \frac{\Delta K}{\Delta Y} = \frac{I}{\Delta Y}$$

其中,I 表示净投资。表示每增加一单位的产量或收入所需追加的资本,也表示为 ICOR(incremental capital-output ratio)。c 的大小基本上取决于生产技术,如采矿、机械工业的资本系数一般要比轻工业大。

(3) 经济增长率。

哈罗德—多马模型以"投资=储蓄"这一恒等式作为出发点,将有

$$sY = c\Delta Y$$

移项得
$$g = \frac{\Delta Y}{Y} = \frac{s}{c} = \sigma s \tag{9-3}$$

式(9-3)即哈罗德—多马模型的基本方程式,其中 g 为经济增长率,$\sigma = \dfrac{1}{c}$,表示投资效率。

哈罗德—多马经济增长模型表明,经济增长率取决于社会平均储蓄率。由于资本—产出比率为一固定不变的值,一个经济社会要想获得一定的经济增长率 g,就必须保证一定的社会平均储蓄率 s。同样,在资本—产出比率不变的条件下,要使一定储蓄率下的储蓄量能够被投资全部吸收,必须保证一定的经济增长率。因此哈罗德经济增长模型实际上是假定在社会生产技术水平不变的条件下,表示社会经济增长率与社会储蓄率之间相互影响、相互作用的函数关系。

3. 经济长期稳定增长的条件

哈罗德把经济增长率分为以下三种：第一种是实际增长率,用 g_t 来表示,它表示现实经济中实际上实现了的经济增长率。实际增长率取决于社会有效需求的大小。第二种是有保证的增长率,又称为均衡增长率,用 g_w 来表示。它是指当人们想要进行的总储蓄额为投资所全部吸收时所必须保证的经济增长率。这一增长率在数值上等于 s/c。只有当 g_w 等于社会储蓄率与资本—产出比率的比值时,社会经济才有可能均衡协调地增长。第三种是自然增长率,用 g_n 来表示,是由一国劳动力和生产技术变化等自然因素所决定的增长率。它代表着该国在考虑到长期自然因素增长情况下所能达到的最大可能性增长率。

那么这三种经济增长率之间到底存在着什么关系呢?哈罗德有如下观点。

如果实际增长率不等于均衡增长率,表明社会经济的实际增长处于一种非均衡的状态之中。当实际增长率大于均衡增长率(即 $g_t > g_w$)时,社会的总需求将会超过经济均衡时的社会总生产能力,生产能力的供给约束将使厂商增加投资,提高设备的利用效率。在乘数的作用下,会促使实际增长率以更高的速度增长,其结果将导致需求增加过快,出现通货膨胀。而当实际增长率小于均衡增长率(即 $g_t < g_w$)时,说明社会的总需求将小于经济均衡时的

社会总生产能力,这时会出现资本过剩,社会一部分生产能力被闲置,厂商必然减少投资,压缩生产,解雇工人,这将使总需求趋于减少,通过乘数作用会使实际总产出更多地减少,直接导致家庭可支配收入的下降和非意愿性失业增加。通过以上的分析可以得出结论,当实际增长率不等于均衡增长率时,就会产生宏观经济的非均衡状态,从而不利于经济长期稳定的均衡增长。只有当 $g_t = g_w$ 时,才能实现既无失业,又无通货膨胀的长期稳定均衡增长。

如果均衡增长率不等于自然增长率时,表明社会均衡增长率与该国在自然因素增长情况下,所能允许的最大可能性增长率不匹配。当均衡增长率大于自然增长率(即 $g_w > g_n$)时,说明社会的储蓄与投资增长率,超过了该国人口增长和技术进步所能允许的程度。由于增长受到劳动力供给不足或技术条件的限制,将会导致经济长期停滞,失去迅速增长的潜力。而当均衡增长率小于自然增长率(即 $g_w < g_n$)时,则说明社会的储蓄与投资增长率过小,达不到该国人口增长和技术进步所要求的水平,这时的经济增长速度赶不上劳动力自然增长的水平,就会出现劳动力供给过剩,造成工资低廉,人均资本品的占有量长期停滞不变,劳动生产率难以有效地提高。家庭生活水平的提高与社会经济结构的调整因此而难以实现。只有在均衡增长率等于自然增长率时,才是满足自然条件允许下的长期均衡增长状态,它表明在既定的技术水平下,社会的劳动力及全部经济资源都得到了充分的利用,并已经实现了资源优化配置下的经济增长。如果这时的实际增长率也与之相等,则社会就会在所有的经济资源都充分发挥作用的条件下实现没有通货膨胀的充分就业,这是一种最理想的长期稳定均衡增长的状态。

根据以上的分析,哈罗德提出,能使一国经济长期持续稳定增长的条件是使实际增长率、均衡增长率和自然增长率三者保持相等的那种状态,即

$$g_t = g_w = g_n \tag{9-4}$$

哈罗德认为,在现实经济中,以上三种增长率往往并不相等,真正满足三者相等条件的情况是极为少见的。因为现实中决定这三种经济增长率的因素是各不相同的。实际增长率取决于社会的总有效需求,均衡增长率取决于厂商的投资意向,而自然增长率则取决于一国人口增长率和技术水平的发展状况等自然因素。这说明,在一般情况下,达到充分就业的稳定增长是十分困难的。

既然在现实经济中实现充分就业的稳定增长是十分困难的,哈罗德认为,可以通过国家干预的方式,在不同的情况下,采取适当的政策对经济进行调节,使三种增长率趋于一致。当实际增长率不等于均衡增长率时,只要加速数不变,要使两者趋于相等则取决于社会的储蓄率。当 $g_t > g_w$ 时,表明社会出现过度的有效需求,社会的实际总支出过多,而储蓄较少,政府应减少支出,以降低经济的实际增长率。而当 $g_t < g_w$ 时,则表明社会有较高的储蓄倾向,而投资与消费倾向不足,这时政府应增加公共工程支出,并通过财政政策与货币政策刺激社会的总需求,以提高实际增长率。政府通过对宏观经济的调节作用,可以改变经济中的实际增长率,使 $g_t = g_w$。

当均衡增长率不等于自然增长率时,政府也可以通过经济政策促使两者趋于相等。当 $g_w > g_n$ 时,说明均衡增长受到劳动力供给不足或技术条件的限制,将引起经济停滞。这时政府应通过加大研究与开发费用的投入,以刺激技术进步,或通过教育培训,提高工人的劳动技能与生产率,使自然增长率不断得到提高。而当 $g_w < g_n$ 时,这时均衡的经济增长速度赶不上劳动力自然增长的水平,会出现劳动力供给过剩,造成工资低廉等经济现象。这

时政府应通过鼓励储蓄，增加货币供给量，以增加社会投资所需要的货币需求，从而提高均衡增长率，最终使 $g_w = g_n$。

当实际增长率不等于自然增长率时，政府可以通过货币政策加以调节，使两者趋于相等。当 $g_t > g_n$ 时，经济会发生过度的需求扩张，实际有效需求过旺必然导致经济增长速度超过人口增长与技术条件的许可，导致需求拉动的通货膨胀。这时一国货币当局应采取紧缩性货币的政策，以控制过度的需求。而当 $g_t < g_n$ 时，则会发生有效需求不足现象，这时货币当局应采取放松性货币政策，增加货币供给量，以刺激实际有效需求的增长，通过调节使 $g_t = g_n$。

从哈罗德经济增长模型的推导与调节的政策主张来看，哈罗德模型实际上正是凯恩斯模型在经济增长领域中的延续与发展，其政策主张本质上也是以政府干预经济，促进经济协调发展的凯恩斯干预理论为基础的。

哈罗德—多马模型作为制定计划的理论基础或一种预测手段，在许多国家得到了应用。这一模型的优越性在于它的简洁性。如果 c 相对稳定，根据基本方程(9-3)式，增长率与储蓄率成比例。为了实现某一目标增长率，只要实现该增长率所需要的储蓄率就可以了。反过来，如果估算出可能达到的储蓄率，该方程式可以告诉人们国民收入的增长率大约是多少。

这一模型也存在着严重不足之处，该模型假定人均资本量不变，不符合实际。又因为 s、c 和 g_n 都是模型本身无法控制的外生变量，三者很难同时满足(9-4)式所要求的条件。一旦 $g_t = g_w = g_n$ 的条件不能满足，就会出现不均衡，但该模型却无法解决非均衡增长中的问题，也就是说，这个模型不具备自身调节能力，一旦出现不均衡，就只能任其发展下去。

9.2.2 新古典经济增长模型

索洛增长模型是索洛(R. M. Solow)于 1956 年提出的，一直是分析经济增长问题的主要理论框架，又被人们称为新古典增长理论。

1. 新古典经济增长模型的基本假定

新古典增长理论的基本假定包括：社会储蓄函数为 $S = sY$，式中，s 是作为参数的储蓄率；劳动力按一个不变的比率 n 增长；生产的规模报酬不变。

新古典增长理论的基本假定包括：①生产中使用劳动力和资本两种要素，且二者可相互替代；②劳动力按一个不变的比率 n 增长；③生产的规模报酬不变；④生产函数具有新古典特性。

2. 总量生产函数

在供给方面，索洛增长模型从社会生产函数出发，并把其中的变量都表示为人均单位，从而把分析的重点放在资本积累和技术进步上；在需求方面，索洛进行了必要的简化，只考虑消费和投资，而没有考虑政府支出和净出口。

可以知道，社会生产函数揭示了社会产出取决于资本存量和劳动力数量，其形式可以表示为

$$Y = F(L, K) \tag{9-5}$$

为了分析的简便，索洛假设社会生产函数是规模报酬不变的，即资本投入和劳动力投

入增加 a 倍，则产出也增加 a 倍，即

$$aY = F(aL, aK)$$

分析经济增长要考察人均产出的变化，因此，需要把社会生产函数中的变量表示为人均单位，令 $a = 1/L$，可以得到：

$$Y/L = F(1, K/L)$$

以 y 表示人均产出，k 表示人均资本，可以得到如下的人均生产函数

$$y = f(k) \tag{9-6}$$

这里，$f(k) = F(1, K/L)$。从人均生产函数可以看出，人均产出取决于人均资本 k 和生产技术 f。人均生产函数曲线如图9.1所示。

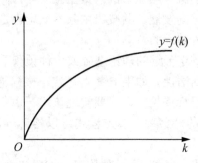

图9.1 人均生产函数曲线

有了生产函数，就可以考察经济增长因素与经济增长的关系了。

3. 新古典经济增长模型的基本方程

在索洛模型中，总需求只有消费和投资，因为就分析的目的来说，可以不考虑政府支出和净出口。经济均衡的条件是

$$I = S$$

当资本存量为 K 时，假定每年资本存量都有 δ 部分磨损，δ 即折旧率。因此每年折旧的数量是 δK。

投资和折旧对资本存量的影响可以表述为

$$\Delta K = I - \delta K$$

根据 $I = S = sY$，上式可写为

$$\Delta K = sY - \delta K$$

上式两端同除以劳动力人数 L，则有

$$\frac{\Delta K}{L} = sy - \delta k \tag{9-7}$$

由于 $k = \dfrac{K}{L}$，于是 k 的增长率可写为

$$\frac{\Delta k}{k} = \frac{\Delta K}{K} - \frac{\Delta L}{L} = \frac{\Delta K}{K} - n$$

式中，n 为劳动力的增长比率。上式变形有

$$\Delta K = \left(\frac{\Delta k}{k}\right) K + nK$$

上式两端同除以 L，则有

$$\frac{\Delta K}{L} = \Delta k + nk \tag{9-8}$$

将式(9-7)和式(9-8)合并，消去 $\Delta K/L$，则有

$$\Delta k = sy - (n+\delta)k \tag{9-9}$$

式(9-9)是新古典增长模型的基本方程。这一关系式表明，人均资本的增加等于人均储蓄 sy 减去 $(n+\delta)k$ 项。$(n+\delta)k$ 项可以这样来理解：劳动力的增长率为 n，一定量的人均储蓄必须用于装备新工人，每个工人占有的资本为 k，这一用途的储蓄为 nk。另一定量的储蓄必须用于替换折旧资本，这一用途的储蓄为 δk，总计为 $(n+\delta)k$ 的人均储蓄被称为资本的广化。人均储蓄超过 $(n+\delta)k$ 的部分则导致了人均资本的上升，即 $\Delta k > 0$，被称为资本的深化。因此，新古典增长模型式(9-9)可以表述为

资本深化=人均储蓄-资本广化

4. 稳态分析

在新古典增长模型中稳态指的是一种长期均衡状态。在稳态时，人均资本达到均衡值并维持在均衡水平不变，在忽略了技术变化的条件下，人均产量也达到稳定状态。因此，在稳态之下，k 和 y 达到一个持久性的水平。

根据上述定义，要实现稳态，即 $\Delta k = 0$，即新古典增长理论中的稳态的条件是

$$sy = sf(k) = (n+\delta)k \tag{9-10}$$

新古典增长模型的稳态可以用图形来分析，如图 9.2 所示。图中 $sf(k)$ 曲线为人均储蓄曲线，位于人均生产函数的下方。该图画出了在资本存量 K 的不同水平上，投资和折旧的数量。资本存量越大，产量和投资也越大，但同时折旧量也越大。图 9.2 表明，存在一个唯一的资本存量水平，在这一存量水平上投资与折旧相等。如果经济中资本存量处于该水平，资本存量将不发生变化，因为使之改变的两种力量——投资与折旧正好平衡。也就是说，在这一资本存量水平上，$\Delta k = 0$。这一资本存量水平被称为资本的稳态水平，以 k_A 表示。

稳态代表了经济的长期均衡，不论经济的初始水平如何，它终究要走向稳态。假如资本存量初始水平低于稳态水平，投资大于折旧。随着时间的推移，资本存量会增加，与产量一同增长，直到达到稳态水平。反过来，如果资本存量的初始水平高于稳态水平，投资小于折旧，资本的磨损快于新增的速度，资本存量会减少，同样会走向稳态。一旦资本达到稳态水平，投资等于折旧，资本存量水平既不上升也不下降。

5. 模型的应用

1) 资本存量增加

资本存量增加能够提高人均产出水平，促成经济增长。导致资本存量增加最主要的因素就是储蓄率上升，带来投资水平提高。储蓄率越高，则经济中的资本存量越大，相应的产出水平就越高；储蓄率越低，则经济中的资本存量越小，相应的产出水平就越低。如果储蓄率发生了变化，经济会发生什么变化呢？如图 9.3 所示。假定经济从稳态开始，储蓄率为 s，资本存量为 K_0，储蓄率从 s 提高到 s' 使曲线 $sf(k)$ 向上移动到 $s'f(k)$。在初始储蓄率为 s 和初始资本存量为 K_0 时，投资量恰好补偿折旧数量；储蓄上升后，投资增加，超过

折旧，因此，资本存量将逐渐上升，直到经济进入新的稳态为 K' 为止。此时，资本存量和产出量水平都比原来的稳态水平要高。

新古典增长模型表明储蓄率是稳态资本存量水平的决定性因素之一。如果储蓄率提高，将有较大的人均资本存量和较高的人均产量水平；如果储蓄率低，则有较少的人均资本存量和较低的人均产量水平。较高的储蓄将导致较快的经济增长，但这一点只在短期内才成立。储蓄率的提高使增长率提高，直到经济进入新的稳态。如果经济保持高储蓄率，它也会保持较大的资本存量和较高的产量水平，但它不会永远保持高经济增长率。

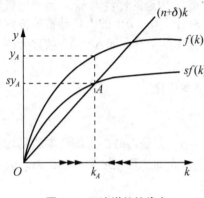

图 9.2　经济增长的稳态

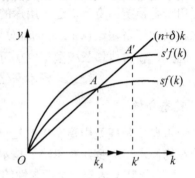

图 9.3　储蓄率变化的影响

阅读案例 9-2

第二次世界大战后德国和日本的高储蓄率

第二次世界大战重创了德国和日本的经济，然而，在战后重建的过程中，两国的储蓄率明显高于其他国家，使得它们的资本存量不断增加，进而促进了这两个国家在 20 世纪五六十年代的经济迅速增长。

2) 人口增长

以上分析了资本积累对经济增长的影响。下面分析人口增长与经济增长的关系。

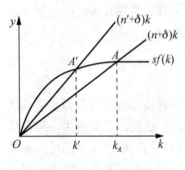

图 9.4　人口增长的影响

假定劳动力人口以一固定增长率 n 增长。人口增长会如何影响稳态？为了回答这一问题，必须探讨人口增长是如何影响资本积累量的。

人口增长在两个方面影响了前面的分析，首先在有人口增长的稳态中，人均资本和人均产量不发生变化，由于工人数目按 n 速度增长，总资本量和总产量也按 n 的速度增长。其次，人口增长提供了一种解释，解释为什么一些国家富裕，另一些国家贫穷。图 9.4 表明人口增长率从 n 提高到 n' 时，人均资本的稳态水平从 k_A 减少到 k'。

第 9 章 经济增长理论

阅读案例 9-3

图 9.5 是投资、人口增长率与人均 GDP 图。

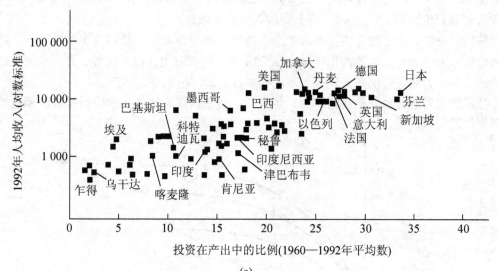

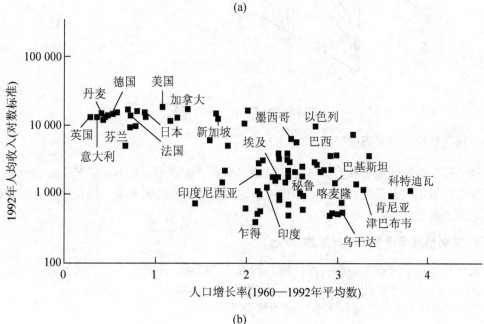

图 9.5 投资、人口增长率与人均 GDP 图

(资料来源：高鸿业，西方经济学(宏观部分)，中国人民大学出版社第三版.)

3) 技术进步

技术进步是促进经济增长的重要条件。从社会生产函数来看,技术进步改变了函数形式 f ,这不仅会带来产出水平的直接提高,而且还能增加资本存量,进一步促进经济增长。

如图 9.6 所示,假设生产技术进步,使得人均生产函数从 $f_1(k)$ 改进为 $f_2(k)$,相应地,生产函数曲线向上转动,这是技术进步的直接效果;技术进步带来产出水平的提高,在储蓄率不变的情况下,还会带来投资的增加,进而提高资本存量,表现在图形上,就是 $sf(k)$ 曲线从 $sf_1(k)$ 向上转动到 $sf_2(k)$,这会间接促进经济增长。

初始经济中,稳定的人均资本为 k_1 ,人均产出水平为 y_1 ,在技术进步的推动下,稳定的人均资本上升为 k_2 ,人均产出增加到 y_2 的水平。可以看出,技术进步一方面直接促进经济增长,另一方面通过提高人均资本,间接提高人均产出水平。

技术进步对经济增长的促进作用是巨大的,对任何国家来说,加快科技进步都是始终应该坚持的发展战略。

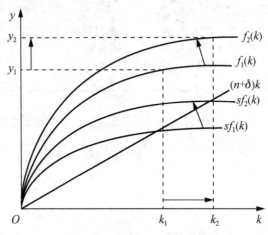

图 9.6 技术进步与经济增长

9.2.3 新剑桥经济增长模型

这一模型简称新剑桥模型,是由英国经济学家 J.罗宾逊,N.卡尔多等人提出来的。这一模型着重分析收入分配的变动如何影响决定经济增长率的储蓄率,以及收入分配与经济增长之间的关系。

1. 新剑桥经济增长模型的基本假设

这一模型以研究收入分配与经济增长的关系为重点,它的基本假设如下。
(1) 社会成员分为利润收入者与工资收入者两个阶级。
(2) 利润收入者与工资收入者的储蓄倾向是不变的。
(3) 利润收入者的储蓄倾向大于工资收人者的储蓄倾向。

2. 新剑桥经济增长模型的基本公式

新剑桥经济增长模型的公式为

$$g = \frac{s}{c} = \frac{(\frac{P}{Y} \cdot S_p + \frac{W}{Y} \cdot S_w)}{c} \tag{9-11}$$

在式(9-11)中，c 仍然是资本—产量比率。P/Y 是利润在国民收入中所占的比例，W/Y 是工资在国民收入中所占的比例，国民收入 Y 分为利润 P 与工资 W 两部分，所以 $P/Y+W/Y=1$。S_p 是利润收入者的储蓄倾向(即储蓄在利润中所占的比例)。S_w 是工资收入者的储蓄倾向(即储蓄在工资中所占的比例)。根据假设，利润收入者的储蓄倾向大于工资收入者的储蓄倾向，即 $S_p>S_w$，而且 S_p 与 S_w 都是既定的。

从式(9-11)可以看出，在 S_p 与 S_w 既定时，储蓄率的大小取决于国民收入分配的状况，即利润与工资在国民收入分配中所占的比例。在 $S_p>S_w$ 的假定之下，利润在国民收入中所占的比例越大，则储蓄率越高；相反，工资在国民收入中所占的比例越大，则储蓄率越低。可举一例说明这一点。

假设 $S_p=30\%$，$S_w=10\%$，如果 $P/Y=40\%$，$W/Y=60\%$，则
$$s=(40\%\times30\%+60\%\times10\%)=18\%$$
如果改变收入分配，即 $P/Y=60\%$，$W/Y=40\%$，则
$$s=(60\%\times30\%+40\%\times10\%)=22\%$$

在资本—产量比率不变的情况下，增长率取决于储蓄率，储蓄率越高则增长率越高，而要提高储蓄率，就要改变国民收入的分配，使利润在国民收入中占更大的比例。因此，经济增长是以加剧收入分配的不平等为前提的。经济增长的结果，也必然加剧收入分配的不平等。这是新剑桥模型的重要结论。

3. 经济长期稳定增长的条件

在新剑桥模型中，从社会储蓄率的角度探讨了经济长期稳定增长的条件。

要使经济按一定的增长率增长下去就必须保持一个一定的储蓄率，社会储蓄率取决于利润收入者与工资收入者的储蓄倾向，以及他们的收入在国民收入中所占的比率。前者是不变的，因此，要保持一定的储蓄率就必须使国民收入中工资与利润保持一定水平。这个过程也是通过价格调节来实现的。如果利润在国民收入中的比率加大，则储蓄率提高，投资增加，结果最终工资增加，储蓄率下降。这是增长过快的结果。反之，如果利润在国民收入中的比率减少，则储蓄率下降，投资减少，结果最终工资下降，储蓄率上升。这是增长过慢的结果。

9.2.4 新经济增长模型

20世纪80年代中后期以来，作为对传统经济增长理论沉寂了近20年以后的重新思考，经济增长理论在开创新领域、创立新思想、探索新理论方面都有巨大的贡献。两位经济学家罗默、卢卡斯在对占据统治地位的新古典经济增长理论严厉批评的基础上，创立的经济增长理论，被称为"新经济增长理论"。罗默、卢卡斯的模型将经济增长的源泉内生化，将经济增长的源泉由外生转化为内生，认为现代经济增长主要是由知识积累所推动的，因而新经济增长理论又被称为"内生经济增长理论"。

1. 罗默的新经济增长理论

罗默的模型被誉为内生经济增长理论的基础模型。在内生经济增长理论中，传统的规模收益递减假设被抛弃。罗默假设，由于知识的传播和人力资本的外部效益，伴随资本积累的规模收益是非递减的。并且新古典增长模型中用以说明经济的生产函数中只有劳动和

资本两个生产要素,而罗默的新经济增长理论则把知识积累看作为经济增长的一个独立因素,认为知识可以提高投资的效益,知识积累是现代经济增长的重要源泉,因而在其生产函数公式中加入了知识这一重要的生产要素。具体函数式是

$$Y_i = f(K_i, K, X_i) \tag{9-12}$$

式中,Y_i 表示厂商 i 的产出水平,f 表示一切厂商的连续微分生产函数,K_i 表示厂商 i 生产某种商品的专业化知识,K 表示一切厂商都可使用的一般知识,X_i 表示厂商 i 的物质资本和劳动等追加生产要素投入的总和。

由函数式可知,罗默把知识作为独立因子纳入经济增长,把知识分解为一般知识和专业知识。他认为一般知识可产生外在效应,可以使全社会获得规模经济效益,而专业化知识则会给个别厂商带来超额利润,超额利润又成为个别厂商对新产品进行研究和开发的资金来源,形成一种投资与知识互为促进的良性循环。

罗默将知识看作是一种具有特殊性质的经济物品,一个人对一种知识的运用,并不排斥他人对这种知识的同时运用。知识又是一种公共物品。当然,为了保证知识投资者的利益而建立的知识产权制度,总是在试图保证知识的排他性,在这个意义上,知识是一种专利产品。尽管如此,知识的非独享本质已经决定了知识的外在经济性。知识具有扩散性,知识可以无限积累。作为经济增长中的一个独立的知识积累过程,从一种产品的生产过程来看,知识积累的收益是递增的。

罗默在后续的研究中认为生产要素应包括 4 个方面:资本、非技术劳动、人力资本(按接受教育的年限来衡量)和新思想(按点子和专利权的数量来衡量)。作为经济增长的一个独立因素,知识积累不仅可以使本身收益递增,而且还可以使资本和劳动等生产要素的收益递增;从全社会来看,不仅个别厂商收益递增,还可以使全社会的收益递增。因此,知识积累可以实现总产出的规模收益递增,这也就是经济长期均衡稳定增长的保证和主要源泉。

与新古典经济增长理论相比,罗默的经济增长理论除了考虑资本和劳动两个生产要素外,还加进了第三个要素——知识。从而罗默的经济增长理论更趋合理,这主要表现在以下几个方面。

(1) 新古典经济理论认为技术进步只是偶然的、外生的,而罗默将技术看成是经济系统的一个中心部分,是内生的。他认为在经济活动中必然像投入机器那样投入知识,技术进步同投入的资源成正比。

(2) 罗默承认知识可以提高投资的收益,从而说明了一定时期内投资收益率的现象和各国间经济增长率的非收敛性,解释了为什么发达国家能够保持较强劲的经济增长率,而不是像新古典经济增长理论所说的那样出现投资收益递减的情况。

(3) 罗默的理论承认投资促进知识积累,知识又刺激投资,从而得出投资的持续增长能永久性地提高一国增长率的结论,这曾是传统经济增长理论一直否定的观点。这听起来好像是一个循环解释,但这是一个良性循环,能长期促进经济的增长。

(4) 罗默的经济增长理论与新古典经济增长理论对垄断的看法不同。新古典经济增长理论中,完全竞争是规则,而垄断则是一种偏离,完全竞争意味着企业是价格的接受者。而罗默认为,垄断力量提供了使公司参与技术研究的动力,其生产函数表现出收益递增。在规模收益递增下,竞争是不完全的,企业成了价格的制定者,而不是接受者。这是对新古典经济增长理论的一大突破。

自从罗默 1986 年发表《收益递增与长期增长》以来，有关新经济增长理论的文章如雨后春笋般从各种西方学术期刊上冒出来。虽然新经济增长理论还没有走向最终的成熟与定型，但有一个发展趋势，即将传统增长经济学完全未予重视的一些因素，如知识产权、贸易改革、教育、法制、社会基础设施和政治稳定等都逐一纳入增长因素中并进入模型加以内生化。斯坦福大学的克鲁格曼教授称罗默是"80 年代最有影响的经济理论家"。英国《经济学家》杂志载文说，在今后数年中，"罗默的理论很可能会成为主导思想的基础"。新经济增长理论试图将经济学诸领域有机联系起来，并用统一模型加以分析，这种"大统一"思想有可能在 21 世纪初将经济学带入一个大发展的时期。

2. 卢卡斯的新经济增长理论

1988 年，卢卡斯发表《论经济发展的机制》，认为新古典经济增长理论不是经济发展的有效理论，该理论明显不能解释现实中大量存在的不同国家间发展水平和增长率的差异。他认为，经济增长理论不应仅考虑未来几十年的增长，而应揭示出经济长期增长的机制、源泉；也不应仅揭示某一国家的经济增长，而应研究世界范围的经济增长、收入分配和发展不平衡等问题。因而，他认为应该将增长理论和发展理论合二为一，故他将自己的增长理论也称为发展理论。这样，经济增长与经济发展的界限被取消了，经济增长学成为一门适用于所有国家的一般学科。

卢卡斯将资本划分为有形资本和无形资本，并据此把劳动力划分为纯体力的原始劳动和表现劳动技能的人力资本，认为只有后者才是经济增长的源泉。他认为人力资本的积累可以通过两种方式来进行：一是通过脱离生产的正规和非正规的学校教育，使经济活动中每个人的智力和技能得以提高，从而提高职工的劳动生产率，这类似于舒尔茨的人力资本观点；二是通过生产中的边干边学(即不脱离生产岗位，不通过学校教育)、工作中的实际训练和经验积累也能够增加人力资本，这类似于阿罗的边干边学模型理论。卢卡斯给出了人力资本对生产的内在效应和外在效应。内在效应是指单个人的人力资本对他自身的生产率的影响；外在效应是由平均的人力资本所引致的。卢卡斯认为，舒尔茨的人力资本产生的是人力资本的内在效应，而边干边学所产生的是人力资本的外在效应。卢卡斯将人力资本引入增长模型，视人力资本积累为经济长期增长的必要条件。卢卡斯的理论将经济增长的源泉内生化，将经济增长的源泉由外生转化为内生，因而又被称为"内生增长理论"。

卢卡斯的增长模型是以不完全竞争、而不是以传统经济增长理论所假定的完全竞争为市场条件的。卢卡斯放弃了传统增长理论中资本收益递减的假定，认为资本收益不变(人力资本收益递增，实物资本收益递减，两者相互抵消)。古典经济学家李嘉图认为，要素收益递减，特别是土地收益递减，而人口按马尔萨斯法则增长，将导致生活必需品价格与工资上涨，资本收益下降，并阻碍资本积累。由此，他得出经济发展最终将处于停滞的悲观结论。另外，凯恩斯学派和新古典增长理论也都以资本收益递减为理论前提，认为经济长期增长要靠外在的技术进步的带动，一旦没有技术进步，经济发展也将停止。现在，在卢卡斯等人基础上发展起来的新经济增长理论认为，知识积累、技术创新及专业化人力资本不仅能使自身的收益递增，而且还可使其他投入要素的收益递增，从而使经济增长动态化。这就明确说明了经济长期增长的原动力。

阅读资料

知识经济发展的渐进性分析

自从第二次世界大战以后，知识在经济发展中的作用越来越突出，进入 20 世纪 90 年代，知识和经济之间的相互作用更加明显，一方面，知识因素正以越来越多的种类和越来越高的程度参与并融入经济活动过程及其结果之中，使世界经济呈现出知识经济化趋势；另一方面，经济的发展过程及其结果的知识取向日益增强，知识正逐渐取代资本成为经济发展的主要生产要素，这使得世界经济又呈现出经济知识化趋势。在知识经济化和经济知识化的作用之下，知识与经济相互渗透，相互融合，呈现一体化趋势，这意味着一种新的经济形态——知识经济的诞生。知识经济是一种相对的概念，它是相对于农业经济和工业经济而言的。农业经济和工业经济是建立在对稀缺资源和不可再生资源的占有和配置的基础之上的，在某种程度上表现为不可持续性，而知识经济是建立在具有可再生、可重复使用、连续增长和报酬递增等特点的知识之上的。知识经济的内涵相当丰富，由于现在它正处于初露端倪的时期，还不可能具有统一的准确定义，目前比较流行的权威的观点是经合组织(OECD)的表述，即知识经济是当今世界上一种新类型的富有生命力的经济(相对于农业经济和工业经济而言)，是建立在知识和信息的生产、分配和使用的基础之上的，是以高新技术产业为第一支柱产业，以智力经济为首要依托的经济。

在知识经济时代，知识的创造、学习、传播、分配和使用都是至关重要的，面对这些新的挑战，世界各国为了在以后全球化经济的竞争中能拥有一席之地，都纷纷开始关注知识经济，并尽力去采取相应的措施。然而，根据马克思的观点，从长远来看，任何事物的发展都是曲折的，是渐进的漫长过程。知识经济的发展也不例外，只有充分认识到知识经济发展的渐进性(从全球范围来看)，才能根据国情制定切实可行的发展目标和相应的对策。可以从以下几个方面来对此进行分析。

(1) 从时代发展的阶段性来看，知识经济必定是由若干次新的科技革命浪潮来推动的。科技是推动经济发展最为根本的力量，一种经济形态从其诞生、成长一直到最后转换升级，不可能一蹴而就，而是需要一系列的科技革命来推动完成，并使经济发展表现为阶段性和渐进性。如人们所熟悉的工业经济就经历了 3 次大的科技革命浪潮(18 世纪中叶、19 世纪 70 年代和 20 世纪中叶)，形成 3 个发展阶段。自从 20 世纪 80 年代以来，代表知识经济时代先导的信息技术革命爆发，并很快向世界各国和地区扩散。在若干年后，信息技术进入成熟阶段，信息经济时代结束，而紧接着生物技术又将进入快速成长期，人们就将迎来生物经济发展的新阶段(信息经济、生物经济只是知识经济在不同阶段上的表现形式)，此后，还有新材料革命和新能源革命等也将接踵而来。这一系列的科技革命就决定了知识经济的发展是一个渐进的漫长的过程。

(2) 从世界各国经济发展的现实程度来看，全球性知识经济时代的到来只能是渐进性的。由于历史、文化、制度、地缘和资源状况等原因，世界各国的经济发展是很不平衡的，即世界经济呈现出多层次性特征，这大体上可分为 3 个层次，第一层次是如欧美之类的少量发达国家和地区，第二层次是如"亚洲四小虎"之类的中等发达国家和地区，第三层次是如中国、越南、苏丹和巴西之类的广大发展中国家和地区。在全世界 200 多个国家和地区中，有 100 多个国家和地区是处于第三层次的。现在知识经济还只是在美国等少数发达国家和地区初露端倪，只有知识经济从第一层次国家扩散并普及到第二和第三层次国家和地区，世界经济才能从整体上进入知识经济时代，而这种扩散和普及将是渐进和漫长的。可以从工业经济的扩散和普及过程来说明这一问题，工业革命于 18 世纪中叶最先在英国发生，19 世纪进入法国、德国和美国等，19 世纪末 20 世纪初才扩到瑞典、意大利、俄国和日本等国，一直到 20 世纪中叶后才进入到中国、印度和非洲等国家和地区，到现在为止，世界性的工业化过程还没结束。可见，一种经济形态从一个国家和地区向全球其他国家和地区的扩散和普及过程是渐进和漫长的。

(3) 从不同时代所承担的历史任务来看，知识经济时代的历史任务远比以前任何时代都重大。从历史的角度来看，每当新的经济时代来临时，旧时代中占主导地位的经济形态就逐渐让位于新的经济形态，但此时旧的经济形态并没有彻底灭亡，而是作为一个整体进入新的时代。这样，新经济时代的历史任务就不仅在于发展新生产力，还要解决旧时代所遗留下来的所有问题。在知识经济时代，人们不仅要发展新生产力并解决发展中出现的新问题，还需要解决农业经济和工业经济所遗留下来的总问题，这就使得知识经济时代的历史任务比以前任何时代都重大和艰巨。

(4) 从整个经济、社会变革的角度来看，知识经济的实现不仅需要生产力的高度发达，而且还需要相应文化的高度发展。知识经济是一个庞大的系统，它需要相应的技术支持系统和价值支持系统，二者缺一不可。知识的不断创新和广泛应用，为知识经济提供了强大的技术支持系统，而相应的各种制度、社会结构和精神理念等文化性事物的发展，为知识经济提供了强有力的价值支持系统。在知识经济时代，知识成为第一生产要素，而知识又是由人创造、学习、传播和使用的，因此，这个时代的基本理念应是"以人为本"的。"以人为本"这一理念一般人都知道，可是在具体操作层面上就很难做到这一点，就像高度发达的美国，贫困、侵犯人权、失业等各种违背这种理念的现象也经常发生。所以，要生产力和社会文化同时协调发展，这需要一个漫长的时间。

从以上几个方面可以看出，全球性的知识经济的实现是渐进性的，认识到这种渐进性，我们就可以立足于国内，放眼世界(空间的扩展)；立足于现在，放眼未来(时间的扩展)。具体来讲，①从空间的扩展这方面来看，我国还处于工业化中期，而发达国家已经进入后工业化时期，并开始步入知识经济时代，对比一下，我国与发达国家相差悬殊。在这种情况之下，闭门造车是不行的，因为这样我国就会被世界边缘化，知识经济就很难扩展到我国。我们必须坚持走改革开放的道路，充分的利用国外的市场、资源、人才和技术等，一则以弥补国内的不足，二则使我国能有效的融入到世界经济体系中去。②从时间的扩展来看，由于发达国家开始步入知识经济时代，而我国还处于工业经济中期，相差甚远，如果任其发展下去，那么发达国家将成为"头脑国家"，可以摆脱物质生产的拖累，专门向别的国家提供知识、技术和思想，而我国将成为"躯干国家"从发达国家那里买技术进行物质生产。因此，我们应该从长远来考虑问题，有计划的对教育、知识创新和技术的产业化等各方面加大投资，使我国能顺利的完成工业化和信息化双重任务，为我国步入知识经济时代打下坚实的基础。

(资料来源：唐志良. 价值中国网 http://www.chinavalue.net.)

本章小结

经济增长是指一国经济活动能力的扩大，可以用GDP增长率来描述。经济增长问题实际上也是经济社会潜在生产能力的长期变化趋势问题。经济增长的源泉可归结为劳动、资本的增长以及技术进步、制度、结构变迁等因素。

哈罗德—多马模型用实际增长率、有保证的增长率和自然增长率的相等作为经济长期稳定增长的条件，而这3个增长率分别由不同的因素决定，因此稳定增长是难以实现的，这也是导致经济波动的原因。

新古典模型假定资本与劳动在生产上是可相互替代的，即资本—产出比是可以改变的，这意味着在长期中，经济存在着一条稳定的均衡增长途径，国民收入的增长率等于劳动力的增长率。无论最初的资本—产出比率数值如何，经济活动总是趋向于一条均衡的经济增长途径。

新剑桥模型着重分析收入分配的变动如何影响决定经济增长率的储蓄率，以及收入分配与经济增长之间的关系。

内生增长理论用规模收益递增和内生技术进步来说明一国长期经济增长和各国增长率的差异。

罗默、卢卡斯的新经济增长模型将经济增长的源泉内生化，认为现代经济增长主要是由知识积累所推动的。

中英文关键词语

1. 经济增长　　　　　　economic growth
2. 增长因素分析　　　　growth accounting
3. 新古典增长理论　　　neoclassical growth theory
4. 索洛模型　　　　　　solow model
5. 稳态　　　　　　　　steady state
6. 技术进步　　　　　　technological change
7. 资本—产量比率　　　capital-output ratio

综合练习

一、单项选择题

1. 经济增长在图形上表现为(　　)。
   A. 生产可能性曲线内的某一点向曲线上移动
   B. 生产可能性曲线向外移动
   C. 生产可能性曲线外的某一点向曲线上移动
   D. 生产可能性曲线上某一点沿曲线移动

2. 下列各项中，属于生产要素供给的增长是(　　)。
   A. 劳动者教育年限的增加　　B. 实行劳动专业化
   C. 规模经济　　　　　　　　D. 电子计算机技术的迅速应用

3. 为提高经济增长率，可采取的措施是(　　)。
   A. 加强政府的宏观调控　　B. 刺激消费水平
   C. 减少工作时间　　　　　D. 推广基础科学及应用科学的研究成果

4. 已知资本—产量的比值为4，储蓄率为20%，按照哈罗德增长模型，要使储蓄全部转化为投资，经济增长率应该是(　　)。
   A. 4%　　B. 5%　　C. 6%　　D. 10%

5. 若想把产量的增长率从5%提高到7%，在储蓄率为30%的情况下，按照哈罗德增长模型，资本—产量比约为(　　)。
   A. 2　　B. 3　　C. 4　　D. 5

6. 资本与劳动在生产上是可以相互替代的，这是(　　)。
   A. 哈罗德增长模型的假设条件
   B. 新古典增长模型的假设条件
   C. 哈罗德增长模型和新古典模型共同的假设条件
   D. 新剑桥经济增长模型的假设条件

7. 在新古典增长模型中，均衡点是指(　　)。
   A. 实际增长率等于有保证的增长率
   B. 实际增长率等于自然增长率
   C. 有保证的增长率等于自然增长率
   D. 整个社会的积累正好用于装备新增加的人口

8. 有保证的增长率 g_w 与实际增长率 g_n 的区别在于(　　)。
   A．前者假定资本与劳动的比率不断提高，而后者没有
   B．前者以充分就业为前提，而后者没有
   C．前者一定小于后者
   D．前者随各种因素的变化而变化，是不稳定的增长率，而后者是比较稳定的增长率
9. 如果实现了哈罗德自然增长率，将使(　　)。
   A．社会资源得到充分利用
   B．实现均衡增长
   C．实现充分就业下的均衡增长
   D．经济持续高涨
10. 根据索洛模型，n 表示劳动力的增长率，r 表示折旧率，工人人均资本变化等于(　　)。
    A．$sy+(n+r)k$　　　　B．$sy+(n-r)k$
    C．$sy-(n+r)k$　　　　D．$sy-(n-r)k$
11. 人均收入持续走高的最主要原因是(　　)。
    A．社会结构越来越合理　　B．人口增长速度减慢
    C．技术进步　　　　　　　D．政府的反腐力度不断加大
12. 在20世纪80年代以后的新增长理论中，技术进步被认为是(　　)。
    A．外生变量　　　　　　　B．内生变量
    C．增长的余量　　　　　　D．引起经济增长的唯一因素
13. 假设要把产量的增长率从5%提高到7%，在资本产量比等于4时，根据哈罗德增长模型，储蓄率应达到(　　)。
    A．28%　　B．30%　　C．32%　　D．20%

二、判断题

1. 一个经济体系要取得经济增长，要么要素投入数量有所增长，要么要素使用效率有所增加。(　　)
2. 人均生产函数说明了人均产量与人均劳动投入量之间的关系。(　　)
3. 一国的长期经济增长率取决于该国的总储蓄率。(　　)
4. 人口增长率的增加将提高长期经济增长率。(　　)
5. 只要资本存量增加，就可以同时实现资本扩展化和资本深化。(　　)
6. 人力资本比物质资本更重要，它直接决定着一国经济增长的潜力与后劲。(　　)
7. 技术进步能够提高稳态时经济增长率，使一国经济更快增长。(　　)
8. 内生经济增长理论认为，技术进步是外生产量，对经济增长有最重要的作用。(　　)
9. 人口增长率与长期人均生活水平的高低没有关系。(　　)

三、简答题

1. 什么是经济增长？影响经济增长的因素有哪些？
2. 经济增长和经济发展有何区别？
3. 试说明哈罗德—多马模型？
4. 评述新古典经济增长理论？
5. 试评述新经济增长模型？

四、计算题

1. 设一个经济的人均生产函数为 $y=\sqrt{k}$，如果储蓄率为 28%，人口增长率为 1%，技术进步速度为 2%，折旧率为 4%，那么，该经济的稳态产出为多少？如果储蓄率下降到 10%，而人口增长率上升到 4%，这时该经济的稳态产出为多少？

2. 假定利润在国民收入中份额为 40%，工资在收入的份额为 60%，Sp=30%，Sw=5%，V=3，Gn=20/3%，根据新剑桥模型，怎样才能使 Gw=Gn？

案例分析

根据以下案例所提供的资料，试分析：
(1) 中国经济增长与研发投入结构具有怎样的特征？
(2) 中国研发支出占 GDP 比重如何？

中国经济增长与研发投入结构的特征

关于中国经济增长与研发投入结构的一些特征事实，但为了防止叙述上的混乱，只作了简要概括。在此，对这些事实进行详细描述，并提供数据支撑。

特征一：金融危机以来中国经济增速逐渐放缓，全要素生产率（TFP）增速出现下降。

在改革开放前三十年（1978—2007 年）中，中国 GDP 年均增速约为 10%，金融危机以来（2008—2019 年），中国 GDP 年均增速为 7.8%，2015—2019 年平均增速降至 6.6%。与经济增长减速相伴随的另一个特征是中国 TFP 的增速也逐渐下降。大量文献测算了中国改革开放以来的 TFP 增速，为这一现象提供了稳健的经验支持。赵昌文等用 Penn World Tableversion 8.0 的数据测算出了中国不同阶段的 TFP 平均增速，得到中国 1978—1994 年 TFP 平均增速为 4.2%，1995—2011 年平均增速降为 2.8%，2012—2013 年平均增速为-0.5%。朱沛华和陈林利用中国工业企业数据测算了中国的工业 TFP，发现 2011—2013 年 TFP 出现显著下滑。白重恩和张琼用增长核算法和数据包络法测算发现，中国 2008—2013 年 TFP 增速显著下滑。赖平耀发现中国金融危机后的经济增速下滑几乎全部来自 TFP 增速的下降。国务院发展研究中心 2019 年报告测算发现，2002—2007 年中国 TFP 平均增速达到 5.06%，但 2008 年以后下降至 2%以下。根据 Penn World Table version 10.0 的数据，图 9.7 呈现了 1999—2019 年中美相对 TFP 的走势（即美国 TFP=1）。可以看到，在金融危机之前，中国 TFP 水平快速赶超美国。但在 2008 年之后，这种趋同出现了停滞，甚至还在近几年出现差距拉大的现象。

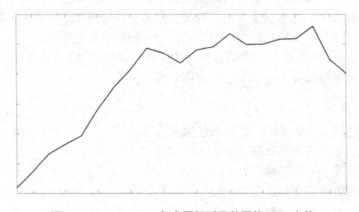

图 9.7　1999—2019 年中国相对于美国的 TFP 走势

特征二：中国的科技创新投入快速增长，科技创新成果在数量上已经跃居世界前列。

根据《中国科技统计年鉴》的数据，中国 R&D 投入从 1995 年的 350 亿元增加到 2022 年的超 3 万亿元，年均增长率达 18%；R&D 人员全时当量也从 1995 年的 75 万人/年上升到 2022 年的 636 万人/年，年均增长 8%。图 2 为世界主要大国研发支出占 GDP 比重的走势，可以看出，中国 1995 年研发支出占 GDP 的比重仅为 0.57%，大幅落后于发达国家，到 2020 年，中国研发支出占 GDP 比重快速上升到 2.41%，已经超过英国，接近主要发达国家水平，远高于俄罗斯、土耳其和印度等发展中国家。从 2000—2020 年世界主要大国的 PCT 专利申请量走势来看，2000 年中国 PCT 专利申请量较少，远低于发达国家水平，金融危机后快速上升，到 2020 年，中国的 PCT 专利申请量已经超过美国居世界第一。

特征三：基础研究投入占比一直较低，甚至出现占比不增反降的现象。

根据研究类型和产出的不同，R&D 活动可以分为基础研究、应用研究和试验发展研究。其中，基础研究和应用研究都是为了增加科学知识而进行的研究，而试验发展研究则不增加科学知识而创造新的应用。图 9.8 为中国历年 R&D 投入中各项研发支出以及从事各项研究的研究人员全时当量占比的变动情况。可以看出，中国纯基础研究支出占总支出的比重一直以来基本保持在 5% 至 6% 之间，而基础研究与应用研究支出之和占比则从 1995 年的 31.6% 下降至 2022 年的 17.9%。同时，中国从事纯基础研究的人员全时当量占总 R&D 研究人员全时当量的比重基本保持在 8%~9% 的水平，而从事基础与应用研究的人员全时当量占比则从 1992 年的 39% 下降至 2021 年的 20%。那么，中国的基础研究支出结构与世界主要大国有什么差异呢？就世界主要大国的 R&D 支出构成情况来看，中国的基础与应用研究支出占比远低于世界主要大国。具体来说，中国基础与应用研究投入占比不到美国、日本、韩国、英国、法国、意大利、俄罗斯平均水平的一半。中国基础研究投入比重是否合理呢？在改革开放以来的增长中，这个比重应如何变化才是最优的呢？这是一个关乎中国经济高质量增长的极为关键的问题。

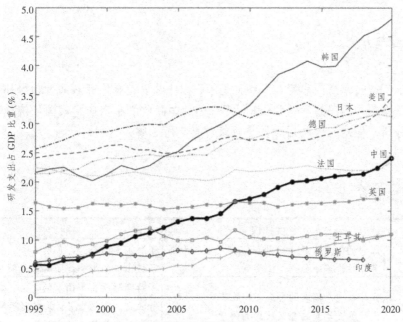

图 9.8　1995—2020 年代表性国家研发支出占 GDP 比重走势

特征四：中国与世界科技前沿的技术距离大幅缩小，技术引进成本大幅增加。

改革开放初期，中国几乎各个领域的技术水平与世界先进水平都有相当明显的差距。经过四十年的快速发展，中国的科技水平快速赶超，与世界先进水平的距离不断缩小。虽然仍有一些领域差距较大，但大部分领域已经接近世界先进水平，在部分领域已经达到甚至领先世界先进水平。例如，中国已经成为电气机械设备、智能手机元器件等的主要生产者，而在新能源汽车、互联网、5G 通信、高铁技术等领域已经达到世界领先水平。

(资料来源：龚六堂，吴立元. 技术距离、研发投入结构与中国经济增长. 改革，2023，1.)

第10章 开放经济的宏观经济学

教学目标

通过本章的学习,对外汇汇率、国际收支、对外贸易乘数和对外贸易政策有一个基本的了解和认识,能利用一国的国际收支平衡表对该国经济状况进行简单分析,能对一国的对外贸易政策种类有所了解。

教学要求

知识要点	相关知识	能力要求
汇率	汇率的概念及表示方法;汇率对货物和服务相对价格的影响;汇率制度	了解汇率的概念、表示方法;了解汇率对一国进出口的影响;了解汇率制度
国际收支均衡	国际收支平衡表的含义、构成及编制原则;国际收支均衡的含义及影响因素	了解国际收支平衡表的含义、编制原则及国际收支均衡的含义;掌握国际收支平衡表的构成和国际收支均衡的影响因素
开放经济的国民收入决定	净出口与国民收入决定;对外贸易乘数;对外贸易政策对经济的影响	掌握对外贸易乘数的含义及意义;掌握开放经济中国民收入的决定过程;熟悉对外贸易政策的基本内容及其对一国经济的影响

第10章 开放经济的宏观经济学

■ 导入案例

随着社会经济活动的发展,国际间的经济往来必然具有越来越重要的意义,深入了解国际经济政策,就成为西方经济学必不可少的内容。任何一个国家的经济在不同程度上都是开放的经济,每一个国家经济发展都构成整个世界经济发展的一个有机的组成部分,因此需要把宏观经济扩展到开放的经济条件下进行分析。所谓开放经济体系就是指商品、资本、技术、劳力、信息等生产要素和生产成果在国际间大规模流动。我国1978—2020年经济的开放程度,如图10.1所示。

图 10.1 我国经济开放程度示意图

2024年3月29日国家外汇管理局公布了2023年我国国际收支平衡表数据。按美元计值,2023年,我国经常账户顺差2530亿美元,其中,货物贸易顺差5939亿美元,服务贸易逆差2078亿美元,初次收入逆差1482亿美元,二次收入顺差152亿美元。资本和金融账户逆差2151亿美元,其中,资本账户逆差3亿美元,非储备性质的金融账户逆差2099亿美元,储备资产增加48亿美元。国际收支数据有助于社会各界分析我国国际收支运行状况。

这些对我国经济发展有何意义?在开放的经济环境下,如何实现宏观经济均衡及如何利用对外贸易政策进行调整?本章将针对这些问题展开分析。

10.1 汇 率

10.1.1 汇率的概念及表示方法

1. 外汇(foreign change)

外汇是国际汇兑的总称。国际汇兑具有动态和静态两种含义。动态外汇是指将一种货币兑换成另一种货币,以清偿国际间债权债务的金融活动。静态外汇是指用于国际汇兑活动的支付手段和支付工具。

日常生活中的外汇概念主要是指静态的,即用于国际汇兑活动的手段和工具,即外币及以外币所表示的用于国际结算的支付凭证与信用凭证。

2. 外汇汇率的概念

在国际经济交往中，对于每一个具体参与者来讲，债权与债务必须通过货币兑换、外汇买卖才能进行国际结算和企业会计登录，这就产生了外汇汇率问题。

外汇既然是一种资产，就可以和其他商品一样进行买卖，但商品买卖是以货币购买商品，而货币买卖却是以货币购买货币。这种用一国货币来表示另一国货币的价格，就称为汇价。从另一个角度来说，汇率也就是这两种货币之间相互交换时的比率，是一国货币兑换他国货币单位的比率。

3. 汇率的表示方法

通过银行用本国货币按汇率购买外汇，或将外汇按汇率兑换成本国货币，就叫外汇买卖。汇率是外汇买卖的折算标准。一个国家的外汇汇率是以外国货币表示本国货币的价格，还是用本币表示外币的价格，这称之为外汇汇率的表示方法。由于采用的货币标准不一样，外汇汇率就出现了不同的表示方法。

1) 直接标价法

直接标价法(direct quotation)是固定单位外币数量，以本国货币表示这一固定数量的外国货币的价格。也就是说，用一单位外国货币值多少本国货币的方式，来表示外币价格的高低。例如：2024 年 4 月 7 日，我国国家外汇管理局公布的人民币对美元的官方汇率为 100 美元=723.32 元人民币，这就是直接标价法。

这种标价法的特点是：外币数额固定不变，折合本币的数额根据外国货币与本国货币币值对比的变化而变化。如果一定数额外币折合本币数量减少，则外币贬值，本币升值；如果一定数额外币折合本币数量增加，则外币升值，本币贬值。目前，世界上绝大多数国家都采用直接标价法。

2) 间接标价法

间接标价法(indirect quotation)是以外币表示本币的价格，即以一定单位的本币为标准，折成若干数额的外币，本币作为基准货币来表示本币与外币之间的价格。也就是说，用一单位本国货币值多少外国货币的方式。例如：2024 年 4 月 7 日，1.0 人民币(CNY)＝0.138 3 美元(USD)，这就是间接标价法。

这种间接标价法的特点是：以本币为计价标准，固定不变，折合外币的数额本币与外币币值对比的变化而变化。如果一定数额的本币折合外币的数目增加，则本币升值，外币贬值；如果一定数额的本币折合外币的数目减少，则本币贬值，外币升值。

3) 美元标价法

美元标价法是以单位美元作为基准货币，折合成一定数额的其他国家货币来表示汇率的方法。例如：2024 年 4 月 7 日国际外汇市场上 1.0 美元(USD) = 151.623 日元(JPY)，1.0 美元(USD) = 0.922 7 欧元(EUR)等。

这种标价法下，惟有美元是基准货币，作为计价标准；其他国家的货币是标价货币，作为计算单位。所以，美元标价法是美元数额固定不变，其他国家货币的数额随汇率高低而变化。

4. 汇率的种类

(1) 按国际货币制度的演变划分，有固定汇率和浮动汇率。

① 固定汇率。是指由政府制定和公布，并只能在一定幅度内波动的汇率。

② 浮动汇率。是指由市场供求关系决定的汇率。其涨落基本自由，一国货币市场原则上没有维持汇率水平的义务，但必要时可进行干预。

(2) 按制订汇率的方法划分，有基本汇率和套算汇率。

① 基本汇率。各国在制定汇率时必须选择某一国货币作为主要对比对象，这种货币称之为关键货币。根据本国货币与关键货币实际价值的对比，制订出对它的汇率，这个汇率就是基本汇率。一般美元是国际支付中使用较多的货币，各国都把美元当作制定汇率的主要货币，常把对美元的汇率作为基本汇率。

② 套算汇率。是指各国按照对美元的基本汇率套算出的直接反映其他货币之间价值比率的汇率。

(3) 按银行买卖外汇的角度划分，有买入汇率、卖出汇率、中间汇率和现钞汇率。

① 买入汇率。也称买入价，即
银行向同业或客户买入外汇时所使用的汇率。采用直接标价法时，外币折合本币数较少的那个汇率是买入价，采用间接标价法时则相反。

② 卖出汇率。也称卖出价，即银行向同业或客户卖出外汇时所使用的汇率。采用直接标价法时，外币折合本币数较多的那个汇率是卖出价，采用间接标价法时则相反。

买入卖出之间有个差价，这个差价是银行买卖外汇的收益，一般为 1%～5%。银行同业之间买卖外汇时使用的买入汇率和卖出汇率也称同业买卖汇率，实际上就是外汇市场买卖价。

③ 中间汇率。是买入价与卖出价的平均数。西方明刊报导汇率消息时常用中间汇率，套算汇率也用有关货币的中间汇率套算得出。

④ 现钞汇率。一般国家都规定，不允许外国货币在本国流通，只有将外币兑换成本国货币，才能够购买本国的商品和劳务，因此产生了买卖外汇现钞的兑换率，即现钞汇率。按理现钞汇率应与外汇汇率相同，但因需要把外币现钞运到各发行国去，由于运送外币现钞要花费一定的运费和保险费，因此，银行在收兑外币现钞时的汇率通常要低于外汇买入汇率；而银行卖出外币现钞时使用的汇率则高于其他外汇卖出汇率。

(4) 按银行外汇付汇方式划分，有电汇汇率、信汇汇率和票汇汇率。

① 电汇汇率。电汇汇率是经营外汇业务的本国银行在卖出外汇后，即以电报委托其国外分支机构或代理行付款给收款人所使用的一种汇率。由于电汇付款快，银行无法占用客户资金头寸，同时，国际间的电报费用较高，所以电汇汇率较一般汇率高。但是电汇调拨资金速度快，有利于加速国际资金周转，因此电汇在外汇交易中占有绝大的比重。

② 信汇汇率。信汇汇率是银行开具付款委托书，用信函方式通过邮局寄给付款地银行转付收款人所使用的一种汇率。由于付款委托书的邮递需要一定的时间，银行在这段时间内可以占用客户的资金，因此，信汇汇率比电汇汇率低。

③ 票汇汇率。票汇汇率是指银行在卖出外汇时，开立一张由其国外分支机构或代理行付款的汇票交给汇款人，由其自带或寄往国外取款所使用的汇率。由于票汇从卖出外汇到

支付外汇有一段间隔时间，银行可以在这段时间内占用客户的头寸，所以票汇汇率一般比电汇汇率低。票汇有短期票汇和长期票汇之分，其汇率也不同。由于银行能更长时间运用客户资金，所以长期票汇汇率较短期票汇汇率低。

(5) 按外汇交易交割期限划分，有即期汇率和远期汇率。

① 即期汇率。也叫现汇汇率，是指买卖外汇双方成交当天或两天以内进行交割的汇率。

② 远期汇率。远期汇率是在未来一定时期进行交割，而事先由买卖双方签订合同、达成协议的汇率。到了交割日期，由协议双方按预订的汇率、金额进行钱汇两清。远期外汇买卖是一种预约性交易，是由于外汇购买者对外汇资金需要的时间不同，以及为了避免外汇汇率变动风险而引起的。远期外汇的汇率与即期汇率相比是有差额的。这种差额叫远期差价，有升水、贴水、平价三种情况，升水是表示远期汇率比即期汇率贵，贴水则表示远期汇率比即期汇率便宜，平价表示两者相等。

(6) 按对外汇管理的宽严划分，有官方汇率和市场汇率。

① 官方汇率。是指国家机构(财政部、中央银行或外汇管理当局)公布的汇率。官方汇率又可分为单一汇率和多重汇率。多重汇率是一国政府对本国货币规定的一种以上的对外汇率，是外汇管制的一种特殊形式。其目的在于奖励出口限制进口，限制资本的流入或流出，以改善国际收支状况。

② 市场汇率。是指在自由外汇市场上买卖外汇的实际汇率。在外汇管理较松的国家，官方宣布的汇率往往只起中心汇率作用，实际外汇交易则按市场汇率进行。

(7) 按银行营业时间划分，有开盘汇率和收盘汇率。

① 开盘汇率。又叫开盘价，是外汇银行在一个营业日刚开始营业时进行外汇买卖使用的汇率。

② 收盘汇率。又称收盘价，是外汇银行在一个营业日的外汇交易终了时使用的汇率。

10.1.2 汇率对货物和服务相对价格的影响

在开放经济中，汇率的变动对经济的影响十分重要，也是多方面的，其中最直接的是对进出口贸易的影响。

举一个例子。假设美国生产出口雪佛莱牌小汽车，每辆售价为 8 000 美元。德国生产并出口大众牌小汽车，每辆车售价为 6 000 欧元。如果欧元与美元的汇率为 1 美元=0.77 欧元，那么，每辆雪佛莱牌小汽车在出口到德国时，按欧元计价应该为

$$8\,000 \times 0.77 = 6\,160 \text{ 欧元}$$

每辆大众牌小汽车出口到美国时，按美元计价应该为

$$6\,000 \times 1.298 = 7\,792 \text{ 美元}$$

现在如果美元汇率贬值，即美元与欧元的汇率为 1 美元=0.6 欧元，那么，每辆雪佛莱牌小汽车在出口到德国时，按马克计价应该为

$$8\,000 \times 0.6 = 4\,800 \text{ 欧元}$$

每辆大众牌小汽车出口到美国时，按美元计价应该为

$$6\,000 \times 1.666\,7 = 10\,000.2 \text{ 美元}$$

这样，在美元贬值之后，美国的雪佛莱牌小汽车尽管美元价格并没有变，但出口到德国按欧元计价时价格下降到 4 800 欧元，这样美国出口到德国的雪佛莱牌小汽车就会增加。

相反，德国的大众牌小汽车尽管欧元价格并没有变，但出口到美国按美元计价时价格上升到 10 000.2 美元，这样，美国从德国进口的大众牌小汽车就会减少。

由此可以看出，货币贬值，货币贬值国商品和服务的相对价格将下降，出口增加，进口减少；货币升值，货币升值国商品和服务的相对价格将上升，出口减少，进口增加。

当本币贬值，外汇汇率上升时，外国货币的购买力相对提高，贬值国的商品、劳务、交通、旅游和住宿等费用就变得相对便宜，即本国货物和服务的相对价格降低了，这对外国游客无疑增加了吸引力。对其他无形贸易收入的影响也大致如此。反过来，本币贬值后，国外的旅游和其他劳务开支对本国居民来说相对提高，进而抑制了本国的对外劳务支出。

当本币升值，外汇汇率下降时，外国货币的购买力相对下降，升值国的商品、劳务、交通、旅游和住宿等费用就变得相对昂贵，即本国货物和服务的相对价格升高了，这将抑制外国游客入境消费。对其他无形贸易收入的影响也大致如此。反过来，本币升值后，国外的旅游和其他劳务开支对本国居民来说相对下降，进而鼓励了本国的对外劳务支出。

10.1.3 汇率制度

因为汇率的变动影响到本国商品和服务的相对价格，在世界经济关系日益密切的今天，几乎影响人们生活的每一个方面。因此，各国政府都密切注视着外汇市场，并采取一些旨在使汇率的变动合乎要求的政策行为。所谓汇率制度就是关于汇率如何决定的规则体系。政府有 3 种方法可以在外汇市场上采用，这就是 3 种汇率制度：固定汇率制度、浮动汇率制度和有管理的浮动汇率制度。

1. 固定汇率制度

固定汇率制度(fix the rate of exchange system)是指一国中央银行规定本国货币对他国货币的比价基本固定，只能在规定的幅度内波动。当实际汇率波动超过规定的幅度，中央银行有义务进行干预，使汇率波动的幅度维持在规定的上下限内。由于这种制度下汇率一般不轻易变动，具有相对稳定性，固称固定汇率。固定汇率制度主要是在布雷顿森林体系下实行的汇率制度。

固定汇率制度起源于金本位制时代。金本位制，是指以黄金为本位货币制度。金本位制始于 1816 年，英国首先开始实行，后推广至德、法、美、日等主要国家。20 世纪初，除少数国家，如中国及一些亚洲国家仍实行银本位制外，世界各国普遍实行了金本位制，金本位制已发展为世界性的货币制度。在金本位制下，黄金可以自由铸造货币；可以自由地流通；也可以用于进行国际货款结算。在国际金本位制下，保证了各国货币之间比价的相对稳定，同时也保证了各国物价水平的相对稳定，它是一种较为稳定的货币制度。在这种制度下，每个国家都将自己的货币价值确定为固定数量的黄金，再以黄金为基础，建立起各国货币间的汇率。

第一次世界大战爆发后，由于黄金流通量感到不足和为了应付国家巨额开支而大量发行纸币等原因，欧洲各国都禁止黄金出口和纸币自由兑换黄金，西方各国先后实行纸币流通，国际金本位制陷入困境。1929—1933 年西方资本主义社会发生经济大危机后，金本位制彻底崩溃，西方各国先后实行纸币流通。

资本主义金本位制土崩瓦解后，国际货币体系经历了短暂的金汇兑本位制。第二次世界大战后，由于美国经济的崛起，资本主义世界在1944年建立了一个以美国为中心的国际货币体系，即布雷顿森林体系。布雷顿森林体系规定，参加国际货币基金组织的成员国的货币平价应以美元和黄金来表示。按照当时1美元的含金量为0.888 671克纯金，确定1盎司的黄金等于35美元的官方价格。其他各国的货币则按其含金量与美元定出比价。这样，就形成了"双挂钩"的国际货币体系，即美元与黄金挂钩，其他各国货币与美元挂钩。

在布雷顿森林体系所规定的货币体系下，美元成了一种关键货币。它既是美国货币，又是世界货币，世界的大部分储备货币和国际清偿力的实现都信赖于美元。可以说，布雷顿森林体系下的货币制度实质上以黄金—美元为基础的国际金汇兑本位制。

以美元为中心的国际货币体系的建立是符合当时世界经济形势的，它在一定时期内起到了稳定资本主义世界货币汇率的重要作用，促进了国际贸易的发展和多边支付体系、多边贸易体系的建立与发展，从而推动了世界经济的增长。当然，它也为美国凭借其强大的经济实力建立美元霸权地位提供了机会和条件。

布雷顿森林体系，是建立在"美元与黄金挂钩，各国货币与美元挂钩"这一基础上的。在"双挂钩"体系下，黄金的产量和美国黄金储备的增长跟不上世界经济和国际贸易的发展。在这种情况下，出现了一种两难的情况：要满足世界经济增长和国际贸易的发展，应该不断增加美元的供给；但美元的不断增长，则使美元与黄金的可兑换性难以维持。进入20世纪50年代，美国在世界中的政治、经济地位下降，西欧、日本等国的经济逐渐崛起，打破了美国在经济上一统天下的局面。1960年年底，美元危机爆发，引发人们在国际金融市场上大量抛售美元，抢购黄金和其他货币，并用美元向美国挤兑黄金，导致美元不断贬值。1971年8月10日，美国政府宣布停止向各国政府或中央银行按官价兑换黄金，美元与黄金脱钩。在这种情况下，大部分西方国家的货币不再钉住美元浮动。至此，以美元为中心的固定汇率制度开始土崩瓦解了。

2. 浮动汇率制度

伴随着布雷顿森林体系的终结，以美元为中心的固定汇率制度开始让位于浮动汇率制度。浮动汇率制度(floating rate of exchange system)是在固定汇率制度破产以后，主要西方国家从1973年开始普遍实行的一种汇率制度。在浮动汇率制度下，政府对汇率不加以固定，也不规定上下限波动的界限，听任外汇市场根据外汇的供求情况，自行决定本国货币对外国货币的汇率。外国货币供过于求时，外国货币的价格就下跌，外币汇率就下降；外国货币供小于求时，外国货币价格就上涨，外币汇率就上浮。

3. 有管理的浮动汇率制度

在实际中，目前各国政府都或多或少地对本国汇率市场进行着干预和指导，形成了有管理的浮动汇率制度(managed flexible exchange rate)。在这种汇率制度下，中央银行的干预并不是要使汇率固定在事先宣布的水平上，而是要减少其波动的幅度。干预的方法则是中央银行在外汇市场参与交易。但是，不同的国家实行的有管理的浮动汇率制度，在汇率超过多大幅度才进行干预，以及用什么方式进行干预等问题上有所不同。因此，严格地说，有管理的浮动汇率制度实际上包括处于固定汇率制度与浮动汇率制度之间的、政府干预程度不等的一系列汇率制度。

在当今世界中，各国的汇率制度是多样化的。有些国家，如美国、日本、加拿大，基本上实行的是浮动汇率制度，政府只在极特殊的情况下才对外汇市场进行某种干预。有些国家实行某种有管理的浮动汇率制度。还有许多国家(主要是小国)实行本国货币与某一种主要货币(如美元、英镑、特别提款权等)挂钩的固定汇率制度，至于与其他国家货币之间的汇率则随该主要货币而浮动。还有一些国家集团在集团内部实行固定汇率制度，同时又允许集团内各国的货币与其他国家货币之间的汇率自由浮动。

阅读案例 10-1

《广场协议》对日本经济的影响

在经历了 20 世纪七八十年代的高速增长之后，日本于 80 年代末期跃升为仅次于美国的全球第二大经济国。日本国内经济和出口贸易空前红火，股市房地产连年暴涨，大批收购海外资产，日本人的自信也达到了空前程度，超过美国似乎只有 10 年之遥。然而，在 20 世纪 80 年代中晚期，日本又逐次经历了痛苦的经济泡沫爆发、崩溃、通货紧缩乃至一蹶不振的长期停滞。撇开经济从高潮到衰退背后的制度性因素，无可否认，广场协议带动的日元大幅升值是日本经济发生转折最直接的祸首。

1985 年 9 月 22 日，美国财长及中央银行行长会同英、法、德(前西德)、日 4 国财长和央行行长达成了"广场协议"。协议要求以各国联合干预的方式促成美元对日元、马克贬值，力求借此扭转美日之间巨额贸易逆差。此协议一经签订，日元在 3 个月内就从 1 美元兑 240 日元上升到 1 美元兑 200 日元，美元贬值高达 20%，到 1987 年 1 美元贬值到 120 日元，日元在短短 3 年中升值了一倍。为了抵消日元升值对本国出口贸易的负面效应，日本政府从 1987 年 2 月到 1989 年 5 月一直实行 2.5%的超低利率。在超低利率刺激下，日本国内泡沫空前膨胀。

日元升值使海外企业和土地等资产价格及金融资产相对比较便宜，于是日本企业和投资家意气风发地大量接收已开始出现泡沫破灭征兆的美国国内资产。美国则借由美元贬值等因素成功转移了泡沫破裂成本和外债负担，充分利用这个缓冲期发展以信息产业为龙头的新经济。

20 世纪 90 年代日元再演币值上升风云，1995 年一度达到 1 美元兑换 80 日元，此番升值对日本制造业产生了实实在在的影响。企业通过加强管理提高生产率的余地几乎全部消失，日元升值已经达到了日本经济无法承受的水平。随后，在美国的干预下日元开始贬值并引发了"抛售日元"狂潮，日本经济的增长潜力笼罩在阴影中。泡沫破裂后，由于日元贬值造成日本银行资本充足率下降，再加上日本金融体系中固有的信息不透明等问题，使银行体系受到市场的严厉惩罚，一些大银行纷纷破产或重组。自此，日本从"十年衰退"状态进入"退休日本"状态，最终导致了日本经济长达 17 年的经济衰退。

10.2 国际收支均衡

随着科学技术的发展和国际交通业、通信业的发达，各国间经济交往日益扩大，国际间商品交易、资本流通，金融市场和生产要素市场连为一体、相互影响，这必然引起一国与他国之间的货币收支关系。为了更好地控制宏观经济活动，实现宏观经济目标，一国首先需要一种分析工具来了解和掌握本国对外技术经济交往的全貌。而国际收支，则正是一国掌握其对外经济交往全貌的分析工具。

10.2.1 国际收支平衡表的含义、构成及编制原则

1. 国际收支的概念

国际收支(balance of payments)的概念可以分别从狭义与广义的角度上加以理解。一个国家在一定时期的外汇现金收支，就是通常所称的狭义的国际收支概念。然而，第二次世界大战以后，由于信用的发展，许多经济活动已经发生，但没有付款，有的已经付款，但没有发生。而且国际经济往来活动大幅增加，不仅包括外汇收支的国际借贷关系，也包括没有实际外汇收支的经济交易，如政府捐赠、补偿贸易、无偿援助等。于是，新的国际收支概念就产生了，这就是广义的国际收支概念，即一国的国际收支是一个国家在一定时期，因与其他国家或地区所发生的贸易、非贸易及资本往来而引起的国际间的资金收支(包括货币和以货币表示的资财转移)。要正确理解这国际收支的概念，还须从以下几点来加以把握。

第一，国际收支是一个流量概念。当人们提及国际收支时，总需要指明属于哪一段时期的，各国通常以一年为报告期。

第二，国际收支所反映的内容是经济交易。所谓经济交易指经济价值从一个经济单位向另一个经济单位的转移，它包括金融资产与商品劳务之间的交换；商品、劳务与商品、劳务之间的交换；金融资产与金融资产之间的交换；无偿、单方面的商品和劳务的转移；无偿、单方面的金融资产转移。这一特点说明国际收支的概念不再以支付为基础，而是以交易为基础。

第三，国际收支记载的是居民与非居民之间的交易。居民与法律意义上的公民含义不同。判断一项经济交易是否包括在国际收支范畴，所依据的不是交易双方的国籍，而是双方是否一方是该国居民。按照国际货币基金组织的说明，居民是指在某个国家(或地区)居住期限达一年以上者，否则为非居民。但一国的外交使节、驻外军事人员除外，尽管他们在另一国居住一年以上，仍为居住国非居民。国际性机构，如联合国、世界银行、国际货币基金组织等是任何国家的非居民。居民与非居民包括政府、个人、非盈利团体和企业 4 类。国际收支的内容是各种国际经济交易，只有居民和非居民之间的各种经济交易才是国际经济交易。

2. 国际收支平衡表

国际收支平衡表(balance of payment statement)，是把一国的国际收支，即一定时期的经济交易，按照某种适合经济分析的需要编制出来的报表或按项目分类统计的一览表，并用复式簿记会计原则，按照会计核算的借贷平衡方式编制，经过调整，最终达到账面上收付平衡的统计报表。

复式簿记法是国际会计的通行准则，其基本原理是：任何一笔交易发生，必然涉及借方和贷方两个方面，即有借必有贷，借贷必相等。贷方交易是接受外国居民支付的交易；借方交易是对外国居民进行支付的交易。

国际收支平衡表按照会计原则，采用会计核算的借贷平衡方式编制。因此，国际收支平衡表的记账法则是：凡是引起本国外汇收入的项目，称为正号项目，记入贷方(credit)；凡是引起本国外汇支出的项目，称为负号项目，记入借方(debit)。

当外汇收入大于支出而有盈余时，称为顺差；当外汇收入小于支出时，称为逆差。

第10章 开放经济的宏观经济学

这样，商品、劳务的出口，从国外取得单方面转移以及资本流入都是贷方项目；商品、劳务的进口，向外国居民进行单方面转移以及资本流出都是借方项目。

根据国际货币基金组织(IMF)《国际收支和国际投资头寸手册》(第六版)(以下简称《手册》第六版)，国际收支平衡表包括经常账户、资本账户和金融账户。经常账户可细分为货物和服务账户、初次收入账户、二次收入账户。金融账户可细分为直接投资、证券投资、金融衍生工具、其他投资和储备资产。具体项目的含义如下：

1. 经常账户：包括货物和服务、初次收入和二次收入。

1.A 货物和服务：包括货物和服务两部分。

1.A.a 货物：指经济所有权在我国居民与非居民之间发生转移的货物交易。贷方记录货物出口，借方记录货物进口。货物账户数据主要来源于海关进出口统计，但与海关统计存在以下主要区别：一是国际收支中的货物只记录所有权发生了转移的货物(如一般贸易、进料加工贸易等贸易方式的货物)，所有权未发生转移的货物(如来料加工或出料加工贸易)不纳入货物统计，而纳入服务贸易统计；二是计价方面，国际收支统计要求进出口货值均按离岸价格记录，海关出口货值为离岸价格，但进口货值为到岸价格，因此国际收支统计从海关进口货值中调出国际运保费支出，并纳入服务贸易统计；三是补充部分进出口退运等数据；四是补充了海关未统计的转手买卖下的货物净出口数据。

1.A.b 服务：包括加工服务，维护和维修服务，运输，旅行，建设，保险和养老金服务，金融服务，知识产权使用费，电信、计算机和信息服务，其他商业服务，个人、文化和娱乐服务以及别处未提及的政府服务。贷方记录提供的服务，借方记录接受的服务。

1.B 初次收入：指由于提供劳务、金融资产和出租自然资源而获得的回报，包括雇员报酬、投资收益和其他初次收入三部分。

1.C 二次收入：指居民与非居民之间的经常转移，包括现金和实物。贷方记录我国居民从非居民处获得的经常转移，借方记录我国向非居民提供的经常转移。

2. 资本与金融账户：包括资本账户和金融账户。

2.1 资本账户：指居民与非居民之间的资本转移，以及居民与非居民之间非生产非金融资产的取得和处置。贷方记录我国居民获得非居民提供的资本转移，以及处置非生产非金融资产获得的收入，借方记录我国居民向非居民提供的资本转移，以及取得非生产非金融资产支出的金额。

2.2 金融账户：指发生在居民与非居民之间、涉及金融资产与负债的各类交易。根据会计记账原则，当期对外金融资产净增加记录为负值，净减少记录为正值；当期对外负债净增加记录为正值，净减少记录为负值。金融账户细分为非储备性质的金融账户和国际储备资产。

2.2.1 非储备性质的金融账户包括直接投资、证券投资、金融衍生工具和其他投资。

2.2.1.1 直接投资：以投资者寻求在本国以外运行企业获取有效发言权为目的的投资，包括直接投资资产和直接投资负债两部分。相关投资工具可划分为股权和关联企业债务。股权包括股权和投资基金份额，以及再投资收益。关联企业债务包括关联企业间可流通和不可流通的债权和债务。

2.2.1.2 证券投资：包括证券投资资产和证券投资负债，相关投资工具可划分为股权和债券。股权包括股权和投资基金份额，记录在证券投资项下的股权和投资基金份额均应可流通(可交易)。股权通常以股份、股票、参股、存托凭证或类似单据作为凭证。投资基金份额指投资者持有的共同基金等集合投资产品的份额。债券指可流通的债务工具，是证明其持有人(债权人)有权在未来某个(些)时点向其发行人(债务人)收回本金或收取利息的凭证，包括可转让存单、商业票据、公司债券、有资产担保的证券、货币市场工具以及通常在金融市场上交易的类似工具。

2.2.1.3 金融衍生工具：又称金融衍生工具和雇员认股权，用于记录我国居民与非居民金融衍生工具和雇员认股权交易情况。

2.2.1.4 其他投资：除直接投资、证券投资、金融衍生工具和储备资产外，居民与非居民之间的其他金融交易。包括其他股权、货币和存款、贷款、保险和养老金、贸易信贷和其他。

2.2.2 储备资产：指我国中央银行拥有的对外资产。包括外汇、货币黄金、特别提款权、在基金组织的储备头寸。

外汇储备：指我国中央银行持有的可用作国际清偿的流动性资产和债权。货币黄金：指我国中央银行作为国际储备持有的黄金。特别提款权：是国际货币基金组织根据会员国认缴的份额分配的，可用于偿还国际货币基金组织债务、弥补会员国政府之间国际收支赤字的一种账面资产。在国际货币基金组织的储备头寸：指在国际货币基金组织普通账户中会员国可自由提取使用的资产。其他储备资产：指不包括在以上储备资产中的、我国中央银行持有的可用作国际清偿的流动性资产和债权。

3. 净误差与遗漏：国际收支平衡表采用复式记账法，由于统计资料来源和时点不同等原因，会形成经常账户与资本和金融账户不平衡，形成统计残差项，称为净误差与遗漏。

至此，已经可以将国际收支平衡表结构细划分为表10-1。

一国的国际收支平衡表对政府决策人和经济学家极其有价值，因为，它可以对一国的国际经济地位及世界各国的关系提供信息，可以表明一国的对外经济情况是否处于健康状态，也可以表明是否存在问题，以便政府采取纠正措施加以解决。

首先，对于国际收支平衡表的每一个项目及其差额来说，分析它们可以了解该国对他国各种不同的经济交往情况。其次，国际收支平衡表中的各项局部差额影响着整个国际收支状况，分析它们可以了解国际收支出现不平衡的原因。再次，分析国际收支差额的大小及在平衡项目中是如何获得平衡的，能较全面地、细致地了解该国国际收支的真实情况。如果货物出口和服务性收入大于货物进口和服务性支出，则称为经常项目顺差。一般来说，经常项目顺差表示一国的商品和服务在国际市场上有竞争能力，但也可能是因为汇率、关税或国内紧缩的经济政策等因素使进口受到限制。如果货物出口和服务性收入小于货物进口和服务性支出，则称为经常项目逆差。经常项目呈现逆差，不能简单把它等同于有害。如果一国进口大量生产设备提高国内生产能力，从而增强了长远的生产与出口能力，那么，暂时的逆差对于经济的长远发展是有利的。资本流入大于资本流出，则称为资本金融项目顺差。资本金融项目顺差可能是对外债务增加，或外国投资增加。对外债务增加今后是要偿还的，并要加上利息，因此，对于这种情况，必须重视对外借债的使用效果。外国直接投资增加，如果投资于能源、交通等基础设施及主要原材料工业，这会增强一国的经济发展的后劲，促进经济和贸易的发展。但如果外商投资企业产品大部分在国内销售，一方面挤占国内市场，另一方面增加外汇需求。资本流入小于资本流出，则称为资本金融项目逆差，资本金融项目逆差可能是对外投资增加，或大量偿还外债造成的。对外投资增加是债

第10章 开放经济的宏观经济学

权增加,如果对外投资效益好,以后将有投资收益收回,集中偿还外债,利息负担也会相应地减少。经常项目和金融项目之和是顺差,就引起储备资产的增加;如果是逆差,就引起储备资产的减少。人们平时常说的国际收支顺差或逆差。

 阅读案例 10-2

我国 2023 年的国际收支平衡表

2024 年 3 月 29 日国家外汇管理局公布了 2023 年我国国际收支平衡表,见表 10-1。数据显示,2023 年,我国经常账户顺差 2530 亿美元,其中,货物贸易顺差 5939 亿美元,服务贸易逆差 2078 亿美元。资本和金融账户逆差 2151 亿美元,其中,资本账户逆差 3 亿美元,非储备性质的金融账户逆差 2099 亿美元,储备资产增加 48 亿美元。与此同时,为便于社会各界解读国际收支数据,分析国际收支运行状况,国家外汇管理局国际收支分析小组还发布了 2023 年《中国国际收支报告》。

报告表示,2023 年,全球经济增长动能趋弱,美欧主要发达经济体维持紧缩货币政策,地缘政治局势依然复杂。我国加大宏观调控力度,国民经济回升向好,经济增长内生动力不断恢复,高质量发展持续推进。我国外汇市场韧性明显增强,市场预期基本平稳,外汇交易理性有序。

2023 年,我国国际收支运行总体稳健,年末外汇储备保持在 3.2 万亿美元以上。经常账户顺差 2530 亿美元,与国内生产总值(GDP)之比为 1.4%,继续处于合理均衡区间。其中,货物贸易顺差 5939 亿美元,为历史次高值,体现了我国持续推进产业升级以及外贸多元化发展的成效;服务贸易逆差 2078 亿美元,居民跨境旅游、留学有序恢复但仍低于疫情前水平,生产性服务贸易发展势头良好。非储备性质的金融账户逆差与经常账户顺差保持自主平衡格局。其中,来华各类投资呈现恢复发展态势,外商直接投资延续净流入,四季度规模稳步回升;外资对我国证券投资由 2022 年净流出转为净流入,四季度投资境内债券明显提升向好;外债变化总体趋稳。境内主体稳步开展对外直接投资,对外证券投资趋稳放缓。2023 年末,我国对外净资产约 2.9 万亿美元,较 2022 年末增长 20%。

表10-1 中国2023 年国际收支平衡表(概览表)

项目	行次	亿元	亿美元	亿SDR
1. 经常项目	1	17 826	2 530	1 893
贷方	2	268 536	37 887	28 408
借方	3	-250 710	-35 357	-26 514
1.A 货物和服务	4	27 347	3 861	2 893
贷方	5	248 878	35 112	26 328
借方	6	-221 531	-31 252	-23 435
1.A.a 货物	7	43 114	5 939	4 452
贷方	8	225 381	31 792	23 839
借方	9	-183 267	-25 853	-19 388
1.A.b 服务	10	-14 767	-2 078	-1 559
贷方	11	23 497	3 321	2 489
借方	12	-38 263	-5 399	-4 048
1.B 初次收入	13	-10 591	-1 482	-1 113
贷方	14	17 008	2 400	1 799

续表

项 目	行次	差 额	贷 方	借 方
借方	15	-27 599	-3 882	-2 912
1.C 二次收入	16	1 071	152	114
贷方	17	2 651	375	281
借方	18	-1 580	-223	-167
2. 资本和金融账户	19	-15 181	-2 151	-1 611
2.1 资本账户	20	-21	-3	-2
贷方	21	13	2	1
借方	22	-35	-5	-4
2.2 金融账户	23	-15 160	-2 148	-1 609
资产	24	-16 124	-2 282	-1 716
负债	25	964	134	107
2.2.1 非储备性质的金融账户	26	-14 907	-2 099	-1 569
2.2.1.1 直接投资	27	-10 188	-1 426	-1 071
资产	28	-13 138	-1 853	-1 390
负债	29	2 951	427	319
2.2.1.2 证券投资	30	-4 329	-632	-472
资产	31	-5 393	-773	-579
负债	32	1 064	141	107
2.2.1.3 金融衍生工具	33	-548	-75	-57
资产	34	-353	-49	-37
负债	35	-195	-27	-20
2.2.1.4 其他投资	36	158	34	31
资产	37	3 014	441	329
负债	38	-2 856	-407	-298
2.2.2 储备资产	39	-253	-48	-40
3. 净误差与遗漏	40	-2 645	-379	-283

注:

1. 根据《国际收支和国际投资头寸手册》(第六版)编制,资本和金融账户中包含储备资产。
2. "贷方"按正值列示,"借方"按负值列示,差额等于"贷方"加上"借方"。本表除标注"贷方"和"借方"的项目外,其他项目均指差额。
3. 季度人民币计值的国际收支平衡表数据,由当季以美元计值的国际收支平衡表,通过当季人民币对美元平均汇率中间价折算得到,季度累计的人民币计值的国际收支平衡表由单季人民币计值数据累加得到。
4. 季度SDR计值的国际收支平衡表数据,由当季以美元计值的国际收支平衡表,通过当季SDR对美元平均汇率折算得到,季度累计的SDR计值的国际收支平衡表由单季SDR计值数据累加得到。
5. 2023年,我国直接投资负债中资本金新增1200亿美元(折约8468亿元人民币)。
6. 本表计数采用四舍五入原则。
7. 细项数据请参见国家外汇管理局国际互联网站"统计数据"栏目。
8. 《国际收支平衡表》采用修订机制,最新数据以"统计数据"栏目中的数据为准。

(数据来源:国家外汇管理局网站.http://www.safe.gov.cn/.)

第 10 章 开放经济的宏观经济学

 阅读案例 10-3

美国从对华贸易战中得到了什么

2018 年 3 月,时任美国总统特朗普宣布将对从中国进口的商品大规模加征关税,挑起中美经贸摩擦。2021 年以来,拜登政府不仅延续了加征关税措施,还鼓噪对华"脱钩断链""去风险",打造"小院高墙",搞"友岸外包",破坏全球经贸体系。

美国单方面挑起对华贸易战六年来,中国经济不但没有被压垮,反而步入高质量发展新阶段。反观美国,对华采取的贸易霸凌和各种封锁打压,非但没能让其如愿实现制造业回流或减少贸易赤字,还导致美国丢掉了重要海外市场,失去了信誉,遭遇了通胀难题和成本更高的供应链体系。

2018 年 3 月,特朗普签署总统备忘录,依据"301 调查"结果,计划对从中国进口的商品大规模征收关税,并限制中国企业对美投资并购。随后两年,特朗普政府不断加征关税导致中美经贸摩擦持续升级。拜登政府上台后,继续通过关税、出口管制、产业补贴等手段,升级与中国的"战略竞争"。

2018 年 7 月和 8 月,美国分两批对从中国进口的 500 亿美元商品加征 25%关税。中方依法对美产品采取了同等力度、同等规模的对等措施。2018 年 9 月,美国对 2000 亿美元中国输美产品加征 10%的关税。作为反制,中方对价值 600 亿美元的美国商品加征关税。美方出尔反尔、极限施压,持续升级贸易战,共计对约 3700 亿美元中国输美产品加征关税。

2020 年 1 月,中美双方签署第一阶段经贸协议。此后一年,拜登政府上台,并于 2022 年 5 月对特朗普政府依据"301 调查"结果加征的关税启动复审程序。原定 2023 年年底结束的复审程序延期至今年 5 月底。美国不仅对中国商品加征关税,还泛化"国家安全"概念,滥用国家力量,不择手段打压特定中国企业。2019 年 5 月,特朗普政府宣布将华为列入"实体清单",限制其获得美国技术。

拜登政府继续加大对中国高科技行业的围堵。2022 年 8 月,美国出台《通胀削减法案》《芯片与科学法案》等排他性歧视性产业政策。同年 10 月,美国升级半导体等领域对华出口管制。2023 年 8 月,美国政府发布对外投资审查行政令,限制美方对中国高科技领域投资。

秘鲁国际法和国际关系学院院长米格尔·罗德里格斯·麦凯表示,中美贸易战给全球产业链供应链造成巨大冲击,让许多企业产生了不稳定和不安全感。

赢得发展主动权

面对贸易战的不利影响,中方坚定维护多边贸易体制,促进贸易和投资自由化便利化,改革的脚步不停歇,开放的大门越开越大。六年来,中国经济没有被压垮,没有与世界经济"脱钩断链",反而步入高质量发展新阶段,实现高水平对外开放,"一带一路"朋友圈持续扩容,多边合作道路越走越宽。

中国稳居全球货物贸易进出口第一大国,成为 140 多个国家和地区的主要贸易伙伴。中国国家统计局数据显示,六年来,中国对共建"一带一路"国家进出口额持续增长,从 2017 年的 73745 亿元人民币升至 2023 年的 194719 亿元人民币。

中国扩大面向全球的高标准自贸区网络,已与 29 个国家和地区签署了 22 个自贸协定,全面高质量实施《区域全面经济伙伴关系协定》(RCEP),积极推动加入《全面与进步跨太平洋伙伴关系协定》(CPTPP)和《数字经济伙伴关系协定》(DEPA)。

2023 年,中国外贸"新三样"电动载人汽车、锂离子蓄电池和太阳能蓄电池合计出口 1.06 万亿元人民币,首次突破万亿元大关,同比增长 29.9%。今年前两个月,中国货物贸易进出口总值同比增长 8.7%,实现良好开局。

在尖端科技领域,美国修筑的"小院高墙"没有阻碍中国科技企业的发展势头,反而促使中国加快自主研发步伐,助力经济高质量发展。英国《金融时报》首席经济评论员马丁·沃尔夫说,中国为突破美国施加的对华技术出口管制所作的努力令人印象深刻，尤其是在芯片方面。"中国拥有强大的制造能力、完善的基础设施、丰富的劳动力资源等优势，有能力应对国际贸易环境的变化。"

美国失去了重要海外市场得到了高通胀

美国政府推出一系列针对中国的贸易保护主义措施，本质上是谋求重构"去中国化"的国际贸易格局，把中国长期压制在全球价值链中低端。但事实证明，贸易战没有扭转美国的贸易逆差形势，也没有帮助美国实现对华"脱钩"。不仅如此，制造业未能如愿回流美国，美国企业失去了重要海外市场。美国得到的，只有更高的通胀压力和更复杂昂贵的供应链体系。

特朗普政府挑起对华贸易战的一个重要借口是减少贸易逆差。但经济学家反复指出，美国贸易逆差的根源在于储蓄率不足等内在结构性问题。"霸凌"经贸政策、单边措施不可能消解美国的贸易逆差。

美国商务部数据显示，2023 年美国货物贸易逆差达 1.06 万亿美元，远高于对华贸易战之前的水平，其中美国对墨西哥贸易逆差较上年增长近 17%。"我们实现减少贸易逆差目标了吗？绝对没有。"美国耶鲁大学高级研究员斯蒂芬·罗奇说。

中国产品的比较优势决定了美国无法降低对中国供应链的依赖。近几年，美国增加自"近岸""友岸"国家进口的同时，中国对这些国家的出口也在增长。这意味着中美供应链联系没有减弱，只不过多拐了几个弯。

美国种种"去中国化"的操弄使得全球供应链更曲折，增加了贸易成本。国际清算银行去年 10 月发布简报说，自 2021 年以来，跨国供应网络，尤其是包含中国和美国的供应网络变得更迂回、复杂和不透明，而供应链韧性并未增强。特朗普发动贸易战之时，誓言要让制造业和就业机会回流美国。然而，美国全国经济研究所近日发文指出，美国从 2018 年开始对外国金属、洗衣机和一系列中国商品加征关税，并没有增加相关行业就业。同时，贸易伙伴对美国产品征收报复性关税，使其海外销售成本增加，对美国农业等部门就业造成负面影响。

中国是全球最大的半导体市场。过去，中国市场收入占美国芯片企业英伟达收入的 20%左右。受美方出口限制措施影响，2024 财年第四季度，英伟达在华收入占比降至 10%以下。英国杂志《投资者纪事》刊文说，美国对中国的打压不可避免地对美国科技企业造成伤害。

对中国输美商品加征关税，助推美国相关商品涨价，通胀高企，相当于对美国消费者"征税"，给普通民众生活带来沉重压力。近几年，通胀率不断飙升成为美国经济的重大挑战。

美国农业部数据显示，过去四年，美国食品杂货价格上涨了 25%。美国皮尤研究中心近期民调显示，高达 73%的受访民众对拜登政府经济政策感到失望。

（资料来源：新华社国际 2024-03-27 00:05.）

3. 国际收支平衡表的编制原则

编制国际收支平衡表应遵循以下原则。

(1) 复式记账法。国际收支平衡表按照复式簿记的原则进行编制。复式记账法是国际上通行的会计准则，即每笔交易都是由两笔价值相等、方向相反的账目表示。一切收入项目及负债增加、资产减少的项目均列为贷方，以"+"号表示；一切支出项目及资产增加、负债减少的项目均列为借方，以"-"号表示；每笔交易分别同时记录在不同具体项目的借贷双方，因此，国际收支平衡表全部项目的借方总额与贷方总额总是相等的。例如出口商品属于贷方项目，进口商品属于借方项目。

(2) 计价原则。国际收支平衡表记录的交易价格均按照实际的市场价格来计价。实际的市场价格是在自愿基础上买方从卖方手中获得某件物品而支付的货币金额。如果实际价格不存在，则采用同等条件下已知的市场价格来推算，比如易货贸易、税收支付、非商业性交易(如政府间商定的物资交换、政府贷款、附属企业的交易)等。

(3) 记载时间。国际收支平衡表中每笔交易的登记时间均按照权责发生制原则，以所有权的实际变更时间为准。这是因为，一旦发生所有权变更，债权债务就会随之出现。所有权的变更可能反映在法律上，也可能反映在实物上。如果所有权的变更不明显，变更发生的时间可以用各方入账的时间来代替。对于对外贸易，出口商常常把作为实际资产的货物从账上取消，并在金融账目上记入相应的变化为准。对于服务项目，常常以服务提供之时为准。

(4) 记账单位。国际收支平衡表采用的货币单位，应该具有相对的稳定性和实用性，既可以是本国货币，也可以使用国际上比较熟悉的计账单位，如美元、欧元等。在把实际交易所使用的货币换算成国际收支平衡表的记账单位时，所用汇率应是交易日期的市场汇率，而且是中间汇率。

10.2.2 国际收支均衡的含义

国际收支是否均衡，并不是指国际收支平衡表中最终统计的平衡差额等于零，而是指其中的部分项目收支差额是否等于零。

从目前来看，一般是将国际收支平衡表中的经常性账户、资本账户总的收支差额是否等于零，作为衡量国际收支是否均衡的标准。当国际收支平衡表中的这两个账户收支差额等于零或贷方总值等于借方总值时，就认为国际收支是均衡的。如果这两个账户的贷方总值不等于借方总值，就认为国际收支是不均衡的。贷方大于借方的差额称为国际收支顺差或盈余；贷方小于借方的差额则称为国际收支逆差或赤字。

如果将国际收支平衡表中的统计误差忽略不计，并且不考虑经常性账户中除货物进出口之外的其他项目，或假定经常性账户中这些其他项目的贷方等于借方，则国际收支均衡的条件可写成下列公式

$$(X-M)-NK=0 \quad \text{或} \quad X-M=NK$$

式中，X表示出口额，M表示进口额，$(X-M)$表示净出口，在这里也表示经常性账户的顺差额；NK为资本净流出，即资本流出额减去资本流入的差额，也是资本账户的逆差。

上述国际收支均衡的公式表示：经常性账户和资本账户都可能存在正的或负的差额，但只要两个账户的差额能够相互抵消，即两个账户的差额之和等于零，国际收支就是均衡的。

10.2.3 国际收支均衡的影响因素

所有影响净出口和资本净流出的因素都会影响国际收支均衡。其中，主要的影响因素有以下几个。

1. 国民收入水平

在经常性账户方面，净出口首先决定于本国的国民产出水平。这是因为，进口在很大程度上决定于国民产出水平。国民产出水平较高，对进口货物的需求较大；国民产出水平较低，对进口货物的需求较小。因此，进口是国民产出的递增函数。而出口则在很大程度

上决定于外国对本国产品的需求，而不是决定于本国的国民产出水平。这样，净出口或经常性账户的差额($X-M$)就是国民产出的递减函数。

2. 本国与外国的利率

在资本账户方面，资本的净流出额首先决定于本国与外国的利率。本国利率越高，对外资的吸引力越大，资本流入额越大；相反，如果本国利率较低，则对外资的吸引力就小，资本流入额也会较小。资本流出额是本国利率的递减函数，即本国利率越高，资本流出额越小；本国利率越低，资本流出额越大。因此，资本流出与资本流入的差额，即资本净流出或资本账户的逆差，是本国利率的递减函数。外国利率水平的变化同样会引起资本净流出的变化。在本国利率水平不变的情况下，当外国的利率水平提高时，实际意味着本国利率水平相对下降。此时，外国对资本的吸引力会相对加强，而本国对资本的吸引力会相对减弱，从而在允许资本自由流动的情况下，会使资本流出增加，资本流入减少。在本国利率不变的情况下，当外国的利率水平提高时，会有较大的资本净流出；反之，在本国利率水平不变的情况下，当外国的利率水平下降时，则会使本国的资本流出减少，资本流入增加。

3. 本国与外国货物和服务的相对价格

本国货物和服务与外国货物和服务的相对价格对净出口具有重要影响。如果相对价格发生了变化，即使国民产出水平不变，净出口也会发生变化。当本国货物和服务的相对价格提高或外国货物和服务的相对价格下降时，相比之下，本国货物和服务在国际市场的竞争力就会下降，而外国货物和服务的竞争力则会增加，从而本国货物和服务的出口就会减少，而外国货物和服务进口则会增加。出口的减少和进口的增加意味着净出口减少。此时，在同样的国民产出水平下，只能有较小的进出口额；反之，当本国货物和服务价格相对下降，外国货物和服务价格相对上升时，本国货物和服务的竞争力就会相对提高，从而会增加本国货物和服务的出口，减少进口。此时，在同样的国民产出水平下，就会有较大的净出口额。本国与外国相对价格水平的变化也会间接地影响资本净流出。在其他条件不变的情况下，当本国价格水平上涨时，虽然本国的名义利率不变，但实际利率却会有所下降，从而会引起资本流出的增加和资本流入的减少；反之，本国价格水平下降时，会在名义利率不变的情况下，使本国的实际利率提高，从而会引起资本流出的减少和资本流入的增加。

4. 汇率

如前所述，汇率会影响本国与外国的相对价格水平，因此对经常性账户和资本账户均有重要影响。汇率的变化会引起本国与外国货物和服务的相对价格发生变化。本国货币的升值，会使本国与外国货物和服务的相对价格上升，从而会使本国的出口减少，进口增加；本国货币的贬值，会使本国与外国货物和服务的相对价格下降，从而会使本国的出口增加，进口减少。

同样，由于汇率变化而引起本国与外国相对价格水平的变化，也会通过影响相对实际利率水平而间接地影响资本净流出。本币汇率上升，本币的购买力增强，从而会刺激本国资本扩大对外投资。例如，日元在20世纪80年代和90年代初大幅度升值后，日本企业加快了向海外发展的速度，汽车业首先决定扩大和提前实施在海外就地生产计划，家用电器、办公设备和机床生产行业也拼命向海外拓展。与此同时，本币汇率上升对外资流入将会产生阻碍作用。所以，本币升值，会引起资本流出的增加和资本流入的减少。本币贬值对资本流动的影响，取决于贬值如何影响人们对该国货币今后变动趋势的预期。如果贬值后人们认为贬值的幅度还不够，汇率的进一步贬值将不可避免，即贬值引起汇率进一步贬值的预期，那么人们就会将资金从本国转移到其他国家，以避免再遭受损失；但如果人们认为贬值使得本国货币汇率已处于均衡水平，那么原先因本币定值过高而逃的资金就会流回国内。

  阅读案例 10-4

热钱能说明人民币有魅力吗

最近常常听到"热钱"这个词，据说，在人民币升值预期升温的背景下，国际热钱曾对 A 股市场虎视眈眈，也曾流入楼市投机，现在又源源不断地进入艺术品拍卖市场。有人说，"这正好证明人民币有魅力"，请问是这样吗？那为什么还要打击"热钱"呢？

1. 热钱：一种短期投机性资金

热钱(Hot Money 或 Refugee Capital)又称游资或叫投机性短期资本，它是一种利用有关国家的金融监管漏洞，以逐利为目的国际流动资本。与其他一般性投资不同，热钱具有明显的"四高"特征。

第一，高收益性与风险性。热钱追求的是在短时间内攫取高利润，当然这种高回报往往伴随着高风险。这意味着在高风险下，既可能在这个市场中赚钱而在另一个市场中赔钱，也可能在这个时期赚钱而在另一个时期赔钱。

第二，高流动性与短期性。热钱一旦捕捉到获利机会，就会迅速进入；而当风险加大丧失获利机会时又会快速退出，快进快出，逐利为上，表现出高度的流动性与短期性。其时间之短，甚至在一天或者一周内就完成热钱的进出过程。

第三，高敏感性。各国金融政策及世界各金融市场的差异性，为热钱的存在提供了条件。因此，热钱对各国金融政策的现状与走势、对各金融市场的汇率差、利率差和各种价格差，乃至对有关国家宏观经济政策的取向等都非常敏感，一旦发现获利机会，就会迅速行动。

第四，投资的高虚拟性与高投机性。热钱为了获利而进入世界各主要金融市场，买卖金融产品，每时每刻进行着"以钱生钱"的活动。从这个意义上讲，热钱也可算作一种投资资金。但是，热钱这种投资，从事的不是实体经济活动，快进快出，既不能创造就业，也无法带来经济的实质增长，因而具有极大的虚拟性与投机性。

尽管我国对跨境资本流动有比较严格的限制，人民币还不能实现完全可自由兑换，但一些境外热钱，还是想方设法通过各种渠道进入我国，寻找获利机会。大致来说，境外热钱进入我国的渠道有以下几种。

一是以资本项目的名义流入。随着我国逐渐放松对资本项目的管制，反映国与国之间以货币表示的债权债务变化情况的资本项目，成为热钱进入我国的一个重要渠道。比如，利用国内某些地方招商引资的优惠政策进行虚假投资，将无实体产业投资需求的资本投入到利润较高的房地产、证券业等领域；再如，国内投资者在境外成立有特殊目的的公司，通过境外银行借款、出让公司股份、发行可转换债券等形式募集资金，然后再将资金投入国内，进行返程投资；还有一些国际金融机构、大型跨国公司通过内部调拨资金或短期国际借贷的方式，将境外转入的资金投向高利润行业。

二是通过贸易项目流入。如在货物贸易中，通过与境外关联公司签订虚假贸易合同，向我国输入无实际成交货物的货款或预付款；或者通过"低报进口价格，高报出口价格"的方式少付汇、多收汇，将境外资金输入我国。而在服务贸易中，通过商标授权、项目论证、金融服务、专利等形式，因这些服务性产品没有统一的定价标准、专业性强等而监管难度大，从而为热钱流入提供了机会。

三是通过个人项目流入。热钱除了经由个人贸易活动流入外，还可以假借职工报酬、赡家费用等名目汇入国内，然后用于高利润行业投资。虽然这种方式流入的资金总额不大，但如果多次高频率地进行，也会对国内经济造成一定的影响。

此外，还可以通过地下钱庄流入。这种方式十分隐蔽，监管非常困难，而且数额不小，但交易却无法计入外汇统计，直接冲击到我国金融市场的正常秩序。

2. 热钱会影响到宏观经济的稳定发展

一般来讲，当一国短期利率处于波段高点或还在走高，或短期内汇率存在升值的趋势时，热钱就会涌入，从事套利或套汇或两者兼而有之的活动。我国利率与汇率的现状与趋势正符合以上两个条件。

就存款利率而言，我国通常要高于国外，这就产生了存款利差，热钱进入我国，只要将钱存入银行，就能得到几乎毫无风险的套利空间。长期以来我国人民币汇率一直实行有管理的浮动汇率制，当前我国外汇储备高居世界第一，这给人民币升值带来相当大的压力；2010 年 6 月我国重启人民币汇率形成机制改革，人民币对美元有一定的升值。尽管这样，外界依然普遍认为人民币还有升值空间。因此，热钱流入我国，就是在赌人民币升值以便套汇。这种情形，从一个侧面可以认为是人民币有魅力，但更能说明的是在人民币有魅力的背后，是我国经济持续发展、经济实力不断壮大的趋势，吸引了大量热钱涌入我国。

由于我国目前资本项目还未完全实现可兑换，这种情形下，大量热钱流入我国，必然会冲击到我国经济的稳定发展。主要表现在：

第一，造成流动性过剩，增大通胀压力。当大量热钱涌入我国时，为了保持人民币汇率的基本稳定，不至于过快升值，央行就不得不大量买入外汇，使得人民币供给大幅度增加。热钱涌入得越多，人民币发行的就越多，造成流通中的人民币数量迅速增多，导致市场中的流动性过剩，因此也加大了通胀压力。

第二，催生资产价格泡沫，造成市场虚假繁荣。前几年我国股票市场的过度繁荣及近年来房地产市场的持续火爆，虽然不能明确断定到底有多大规模的热钱参与其中，但像股票市场、房地产市场等资产市场价格的攀高，不能不说热钱起了推波助澜的作用。当前房地产市场价格高居不下，其中一个很重要的原因是房地产市场的投资价值仍然吸引了一定规模的热钱流入我国，从而对房地产市场价格起了支撑作用。

第三，热钱的最大危害是它的突然大规模撤出。热钱的本质决定了它是频繁流动的，热钱流入就总有其流出时。一旦市场发生突变造成热钱大规模的离场，它对经济的危害要严重得多。此时，资产价格泡沫会突然破灭，给众多投资者的财富造成损失，很可能导致股票市场、房地产市场长期萎靡不振。另外，汇率大幅贬值，连带出现国际收支严重失衡、诱发债务危机，甚至可能出现金融危机，直接打击到一国经济的发展。

热钱的危害是有前车之鉴的。1997 年爆发的东南亚金融危机，热钱是始作俑者，并首先发难于泰国。在热钱的冲击下，泰国 56 家银行倒闭、泰铢贬值 60%、股市缩水 70%，使泰国经济遭受重创，也使东南亚诸国及东亚各国身陷不同程度的金融危机当中。

虽然热钱会对我国经济稳定发展造成一定影响，但以我国整体经济实力来衡量，热钱的流入与流出，不太可能导致类似东南亚金融危机这样的情形发生。但也不能因此掉以轻心，加强对热钱的监管，摸清热钱的流向，积极稳妥地实现金融领域的对外开放，保持人民币币值的合理空间，提高国内金融体系的稳定性，以及加强跨国资本流动管理的国际合作，将有助于化解热钱带来的潜在风险。

(资料来源：中国社会科学院张德勇. 中青在线—中国青年报. 2010 年 08 月 02 日 07:04.)

第 10 章 开放经济的宏观经济学

10.3 开放经济的国民收入决定

10.3.1 净出口与国民收入决定

1. 开放经济中国民收入均衡公式

在开放经济条件下，一国的商品和服务通过国际贸易与外国的商品和服务发生联系。一方面，国内家庭、企业和政府部门的支出不仅花在本国的商品上，也会花在外国商品上，用于进口(M)。另一方面，本国商品不仅出售给国内居民，而且也出售给外国居民，用于出口(X)。

(1) 从最终产品流量看，本国企业生产的全部最终产品和服务，一部分被消费者购买形成消费者的消费支出，一部分被企业购买形成企业的投资支出，一部分被政府购买形成政府的购买支出，还有一部分被国外购买从而形成本国的出口支出。但由于消费者的消费支出、企业的投资支出、政府的购买支出都包含有对国外的购买支出(即本国的进口)，因而要计算对本国产出的总支出，必须从本国对国外的出口之中扣除本国对国外的进口。因此

总支出(AE)=消费(C)+投资(I)+政府购买(G)+出口(X)-进口(M)

(2) 从开放经济的社会总收入来看，总收入要么用于消费，要么用于投资，要么用于向政府缴税。因此

总收入(Y)=消费(C)+储蓄(S)+税收(T)

由于任何一种产品和服务的购买价格必然与销售价格相等，因此，购买所有最终产品和服务发生的支出总和必然等于销售所有最终产品和服务而获得的收入总和，也就是总支出(AE)必然等于总收入(Y)，即

$$Y = C + I + G + (X - M) = C + S + T \tag{10-1}$$

所以，开放经济中国民收入均衡公式为：$Y = C + I + G + (X - M)$ 或 $I + G + (X - M) = S + T$。在开放经济中，决定国民收入的有消费 C、投资 I、政府购买 G、税收 T、出口 X 和进口 M 6 个变量。

2. 出口函数

1) 影响出口的因素

(1) 其他国家的收入。如果其他因素既定，其他国家的国民收入越高，对一国的产品与劳务的需求就越大，则该国的出口就越多。从这个意义上说，整个世界经济的发展，对任何国家都是有利的。相反，在其他因素一定的情况下，其他国家的国民收入越低，对一国的产品和服务的需求就越小，则该国的出口就越少。

(2) 国际专业化程度。世界范围内的生产分工协作与专业化程度越高，国与国之间的贸易联系就越密切，各国就最能发挥自己的比较优势，各国的产品和服务的出口就越多。世界范围内的生产分工协作与专业化程度越低，国与国之间的贸易联系就越稀疏，各国的出口量就越少。

(3) 一国产品价格的相对高低。在其他因素一定的情况下，一国产品的价格相对于其

他国家的产品价格越低,该国产品在国际市场上的竞争力就越强,出口也就越多。相反,在其他因素一定的情况下,一国产品的价格相对于其他国家的产品价格越高,该国产品在国际市场上的竞争力就越弱,出口也就越少。

(4) 汇率。在其他因素一定的情况下,一国货币的汇率越低,在国际市场上,用他国货币衡量的本国产品的价格也越低,从而该国的出口量就越多。在其他因素一定的情况下,一国货币的汇率越高,在国际市场上,用他国货币衡量的本国产品的价格也越高,从而该国的出口量就越少。

此外,一国的出口量还取决于该国的外贸制度、世界市场对该产品的需求弹性等因素。

2) 出口函数

虽然一国商品和服务出口量的影响因素很多,但是它是国外对本国产品和服务的消费,与本国的国民收入水平并没有很大关系。因此,可以假定一国的出口不受该国收入水平的影响,为自发变量,即出口函数:$X=X_0$。

3. 进口函数

1) 影响进口的因素

(1) 一国的国民收入。如果其他因素既定,本国的国民收入越高,对他国的产品与劳务的需求就越大,则该国的进口就越多。相反,在其他因素一定的情况下,本国的国民收入越低,对他国的产品和服务的需求就越小,则该国的进口就越少。

(2) 国际专业化程度。世界范围内的生产分工协作与专业化程度越高,国与国之间的贸易联系就越密切,各国就最能发挥自己的比较优势,各国的产品和服务的进口就越多。世界范围内的生产分工协作与专业化程度越低,国与国之间的贸易联系就越稀疏,各国的进口量就越少。

(3) 外国产品的相对价格。在其他因素一定的情况下,外国产品的价格相对于本国产品价格越低,外国产品在本国国内的竞争力就越强,本国的进口也就越多。外国产品的价格相对于本国产品价格越高,外国产品在本国国内的竞争力就越弱,本国的进口也就越少。

(4) 汇率。在其他因素一定的情况下,一国货币的汇率越低,在国际市场上,用本国货币衡量的外国产品的价格也越高,从而该国的进口量就越少。在其他因素一定的情况下,一国货币的汇率越高,在国际市场上,用本国货币衡量的他国产品的价格也越低,从而该国的进口量就越多。

此外,一国的进口量还取决于该国的外贸制度、该国对外国产品的需求弹性等因素。

2) 进口函数

虽然影响进口的因素很多,但是最重要的因素是该国的国民收入水平。因此,假定一国的进口仅受该国收入水平的影响,而且是该国收入的线性函数,则进口函数可写为

$$M = M_0 + mY \tag{10-2}$$

式中,M_0 表示自发进口,为一常量,与收入无关,且 $M_0>0$。自发进口 M_0 与消费函数中的自发消费 C_0 相对应。在可支配收入为零时的自发消费中,包含着对进口品的消费,这部分进口就包含在自发进口之中。

m 为边际进口倾向,表示每增加一单位收入所增加的进口量,或者表示进口增加量在收入增加量中的比例:$m = \Delta M / \Delta Y$,$0 < m < 1$。$m > 0$,表示进口随着收入的增加而增加。

$m<1$，表明进口的增加量小于收入的增加量。mY 为引致进口，即由收入引起的进口。

出口与进口之差就是净出口(NX)。显然，净出口是本国国民收入的函数，即

$$NX = X - M = X - M_0 - mY \tag{10-3}$$

4. 开放经济中国民收入的决定

如果消费函数 $C = a + bY_d$（Y_d 为可支配收入，$Y_d = Y - T_z + T_r$，T_r 为政府的转移支付），则根据开放经济中国民收入均衡公式为 $Y = C + I + G + (X - M)$，有

$$C = a + b(Y - T_z + T_r)$$
$$Y = a + b(Y - T_z + T_r) + I + G + X_0 - M_0 - mY$$

则开放经济中，均衡的国民收入为

$$Y_E = \frac{a + b(T_r - T_z) + I + G + X_0 - M_0}{1 - b + m} \tag{10-4}$$

由式(10-4)可知，在开放经济中，均衡的国民收入与边际进口倾向 m 负相关，也就是与进口负相关，与出口 X_0 正相关。因此，在开放经济中，增加净出口能够提高一国的国民收入水平。

10.3.2 对外贸易乘数

1. 对外贸易乘数的主要内容

在 20 世纪 30 年代至 40 年代，随着凯恩斯主义的兴起，运用凯恩斯经济学原理研究国际收支问题就成为十分自然的事情。由开放经济中均衡的国民收入计算公式，可以知道，增加净出口能够提高一国的国民收入水平。于是，在此基础上，以哈罗德、劳埃德、梅茨勒等为代表的经常学家相对成功地运用凯恩斯的乘数理论对汇率变动的影响进行分析，提出了国际收支的收入调节机制，以此形成了国际收支的乘数理论。

凯恩斯的乘数理论原是反映国内投资和储蓄自身变化与国民收入变化之间的关系，即由于国内投资的增加给国民收入总量带来的增长要比投资本身大得多，而国内储蓄的增加会以同样的倍数减少国民收入总量。外贸乘数学说(foreign trade multiplier theory)就是凯恩斯主义者将乘数理论推广到开放经济情况下，把国际收支与国民收入联系起来进行研究，其主要内容如下。

(1) 一国的出口与国内投资一样，有增加国民收入的作用，一国的进口与国内储蓄一样，有减少国民收入的作用。当一国商品、劳务出口时，从国外获得的货币收入会使产业部门(企业主和工人)收入增加，从而引起从事国内消费品生产部门的收入和就业的扩大，并使进口增加，如此推算下去，国民收入的增量将是出口增加的若干倍。贸易顺差的增加或减少会引起国民收入的成倍的增加或减少。

(2) 由出口增量(ΔX)所诱发的国民收入增量(ΔY)的倍数大小，主要依赖于两个因素：一是边际进口倾向($\Delta M/\Delta Y$)，即在出口增量诱发的国民收入增量中用于增购进口品所占的比例；二是边际储蓄货币倾向($\Delta S/\Delta Y$)，即国民收入增量中转入储蓄部分的比例。外贸乘数 (dY/dX) 的计算公式为

$$dY/dX = 1/(\Delta M/\Delta Y + \Delta S/\Delta Y) \tag{10-5}$$

这就是说，边际进口倾向和边际储蓄倾向越小，则外贸乘数越大，国民收入增加幅度

越大;反之,边际进口倾向和边际储蓄倾向越大,则外贸乘数越小,国民收入增加幅度越小。由于扩大出口而增加的国民收入中总有一部分用于购买本国产品,因此,$\Delta M/\Delta Y+\Delta S/\Delta Y<1$,换句话说,外贸乘数必大于1。

(3) 当出口增加导致国际收支顺差时,若外贸乘数大,边际进口倾向小,则该国会在长期内保持顺差;若外贸乘数小,边际进口倾向大,则顺差很快因进口的增加而抵消。当出口萎缩导致国际收支逆差时,若边际进口倾向小,外贸乘数大,则进口缩减程度大,有利于调节逆差。因此,当一国国际收支顺差时,国内政策应促使边际进口倾向变小,从而有利于维持持续性的顺差;当一国国际收支出现逆差时,国内政策应促使边际进口倾向变小,从而使国际收支逆差得到缓和。

2. 对外贸易乘数的图形表述

对外贸易乘数公式表明了与进、出口之间的关系,不仅出口能够对国民收入产生影响,而且进口的多少也能对国民收入的增量产生影响,甚至可以说,边际进口倾向对国民收入的影响更大。它们之间的这种关系可以用图形加以表述,如图10.2所示。

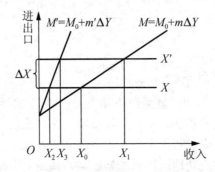

图 10.2 对外贸易乘数

图 10.2 中,横轴为国民收入,纵轴为进出口。当出口从 X 增加到 X' 时,就会产生一个出口增量 ΔX。m 和 m' 为边际进口倾向,且 m' 大于 m;M 和 X' 为进口量;M_0 为截距,即收入为 0 时所需的基础进口。如前所述,当出口从 X 增加到 X' 时,不同的进口,尤其是不同的边际进口倾向,对国民收入的影响是不同的。当边际进口倾向为 m 时,出口增量 ΔX 引至的国民收入增长量为 X_0X_1;如果边际进口倾向变得较为强烈,达到 m',这时,相同的出口增量 ΔX 引至的国民收入增长量则仅为 X_2X_3。出口、进口与国民收入之间的这种关系是很自然的,这是因为,边际进口倾向较强本身就意味着国民收入增量中的较大部分花费在进口商品上了,从图上看,就是 $M'(M'=M_0+m'\Delta Y)$ 的增长要远远快于 $M(M=M_0+m\Delta Y)$ 的增长。

3. 对外贸易乘数的意义

开放经济有利于调动国内资源,包括市场资源,以促进一国经济的发展。对外贸易乘数理论的提出,从定量分析的角度,进一步阐明了开放经济相对于封闭经济的优越性。但这还不是对外贸易乘数理论的主要意义。

1) 对外贸易乘数的政策含义

对外贸易乘数表明了对外贸易在一国经济增长过程中的积极作用。它在就业计划和进出口安排方面具有重要的政策意义。

由对外贸易乘数的计算公式 $dY/dX = 1/(\Delta M/\Delta Y + \Delta S/\Delta Y)$ 可知，边际进口倾向和边际储蓄倾向越小，则外贸乘数越大，国民收入增加幅度越大；反之，边际进口倾向和边际储蓄倾向越大，则外贸乘数越小，国民收入增加幅度越小。因此，贸易乘数最直接的含义是，一国的出口收入不应过多地用于进口外国的产品而应更多地购买本国产品，这有利于乘数的增大和国民收入水平的提高。如果不是这样，而是将出口收入中较大的部分用于进口，则乘数变小，国民收入的增量也会变小。因此，在可能的情况下，出口收入的增量部分应尽量少用于进口，以扩大出口对经济发展的促进作用。

对外贸易乘数的政策含义并不完全在于增加出口、减少进口以促进经济的发展和国民收入水平的提高，它所隐含的目标有时甚至更为重要。多年来纠缠世界各国的贸易纠纷在很大程度上都源于贸易对就业问题的影响。生产萎缩意味着就业机会的减少，而生产规模的扩张则意味着就业机会的增多。进口和出口对就业产生的影响是不同的。进口将使生产同类产品的部门受到竞争，抑制这些部门以及与其关联的其他产业部门的发展，甚至摧毁这些生产部门，从而减缓进口国就业机会的增加或减少就业机会，加剧进口国的就业矛盾。与此相反，出口能够刺激出口部门以及与其相关联的其他产业部门的生产，促进其生产规模的扩大，这有利于减少失业和增加就业机会。

本国的出口是他国的进口，而其进口则是他国的出口，因此，还应重视回应的贸易乘数或国外收入的反冲效应，这也具有重要的政策意义。当对外贸易乘数引起国民收入增加时，新增国民收入的一部分将用于进口，进口的新增额也就是他国出口的增额，于是，他国也会出现一个乘数过程，其国民收入也会成倍增加，而其增加的国民收入中的一部分也会用于进口，即本国再次获得一个增加出口的机会，从而导致第二轮乘数过程。这种因相互激荡而产生的扩张效应会逐渐削弱，直至完全消失，但两国国民经济增长的总量最终仍然大于出口增长的总量。

2) 对外贸易乘数的宏观把握

对外贸易乘数首先揭示了闭关锁国对于一国经济发展的危害及对外贸易对于一国经济增长的重要性。对外贸易被视作经济增长的发动机不是没有道理的，在存在需求约束的情况下尤其如此。此外贸易乘数特别是回应的贸易乘数还表明，国际经济的传导不仅是经济问题的传导，而且也是经济增长的传导，各国经济的发展之间是相互联系、相互依赖、相互促进的，不应把出口完全理解为"输出"失业。

但是，也不能因此将贸易乘数的意义简单化、绝对化。进出口对于大国和小国、对于发达国家和发展中国家，其意义是不完全相同的。比如，小国的出口或进口对大国来说谈不上什么影响，虽然他的出口也可以在国内产生一个乘数过程；大国则不同，大国的进口不仅能够有效改善伙伴国的国民收入状况，而且还能促使伙伴国更多地购买本国的商品，进而刺激本国的经济发展。再如，发展中国家生产力落后，进口技术先进的机器设备，对于改善生产条件、提高生产力水平、促进国民经济下一期的增长与发展，就具有特殊意义，由此导致的国际收支逆差完全可以用其后的出口增额来弥补。

总之，外贸乘数理论把国际收支与国民收入联系起来，把外贸对国民收入的扩大或紧缩的倍数作用同一国内部经济有机结合起来，提出了独特的国际收支不平衡调节政策，这对于以后国际收支调节理论的研究和政府政策都具有一定的意义。但这一理论是建立在凯恩斯乘数原理的基础上的，模型中没有考虑货币量和价格因素的作用，它假定的是汇率稳定、价格不变、出口具有弹性等，这样就容易得出：逆差调节是减少国内消费，顺差调节是扩大国内消费。若上述假定不能实现，则调节效果就差。另外乘数理论同样没有考虑资本流动，因此它关于收入对国际收支的影响分析并不全面。收入上升虽然刺激进口增长，但收入上升往往意味着经济繁荣，由此可能会吸引外国资金流入，带来资本账户的改善，抵消其对经常性账户收支的不利影响。因此这一理论同样具有局限性。

10.3.3 对外贸易政策

各国对外贸易活动总是在一定的对外贸易政策的指导下进行的，通过实施各种外贸政策调节利益分配、进出口规模、结构和流向，以达到调节产业结构、国际收支和保护国内生产与市场的目的。因此，对外贸易政策是一国政府在其社会经济发展战略的总目标下，运用经济、法律和行政手段，对对外贸易活动进行的有组织的管理和调节的行为。它是一国对外经济和政治关系政策和措施的总体。

1. 对外贸易政策的基本类型

各国政府制定的对外贸易政策，往往要根据不同历史时期的世界政治、经济形势的变化，各国的经济发展水平，不同的经济思想和外贸理论而随时调整和改变。以国家对外贸的干预与否为标准，可以把对外贸易政策归纳为 3 种基本类型：自由贸易政策、保护贸易政策和管理贸易政策。

对外贸易政策是为本国的经济基础服务的，各国政府制定的对外贸易政策的实质是代表本国统治阶级，为本国统治阶级利益及本国的经济发展服务。其出发点主要是扩大本国产品的出口，保护本国市场免受外国商品的竞争，有利于本国产业结构的调整及积累资金并维护本国对外的政治关系。一国在决定是采用自由贸易政策、保护贸易政策还是管理贸易政策时，会综合考虑多种因素，概括起来主要有：第一，本国经济结构与比较优势；第二，本国产品在国际市场上的竞争能力；第三，本国与别国在经济、投资方面的合作情况；第四，本国国内物价、就业状况；第五，本国在世界经济、贸易制度中承担的权利与应尽的义务；第六，各国政府领导人的经济思想与贸易理论等。

1) 自由贸易政策

自由贸易政策指国家取消对进出口贸易的限制和障碍，取消对本国的进出口商和进出口商品的一切特权和优待，让商品自由进出口，在国内外市场上自由竞争。当今世界上，真正实行自由贸易政策的国家和地区并不多，大多数国家和地区都采取了或高或低、或强或弱的保护措施。典型的自由贸易形式是自由港、自由贸易区等。从世界上贸易自由度较高的国家和地区来看，自由贸易政策的主要内容有：

(1) 商品的进出口基本上免除关税，征收关税的目的不是要限制进出口，而是要增加财政收入。例如，香港除极少数产品外，其余商品都可以免税进出口，是一个基本上无关税的口岸。

(2) 政府不采取奖出限入的政策，进出口数量受国内国际市场的引导和调节。奖励出口的措施有给予企业或出口产品财政补贴、税收优惠、贷款优惠等，限制进口的措施有关税与非关税两种。

(3) 允许外汇、黄金等国际储备手段自由进出。自由贸易的结果，必然导致外汇、黄金等国际硬通货在各国之间的流动和再分配，硬通货将逐渐集中到长期贸易顺差的国家和地区。例如，美国，在第二次世界大战后的初期约集中了世界黄金储备的3/4。

(4) 对进入国内的外国产品，不实行歧视性政策。在国内运输、批发、销售等方面与本国产品一视同仁，同等对等。

(5) 外贸进出口业务分散化，各外贸企业可以平等竞争，不存在具有外贸特权的生产企业和经销企业。对于进出口数量有限的产品，其经营权要经过招标投标决定，不存在任何秘密行为和交易。

(6) 各国及其产品要一视同仁，标准单一。在进口方面不存在差别关税率和其他非关税措施，更不允许抑制或拒绝某些国家的产品进入。在出口方面，不应限制本国产品出口某些国家，更不允许搞封锁、禁运等。

2) 保护贸易政策

保护贸易政策指一国制定并实施各种限制进口的措施，以保护本国的商品在国内市场免受外国商品的竞争，并对本国出口商品给予优待和津贴来鼓励商品出口。保护贸易是一种以利用关税及其他非关税手段限制外国商品的进口，利用补贴及其他非补贴手段鼓励本国商品出口为基本内容的贸易政策。"奖出限入"是保护贸易政策的基本特征。所谓"保护"有以下几种含义。

(1) 保护本国的商品市场，帮助企业拓展国外市场。一国的有效需求是有限的，其市场容量也是有限的。如果不加以保护，让外国产品长驱直入，本国产品的市场就会萎缩，甚至完全会垮掉。在保护本国市场的同时，保护贸易政策还可以积极推动企业走向国际市场。为了提高本国产品的国际竞争能力，政府可以采取种种优惠政策降低出口品的生产成本，使其以有竞争力的价格在国际市场上销售，扩大国际份额。

(2) 保护本国的有关产业。国内某些产业处于幼稚和成长期，产品成本高、质量差，不具有与外国产品竞争的能力。如果不加以适当保护，幼稚产业就会被扼杀在摇篮里。例如，大多数发展中国家都要保护其制造业，因为它们的制造业都比较薄弱。此外，有些国家还注意保护本国的一些传统产业，以免被进口产品冲垮。

(3) 保护本国就业市场。就业不足、失业严重，几乎是每一个现代国家通病。保护本国市场和产业的同时，也就是保护了本国的就业。失掉市场、失掉产业，劳动力自然要失业。此外，劳动市场也可以用法律和行政手段直接保护。例如，限制外国移民、限制暂住的非居民就业等。

(4) 保护本国的先进技术。先进技术是一种非常宝贵的经济资源。在国际竞争中，谁掌握了先进技术，谁就掌握了主动权，更不用说先进技术在军事国防上的应用价值了。所以，有些国家禁止或限制包含先进技术的产品出口，特别是出口到军事敌对国和经济对手国。

(5) 保护本国的某些短缺、珍稀自然资源。自然资源是一种天赐禀赋，不可多得。如某些矿藏资源、野生动植物资源，如果不加以限制，任期自由贸易，很快就会枯竭或灭绝。反过来说，如果出口以后在国外大量繁殖生产，也会丧失珍稀价值，使本国丧失拳头产品及其带来的贸易利益。

实行保护贸易政策的主要措施是征收出口关税。此外，限制进口的保护贸易措施主要有征收进口关税、实行进口配额、进口许可证制度、外汇管制、进口押金制、产品质量标准、产品卫生标准等；鼓励出口的措施是实行出口信贷、出口补贴和降低出口商品税率等。一般来说，发展中国家为保护本国民族经济发展，多采取保护贸易政策，但由于其经济基础差，保护贸易力度不够；一些发达国家高喊自由贸易政策，但实际上是灵活地使用自由贸易和保护贸易政策为本国利益服务。

3) 管理贸易政策

管理贸易政策又称协调贸易政策，是指国家对内制定一系列的贸易政策、法规，加强对外贸易的管理，实现一国对外贸易的有秩序、健康的发展；对外通过谈判签订双边、区域及多边贸易条约或协定，协调与其他贸易伙伴在经济贸易方面的权利与义务。管理贸易政策是20世纪80年代以来，在国际经济联系日益加强而新贸易保护主义重新抬头的双重背景下逐步形成的。在这种背景下，为了既保护本国市场，又不伤害国际贸易秩序，保证世界经济的正常发展，各国政府纷纷加强了对外贸易的管理和协调，从而逐步形成了管理贸易政策或者说协调贸易政策。管理贸易是介于自由贸易和保护贸易之间的一种对外贸易政策，是一种协调和管理兼顾的国际贸易体制，是各国对外贸易政策发展的方向。

2. 对外贸易政策的措施

各国的对外贸易政策是通过实施具体的措施实现的。这些具体措施主要包括关税措施、非关税壁垒措施、出口管理措施等。

1) 关税

关税(customs duties 或 tariff)是进出口商品通过一国关境时，由政府设置的海关向其进出口商品征收的一种税收。关税又分为进口关税和出口关税。进口关税(import duty)是海关对进口商品所征的正常关税(normal tariff)，因进口商品的加工深度不同而税率不同。出口关税(export duty)是海关对出口商品所征的正常关税。关税是国家财政收入的一个重要组成部分，它具有以下作用。

(1) 征收关税可以起到保护本国经济的作用。通过对进口货物征收关税，提高进口货物的价格，削弱它与本国同类产品的竞争能力，以保护本国的生产，免受外国竞争者的损害。同时，进口商品价格提高以后，也同样提高了国内产品的市场价格，从而可以鼓励本国同样产品生产的积极性。对出口商品征收关税，可以抑制这些商品的出口，使国内市场得到充分供应，防止本国重要资源大量外流。

(2) 调节作用。利用关税税率的高低与减免，影响进出口数量，从而影响国内经济。从生产方面看，利用税率的高低，国家可以有意识地引导各类商品的生产，改变产业结构；从市场状态看，可以利用关税税率控制进出口商品的数量，保证市场供求平衡；从国际收支看，一国贸易逆差过大时，可以通过提高进口关税税率和加征进口附加税的办法，减少进口数量，减少贸易逆差。

当然，关税也有它的消极作用。比如，由于对进出口商品征收关税，提高了价格，增加了消费者的开支，加重了他们的财务负担；由于征税，减少了进出口数量，不利于国际贸易的开展；而且，虽然关税有保护本国生产的作用，但如果征税过高，保护过度，会使有关企业养成依赖性，不利于提高经营管理水平，不利于参与国际竞争。

2) 非关税壁垒

非关税壁垒(non-tariff barriers)是指关税以外的一切限制进出口的措施。随着WTO各成员国进口关税税率的下降,贸易壁垒的重点从关税壁垒转向非关税壁垒。它具有以下特点:第一,它比关税壁垒具有更大的灵活性和针对性。一般来说,各国关税税率的制定,必须通过立法程序,需适用较为繁琐的法律程序,并像其他立法一样,要求具有一定的连续性。如果调整或更改关税税率,也需适用较为繁琐的法律程序和手续。在需要紧急限制进口时往往难以适应。在同等条件下,关税还受到最惠国待遇条款的约束,在税率上很难作灵活的调整,而非关税壁垒措施的制定和实施,通常采用行政程序,手续比较迅速,可随时针对某国的某种商品采取或更换相应的限制措施,能较快地达到限制进口的目的。第二,在达到限制进口的目的上,非关税壁垒更能取得效果。关税壁垒是通过征收高额关税,提高进口商品成本和价格,削弱其竞争能力,达到间接限制进口的目的。如果出口国用出口补贴、商品倾销等办法降低出口商品价格,关税往往难以起到限制进口的作用。第三,非关税壁垒更具有隐蔽性和歧视性。进出口商通常容易了解有关税率,因为关税税率确定后,都会以法律形式公布于众;而一些非关税壁垒措施往往不公开,或者标准较为复杂,使进出口商难以适应。

非关税壁垒种类繁多,下面只举几种主要的措施。

(1) 进口配额制。进口配额(import quotas system)指进口国对某种商品在一定时期的进口所规定的一个数量和金额的限额,达到限额后禁止进口或对超过限额的进口要征收较高关税。达到限额后对超过限额部分禁止进口的配额叫绝对配额;对限额以内的商品的进口实行优惠待遇,而对超额部分征收较高关税和附加关税甚至罚款的进口配额叫关税配额。

此外,进口配额还可分为全球配额(global quotas)和国别配额(country quotas)。全球配额不作国别或地区限制,只规定某种商品限额的总量,按进口商申请先后顺序拨给一定额度,直到配额发放完为止。国别配额按不同国家和地区分配配额,这配额带有更大的歧视性,它使出口国出口商品时受到更大的限制。

进口配额制常常与进口许可证配合使用,进口必须向政府主管部门提出某种商品的进口申请,经批准发给相应配额的许可证方可进口。

(2) 自动出口配额。自动出口配额(voluntary export quotas)指进口配额交由出口国管理或出口国主动以配额方式限制出口。自动出口配额往往是在进口国的要求或压力之下被迫实施的。自动出口配额比进口配额更灵活和更隐蔽,它既能限制进口也能逃避国际监督,而且出口国政府从中调整的余地也比较大。自动出口配额分为协定式和非协定式两种形式。协定式自动出口配额是通过双方政府谈判签订"自限协定"(self-restraint agreement),由出口国规定"自动"限制的出口额。非协定式自动出口配额是指由出口国单方面规定某种商品在一定时期内向某国出口的限额,以避免进口国的报复。

(3) 进口许可证。进口许可证(import license system)指进口某种商品必须得到政府主管部门批准并发给许可证,没有许可证一律不准进口。进口许可证可以根据其是否与配额相结合,分为定额许可证和无定额许可证。定额许可证是指许可证与进口配额相结合,在配额限度内根据进口商申请发放一定数量或金额的许可证,配额用完就停止发放许可证。无定额许可证是指进口国事先不公布进口配额,许可证的发放在个别考虑的基础上进行,由于没有公开的数量和标准,因而也就给正常的贸易带来更大的困难,其所起的进口限制作用就更大。

(4) 歧视性国内政策。歧视性国内政策主要表现为歧视性政府采购政策和国内税。

歧视性政府采购政策(discriminatory government procurement policy)指一国政府通过法令形式规定本国政府采购自用商品时，必须优先购买本国制造的商品。本国制造指用本国原材料在本国制造的商品。政府在进行采购时往往给予本国供应者以价格及其他许多优惠待遇，这不但非常有效地限制了外国商品的入境，而且也使已经进入市场的国外产品处于不利的竞争地位。

国内税的种类很多，产品在生产、流转过程中往往要承担纳税任务，绝大多数国家对进入本国市场的进口商品同样征收国内税，只是在税率差别上，本国产品与进口货物间的差距很大。国内税也就被广泛用于限制进口。由于国内税的制定和执行权属本国的各级政府机构，因而通常不受贸易条约或多边协定的限制，利用国内税来实施进口限制也就成为一种灵活易行的措施。

(5) 进口限价。这是指一国政府对某些商品的进口规定最低价格，这一价格通常是确定在一个较高的水平上，并且会不断受到调整和提高。凡进口价低于所规定的最高限价，就要通过征收关税以提高进口商品的售价，以此达到限制进口的目的。

(6) 进口押金。进口押金制又称先期存款制，是指政府规定在进口商品以前，进口商品必须预先按进口货款的一定比例，在指定银行无息存入一笔资金，所有款项将按规定冻结一段时期。这一措施是通过增加进口商的资金负担来限制进口的。先期存款不但会因利息损失而提高进口费用，而且还迫使进口商不得不在进口货款以外另筹一大笔资金来完成进口交易。在这种情况下，进口商因难于获得流动资金而不得不放弃一些进口交易。

(7) 技术贸易壁垒。技术贸易壁垒是指商品进口国针对商品制定过分严格的技术标准、安全卫生检疫规定、商品包装和标签规定等，以限制商品进口的非关税措施的总称。

许多国家利用进口条例中所含对产品及其加工过程的卫生、安全和环境的规定，以限制商品进口，如利用对肉类和植物进口所作的防病防虫规定，保护本国农业；利用包装和商标规定，使进口商品成本上升，限制其进入本国市场。

3) 出口管理措施

出口管理措施包括出口鼓励措施和出口管制措施。

出口鼓励措施主要有出口信贷、出口信贷国家担保、出口补贴和出口退税、商品倾销、外汇倾销等。

(1) 出口信贷，是一个国家为了鼓励出口，增强商品的竞争能力，通过本国银行对本国出口商(卖方)或国外进口商或进口方银行(买方)提供的优惠利率的贷款。

(2) 出口信贷国家担保制，就是国家为了扩大出口，对于本国出口厂商或商业银行提供的信贷，由国家设立的担保机构出面担保，当国外债务人拒绝付款时，该机构就按照承保的数额给予补偿。

通常保险公司不承保的出口项目都可向担保机构投保。担保风险一般分为政治风险和经济风险，前者一般为合同金额的85%～95%，后者一般为合同金额的70%～80%。

(3) 出口补贴又称出口津贴，是一国政府为了降低出口商品的价格，加强其在国外市场的竞争力，在出口某种商品时给予出口厂商的现金补贴或财政上的优惠待遇。需要指出的是，有些补贴会造成市场扭曲，属于不公平贸易行为，应根据有关承诺禁止使用。

出口退税可以降低出口商品的成本和价格，是国际贸易中常用的鼓励出口的措施，它不属于不公平贸易行为。出口退税就是在商品出口时，国家将其在国内生产流转过程中被征收的所有税款全部退还给出口商,使商品能够零税率出口的措施。目前中国已在逐步提高出口退税税率。

(4) 商品倾销,商品倾销是指出口厂商以低于国内市场价格甚至低于成本的价格,在国外市场上大量抛售商品的行为。

(5) 外汇倾销,外汇倾销就是利用本国货币对外贬值的机会扩大出口。本国货币贬值,则用外币表示的本国出口商品的价格就会降低,本国出口商品竞争力提高,有利于扩大出口。同时,用本币表示的进口商品的价格增加,进口商品竞争力下降,有利于限制进口。

但外汇倾销是有条件的:货币贬值的程度大于国内物价上涨的程度;他国不同时实行同等程度的货币贬值或采取其他报复措施。

(6) 鼓励出口的其他措施。政府利用国家财政经费举办出口商品展销会,邀请外国贸易代表团来访和组织本国贸易代表团出访,以促进商品出口;颁布各种出口奖励政策;设置促进出口的行政机构,建立各类为出口厂商服务的信息情报网络;创办经济特区,鼓励出口加工贸易和转口贸易,促进对外贸易的发展。

出口管制措施是国家对有些商品的出口实行管制的措施。

出口管制的商品包括:①战略物资及其有关的先进技术资料;②国内生产所需的原材料、半成品及国内市场供应不足的某些必需品;③实行"自动"出口控制的商品;④实行许可证出口管理的商品;⑤为了实行经济制裁而对某国或某地区限制甚至禁止出口的商品;⑥重要的文物、艺术品、黄金、白银等。

3. 对外贸易政策对经济的影响

对外贸易政策是以国家利益为基础制定的,因此,对外贸易政策对一国经济有着重大的影响,其主要表现在以下几个方面。

1) 改善贸易条件与国际收支状况

贸易条件是指进出口商品或进出口要素的交换比例,从实物形式上反映一国在国际贸易中的获利能力。贸易条件=(出口价格指数/进口价格指数)×100。若贸易条件大于100,则贸易条件较好;若贸易条件小于100,则贸易条件比基期不利。

政府可以通过调节关税税率影响进出口商品的相对需求,来达到改善贸易条件的目的。此外,无论是国际收支顺差还是逆差,一国都可以通过制定一定的贸易政策来促进进口、抑制出口或是反过来促进出口、抑制进口,以调节国际收支,其中包括关税政策。

2) 调配生产要素和产业结构

一国的经济资源,如劳动力、矿产、设备等,可能未被充分利用。为了充分利用这些闲置资源,一国可以采取保护贸易政策,以增加对本国产品的需求,提高本国资源的利用程度。也有国家为了确保经济的健康持续发展常常会使本国产业多样化,以避免对某一产品出口的过分依赖,这对于依赖初级产品出口的发展中国家尤其重要。因此,国家可以通过贸易政策来配置生产要素,实现经济多元化发展。

3) 保护幼稚产业与国内市场

幼稚产业是那些在国内刚刚发展,在成本和质量方面还未具备很强竞争能力的产业。一国要想使这些产业能够得到充分发展,就必须采取一定的保护政策,以阻挡来自国外的竞争。这是一种更加全面的保护。许多发展中国家的经济落后,如劳动力素质低、基础设施不足、购买力小、市场发育程度低,从整体上制约新产业的发展。因此,为促进经济的全面发展,有必要用全面的保护政策来推动经济发展。另外产品的销售市场有国内市场和国外市场之分。对于一个企业来说,由于在国内市场销售有种种便利条件,国内市场往往是其主要的销售市场。为了保护这一最重要的市场,国家就必须采取保护措施防止国外产品的进入,使本国弱势企业免受激烈竞争,甚至被淘汰。

4) 增加国内购买力和就业

提高产品价格可以增加生产商的收入,提高生产商购买力,有助于促进经济的繁荣。对农产品实施保护可以维持农产品价格,增加农业生产者的收入;对工业品实施保护就会提高工业品价格,增加工业生产者的收入。发达国家十分关注本国的就业问题。面对低收入发展中国家低工资低成本产品的竞争,为了保持本国的就业和工资水平,发达国家和地区倾向于采用保护贸易政策来保护本国劳动力的利益。

5) 保护本国经济安全

随着国际间经济交往的日益增长,各国间的经济联系日益紧密。这使得一国的经济问题能够传递到其他国家,引起其他国家的经济波动。为了减少这种波动带来的损失,国家可以采用保护性政策,减少与他国的联系,隔离这种影响。在外国对本国进行倾销时可以制止这种威胁本国产业安全的做法。当一国发现某种进口商品的价格低于其正常价格时就会认定该产品倾销。倾销通常都带有恶意竞争的色彩。为了防止在非常时期由于进口中断危及国家安全,一国有必要对一些重要的基础行业实施保护,确保在进口中断时能够维持重要物资的供应。国家经济安全是一国安全的重要组成部分。

6) 政府收入

大多数时候保护性政策会给国家带来更高的关税收入,世界确有一些国家将关税作为政府的重要收入。

7) 社会目标

贸易政策的制定有时还受社会目标的制约。这些社会目标包括该国的生活方式、身心健康标准及环保要求等,如一些国家处于环保的考虑限制木材出口。

8) 外交政策

对外贸易政策是一国外交政策的组成部分,是外交政策的工具和手段之一。具体形式有贸易优惠待遇和贸易禁运及制裁等。

当然,一国实施自由贸易政策,开放国内市场时,国外产品或服务进入国内市场,在加剧国内市场竞争的同时,该国也引进了国外先进的产品生产技术、管理技术等,提高了本国的技术水平,促进了本国经济技术的发展,提高了劳动生产率,从这个方面来讲,这对一国的长期经济发展是非常有益的。

阅读案例 10-5

近年来国际对华反倾销案件大幅增加

1995—2007 年的 13 年间,全球各国反倾销立案调查共 3 210 起,其中对中国反倾销 597 起,中国名列榜首,占全球总立案数的 18.6%。根据世界贸易组织(WTO)秘书处最新发布(2009 年 5 月 7 日)数据显示,2008 年中国遭遇反倾销调查 73 起、反补贴调查 10 起,分别占全球案件总数的 35%和 71%。中国已连续 14 年成为遭遇反倾销调查最多的成员,连续 3 年成为遭遇反补贴调查最多的成员。2008 年全球新发起反

第10章 开放经济的宏观经济学

倾销、反补贴调查数量分别增长28%和27%。中国在国际反倾销上备受打击,其中存在大量滥用和歧视性反倾销的案例,虽然中国的入世承诺使在应对国际反倾销方面处在一定的不利地位,但远非处于绝境。虽然对华反倾销中对倾销的认定和计算构成WTO反倾销规则的例外,但是,对华反倾销在总体上仍然受多边规则的制约。只要能够确保国际对华反倾销在总体上的合法、公正性,就必然能够大大降低那些例外条款的负面影响,甚至达到使其完全失效的作用。

2009年7月31日,中国政府通过常驻WTO代表团致函欧盟常驻WTO代表团,就欧盟对中国紧固件采取的反倾销措施提起WTO争端解决机制下的磋商请求,正式启动WTO争端解决程序。这是中国入世8年来,正式启动WTO争端解决程序,首次把欧盟告上WTO。此举标志着中国在参与和利用WTO规则解决贸易争端方面正逐渐走向成熟。针对该案,欧盟在立案、调查和裁决过程中存在诸多与WTO规则不符之处,违反了欧盟在WTO项下应承担的义务,裁决结果也缺乏公正性和透明度,损害了1700余家中国紧固件企业的正当贸易利益。对此中方拿起WTO争端解决机制的"武器",捍卫本国企业正当权益,为应对国际对华反倾销的滥用起到积极的作用。

 本章小结

汇率就是两种货币之间相互交换时的比率,是一国货币兑换他国货币单位的比率。

汇率有直接标价法、间接标价法、美元标价法3种表示方法。

货币贬值,货币贬值国商品和服务的相对价格将下降,出口增加,进口减少;货币升值,货币升值国商品和服务的相对价格将上升,出口减少,进口增加。

一国的国际收支是一个国家在一定时期,因与其他国家或地区所发生的贸易、非贸易以及资本往来而引起的国际间的资金收支(包括货币和以货币表示的资财转移)。

国际收支平衡表是把一国的国际收支,即一定时期的经济交易,按照某种适合经济分析的需要编制出来的报表或按项目分类统计的一览表,并用复式簿记会计原则,按照会计核算的借贷平衡方式编制,经过调整,最终达到账面上收付平衡的统计报表。

在开放经济中,决定国民收入的有消费C、投资I、政府购买G、税收T、出口X和进口M 6个变量。

外贸乘数理论把国际收支与国民收入联系起来,把外贸对国民收入的扩大或紧缩的倍数作用同一国内部经济有机结合起来,提出了独特的国际收支不平衡调节政策,这对于以后国际收支调节理论的研究和政府政策都具有一定的意义。

自由贸易政策指国家取消对进出口贸易的限制和障碍,取消对本国的进出口商和进出口商品的一切特权和优待,让商品自由进出口,在国内外市场上自由竞争。

保护贸易政策指一国制定并实施各种限制进口的措施,以保护本国的商品在国内市场免受外国商品的竞争,并对本国出口商品给予优待和津贴来鼓励商品出口。

管理贸易政策又称协调贸易政策,是指国家对内制定一系列的贸易政策、法规,加强对外贸易的管理,实现一国对外贸易的有秩序、健康的发展;对外通过谈判签订双边、区域及多边贸易条约或协定,协调与其他贸易伙伴在经济贸易方面的权利与义务。

对外贸易措施主要包括关税措施、非关税壁垒措施、出口管理措施等。

中英文关键词语

1. 外汇   foreign change
2. 固定汇率制度   fix the rate of exchange system
3. 浮动汇率制度   floating rate of exchange system
4. 有管理的浮动汇率制度   managed flexible exchange rate
5. 国际收支   balance of payments
6. 国际收支平衡表   balance of payment statement
7. 经常项目   current account
8. 资本和金融项目   capital and financial account
9. 平衡项目   reserve and related item
10. 对外贸易乘数   foreign trade multiplier
11. 关税   customs duties 或 tariff
12. 非关税壁垒   non-tariff barriers

综合练习

一、单项选择题

1. 一国货币相对于其他国家的货币贬值，可以(　　)。
   A．促进本国出口，限制进口并减少外资流入
   B．减少本国出口，限制进口并减少外资流入
   C．促进本国出口，限制进口并吸引外资流入
   D．以上说法均不正确

2. 美元升值将会(　　)。
   A．增加中国对美国的出口   B．减轻美国的通货膨胀压力
   C．增加日本的通货膨胀压力   D．以上说法全部正确

3. 日元贬值将会(　　)。
   A．扩大日本出口并减少进口   B．减少日本出口和进口
   C．增加日本出口和进口   D．扩大日本进口并减少出口

4. 下列哪种情况有利于本国产品出口？(　　)
   A．外汇汇率下降   B．本国发生通货膨胀
   C．外国发生通货膨胀   D．本国通货膨胀率高于外国通货膨胀率

5. 设一年前美元对人民币的汇率是 1 美元等于 8.234 5 元人民币，假设美国的物价比前一年上升 8%，而中国的物价水平上升 10%，则美元与人民币之间理论上的汇率为(　　)。
   A．8.387 0   B．8.085   C．10.293 1   D．6.587 6

6. 采用直接标价的前提下，如果需要比原来更少的本币就能兑换一定数量的外国货币，这表明(　　)。
   A．本币币值上升，外币币值下降，通常称为外汇汇率上升
   B．本币币值下降，外币币值上升，通常称为外汇汇率上升

C. 本币币值上升，外币币值下降，通常称为外汇汇率下降
D. 本币币值下降，外币币值上升，通常称为外汇汇率下降

7. 经常项目出现赤字，一般是指( )。
   A. 资本流入大于资本流出   B. 出口大于进口
   C. 资本流入小于资本流出   D. 出口小于进口

二、简答题

1. 当一国货币汇率发生变化时，对该国商品和服务的进出口有何影响？
2. 国际收支平衡表的编制原则是什么？
3. 国际收支均衡的含义是什么？影响国际收支均衡的因素有哪些？
4. 开放经济中均衡国民收入是如何决定的？
5. 对外贸易乘数的基本内容是什么？有什么意义？
6. 对外贸易政策对一国经济有何影响？

三、计算题

1. 假如某国的宏观经济模型如下：收入 $Y=C+I+G+NX$，消费函数 $C=80+0.63Y$，投资 $I=350+2\,000r$，净出口 $NX=500+0.1Y+100(E_P/P_W)$，实际货币需求 $M/P=0.162\,5Y+1\,000r$，实际汇率 $E_P/P_W=0.75+5r$，其中政府购买支出为 $G=750$，名义货币供给 $M=600$，假定其他国家的价格水平 P_W 始终为 1.0，该国的价格水平 E_P 为 1.0。试求：

   (1) 推导出总需求曲线的代数表达式；
   (2) 求由模型所决定的 Y、r、C、I、NX 的值。

2. 在不考虑资本流动和汇率变动的情况下，已知某经济社会的宏观模型为：$Y=C+I+X-M$，$C=40+0.8Y$，$I=50$，$X=100$，$M=0.2Y+30$，求：

   (1) 外贸乘数；
   (2) 产品市场均衡的产出水平及贸易收支；
   (3) 使贸易收支均衡的产出水平。

案例分析1

根据以下案例所提供的资料，试分析：
(1) 2018 年以来中美关税战的演变过程经历了几个回合？
(2) 中美贸易摩擦的动因是什么？

中美贸易摩擦的动因、趋势分析

一、中美贸易摩擦的演变过程

2018 年开始，中美贸易摩擦迅速升温，逐渐演变成迄今为止经济史上规模最大的贸易战。关于中美此轮贸易摩擦的起因，国内外学者有以下三种观点。第一种基于美国《1974 年贸易法》第 2011 条款的太阳能电池征税。2018 年 1 月 22 日，美国宣布对太阳能电池及组件连续征收四年保护性关税，税率由 30% 逐年递减至 15%，而中国是全球最大的太阳能电池出口国。第二种基于"232 调查"的钢铁和铝产品征税。

2018年3月8日，美国宣布对钢铁和铝产品分别征收25%和10%的全球进口关税，并给予加拿大、欧盟、墨西哥等国暂时豁免，中国成为主要受害国。2018年3月23日，该税率生效的。同时，中国商务部公布128项约30亿美元产品的中止减让清单，并于2018年4月2日起对其加征15%或25%的关税。第三种基于"301调查"结果的总统备忘录签署和第一批征税清单。2018年3月22日，特朗普签署针对中国"知识产权侵权""强制技术转让"的总统备忘录，宣布基于"301调查"结果拟对价值约500亿美元的1333项中国商品加征25%的关税，向WTO就技术许可问题对中方提起诉讼，并对中国企业对美投资并购设限。这意味着，中美贸易摩擦从单一提高关税延伸至技术和投资领域。

一般来说，广义的中美贸易摩擦是指，美国依照《1962年贸易扩展法》第232条和《1974年贸易法》第201条、301条规定单方面采取加征关税、限制投资、限制技术和知识产权转让等贸易保护行为，而后中国予以关税还击的经济冲突。狭义的中美贸易摩擦又称为中美贸易战，仅指"301调查"引发的美中双方三个回合关税战和持续更新的美国出口管制"实体清单""与中国军方有关联企业"和"军事最终用户清单"。

2018年以来中美关税战的演变过程是：中美关税战始于2018年7月6日，从征税清单来看，三个回合所涉及的产品种类和金额不断增加。随着排除清单的相继公布和中美达成第一阶段经贸协议，关税战在2019年5月10日至2020年2月13日期间处于白热化阶段，加征关税的产品种类和金额达最高值。因中美贸易存在数量、金额与结构等方面的不对称，中国仅在第一回合加征同等金额、同等税率关税予以反制，第二、三回合的征税金额为美国的30%和25%，加征关税税率也略低。截至2021年7月，美国公布征税清单产品10059项，排除清单38批涉及产品2206项，实际征税产品7853项；中国公布征税清单产品7802项，排除清单4批涉及产品166项，实际征税产品7636项。

综观实际征税清单可以发现，美国侧重于医疗器械、生物医药、新材料、高铁以及航天设备等技术密集型产品，中国则侧重于农产品等劳动密集型产品。在对技术密集型产品大规模征税的同时，美国商务部工业和安全局（BIS）分别将中国398家实体和59家公司列入出口管制"实体清单"和"军事最终用户清单"，美国国防部（DOD）认定44家公司为"与中国军方有关联企业"。"实体清单"以通信、半导体、安防设备、人工智能类的科技企业和电子、军工、航空为主的高校及研究机构居多，其中不乏因"人权"和"涉军"问题新增的企业、大学、研究机构等。可以说，"军事最终用户清单"和"与中国军方有关联企业"的产生源于"实体清单"。值得关注的是，华为遍布全球26个国家的153家子公司或关联公司相继被列入"实体清单"，数量上几乎占据整个"实体清单"的一半，针对华为的出口管制新规出台后历经两次修订，对使用基于美国软件和技术的产品使用限制力度持续升级，企图切断华为的软件技术和芯片供应。此外，航天科工、海康威视、中芯国际、中国船舶工业等也被视为重点关注的企业重复出现在清单上。显然这些企业作为中国高科技产业的领头羊，它们的发展趋势关系到国家经济技术的自立自强能力。总体而言，本轮贸易摩擦早期以提高关税为主要手段，于2019年底陆续形成并定格为三个回合关税战，随后逐渐切换为"实体清单"模式。2020年以来，已有201家中国机构和企业被纳入"实体清单"。从关税战到"实体清单"，美国的管控对象从广泛的产品变成具体的企业或机构，其直接目标是限制中国企业在美投资和禁止对华技术转让，但根本目的是对中国高科技产业进行精准打击以实现科技遏制。

二、中美贸易摩擦的动因分析

（一）微观经济层面的分析

从微观层面来看，贸易摩擦源自市场的非完全竞争性，或者说，不完全竞争市场和因外部经济性或信息不对称导致市场失灵的完全竞争市场条件下存在贸易摩擦。不完全竞争市场条件下，贸易摩擦的动因分析形成了两个派别。其一，假设进行国际贸易的企业都是垄断企业，主要研究成果为战略性贸易政策理论，以Brander、Spencer、Krugman等为代表人物。该理论认为，国际工业品市场是不完全竞争的，工业品的生产中存在规模经济，政府可以通过贸易保护、信贷优惠、税收减让、政府补贴等方式扶持那些蕴含较大失败风险、具有规模经济并能产生外部经济的重要产业，尤其是技术密集型产业，以提升产业的国际竞争力和本国的增长潜能。各国政策干预使得超额利润重新分配，从而导致贸易摩擦。其二，假设进行国际贸易的企业在生产中存在规模经济和外部经济，以 Panagariya、后藤纯一、三边信夫等为代表人物。他们认为，在均衡条件下，如果封闭经济的收益水平高于开放经济的收益水平，一国要么选择回到封闭经济状态，要么在开放经济状态下通过贸易政策帮助企业获得规模经济和外部经济，无论何种选择都将引发贸易摩擦。不公平竞争是特朗普政府挑起中美贸易摩擦的一个借口。2017 年 10 月，美国商务部对中国的市场经济地位再次予以否定。较之 2006 年，其主要补充依据为，中国加入 WTO 以来，政府仍在经济中发挥基础性作用，私营企业无法与国有企业公平竞争，外资企业在中国的投资也受到限制。但是，中国商务部和有关部门表示，改革开放以来特别是 1992 年以来，中国已经建立并不断完善社会主义市场经济体制。有学者指出，政府给予补贴以及通过法律或政策为私营企业、外资企业设定一些门槛，目的在于保证国有企业在经济结构中的主导地位，这是中国特色社会主义市场经济的内在属性及要求。与此同时，中国还通过给予外资企业不同程度的免税期、对私营企业实施减税降费等一系列措施，改善营商环境，倡导竞争中性。此外，技术知识作为一种公共品具有外溢效应，但在专利法等保护下又存在一定的垄断性，易导致市场失灵现象。多年来，美国以反倾销、反补贴等形式减轻中国"非市场经济地位"的消极影响，并控诉中国存在知识产权侵权与强制技术转让行为。本轮"301 调查"的重点结论就是确定中国上述两种行为，继而由特朗普签署总统备忘录发动贸易战。面对这种情况，中方明确表示，中外企业合作中的技术转让纯属自愿原则下的契约行为，并力陈中国在知识产权保护的立法、执法和司法层面不断强化保护，取得了明显成效。

（二）宏观经济层面的分析

在开放的宏观经济条件下，一国政府为实现经济增长、充分就业、物价稳定和国际收支平衡的目标而对内外部均衡进行调整，从而可能引发贸易摩擦。国际贸易是国际收支经常项目的重要组成部分，也是影响外部均衡的关键因素。由四部门国民经济恒等式可知，当一国储蓄高于投资时，该国的出口必然大于进口，即存在贸易顺差；反之则存在贸易逆差。国际贸易不仅可以弥补国内储蓄与投资之间的差额，还可以弥补国内供求之间的结构性差异。20 世纪 80 年代末至 90 年代初，Krugman、Blanchard、Frenkel 等学者即从贸易差额和结构调整视角研究贸易摩擦。多数观点认为，美国对中国的巨额贸易逆差是中美贸易摩擦乃至贸易战的直接原因。20 世纪 80 年代以来，美国一直为财政和贸易双赤字问题所困扰，尤其是贸易逆差。德国、日本等国因此受到美国政府的指责，中国 2003 年开始成为美国全球贸易逆差最大的国家。据联合国商品贸易统计数据库资料显示，美国的贸易逆差总额与中美贸易逆差额均呈上升态势，仅在 2009 年，前者有较大的回落，后者却下降不明显；中美贸易逆差与美国贸易逆差的比值也跃升至 40% 以上，随后逐年逼近 50%。有研究者指出，中美贸易逆差存在一定程度的高估，这是原产地规则下计价方式、转口贸易、贸易加成、服务贸易中包含货物等统计差异造成的，而且很大一部分贸易逆差是由在华外资企业尤其是美国的一些跨国公司贡献的。关于中美贸易失衡的宏观经济层面的原因，存在着人民币汇率制度与美元的国际货币地位、长期经济增长和贸易结构等不同观点。1992－1994 年间，美国依据《1988 年汇率和国际经济政策协调法》曾 5 次将中国认定为"汇率操纵国"。《2015 年贸易便捷与贸易促进法》第 701 条进一步完善了"汇率操纵国"判定的三个标准：（1）顺差总额超过 200 亿美元；（2）连续几年，顺差国的经常项目顺差与 GDP 之比高于 3%；（3）多次重复净购入外汇，且在 12 个月内净购买额超过 GDP 的 2%。2019 年 8 月 6 日，美国财政部宣布将中国列为"汇率操纵国"，这是自 1994 年中国实行有管理的浮动汇率制以来的第一次，2020 年 1 月 14 日该认定被取消。陈继勇等指出，"特里芬两难"并非仅仅是布雷顿森林体系的内在矛盾，它伴随以美元为主导的国际货币体系延续至今，美国的贸易逆差也因此不断上升。姚洋等通过实证研究发现，美国对日本、中国发动贸易战均在其经济增速相对放缓的时候，而当两国增速变动较大时则进入摩擦升级阶段，长期经济增速及生产力进步的差异造成了中美贸易长期失衡。华民认为，美国成为世界上最大的贸易逆差国是投资大于储蓄造成的，并从结构调整的角度用新"里昂惕夫之谜"进行解释：美国作为一个资本密集型国家，鼓励将中间品的生产、加工和制造等位于全球价值链中低端的产业外包转移到中国等其他国家或地区，再通过商品进口满足国内需求，以保障高度资本密集的研发活动的大量资金需求,从而稳居全球价值链的中高端。周金凯通过对比 2002—2017 年中美 11 个代表性产业国际竞争力发现,在中美产业结构调整和国际分工变化的背景下,中国产业竞争力逐渐增强,美国产业竞争力不断下降,由此使得中国对美出口增加,尤其是劳动密集型产业和资本、技术密集型产业中的加工贸易,美国在高新技术和服务业方面存在优势,却对华实行高新技术产品出口管制,贸易结构不对称客观上加剧了中美贸易失衡。

(三) 政治经济学视角的分析

由于纯贸易理论无法解释现实中贸易干预政策存在的原因,一些学者尝试从政治经济学角度研究贸易摩擦问题,主要是从收入分配出发,引入公共选择理论范式,结合纯贸易理论和政治学原理分析贸易政策决策的"内生"过程及结果,以政策决策过程的视角探析贸易干预的水平、结构、形式及其变化,并逐渐演化为从政治因素和战略因素进行深入探讨。

关于政治因素,Schattschneider 较早关注了利益集团对美国斯穆特—霍利法案的影响。1970 年以来,许多学者致力于贸易保护内生形成过程的模型构建,其中具有影响力的包括 Grossman 和 Helpman 的研究。他们假定政府在关注一般选民利益的同时,也重视利益集团的政治捐助,通过构建非合作与合作的关税博弈模型,揭示了国内政治如何决定国际贸易政策的制定。在此基础上,研究者们进一步分析了一般选民和利益集团对贸易摩擦的影响机制。20 世纪 60 年代以来,美国历经去工业化、发展服务业的结构调整,制造业"空心化"导致失业问题严重、贫富差距扩大。制造业在美国仅雇用了 8% 的劳动力,但其政治影响力却远超劳动力人数众多的农业。"铁锈带"地区从事制造业的蓝领工人是特朗普竞选的主要支持者,其就业机会和收入因中国进口的不断增加而严重缩水,受"中期选举诅咒"的影响,特朗普政府站在选民利益的立场对中国挑起贸易摩擦。杨飞等以民众就业作为选民利益的参考变量,以美国政治捐献数据库的各行业团体和个人对美国政治家或政党的政治捐助作为利益集团的参考变量,经与 WIOD 数据库的行业分类进行匹配发现,选民利益和利益集团都是政府反倾销政策形成的决定因素,但利益集团的影响力明显高于选民利益。

关于战略因素,Katzenstein 阐述了国际政治经济霸权周期的变化与贸易摩擦频率的关系,其研究结果表明:霸权国实力上升时期,霸权国会较大程度上促进国际政治经济的开放,贸易摩擦频率显著下降;霸权国实力衰落时期,贸易保护主义抬头,贸易摩擦频率显著上升且不断向更深层次发展。第二次世界大战后,世界银行、国际货币基金组织和世界贸易组织三大国际经济组织的建立,标志着美国世界霸主地位的确立。改革开放后,中国大力发展以出口为导向的制造业,创造了 1979—2010 年间 GDP 年均增长率约 10% 的经济奇迹,步入中高速增长的经济新常态阶段后,中国的经济增速仍明显高于世界上的多数其他国家。作为社会主义国家的主要代表,中国经济稳定较快发展与资本主义经济相对低迷形成鲜明对照,这被视为制度上的挑战。2010 年,中国 GDP 超越日本成为仅次于美国的世界第二大经济体,中美两国陷入守成大国和新兴大国的结构性矛盾。

2008 年国际金融危机以来,欧美发达国家纷纷推出高端制造业发展战略,以期提升实体经济的核心竞争力。中国相继提出的"一带一路"倡议和"中国制造 2025"战略,成为中美贸易摩擦的新焦点。中国在研发、教育、知识密集型产业和高新技术产品出口等领域展现出的强劲势头,令美国产生危机感。杨飞等的研究发现,中美技术差距在逐渐缩小,当超过一定的临界点后,中美贸易摩擦的概率显著增加瑢瑠。潘安等进一步指出,中美相对技术水平与中美贸易摩擦的发生存在"倒 U 型"关系,中国处于技术追赶阶段,导致美国对中国发起的反倾销、反补贴、特别保障措施调查案件数量不断增多,知识产权和投资保护等方面动作频繁。余振等的研究发现,随着中国制造业在全球价值链上不断赶超与攀升,与美国的分工地位越来越接近,中美贸易摩擦的数量和频率都会明显提高,2009 年后中美制造业贸易摩擦集中在化学制品、医药、计算机与电子光学产品、电子设备、机械设备及汽车等高端制造业领域。而美国的征税清单和实体清单矛头更是直指"中国制造 2025"十大关键领域,以维护美国在高端制造业领域的主导地位。

(四)简要的评论

综上观之,国内外学者将中美贸易摩擦的动因主要归结为工业品市场非完全竞争、技术外溢导致的市场失灵、贸易差额激增、产业结构差异、利益集团和政治经济霸权周期等方面。随着中美贸易摩擦加剧尤其是中美贸易战升级,对内在动因或根本原因的分析也在不断深化。鉴于中美贸易摩擦将成为一个长期性问题,对深层原因的研究还需要继续推进,并注重以下几个方面:一是更多地加强多种方法的综合性研究。这包括更好地把经济因素分析与政治因素分析结合起来,把规范分析与实证分析结合起来,加强对国内外贸易摩擦尤其是中美贸易摩擦的典型案例、历史经验的深入剖析。二是更多地联系发展竞争大格局进行研究。美国对中国发起贸易战和打压中国高新技术产业,一个重要原因是我国作为第二大经济体与美国的总量差距正在不断缩小,国内高新技术产业正向中高端发展,越来越成为美国经济、产业和技术的主要竞争对手,并对美国在国际上的霸权地位形成了一定制约。当年日本迅速发展成为仅次于美国的经济大国后,也曾经受到美国的类似打压,因此,我们要从这个角度研究中美贸易摩擦的长期性、复杂性和新动向,并研究吸取日本的经验教训。特别是,我国高新技术产业和高端制造业已成为中美贸易摩擦的重点领域,未来一段时期美国对我国这个领域头部企业的打压限制还将继续强化,我们必须加强对其中深层问题及原因的前瞻性、战略性研究。三是更多地联系制度性差异问题进行研究。美国以贸易摩擦形式打压限制中国经济和科技发展,除了大国经济之间的竞争和博弈之外,更突出的矛盾是以意识形态为标志的制度性差异的冲突,推动美国政府实施这些政策的是美国国内的强大财团。这是资本主义制度与社会主义制度的竞争和较量,只要存在这种制度性的根本冲突,美国对中国的经济技术打压就不可能停止,贸易摩擦和贸易战不过是在不同环境条件下、不同利益问题上表现出来的具体形式。从这个角度看,研究中美贸易摩擦的内在动因,必须适当地与制度上的差异和冲突联系起来,深入研究经济技术问题背后的深刻制度原因,唯有如此,才能真正找到矛盾的根源和解决问题的出路。这方面的规范和实证分析,或理论和政策研究,需要更多地运用政治经济学的理论和方法。

中美贸易摩擦是一场涉及范围日益扩大的综合性动态博弈,双方采取合作或非合作策略的影响因素既包括经济、政治、战略等因素,又包括文化、心理、国际环境等因素。其中,战略性因素才是中美贸易摩擦趋势的决定性因素。无论是现在进行的关税战、投资战、技术战,还是潜在的汇率战和金融战,都以中美战略性冲突为客观基础。从中美贸易摩擦的发展趋势看,拜登政府主政以来,关税战呈现出一定程度的暂缓态势,但以"实体清单"为代表的技术战有愈演愈烈的势头,对中国"汇率操纵国"的认定5个月后被取消,但贸易摩擦升级的新动向值得关注。美国和中国分别是世界上最大的发达国家和发展中国家,也是全球综合国力排名第一和第二的国家,中美贸易和经济脱钩势必给两国和全球经济带来重创。中国政府自始至终都秉承和平发展的理念,但"修昔底德陷阱"与"60%定律"的理念仍深刻影响着美国决策者。因此,中美贸易摩擦发展演变的根本趋势取决于美国决策者的行为,中国需要为此做好长期性的应对准备,我们既要努力争取一个稳定发展的外部环境,也要充分做好应对最坏局面的打算。

(资料来源:郭克莎,李珂.中美贸易摩擦的动因、趋势和影响分析.天津社会科学,2021,05)

参考文献

[1] [美]史蒂芬·斯拉文. 宏观经济学(第8版)[M]. 耿强译. 南京：南京大学出版社，2009.
[2] [美]曼昆. 经济学原理[M]. 梁小民译. 北京：机械工业出版社，2006.
[3] 高鸿业. 西方经济学[M]. 4版. 北京：中国人民大学出版社，2007.
[4] 曹家和. 宏观经济学[M]. 北京：清华大学出版社，北京交通大学出版社，2006.
[5] 祁华清. 宏观经济学[M]. 北京：清华大学出版社，2007.
[6] 汪秋菊. 宏观经济学[M]. 北京：科学出版社，2009.
[7] 汪祥春. 宏观经济学[M]. 大连：东北财经大学出版社，2004.
[8] 易纲，张帆. 宏观经济学[M]. 北京：中国人民大学出版社，2008.
[9] 赵德海，和淑萍. 宏观经济学[M]. 北京：科学出版社，2010.
[10] 蹇令香，付廷臣. 宏观经济学[M]. 北京：北京大学出版，2007.
[11] 任保平，宋宇. 宏观经济学[M]. 北京：科学出版社，2009.
[12] 高铁梅，王金明，陈飞，梁云芳. 中国转轨时期的经济周期波动——理论、方法及实证分析[M]. 北京：科学出版社，2009.
[13] 王志伟. 宏观经济学[M]. 北京：北京大学出版社，2006.
[14] 刘凤良. 西方经济学[M]. 北京：中国人民大学出版社，2005.
[15] 经济学教材编写组. 宏观经济学[M]. 北京：科学出版社，2005.
[16] 李晓西，曾学文，施发启. 宏观经济学案例[M]. 北京：中国人民大学出版社，2006.
[17] 曹家和. 宏观经济学习题解析[M]. 北京：清华大学出版社，北京交通大学出版社，2006.
[18] 金圣才. 西方经济学(宏观部分)——考研真题与典型题详解[M]. 北京：中国人民大学出版社，2006.
[19] 李致平. 现代宏观经济学[M]. 合肥：中国科学技术大学出版社，2006.
[20] [美]多恩布什. 宏观经济学[M]. 王志伟译. 北京：中国财政经济出版社，2003.
[21] 梁小民. 宏观经济学[M]. 北京：中国社会科学出版社，2003.
[22] 吴易风，刘凤良，吴汉洪. 西方经济学[M]. 北京：中国人民大学出版社，2002.
[23] 司春林，王安宇. 宏观经济学——中国经济分析[M]. 上海：上海财经大学出版社，2002.

附 录

AI 伴学内容及提示词

AI 伴学工具：生成式人工智能工具，如 Deepseek、Kimi、豆包、腾讯元宝、文心一言等

序号	AI 伴学内容	AI 提示词
1	第1章 宏观经济学概述	请说明宏观经济包括几个经济部门和几类市场，分别是什么？
2		一国政府所追求的宏观经济目标是围绕哪几个方面制定的？
3		主要宏观经济变量有哪些？常用衡量指标有哪些？
4		宏观经济活动的主要影响因素包括什么？
5		宏观经济的运行结果是由什么决定的？
6		政府运用宏观经济政策(可控因素)对经济进行调控的目的是什么？
7		出一套关于宏观经济学概述的自测题
8	第2章 国民收入核算理论	国民经济核算体系有几个，分别是什么？
9		国内生产总值的核算方法有哪3种？分别怎样计算？
10		国民收入核算中5个基本总量的相互关系是什么？
11		国内生产总值与国民生产总值具有怎样的关系？
12		国内生产总值与人均国内生产总值分别反映一国的什么？
13		出一套关于国内生产总值核算的自测题
14	第3章 简单国民收入决定理论	消费和储蓄的关系是什么？
15		消费和投资如何决定均衡国民收入？
16		储蓄和投资如何决定均衡国民收入？
17		引起总支出变动的因素是什么？进而引起均衡国民收入发生怎样的变动？
18		什么是乘数效应，它的作用是怎样发挥的？
19		出一套关于简单国民收入决定理论的自测题
20	第4章 产品市场与货币市场的一般均衡	什么是 IS 曲线？它的移动受哪些因素影响？
21		产品市场和货币市场达到均衡的条件分别是什么？
22		什么是 LM 曲线？它的移动受哪些因素影响？
23		IS 曲线和 LM 曲线的斜率哪些因素影响？
24		产品市场与货币市场从非均衡到均衡的变化过程是怎样的？
25		出一套关于产品市场与货币市场的一般均衡的自测题

序号	AI 伴学内容	AI 提示词
26	第 5 章 总需求与总供给模型	总需求曲线借助什么推导出来的？
27		总需求曲线的斜率和移动受哪些因素影响？
28		总供给曲线的形状是怎样构成的？
29		总供给曲线的移动受哪些因素影响？
30		总需求与总供给如何决定均衡的国民收入和价格水平？
31		出一套关于总需求与总供给模型的自测题
32	第 6 章 宏观经济政策	财政政策工具是什么？怎样运用扩张性财政政策？怎样运用紧缩性财政政策？
33		政府支出乘数、税收乘数、转移支付乘数和平衡预算乘数怎样计算？
34		中央银行的作用是什么？
35		为什么要设立货币政策的中间目标？
36		一般性货币政策工具是什么？怎样运用扩张性货币政策？怎样运用紧缩性货币政策？
37		货币供应量有哪几种层次划分？
38		供给管理政策包括哪些政策？会对经济产生怎样的影响？
39		出一套关于宏观经济政策的自测题
40	第 7 章 失业与通货膨胀理论	失业的类型和产生原因是什么？
41		什么是通货膨胀的定义？其如何衡量？
42		通货膨胀的产生原因有哪些？
43		失业与通货膨胀之间具有怎样关系？
44		出一套关于失业与通货膨胀理论的自测题
45	第 8 章 经济周期理论	经济周期的 4 个阶段及特征是什么？
46		经济周期是如何分类的？
47		乘数—加速数相互作用怎样形成经济周期？
48		出一套关于经济周期理论的自测题
49	第 9 章 经济增长理论	经济增长的衡量指标是什么？
50		影响经济增长的因素有哪些？
51		经济增长模型主要有哪几个？它们的计算公式是？
52		改革开放 40 多年来我国经济高速增长的动力源泉是什么？
53		出一套关于经济周期理论的自测题
54	第 10 章 开放经济的宏观经济学	国际收支平衡表的构成是怎样的？
55		开放经济中，国民收入是如何决定的？
56		出一套关于开放经济的宏观经济学的自测题